國家古籍整理出版專項經費資助項目

全國高等院校古籍整理研究工作委員會直接資助項目
『姚鼐師友門人往還信札彙編』（項目批准號：1901）

安徽省高校協同創新項目『安徽詩歌、詩學文獻綜合整理與研究』
（項目批准號：GXXT-2020-026）

盧坡　黃漢　整理

姚鼐師友門人往還信札彙編

鳳凰出版社

圖書在版編目（CIP）數據

姚鼐師友門人往還信札彙編 / 盧坡，黃漢整理. --
南京 : 鳳凰出版社，2022.12
ISBN 978-7-5506-3763-4

Ⅰ. ①姚… Ⅱ. ①盧… ②黄… Ⅲ. ①姚鼐（1731-1815）—書信集 Ⅳ. ①K825.6

中國版本圖書館CIP數據核字(2022)第192184號

書　　名　姚鼐師友門人往還信札彙編
整　　理　盧　坡　黄　漢
責任編輯　吴　瓊
裝幀設計　陳貴子
出版發行　鳳凰出版社(原江蘇古籍出版社)
　　　　　發行部電話025-83223462
出版社地址　江蘇省南京市中央路165號,郵編:210009
照　　排　南京凱建文化發展有限公司
印　　刷　徐州緒權印刷有限公司
　　　　　江蘇省徐州市高新技術産業開發區第三工業園經緯路16號
開　　本　718毫米×1005毫米　1/16
印　　張　43.75
字　　數　479千字
版　　次　2022年12月第1版
印　　次　2022年12月第1次印刷
標準書號　ISBN 978-7-5506-3763-4
定　　價　280.00圓
　　　　　(本書凡印裝錯誤可向承印廠調換,電話:0516-83897699)

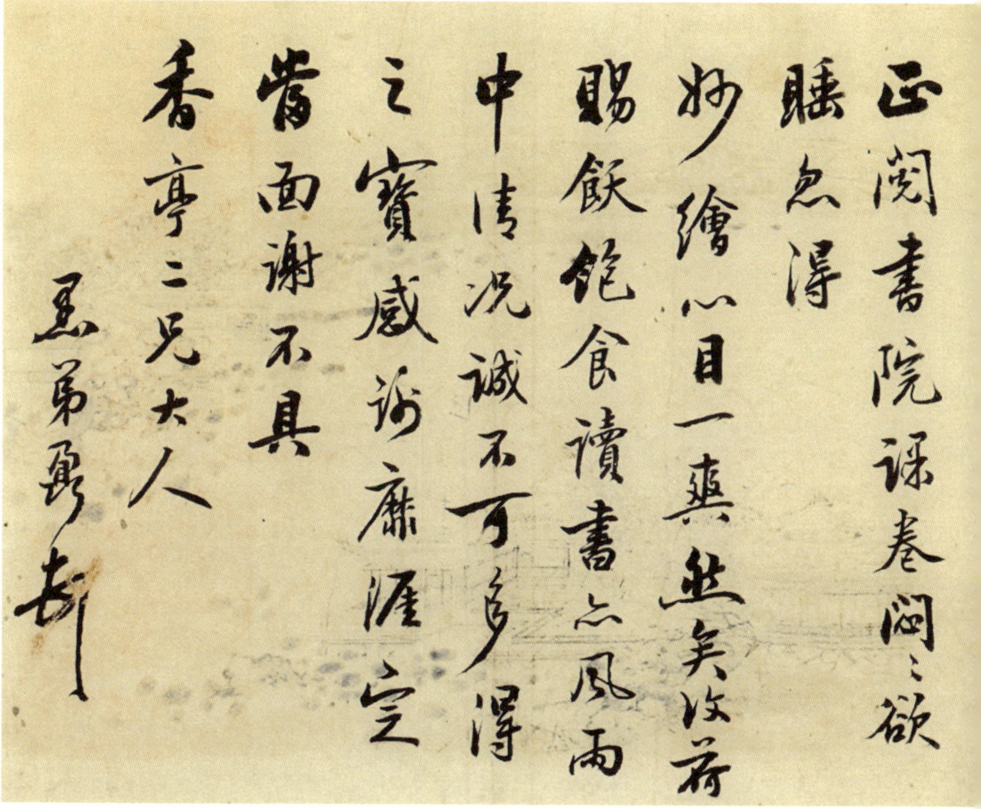
正閱書院課卷悶悶欲
睡忽得
妙繪心目一爽然矣次荷
賜飫飽食讀書之風雨
中情況誠不可多得
之寶感誦靡涯容
當面謝不具
香亭二兄大人
愚弟鼐頓首

14-1

姚鼐《與袁香亭》

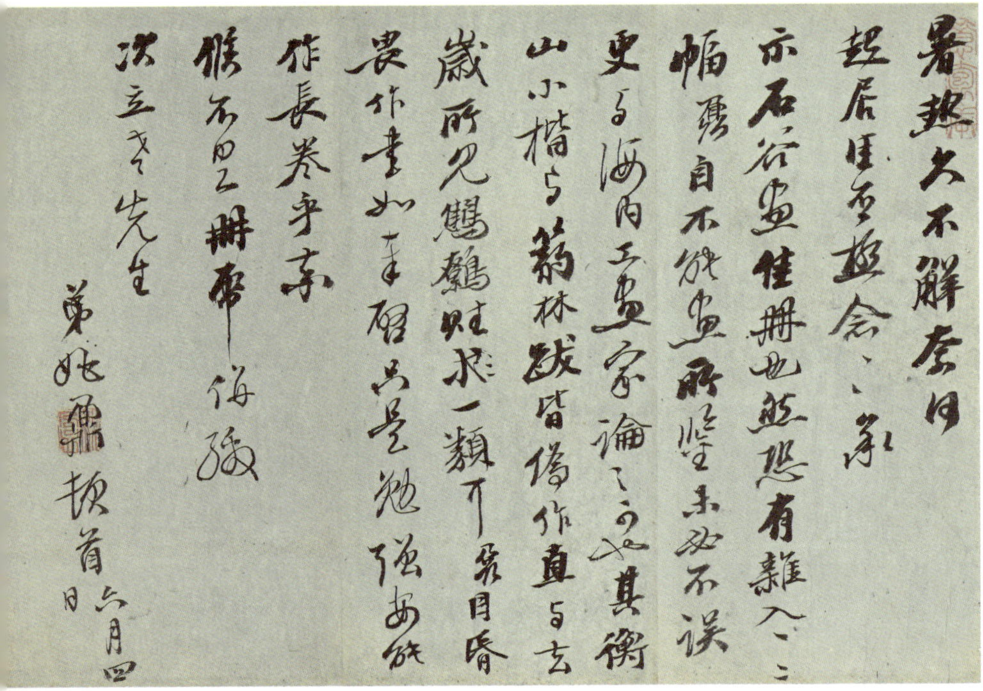
暑熱久不解奈何
起居佳否極念念承
示石谷畫佳冊也然恐有雜入之二
幅憑自不能畫所望來必不誤
更有海內工畫家論之如其衡
山小楷與翁林跋皆僞作直與去
歲所見鷗鶴題跋不一類耳鼐目昏
畏作書如今年但只是勉強安能
作長卷乎索
勝於自己冊耶俟後
次立老先生
弟姚鼐頓首 六月四日

56–1
姚鼐《復周次立》

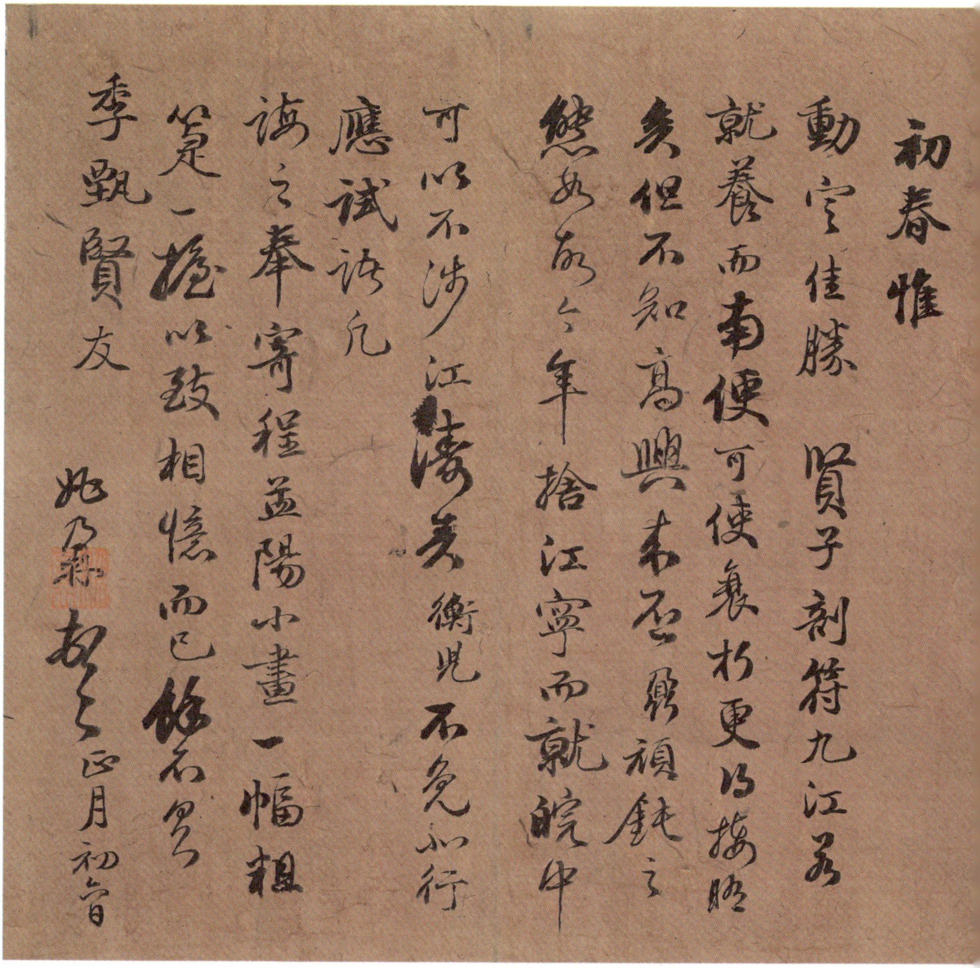

初春惟
動定佳勝　賢子剖符九江矣
就養而南便可使衰朽更得接晤
矣但不知高興未至頹鈍之
態如故今年捨江寧而就皖中
可以不涉江濤矣　衡兒不免北行
應試後凡
謹以奉寄程益陽小畫一幅粗
箋一緘以致相憶而已餘不盡
季甄賢友
姚鼐頓首　正月初旬

66–2
姚鼐《與何季甄》

前月得書始知
已祉筆云暮矣想
朝夕自清泰也吳中人來咸
稱述
老姪作鹽院之德吾在兹十餘
年矣安得一實心為諸生之鹽
院官其甚者乃非徒無益也然則
吳士之愛戴

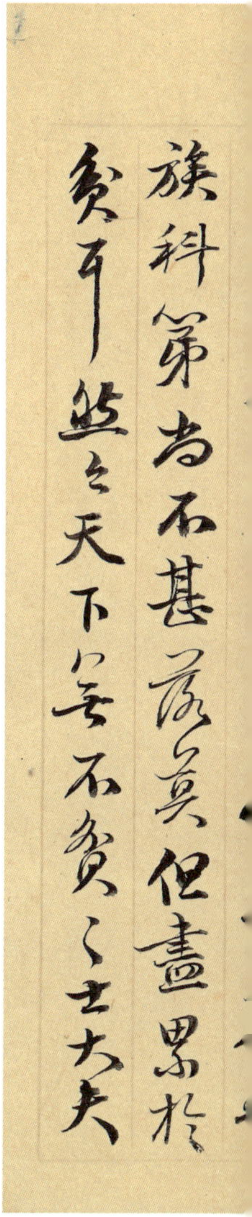

族科第尚不甚落矣但盡畢於
貧耳一然然天下以為不貧之士大夫

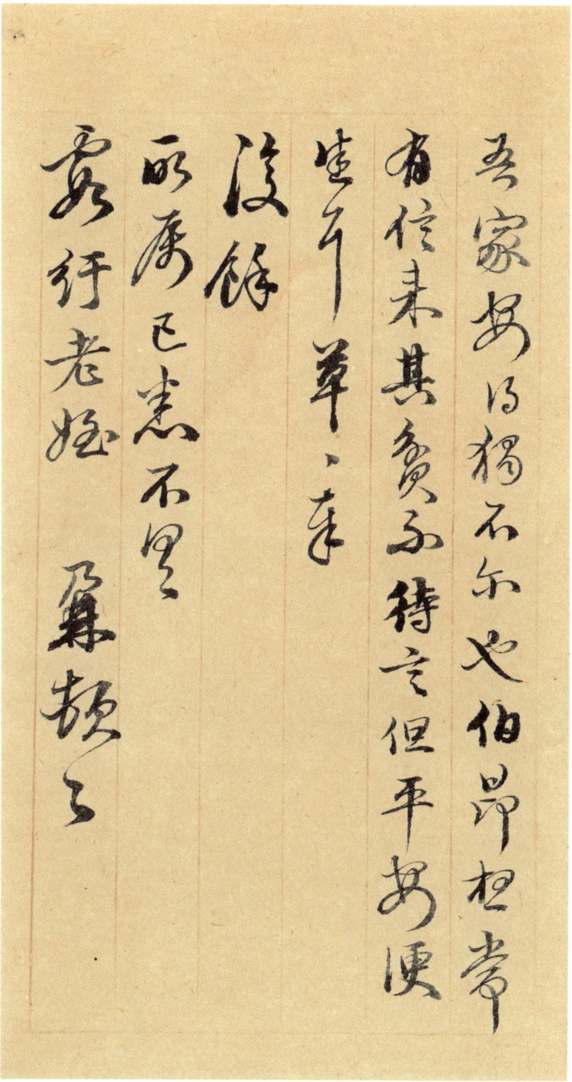

吾家安得獨不爾也伯昂相常
有信來其貧亦待之但平安便
是耳草草奉
復餘
所屬已悉不具
霞紆老姪 鼐頓首

77–1
姚鼐《與霞紆姪》

首夏清和想
起居佳勝
旌車所蒞為在玉環抑
藥補他郡耶頃集羅
月甚目尤昏眊艱於作書
日久

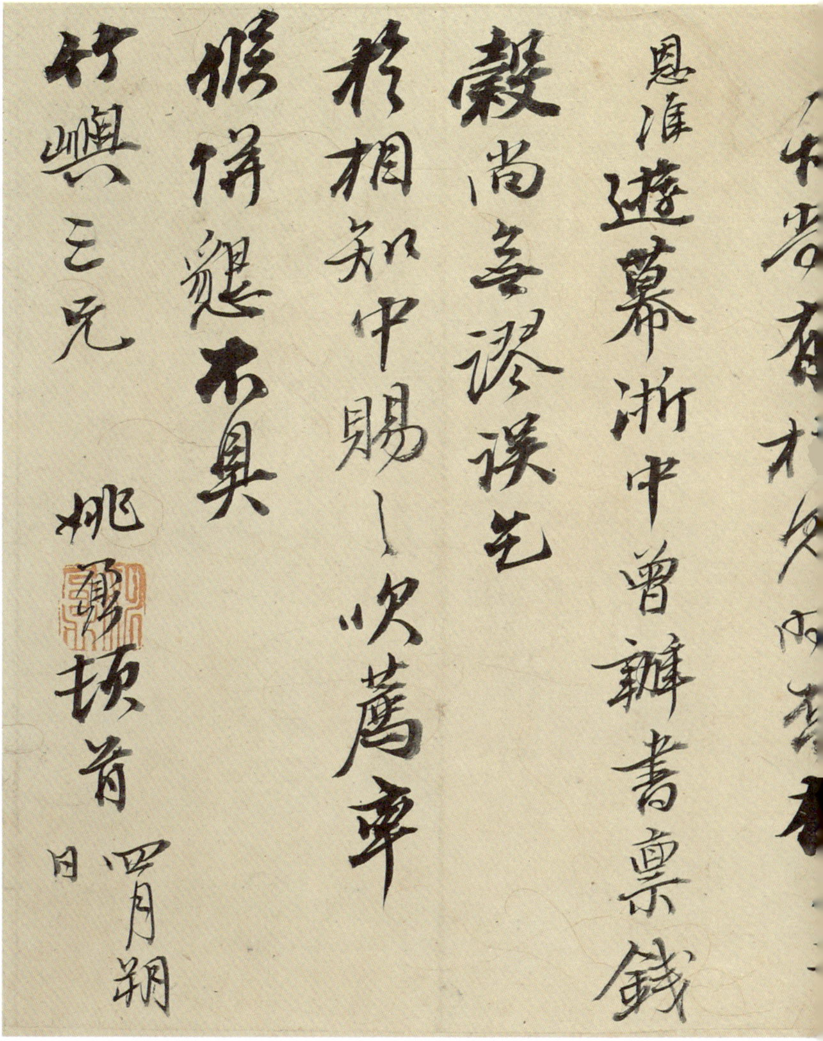

106–3
姚鼐《與王竹嶼》

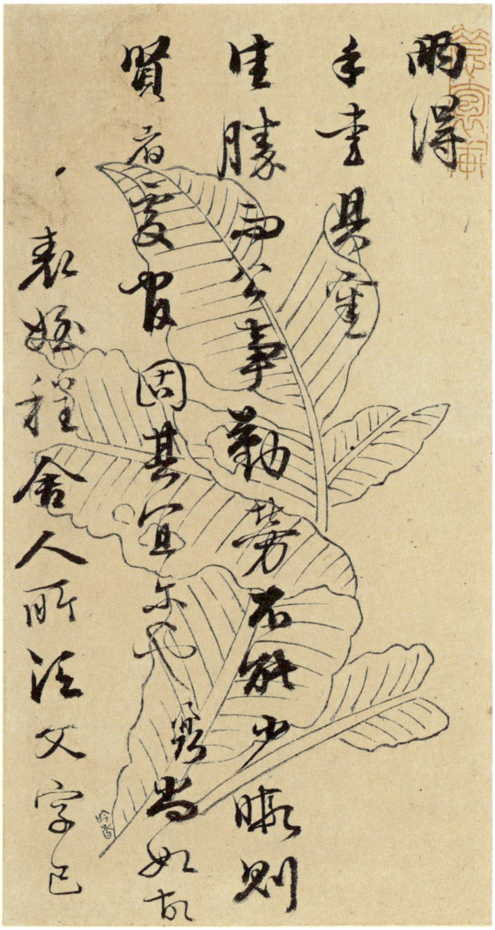
兩得
手書具悉
佳勝尹公事勤勞不能少暇則
賢者處貴因其宜矣
[illegible]尚如故
表姪程舍人所注文字已

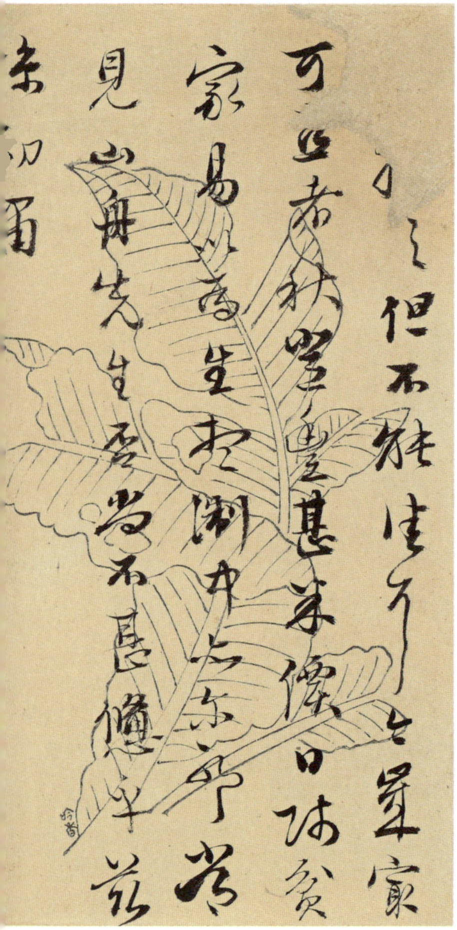
了了但不能佳行乞畢家
可遂者秋堅豈甚矣像日味貧
家易為生於潮中亦樂乎為
見山舟先生否尚不甚健乎茲
奈初畱

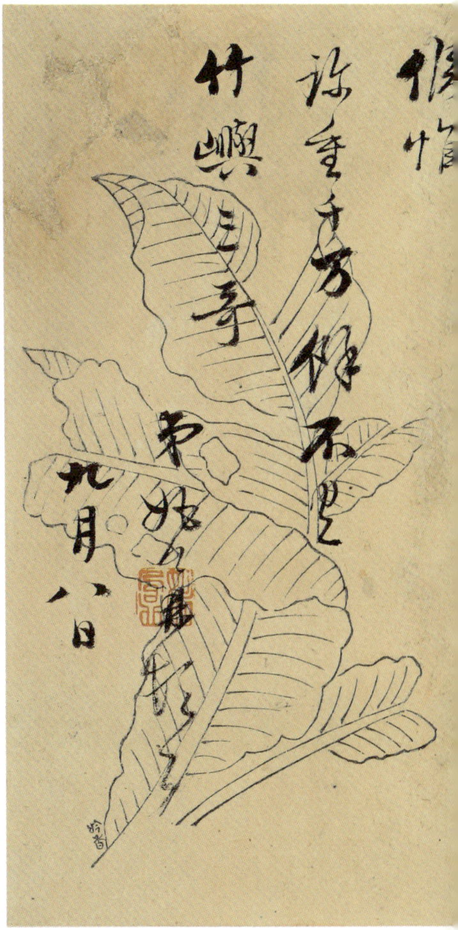

106-4

姚鼐《與王竹嶼》

書至具悉
近祇承以對聯見寄八分殊妙
吾見未能楷書學八分者終
不佳
伯昂唯本善楷書故進爲
八分極有筆力也所作詩
則不能佳蓋緣初入手即染
邪氣不能洗脫雖天分好
處偶一發露然亦希矣必
欲學此事非取古大家正徑
無然遇之非可力探然非功
力之深却終身必不遇此境
也古體
伯昂尤有魔氣就其才所
近可先讀阮亭所選古詩於
内昌黎詩讀之然後上溯
子美下及子瞻庶不至如進
騎之無歸耳所發岐亭詩
剡山尊已寄來一本然吾
書實不佳

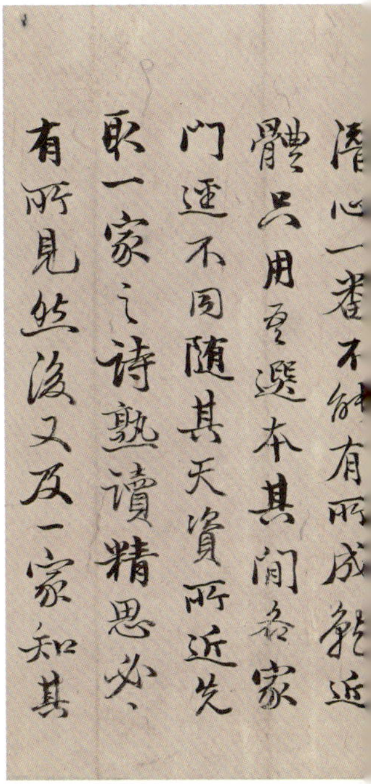
潛心一番不能有所成就近
體只用五選本其間各家
門逕不同隨其天資所近先
取一家之詩熟讀精思必
有所見然後又及一家知其

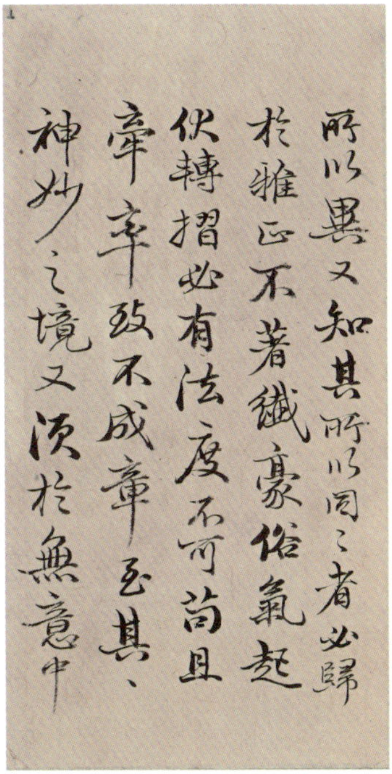
所以異又知其所以同之者必歸
於雅正不著纖豪俗氣起
伏轉摺必有法度不可苟且
牽率致不成章至其
神妙之境又須於無意中

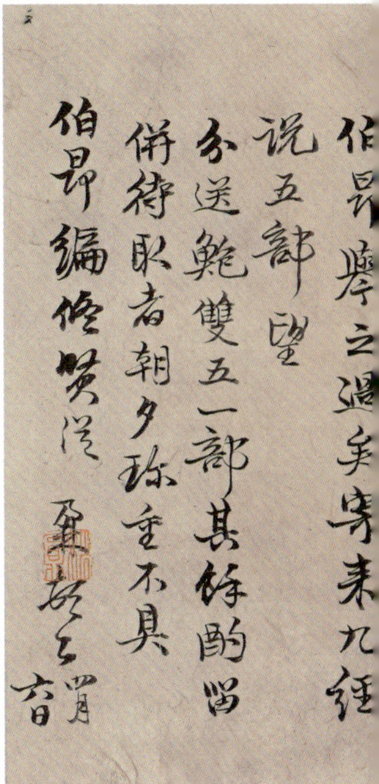
伯昂學之過矣寄來九經
說五部望
分送鮑雙五一部其餘酌留
併待取者朝夕珍重不具
伯昂編修賢從
鼐頓首 四月
六日

107–1
姚鼐《與伯昂從侄孫》

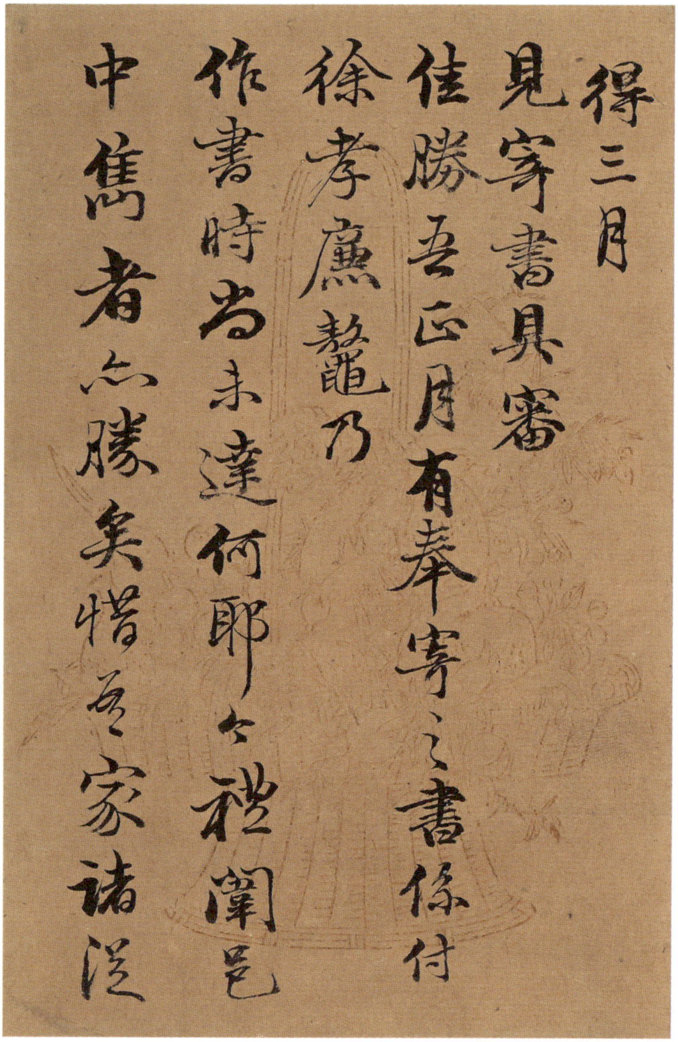

得三月
見寄書具審
佳勝吾正月有奉寄之書係付
徐孝廉鼇乃
作書時尚未達何耶今禮闈邑
中雋者亦勝矣惜吾家諸從

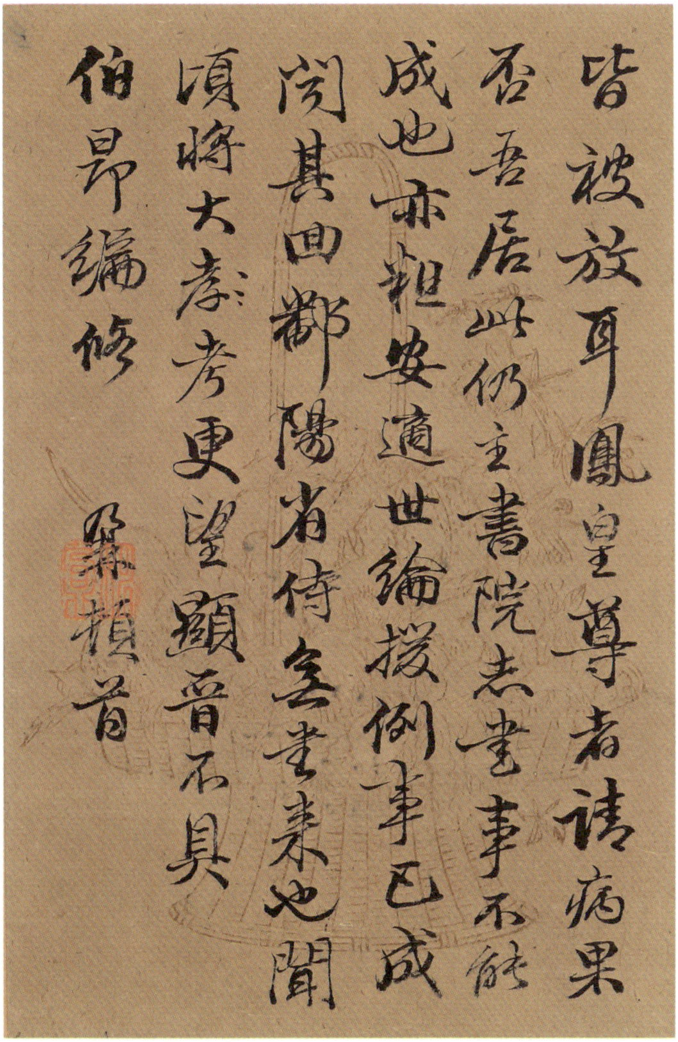
皆被放耳鳳皇尊者請病果
否吾居此仍主書院志書事不能
成也亦粗安適世編撰例事已成
聞其回鄱陽省侍寄書來也聞
須將大考考更望顯晉不具
伯昂編修
鼐頓首

107–2
姚鼐《與伯昂從侄孫》

来書云欲於古人詩中尋究有得然後作詩此意極是近人每云作詩不可摹擬此以高而實欺人之言也學詩文不摹擬何由得入須專摹一家已得似後再易一家

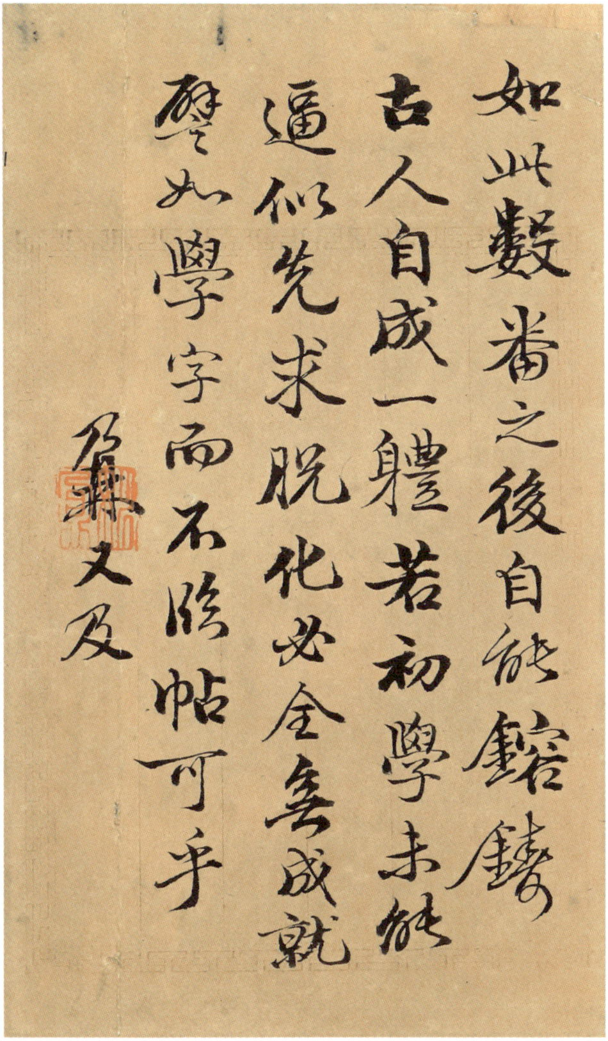

如此數番之後自能鎔鑄
古人自成一體若初學未能
逼似先求脫化必全無成就
譬如學字而不臨帖可乎
鼐又及

107-3
姚鼐《與伯昂從侄孫》

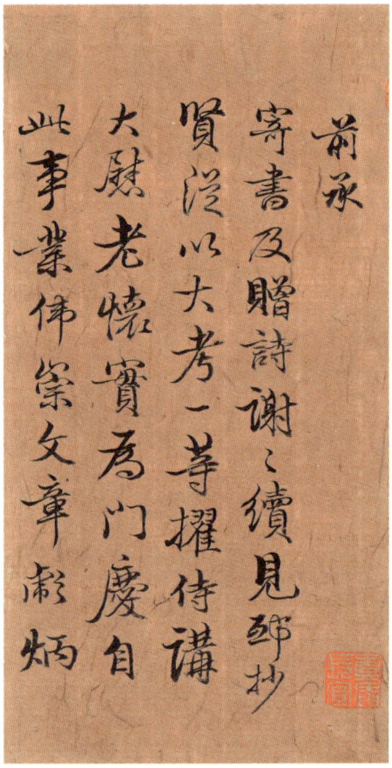
前承
寄書及贈詩謝謝續見邸抄
賢從以大考一等擢侍講
大慰老懷實為門慶自
此事業佛崇文章彪炳

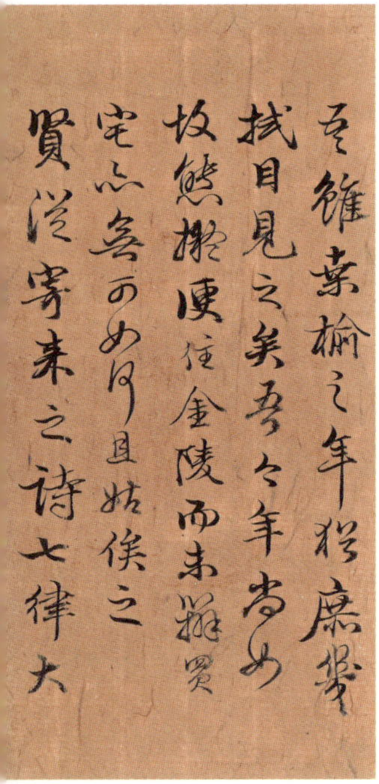
足雖桑榆之年猶康樂
拭目見之矣吾今年尚如
故態擬便往金陵而未能買
宅亦無可如何且姑俟之
賢從寄來之詩七律大

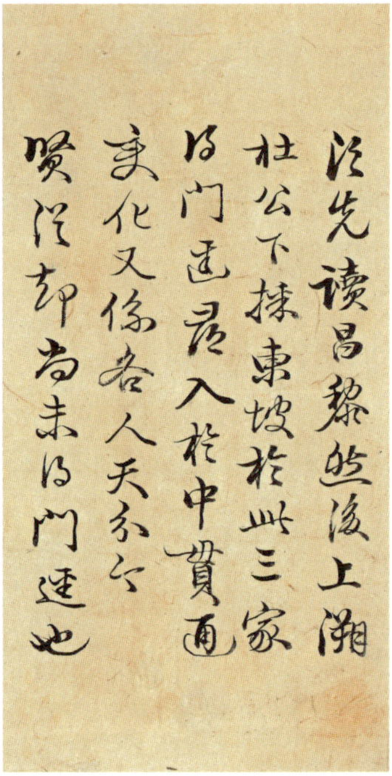
從先讀昌黎然後上溯
杜公下採東坡於此三家
得門逕矣入於中貫通
變化又係各人天分矣
賢從卻尚未得門逕也

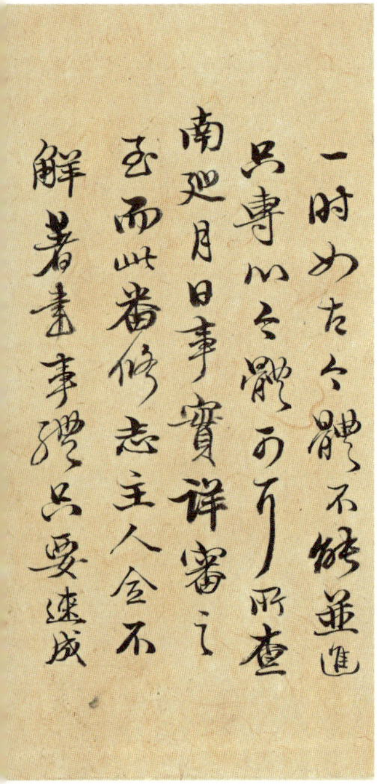
一時如古今體不能並進
只專以今體可耳所查
南廻月日事實詳審之
至而此番修志主人全不
解著書事體只要速成

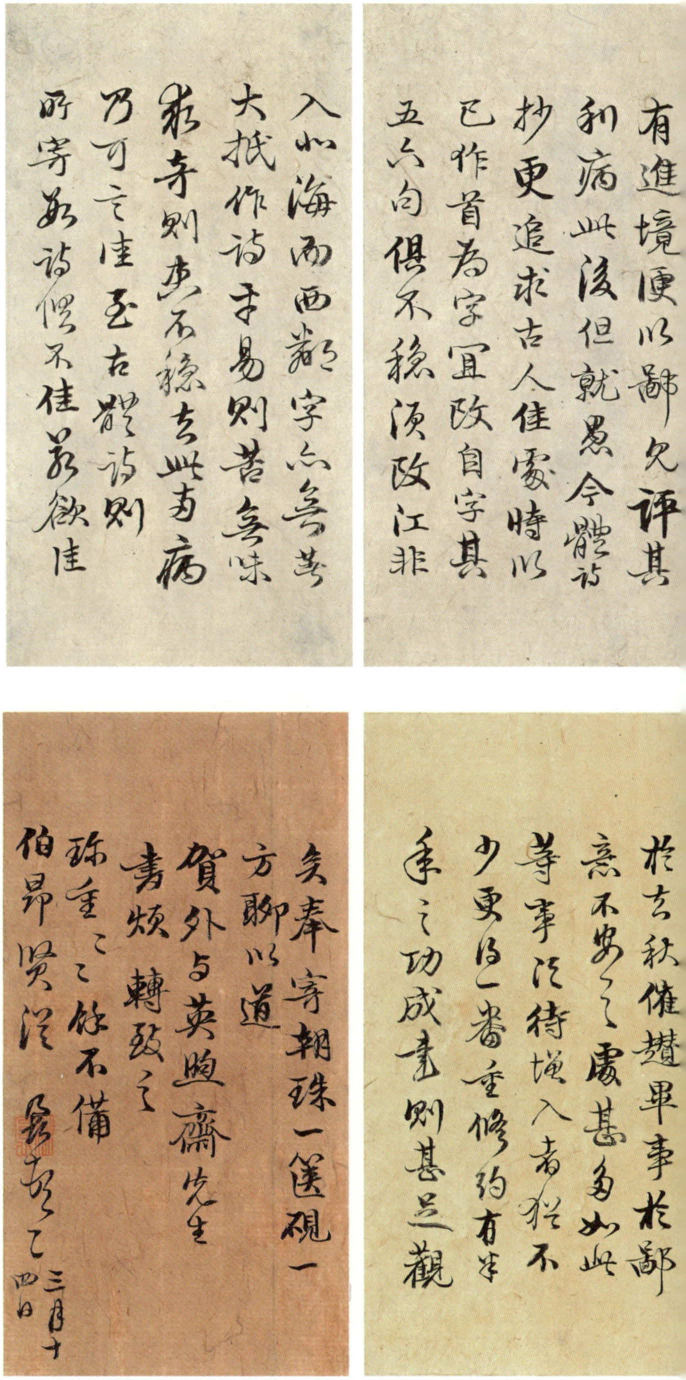

有進境便以鄙見評其
利病此後但就愚今體詩
抄更追求古人佳處時以
已作首尾字宜改自字其
五六句俱不穩須改江非
入以海而西鄙字亦無著
大抵作詩平易則苦無味
務奇則失之不穩去此兩病
乃可言佳至古體詩則
所寄姪孫詩但不佳最欲佳
於古秋催趲畢事於鄙
意不安之處甚多如此
等事須待境入者從不
少更須一番重修約有半
年之功成書則甚可觀
矣奉寄翔珠一匣硯一
方聊以道
賀外與英煦齋先生
書煩轉致之
孫重重珍不備
伯昂賢從 鼐頓首 三月十四日

107–12
姚鼐《與伯昂從侄孫》

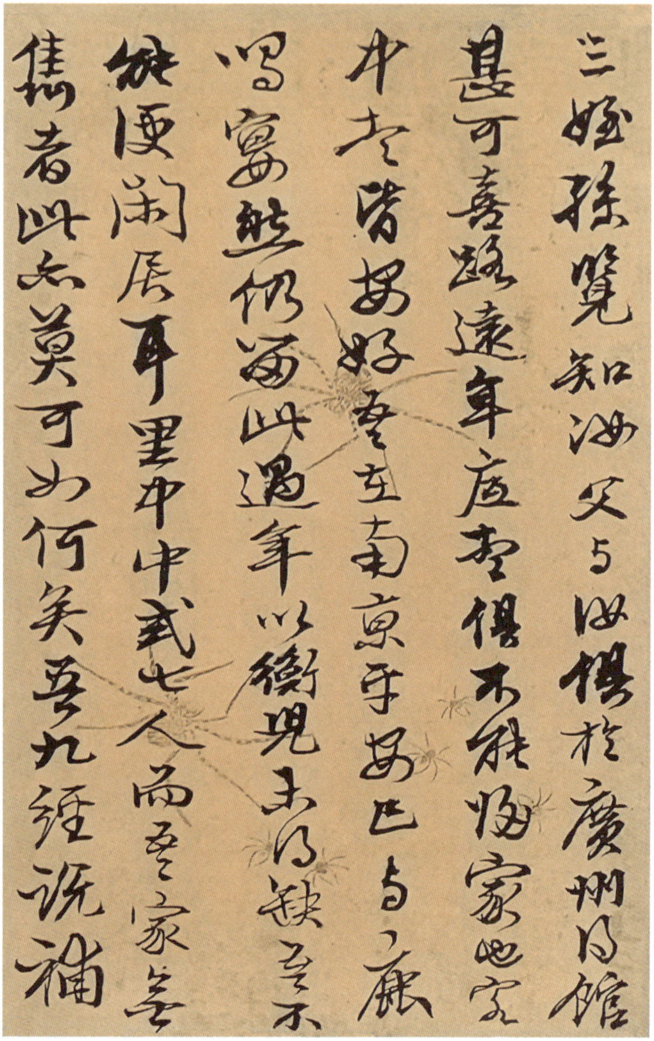

三姪孫覽知汝父与汝俱於廣州同館
甚可喜路遠年底想俱不能歸家也今
北方皆安好吾在南京平安已与之應
過寓然偶過此遇年以衙兒未得缺吾不
能便閑居耳里中中式七人而吾家無
隽者此亦莫可如何矣吾九經疏補

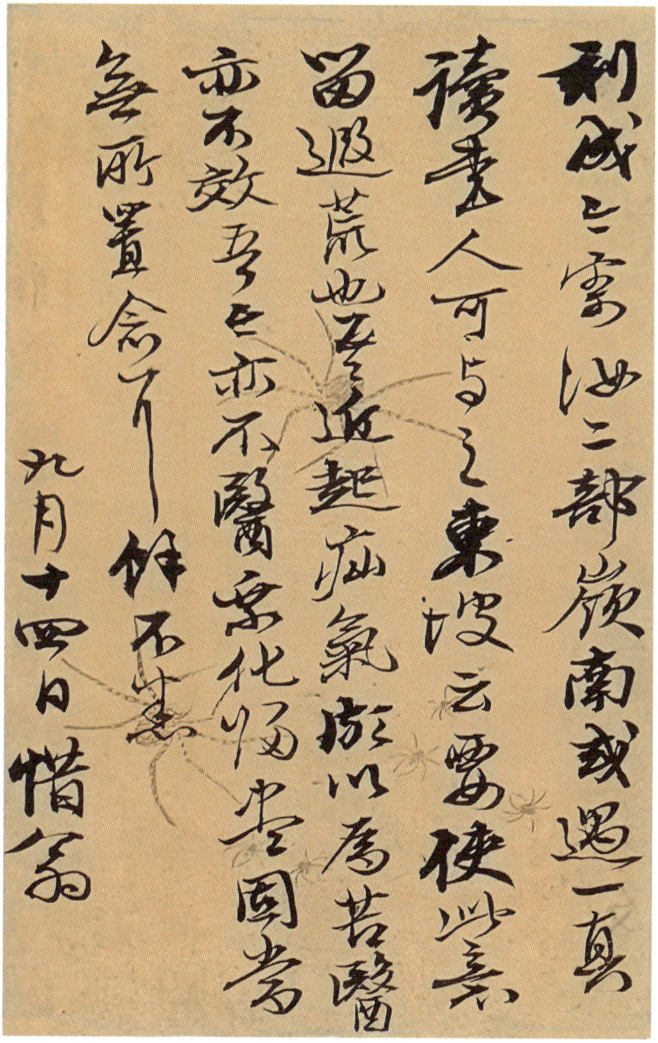

刪成之，寄此二部。嶺南或遇一真
讀書人，可與之。東坡云：要使此意
留遐荒也。若近起瘧氣，欲以為苦，醫
亦不效，要之亦不醫，寧化恐空固當
無所置念耳。 姪石甫
九月十四日 惜翁

113-3
姚鼐《與石甫侄孫》

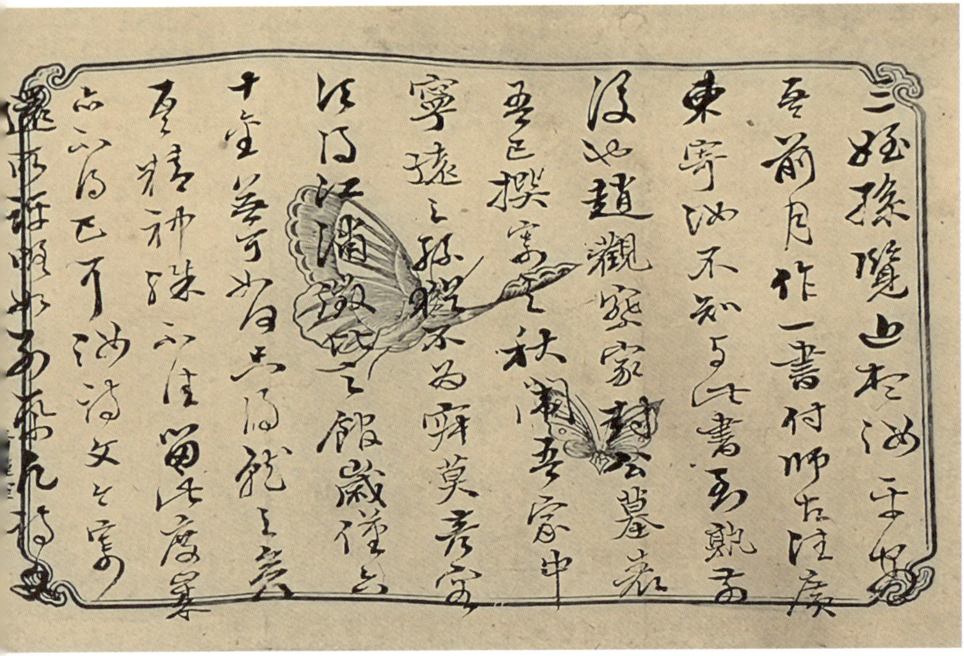

三姪孫覽：由杭州手教
悉。前月作一書付師古住廣
東寄來，不知可已書到。就前
從此趙觀察家歸，公墓碑
並已撰定，秋闈去寄中
寧。孫之孫賢，不為痛，莫辭字
活。何江浙徵紙之館，歲僅二
十金，若可安，自出何就之。吾
目精神殊不佳，留此度暑，
而亦得已耳。來詩文已寄，
還兩浙頗好，為奉寄孔

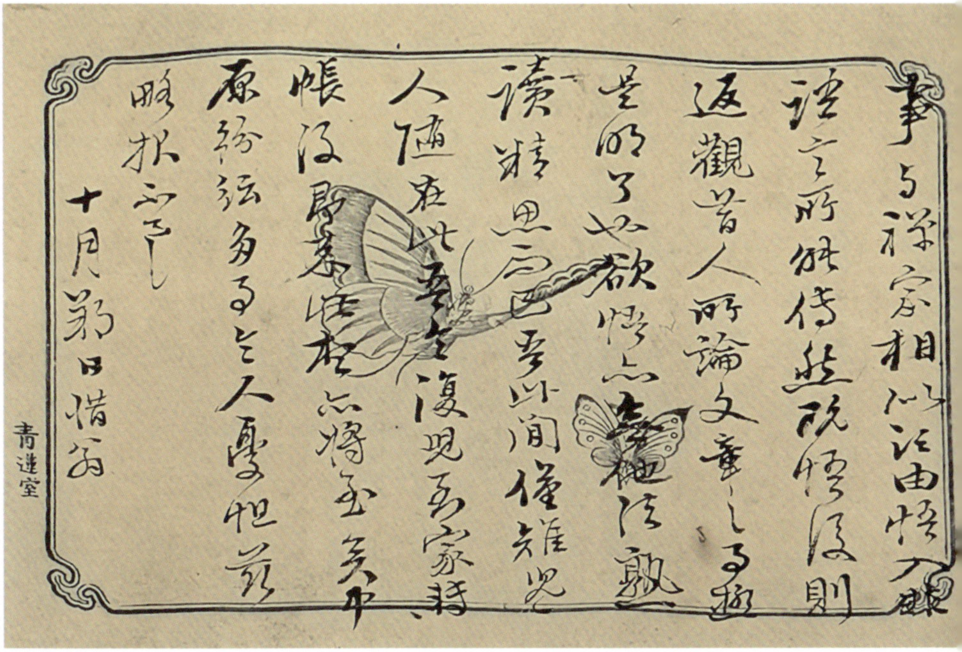

113–8
姚鼐《與石甫侄孫》

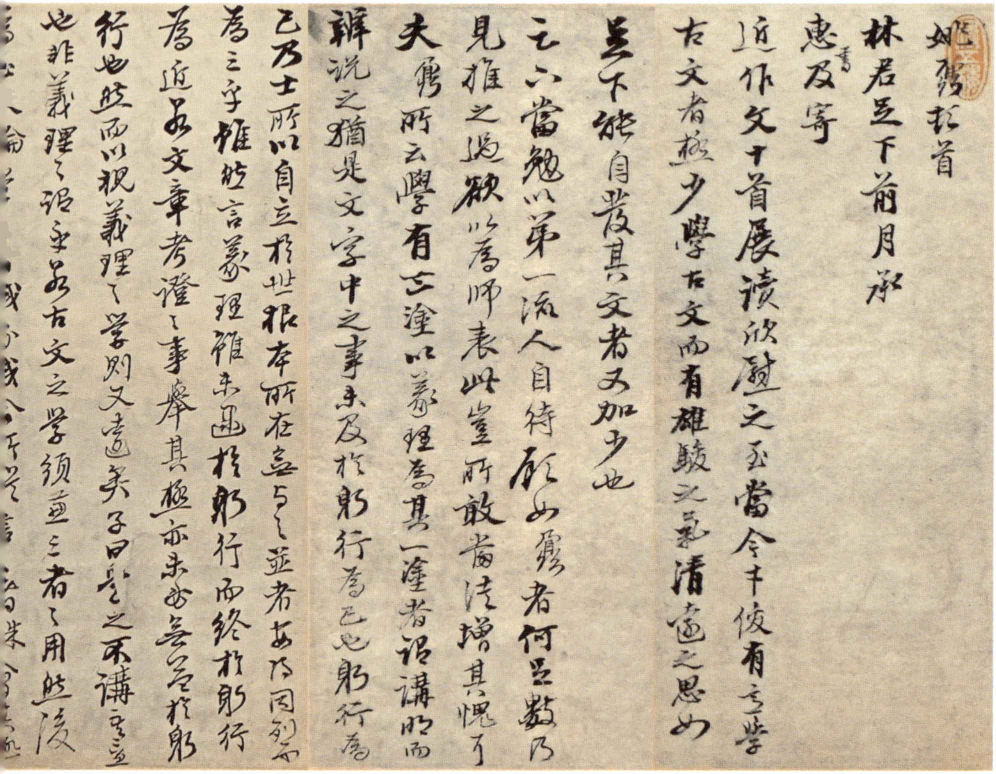
姚鼐頓首
林君足下前月承
惠書及寄
近作文十首展讀欣慰之至當今才俊有志學
古文者極少學古文而有雄駿之氣清遠之思如
足下能自發其文者又加少也
亦當勉以第一流人自待致如鼐者何足數乃
見推之過欲以為師表此豈所敢當請增其愧耳
夫鼐所云學有三塗以義理為其一塗者謂講明而
辨說之猶是文字中之事未及於躬行為己也躬行為
己乃士所以自立於世根本所在豈與之並者安乃同列而
為三乎雖然言義理雖未必於躬行而終於躬行
為近若文章考證之事舉其極亦未必無益於躬
行也然而以視義理之學則又遠矣子曰德之不講言豈
也非義理之謂乎若古文之學須兼三者之用然後

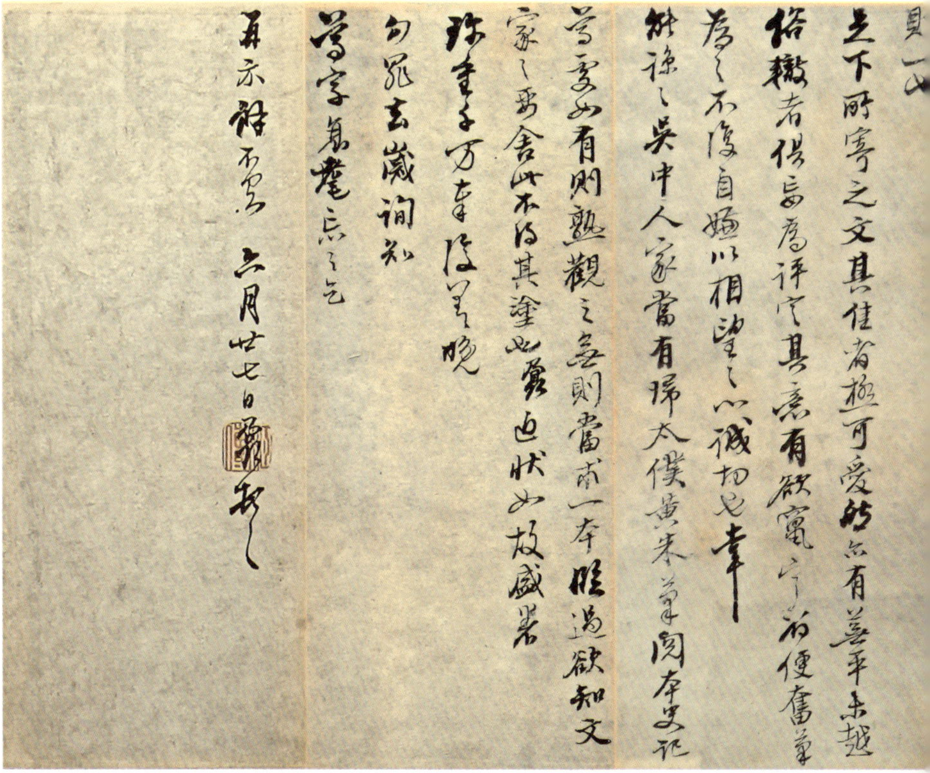

127–1

姚鼐《復林仲騫書》

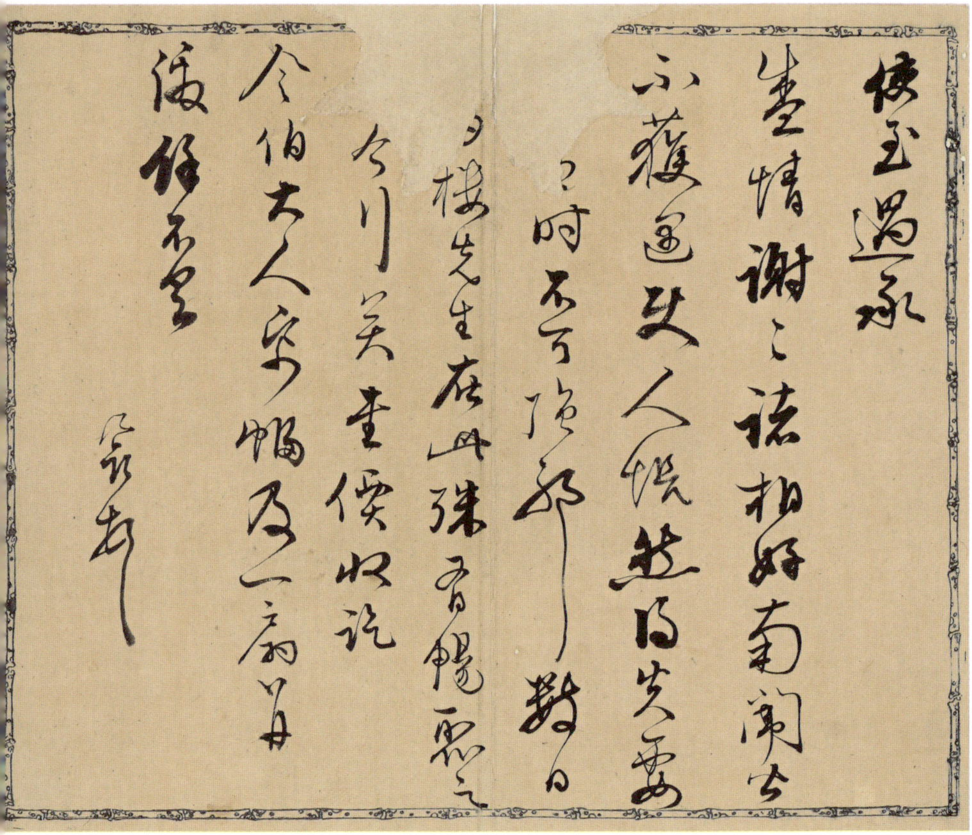

134-1

姚鼐《與某公書》

前言

姚鼐是在桐城派發展過程中具有里程碑意義的代表作家，同時也是清乾嘉時期的著名學者和詩人。與同時期作家乃至歷史上學人相比，姚鼐留有大量信札，這一方面是因爲姚鼐交遊廣泛，特別是從其問學者甚多，需要尺牘傳情達意，另一方面是因爲姚鼐親友弟子及後學對於姚鼐信札的珍視和護惜。今天重新整理和研究姚鼐的信札，其根本原因在於其豐富的學術内涵和較高的學術價值。

姚鼐信札對於其生平考訂頗有助益，很多生活細節可以被還原，極大豐富了人們對於姚鼐的認識。同時，這些信札對於姚鼐作品的解讀也有幫助，可以爲讀者提供其詩文的創作背景、初衷，以及姚鼐本人對自己作品的評價等。信札除是一種文體外，還是一種載體和媒介，具有溝通連接的作用和信息傳播的功能。内可以傳情達意，外可以勾連傳播，這是信札作爲一種實用文體不同於其他文體的優勢所在。因此，在對姚鼐信札的使用和研究過程中，要注意這批信札的『外向』價值研究，而不能僅將目光局限於姚鼐研究本身。

姚鼐信札的外向價值，最直接的表現是爲姚鼐師友門人生平考證及作品批評提供參考資料。筆者曾利用姚鼐與吴賡枚的信札等材料，考證出乾隆五十八年（1793）會元吴貽詠生於乾隆元年（1736），卒於嘉慶十二年（1807）。姚鼐在信札中對陳用光、管同、劉開、姚瑩、姚元之等弟子的詩文作品多有點評，對於包括袁枚在内的詩壇巨擘多有褒貶，這爲乾嘉詩壇衆多詩人作品的解讀提供了鮮活的批評材料。姚鼐信札的外向價值還表現在對於乾嘉學壇的真切反映。姚鼐是乾嘉時期宋學的代表，與漢學陣營亦有頗深的淵源，要瞭解漢宋之争及乾嘉時期學風的潜轉，姚鼐與師友門人的信札可謂絶佳的材料，方東樹《漢學商兑》中的不少觀點即承襲其師姚鼐的緒論。姚鼐與師友門人尺牘交往頻繁，特别是與弟子的書信較多，這些信札成爲聚攏年輕才俊的重要媒介，姚鼐與弟子信中講學論道，談論詩文，客觀上有利於桐城派的進一步傳播。信札成爲以姚鼐爲中心的桐城派群體相互連接的紐帶，成爲桐城派傳播文統道統的載體，這可視爲姚鼐信札外向價值深層次及潜在的表現。

在對姚鼐信札的内向和外向價值稍作闡釋後，筆者就《姚鼐師友門人往還信札彙編》書名回答以下兩個問題：

一是爲什麽要按照師、友、門人這樣的分類編排信札？實際上這大致也是按時間先後排列，同時這種排列有利於揭示出姚鼐如何從一個『受教者』走向『施教者』。姚鼐在《劉海峰先生八十壽序》中即稱：『鼐之幼也，嘗侍先生，奇其狀貌言笑，退輒仿效以爲戲。

及長，受經學於伯父編修君，學文於先生。』姚鼐在詩文方面受教於劉大櫆，這在姚鼐與劉大櫆的書信中亦有體現：『自少至今，懷没世無稱之懼，朝暮自力，未甘廢弃。然不見老伯，孰與證其是非者？鼐於文藝，天資學問本皆不能逾人。所賴者，聞見親切，師法差真。』又言：『近作詩文頗多，聊録數詩紙後，老伯可觀鼐才力進退也。』（《與劉海峰先生》）劉大櫆在復書中有『尊作去古爲近，加以功力』等語。很顯然，姚鼐此時學業猶未大成，尚需向劉大櫆請教。在姚鼐與四庫館同僚及王文治、朱孝純等人的交往中，則能看出他與友人之間相互砥礪、勉勵甚至辯論。如對於翁方綱『勉以爲文之法』，姚鼐《答翁學士書》中以善射者爲例，指出『非有定法亦明矣』，顯示出對於『法』的辯證認識。姚鼐辭官後，於揚州、江寧等地設帳受徒，在與門人弟子的交往中，姚鼐總是以善於施教者的面目出現，如在與姚元之的尺牘中循循善誘：『學詩文不摹擬，何由得入？』在與管同的尺牘亦有相似觀點。姚鼐與方東樹的信中則把摹擬分三個階段：即『始而迷悶，苦毫無似處』，『久而能似之』，『又久而自得，不復似之』。姚鼐在與陳用光、劉開、姚瑩等人的尺牘中談論詩人興會之事，如：『詩人興會，隨所至耳，豈有一定之主意章法哉？』主張『凡詩文事與禪家相似，須由悟入，非語言所能傳』，這涉及詩歌創作的靈感問題，而要想由悟入，亦無他法，衹有熟讀精思而已。可見，按照師、友、門人這樣的分類編排信札，既符合尊師重道的傳統，也有利於展示姚鼐的學術成長歷程。

二是爲什麽要把姚鼐師友門人的信札收録進來？這主要是想解决『失語』與『遮蔽』的問題，即想促成通信雙方對話的機會。一封書信往往涉及人、事、時、地四個要素，即寫信人和收信人、信中所言之事、寫信時間、寫信地點，把這些問題都理清楚，這封信就基本讀懂了。但這還衹完成了一半的工作，最好把對方的回信找到，看看是如何回復的，把往還的一組信放在一起看，這樣得到的信息就更加真實全面。如姚鼐與陳用光書信最多，陳用光與姚鼐書信亦存留十餘封，通過比對，筆者發現，姚鼐不少有見地的學術論斷及精彩的文藝批評是在回答陳用光的問題時提出的。正是在一問一答的對話中，問題得到解決，而對話所包含的信息往往比單獨的兩封書信簡單相加要豐富得多。書信往來之中又有一種情況，即甲欲作書與丙，却先作書與同甲、丙皆熟識的乙，經乙轉達，甲、丙之間始互通消息。如能把甲、乙、丙三者的往還信札並列閲覽，一些疑惑就會涣然冰釋，其中的人事關係則清晰明瞭。這種情況常出現在姚鼐爲弟子作書與某些官員時，如姚鼐應陳用光之請作書與朱珪，爲管同作書與鮑桂星等。陳用光同年、友人之中，因陳用光與姚鼐的情誼，輾轉向姚鼐請教的亦大有人在，江西新城陳、魯二姓即有不少以詩文向姚鼐請教者。很顯然，這樣的網狀交往傳播，有利於桐城派的發展，他們的往來書信則爲我們提供了可信的材料和綫索。書信交往中還有一種情況也較常見，即甲、乙二人的書信交往中會論及丙，甲在與乙信中關於丙的評論甚至比甲、丙直接交往中關於丙的評論更能反映甲的真實看法。如姚鼐在與鮑桂星的信中言：『吾斷謂樊謝、簡齋，皆詩家之惡派。』這種論調和判詞是絶對不會出現在姚鼐與袁枚的文字交往之中。這又與寫信人的文德不甚相關，主要在於書信『排他』性和『私密』性的特點，這同樣會造成『失語』與『遮蔽』。要避免信札容易造成『失語』與『遮蔽』的問題，最好的辦法是讓當事人對話，這就是要把師友門人的信札一並收録的原因之一。

個案研究在深化對某一作家藝術特色認識的同時，也容易産生抬高甚至誇大其藝術成就的弊端。解決此弊端的最好辦法則是縱横比較，即將此作家與前人做縱向比較，與同時代作家做横向比較。這種比較，最好是方式是當事人之間以『對話』的方式展開。後人與前人不可能有真正意義上的『對話』，或者説祇有不對等的『對話』。同時代的作家則完全可以展開直接或間接的『對話』，他們『對話』的一種重要途徑就是信札。在信札材料的使用中，如果祇關注一方的『言説』，而不關心對方的『回應』，勢必會造成一方的『失語』，進而會造成信息的『遮蔽』。如翁方綱與姚鼐同處四庫館，時常『詩課』，翁方綱作《與姬川郎中論何李書》，規勸姚鼐『盡弃其夙聞』，《再與姬川郎中論何李書》甚至直言姚鼐『既不喻詩理，則可從此不爲之矣』。姚鼐《答翁學士書》則有『鼐誠不工於詩，然爲之數十年矣』的負氣之言，並反問詩文『安得有定法』？顯示出兩人大不相同的詩學觀點。這種差異，甚至衝突，正是在以信札爲媒介的『對話』中完成的。古人書信佚失嚴重，往往十不存一，在很難用書信完成『對話』時，我們則附録雙方詩文唱和等相關文字，以更加真實、全面反映雙方的交往。

《清儒學案》收録《惜抱學案》，《桐城文學淵源考》卷四專記『師事及私淑姚鼐諸人』，這些記載大體能够反映出姚鼐與姚門弟子的師承及授受情況。但無論《清儒學案》還是《桐城文學淵源考》，都是後人所編，無論如何剪裁，如何講求筆法，都是一種静止的呈現。今天的研究者要真正瞭解姚鼐與姚門弟子的互動，探究乾嘉時期桐城派的發展，更應關注姚鼐與師友門人的文字往來，畢竟這些材料是一手的，且是鮮活的、立體的。以信札爲媒，彙編出以姚鼐爲中心的乾嘉文人群體的交往圖景，這不僅有利於對姚鼐及桐城派的研究，也必將推動乾嘉詩壇、文壇及其他方面的相關研究。

凡例

一、本書輯録姚鼐與師友門人往還信札516通，其中姚鼐信札476通（與朱子潁一書有目無文），他人與姚鼐信札40通（朱孝純與姚鼐一書有目無文），附録詩文214題255首（篇）。旨在通過書信往還等材料，反映姚鼐與師友門人的文學批評和學術交往。

二、姚鼐書信頗多，《惜抱軒文集》《惜抱軒文後集》收録信札各一卷，《惜抱先生尺牘》八卷，《惜抱先生尺牘補編》二卷，《惜抱軒尺牘補遺》一卷，《姚惜抱先生家書》一卷。此外，整理者從拍賣會、博物院等處搜集姚鼐信札36封，題爲《惜抱軒尺牘續補》，姚鼐存世書信大略如此。版本及圖版等詳細信息，參見書末『參考文獻』。其中《姚惜抱先生家書》多言家庭瑣事，與其他書信談文論學不類，與本書宗旨不合，作爲整體，不予收録。但親屬之中，凡有功名、能詩文者，姚鼐與其往來書信則予以收録。師友門人與姚鼐信札或輯自文集，或輯自其他文獻，姓名不可考及殘缺不全者，視信札内容酌收。所收信札各標注出處，原書中缺字，以『□』表示。

三、本書以姚鼐信札交往對象編目，總體以師、友、門人分類，劉大櫆爲師之首，曹京爲友之首，魯九皋爲弟子之首，其中師友關係不明確者，則以書信内容推測歸類。每一類中大致以出生年月先後爲序，生卒年主要參考江慶柏《清代人物生卒年表》。同一人的書信交往則以時間先後爲序。生卒年不詳者置各類後。又姓名、生平里第不可考者，置於書末。

四、爲輔助信札解讀，前列通信對象生平簡介，後擇要附姚鼐與師友門人詩文交往等資料，必要處以按語注釋形式加以説明，不做繁瑣考證。

五、本書收録姚鼐信札複製圖片約200幅，合成書信89封，以供觀覽。手書文字與後世刻本文字不盡相同，相異處不出校記，具體可參看《姚鼐信札輯存編年校釋》一書校記。

六、其他未明之處，參看本書前言及正文。

目录

一 劉大櫆

劉大櫆（1698—1779），字耕南，一字才甫，號海峰，桐城（今安徽樅陽縣）人，『桐城三祖』之一。雍正四年（1726），初至京師，方苞得其文，告人曰：『如方某，何足算邪？邑子劉生，乃國士爾！』（姚鼐《劉海峰先生八十壽序》）屢應鄉試，雍正七年（1729）、雍正十年（1732）中副榜，終不得舉。乾隆五年（1740），劉大櫆與姚鼐首次相見。乾隆六年（1741），應博學宏詞試，亦不爲録用。乾隆二十六年（1761），任黟縣教諭，主講歙縣問政書院、安慶敬敷書院。乾隆三十六年（1771），告老還家，居樅陽江濱，默抑而終。劉大櫆繼承方苞『義法』理論，提出『神氣音節』説：『並古人神氣音節得之，兼及莊騷左史、韓柳歐蘇之長。其氣肆，其才雄，其波瀾壯闊。』（《清史列傳》卷七十一）著有《海峰詩集》十一卷、《海峰文集》八卷、《論文偶記》一卷，又編《古文約選》《歷朝詩約選》，纂修《歙縣志》等。

（一）

與劉海峰先生

姚鼐

久未啓候，昨得舍弟信來，云三老伯自歸家後，起居甚好，但不喜入城耳。城中誠無佳處，然樅陽亦頗塵囂，三老伯居之，果能適意耶？朝夕何以自給？聞在徽州時有足疾，今已愈未？鄉間亦復有可與共語者不？鼐於老伯忽忽不見，遂二十年，偶一念及，令人心驚。

自少至今，懷没世無稱之懼，朝暮自力，未甘廢弃。然不見老伯，孰與證其是非者？鼐於文藝，天資學問，

久未啟候昨得令弟信來云
三老伯自歸家後起居甚好但不喜入城耳城中誠無佳
處然樅陽亦頗塵囂
三老伯居之果能適意耶朝夕何以自給聞
在徽州時有足疾今已愈未鄉間亦復有可與共語者
不鼐于
老伯忽忽不見遂二十年偶一念及令人心驚自少至今
懷沒世無稱之懼朝暮自力未甘廢棄然不見
老伯孰與証其是非者鼐于文藝天資學問本皆不能逾
人所賴者聞見親切師法差真然其較一心自得不
假門逕邈然獨造者淺深固相去遠矣猶欲謹守家
法拒斥謬妄冀世有英異之才可因之承一綫未絕
之緒據然以興而流俗多持異論自以為是不可與
辨此間聞言相信者間有一二又恨其天分不為卓
絕未足上繼古人振興衰敝不知四海之內終將有
遇不耶鼐丙戌年春曾有兩字奉寄並詩一冊呈乞
閱定者前歲在武昌作奉懷詩並書內未知達不近作
詩文頗多聊錄數詩紙後
老伯可觀鼐才力進退也
老伯詩文集中愚見亦有數處欲相商者此非見面不可
詳悉其本子款式雖刻俱不佳他日有意謀為
老伯易刻也自家伯見背之後鼐無復意興此間尤無可
戀今年略清身上負累明年必歸
杖履無羨從此長相從矣因便略陳不盡二月二十三
日上
海峰三老伯大人
通家姪姚鼐頓首
老伯所選放翁七律乞
令人抄一本見寄

本皆不能逾人。所賴者，聞見親切，師法差真。然其較一心自得，不假門徑，邈然獨造者，淺深固相去遠矣。猶欲謹守家法，拒斥謬妄。冀世有英異之才，可因之承一綫未絶之緒，倔然以興。而流俗多持異論，自以爲是，不可與辨。此間聞言相信者，間有一二，又恨其天分不爲卓絶，未足上繼古人，振興衰敝。不知四海之内，終將有遇不耶？

鼐丙戌年春，曾有兩字奉寄，並詩一册，呈乞閲定者。前歲在武昌，作《奉懷》詩並書，均未知達不？近作詩文頗多，聊録數詩紙後，老伯可觀鼐才力進退也。老伯詩文集中，愚見亦有數處欲相商者，此非面見不可詳悉。其本子款式、雕刻俱不佳，他日有意謀爲老伯另刻也。自家伯見背之後，鼐無復意興。此間尤無可戀。今年略清身上負累，明年必歸。杖履無恙，從此長相從矣。因便略陳，不盡。

二月二十三日，上海峰三老伯大人，通家侄姚鼐頓首。[1]（《惜抱先生尺牘》卷一）

①此爲《惜抱先生尺牘》第一札，後有陳用光識語：『用光所録先生尺牘皆歸田後札也，惟此爲官京師時書。其手迹存伯昂編修處，用光以《墨池堂帖》一部易之，並標入吾《十卷》中。茲取以冠篇首云。』

1-2

劉大櫆

與姚姬傳

辭玉堂而歸郎署……《得五樓詩稿》一卷，久爲標録一過……尊作去古爲近，加以功力……

案，蕭穆《跋海峰先生與姚惜翁手札》云：『右海峰先生與惜抱手札三紙，今尚存其曾孫姚聲所。書中所云「辭玉堂而歸郎署」及「《得五樓詩稿》一卷，久爲標録一過」，蓋惜翁詩初名《得五樓詩稿》，即《惜抱軒尺牘·與劉海峰先生書》所云「丙戌年春，曾有兩字奉寄，並詩稿一册，呈乞閱定」者也。惜翁以乾隆三十一年丙戌夏散館，改兵部主事，年方三十六歲。海峰此書乃在三十二年之冬，斯時惜翁學業猶未大成，海峰書所以有「尊作去古爲近，加以功力」之語也。余搜輯田間、望溪諸公尺牘頗夥，於海峰先生僅見此札，不能成帙。兹因編定《惜抱先生尺牘》，爰録附惜翁與先生書後以傳之。壬申夏六月。』（《敬孚類稿》卷七）

附：

寄和劉海峰三丈遊伊闕之作

姚鼐

聞去梁園超廣武，西登闕塞眺黄河。伊陽風雨從中出，洛下山川向北多。白髮上賓聊自許，青春歸興復如何？且從浩蕩詩懷劇，莫念沈淪壯歲過。（《惜抱軒詩集》卷六）

懷劉海峰先生

姚鼐

先生高卧楚雲旁，賤子飄摇每憶鄉。四海但知存父執，一鳴嘗記值孫陽。於今耽酒能多少？他日奇文恐散亡。脱足耦耕如未晚，百年吾亦鬓蒼蒼。（《惜抱軒詩集》卷七）

姚鼐

劉海峰先生八十壽序

曩者鼐在京師，歙程吏部、歷城周編修語曰：『爲文章者，有所法而後能，有所變而後大。維盛清治邁逾前古千百，獨士能爲古文者未廣。昔有方侍郎，今有劉先生，天下文章，其出於桐城乎？』鼐曰：『夫黄、舒之間，天下奇山水也。鬱千餘年，一方無數十人名於史傳者。獨浮屠之俊雄，自梁、陳以來，不出二三百里，肩背交而聲相應和也。其徒遍天下，奉之爲宗。豈山川奇傑之氣有蕴而屬之邪？夫釋氏衰歇，則儒士興，今殆其時矣！』既應二君，其後嘗爲鄉人道焉。

鼐又聞諸長者曰：『康熙間，方侍郎名聞海外。劉先生一日以布衣走京師，上其文侍郎。侍郎告人曰：「如方某，何足算邪？邑子劉生，乃國士爾！」聞者始駭不信，久乃漸知先生。』今侍郎没而先生之文果益貴。然先生窮居江上，無侍郎之名位交遊，不足掖起世之英少。獨閉户伏首几案，年八十矣，聰明猶强，著述不輟，有衛武《懿》詩之志，斯世之異人也已。

鼐之幼也，嘗侍先生，奇其狀貌言笑，退輒仿效以爲戲。及長，受經學於伯父編修君，學文於先生。遊宦三十年而歸，伯父前卒，不得復見。往日父執往來者皆盡，而猶得數見先生於樅陽。先生亦喜其來，足疾未平，扶曳出與論文，每窮半夜。

今五月望，邑人以先生生日爲之壽。鼐適在揚州，思念先生，書是以寄先生，又使鄉之後進者聞而勸也。

（《惜抱軒文集》卷八）

姚鼐

祭劉海峰先生文

嗚呼！自聖有道，道存乎文。孔徒之傑，與顔同倫。周室世衰，末流歧分。或鳴爲技，或以道陳。迄千餘年，其傳緡緡。豈無才士，識闇其本。苟爲僨强，卒躓而隕。聖言載世，有炳其光！蔽晻於矇，日月何傷？吾鄉宗伯，勇繼絶軌。甘噬朐腊，寧遺腴旨。晐萬逾俗，去古則咫。先生再興，益殫厥美。上與《詩》《書》，應其宫徵。抉搜百家，掩取瑰偉。抑揚從心，不見端委。日麗春敷，雖妍不靡。世有斯文，千載之雄。百世所述，當世則窮。半生場屋，老授學官。卒亦不居，退處江干。
天奪其子，獨與以朋。昔我伯父，始與並興。和爲文章，執聖以繩。劇談縱笑，據几執觥。召我總角，左右是膺。賤子既冠，於京復見。先生執手，爲我嗟嘆！嗣學古人，以任道期。亹亹其文，以贈吾離。其後閲年，又逾二十。豈徒君耄，鼐亦衰及。念吾伯父，相見以泣。先生益病，侍帷妻妾。要我床前，强坐業業。猶有高言，記爲上法。孰承遺書？竟委几榻。舉世茫茫，使我孤立。有言莫陳，終古於邑。嗚呼尚饗！（《惜抱軒文集》卷十六）

姚鼐

劉海峰先生傳

劉海峰先生，名大櫆，字才甫，海峰其自號也。桐城東鄉濱江地曰陳家洲，劉氏數百户居之，爲農業，多富饒。獨海峰生而好學，讀古人文章，即知其意而善效之。年二十餘，入京師。

當康熙末，方侍郎苞名大重於京師矣，見海峰大奇之，語人曰：『如苞何足言耶！吾同里劉大櫆，乃今世韓、歐才也。』自是天下皆聞劉海峰。然自康熙至乾隆數十年，應順天府試，兩登副榜，終不得舉。乾隆元年舉博學鴻詞，乾隆十五年舉經學，皆不録用。朝官相知、提督學政者，率邀之幕中閲文，因歷天下佳山水，爲歌詩自發其意。年逾六十，乃得黟縣教諭。又數年，去官歸樅陽，不復出，卒年八十三。無子，以兄之孫□爲後。

先生少時，與鼐伯父薑塢先生及葉庶子酉最厚。鼐於乾隆四十年自京師歸，庶子與鼐伯父皆喪，獨先生存，屢見之於樅陽。先生偉軀巨髯，能以拳入口，嗜酒諧謔，與人易良無不盡，嘗謂鼐：『吾與汝再世交矣！』

天下言文章者，必首方侍郎。方侍郎少時，嘗作詩以視海寧查侍郎慎行。查侍郎曰：『君詩不能佳，徒奪爲文力，不如專文。』方侍郎從之，終身未嘗作詩。至海峰，則文與詩並極其力，能包括古人之異體，鎔以成其體，雄豪奥祕，麾斥出之，豈非其才之絶出今古者哉？其文與詩皆有雕板，鼐欲稍删次之合爲集，未就，乃次其傳。（《惜抱軒文後集》卷五）

劉大櫆

寄姚姬傳

我昔在故鄉，初與君相識。君時甫冠帶，已具垂天翼。我膺經學薦，往作京華客。君適鄉舉來，歡遊窮日夕。胸羅文史十牛車，計日應得翔天衢。誰知天門九重閉，夜叉棧齴連夔魖。賢豪遭遇古難必，更百千年纔一出。遭時呼吸成虹霞，不遇惟當老蓬蓽。我今齷齪傷懷抱，苜蓿差堪營一飽。所嗟絆足柴車中，不見故人顔色好。却憶我年當少時，清風朗月爲襟期。雄吞雲夢可八九，走馬横行十萬師。自愛文華矜獨擅，君家伯父同游宴。一飲百觚芒角生，下筆驅濤走雷電。雲水升沈不可論，眼看汝伯登金門。我獨扁舟泛湖海，大地無能容一身。汝伯起家凡幾歲，欲上層霄更垂翅。骨相原非公輔倫，異域飄零各憔悴。我觀自古諸賢英，往往實不副其名。平時對客發高論，事去詭言無宦情。趙括徒能讀父傳，王衍終必誤蒼生。吾徒奮志準古昔，毋令市儈還相輕。雖然我今年老矣，窮鳥投林聊至此。荒山野水終殘年，自顧所餘惟一死。君方及壯多宏才，豈比朽瓜枯木灰。龍騰苑沼雨雲合，日出扶桑烟霧開。事業微猶繼丙魏，文章劣足淩鄒枚。後來居上待子耳，臨風悵望空遲回。（《劉大櫆集》卷十三）

劉大櫆

送姚姬傳下第歸里

幾載一相見，同心遽背違。飄零惟我慣，淪落送君歸。暫聽霜蹄蹶，終看怒翼飛。關河阻魂夢，莫遣報書稀。（《劉大櫆集》卷十五）

劉大櫆

襄陽風雪懷姚姬傳

年少辭家悵獨居，遠游踪迹近微閭。感時莫憶楊員外，弔古應悲樂望諸。燕地夢魂長傍汝，楚天風雪眇愁予。何時僦屋相鄰並，晨夕過從共讀書。（《劉大櫆集》卷十六）

劉大櫆

懷姚姬傳

不見情親數暮鴉，遊從猶記在京華。持杯共對金臺月，閣泪同看古寺花。歸去龍舒人似玉，棲遲梁宋我無家。如今涿鹿遥相望，庸子江頭落日斜。（《劉大櫆集》卷十六）

劉大櫆

送姚姬傳南歸序

古之賢人，其所以得之於天者獨全。故生而向學，不待壯而其道已成。既老而後從事，則雖其極日夜之勤劬，亦將徒勞而鮮獲。

姚君姬傳甫弱冠，而學已無所不窺，余甚畏之。姬傳，余友季和之子，其世父則南菁也。憶少時與南菁遊，南菁年纔二十，姬傳之尊府方垂髫未娶。太夫人仁恭有禮，余至其家，則太夫人必命酒，飲至夜分乃罷。其後余漂流在外，倏忽三十年，歸與姬傳相見，則姬傳之齒已過其尊府與余遊之歲矣。明年，余以經學應舉，復至京師。無何，則聞姬傳已舉於鄉而來，猶未娶也。讀其所爲詩、賦、古文，殆欲壓余輩而上之。姬傳之顯名當世，固可前知。獨余之窮如曩時，而學殖將落，對姬傳不能不慨然而嘆也。

昔王文成公童子時，其父携至京師。諸貴人見之，謂宜以第一流自待。文成問何爲第一流，諸貴人皆曰：『射策甲科爲顯官。』文成莞爾而笑：『恐第一流當爲聖賢。』諸貴人乃皆大慚。今天既賦姬傳以不世之才，而姬傳又深有志於古人之不朽。其射策甲科爲顯官不足爲姬傳道，即其區區以文章名於後世，亦非余之所望於姬傳。孟子曰：『人皆可以爲堯、舜。』以堯、舜爲不足爲，謂之悖天；有能爲堯、舜之資，而自謂不能，謂之慢天。若夫擁旄仗鉞，立功青海萬里之外，此英雄豪傑之所爲，而余以爲抑其次也。

姬傳試於禮部，不售而歸，遂書之以爲姬傳贈。（《劉大櫆集》卷四）

2 袁枚

袁枚（1716—1798），字子才，號簡齋，晚年自號倉山居士、隨園主人、隨園老人，錢塘（今浙江杭州市）人。乾隆四年（1739）進士，授翰林院庶吉士。自乾隆七年（1742），先後於溧水、江寧、江浦、沭陽任縣令七年。乾隆十四年（1749），袁枚辭官，隱居南京小倉山隨園，吟咏其中。乾隆四十八年（1783），袁枚遊黄山塗經桐城，時姚鼐以病居家，二人遂相交。乾隆五十四年（1789），姚鼐主講江寧鍾山書院，二人交遊最久。袁枚倡導『性靈説』，與趙翼、蔣士銓合稱爲『乾嘉三大家』，又爲『清代駢文八大家』之一。著有《小倉山房文集》三十五卷、《小倉山房文集外集》八卷、《小倉山房尺牘》十卷、《隨園詩話》十六卷及《隨園詩話補遺》十卷、《子不語》六卷等。

2-1 答袁簡齋書

姚鼐

前日承詢婦人無主之説，當時略以臆對。歸後復讀賜書，檢尋傳記以攷其實。蓋以士大夫禮言之，非特婦人無主，雖男子於廟固亦無主也。以天子、諸侯言之，則自漢以後，婦人於廟中有主，而周以前，則或有或無，未敢決焉。古人所重者尸祭。其依神者尸爲要，主非所必不可無也。

鄭康成注《祭法》，謂士大夫之廟無主，惟天子、諸侯廟乃立主。其説頗爲今學者所駁，而攷之於古則實然。孔子告曾子曰：『當七廟、五廟無虚主。』然則三廟、二廟、一廟者，固可虚無主矣。古《聘禮》：賓介所居館，皆士大夫之廟也。使有主之廟，而使人居之，將豫移主出乎，抑聽其人神之相瀆乎？賓主皆何以安焉？斯廟不設主之可徵者也。惟《左氏》載孔悝有取祏之事，此特末世之僭耳，非禮之正也。以禮之正言之，天子有日祭、月祀，諸侯亦月有告朔，故設官以日嚴奉其主爲宜。卿大夫之祭，於時疏矣，又位下，不能專立官以日典守，故廟中亦無常奉之主。且古人依神，所重亦不必以主也，故男子、婦人皆無主於廟，士大夫禮也。若天子、諸侯，廟中固必有主矣。

然主不書謚，雖漢猶然。婦人配祭，不專立尸，設同几以依神，則謂后夫人與君同一主，亦無不可者。至《漢儀》載『天子主一尺二寸。后主七寸，在皇帝主右』，則婦人有主之事，至漢而甚明矣。不知自周、秦以來所傳禮固然，漢乃因之耶，抑第漢時人自爲之禮耶？此不可以臆決者也。若今世士大夫不以尸祭，廟中惟主爲重。主則書先人之爵與字，不可以云與妣共之。其必當立妣主明矣。

荀子『食魚泔之』之義，鼐意謂食魚易傷人者鱠也，泔之恐是漸之醯醬之類，以爲鱠耳。奥讀如燠，奥之則以火熟之矣。曾子殆傷昔奉父母時不聞此語，常以泔供饌，故泣也。然别無攷證，不敢信以爲是也。

『不逆薪而爨』者，言持薪必順其本末。此小事尚不肯逆，況爲暴乎？此解易了，但不知所出耳。來書云：『見《南齊·劉瓛傳》。』撿瓛傳無此語，乃見《宋書·建平王宏傳》，係瓛上書中建平王景素之詞。

其餘數條，鼐皆不能解，古事固難通，而傳書亦或有誤字也。謹就所見者上陳待教！少涼走候，不具。

（《惜抱軒文集》卷六）

2-2 姚鼐

再復簡齋書

《士喪禮》有重無主。若『虞主用桑，練主用栗』，乃是文二年，『作僖公主』《公羊傳》文，非言士禮也。何休引『《士虞記》云「喪主不文，吉主皆刻而謚之」，蓋爲禘祫時別昭穆也』。此是《禮》之逸篇。題云《士虞記》，而中廣言天子、諸侯之禮，若士則安得有禘祫也。鼐前書所云不書謚，蓋誤以漢禮爲古禮，據是篇則古主有謚也。

《左傳》：『凡君薨，卒哭而祔，祔而作主。』杜元凱云：『言凡君者，謂諸侯以上，不通於卿大夫。』觀何、杜之注，皆與康成同意，則知康成言之不可易矣。

《穀梁》疏載麋信引衛次仲云：『宗廟主皆用栗，右主八寸，左主八寸。』此亦言婦人於廟中有主，然不知次仲所言，古禮耶，抑第漢事耶？是猶不能明也。謹再復。（《惜抱軒文集》卷六）

2-3 姚鼐

再復簡齋書

兩札下問，愚淺不能具答，略以所明者上陳：古人以玄爲服采之盛。《禮》所云冕服，皆玄也。衣正色，裳間色，謂之貳采。惟軍禮乃上衣下裳同色，故曰袀服。宿衛之士，當用軍禮，衣裳同色，故《趙世家》有黑衣之列，其衣兼衣裳而是之也。周制軍禮韎韋之服。韎之爲色，在赤黑之間，不知趙左師所云黑衣者，即是周之韎耶，或玄衣玄裳耶？要之黑非賤服也。古帝王革命，雖有易服色之事，而要其大體，皆上玄而下纁黄，雖魏、晋而降，制猶存焉。隋人以宇文周尚黑，舉矯而變之，遂亦及於章服。自隋、唐以後，以紫緋爲品官上服，朝會皆衣之，無復尚玄之禮矣。

夫聖人制禮，其始必因乎俗，故曰禮俗。祭之有尸，始蓋亦出於上古之俗，而聖人因以爲禮，此亦仁孝之極思。使聖人生乎今世，天下但有厭祭而無尸矣，固必不更行設尸以祭之禮，然不可因此遂譏古人之爲謬也。尸蓋廢於秦世。秦，戎俗也。然則設尸非夷禮，廢尸乃夷禮耳。凡祀天神無尸，而配者人鬼有尸。《淮南子》言『郊祭有尸』可也，然太公爲尸之説，則不可信。郊祀稷尸，固宜以子孫爲之，何爲以姜姓乎？《國語》：『董伯爲尸。』晋之董姓，出乎辛有之子。意辛有乃夏子孫，故董伯爲鯀尸耶？然而不可攷矣。若夫感生之説，則緯書之妄，固不足述。猫虎之尸，亦説之者過耳，於理不應有也。

儒者生程朱之後，得程朱而明孔孟之旨，程朱猶吾父師也。然程朱言或有失，吾豈必曲從之哉？程朱亦豈不欲後人爲論而正之哉？正之可也，正之而詆毁之、訕笑之，是詆訕父師也。且其人生平不能爲程朱之行，而其意乃欲與程朱争名，安得不爲天之所惡。故毛大可、李剛主、程綿莊、戴東原，率皆身滅嗣絶，此殆未可以爲偶然也。愚見如是，惟幸教之！尚熱，未敢走謁，謹復。（《惜抱軒文集》卷六）

附：

姚鼐

謝簡齋惠天台僧所餉黄精

衰年不願海山居，願舐淮南藥鼎餘。但使體中還少壯，更偕兒輩向詩書。蒼山旨蓄承分乞，白首飛蓬或掃除。想見赤城霞畔路，長鑱木柄下空虚。（《惜抱軒詩集》卷九）

姚鼐

簡齋年七十五腹疾纍月自憂不救邀作豫輓詩五首

龍飛四歲一詞臣，嘯咏江山五十春。莫怪尊前未了局，當時同輩久無人。
一代文章作滿家，争求珠玉散天涯。替人未得公須住，天上寧無蔡少霞！
宫闕前朝迹惘然，隨園花竹獨清妍。滄桑憑弔雖難免，且願從遊更數年。
起行拋杖坐吟詩，豈是膏肓不可治？自此但留貞疾在，也堪談笑却熊羆。
氣聚升爲五色霓，倏將散與太虚齊。海山兜率猶黏着，那更投生向玉溪？（《小倉山房詩集》卷三十二）

姚鼐

祝袁簡齋八十壽時方送小郎就婚湖州二首

春風鳩杖挈佳兒，棗栗盛筓共壽卮。樂事天教今世獨，才名人作昔賢疑。分司且遂休官早，柱史從留食乳遲。會見小倉編後集，較多盈萬渭南詩。

先生築館冶城隈，壇坫争趨末座來。司馬從官嘗雨立，元戎小隊及花開。後堂弟子聞歌管，西邸英王致酒梧。此日壽登誰不慶？早詢安否遍中臺。（《惜抱軒詩集》卷九）

姚鼐

輓袁簡齋四首

早應詞科稱玉堂，出臨大邑見文章。流傳政牘吴歙裹，得助詩才蔣阜旁。官罷買田如好時，身亡起塚在桐鄉。祇憐行樂平生地，門掩西州澹夕陽。

文集珍傳一世間，兼聞海外載舟還。千篇少孺常隨事，九百虞初更解顔。竈下媪通情委曲，硯旁奴愛句斒斑。渾天潭思胡爲者，縱得侯芭亦等閑。

館閣江湖並盛名，胸苞今古手持衡。當關報客無朝暮，下筆嘘枯有性情。群輩角巾從郭泰，公侯小巷候君卿。希光時彦今多少，籬溷辛勤悵賦成。

半世秦淮作水嬉，沙棠舟送玉簫遲。錦鐙耽宴韓熙載，紅粉驚狂杜牧之。點綴江山成綺麗，風流冠蓋競攀追。烟花六代銷沈後，又到隨園感舊時。（《惜抱軒詩集》卷十）

姚鼐

袁隨園君墓誌銘並序

君錢塘袁氏，諱枚，字子才。其仕任官有名績矣。解官後，作園江寧西城居之，曰『隨園』。世稱『隨園先生』，乃尤著云。祖諱錡，考諱濱，叔父鴻，皆以貧遊幕四方。君之少也，爲學自成。年二十一，自錢塘至廣西，省叔父於巡撫幕中。巡撫金公鉷一見異之，試以《銅鼓賦》，立就，甚瑰麗。會開博學鴻詞科，即舉君。時舉二百餘人，惟君最少，及試報罷。中乾隆戊午科順天鄉試，次年成進士，改庶吉士，散館又改發江南爲知縣，最後調江寧知縣。江寧故巨邑難治，時尹文端公爲總督，最知君才，君亦遇事盡其能，無所迴避，事無不舉矣。既而去職家居，再起發陝西，甫及陝，遭父喪歸，終居江寧。

君本以文章入翰林有聲，而忽擯外，及爲知縣著才矣，而仕卒不進。自陝歸，年甫四十，遂絕意仕宦，盡其才以爲文辭歌詩，足迹造東南山水佳處皆遍，其瑰奇幽邈，一發於文章，以自喜其意。四方士至江南，必造隨園，投詩文幾無虛日。君園館花竹水石，幽深静麗，至櫺檻器具皆精好，所以待賓客者甚盛。與人留連不倦，見人善，稱之不容口。後進少年，詩文一言之美，君必能舉其詞，爲人誦焉。

君古文、四六體，皆能自發其思，通乎古法。於爲詩尤縱才力所至，世人心所欲出不能達者，悉爲達之。士多效其體，故《隨園詩文集》，上自朝廷公卿，下至市井負販，皆知貴重之。海外琉球，有來求其書者。君仕雖不顯，而世謂百餘年來，極山林之樂，獲文章之名，蓋未有及君也。

君始出，試爲溧水令。其考自遠來縣治，疑子年少無吏能，試匿名訪諸野，皆曰：『吾邑有少年袁知縣，乃大好官也。』考乃喜，入官舍。在江寧，嘗朝治事，夜召士飲酒賦詩，而尤多名迹。江寧市中，以所判事作歌曲，刻行四方。君以爲不足道，後絕不欲人述其吏治云。

君卒於嘉慶二年十一月十七日，年八十二。夫人王氏無子，撫從父弟樹子通爲子，既而側室鍾氏又生子遲。孫二：曰初，曰禧。始君葬父母於所居小倉山北，遺命以己祔。嘉慶三年十二月乙卯，祔葬小倉山墓左。桐城姚鼐，以君與先世有交，而鼐居江寧，從君遊最久，君没，遂爲之銘曰：

粵有耆龐，才博以豐。出不可窮，匪雕而工。文士是宗，名越海邦，藹如其沖。其産越中，載官倚江，以老以終。兩世阡同，銘是幽宫。（《惜抱軒文集》卷十三）

袁枚

諸公輓章不至口號四首催之

久住人間去已遲，行期將近自家知。老夫未肯空歸去，處處敲門索輓詩。

輓詩最好是生存，讀罷猶能飲一樽。莫學當年痴宋玉，九天九地亂招魂。

莫怪詩人萬念空，一言我且問諸公：韓蘇李杜從頭數，誰是人間七十翁？

臘盡春歸又見梅，三才萬象總輪回。人人有死何須諱，都是當初死過來。（《小倉山房詩集》卷三十二）

3 戴震

戴震（1724—1777），字東原，又字慎修，號杲溪，休寧（今安徽黄山市屯溪區）人。乾隆二十年（1755）秋，姚鼐初識戴震，欲拜其爲師，戴震作《與姚孝廉姬傳書》拒之。乾隆二十七年（1762），戴震中舉人，後屢次參加會試皆落第。乾隆三十八年（1773），戴震與姚鼐奉詔入四庫館任纂修官，共事近兩年。乾隆四十年（1775）落榜會試，因學術成就顯著，乾隆皇帝特命其參加殿試，賜同進士出身。乾隆四十二年（1777），卒於北京。戴震精研群書，深通小學，又長於考辨，在經學、小學、哲學、天文、數學、歷史、地理等方面均有成就，是『乾嘉學派』代表人物之一、皖學的集大成者。著有《孟子字義疏證》三卷、《毛鄭詩考證》四卷、《聲韻考》四卷等，後人編有《戴氏遺書》。

3-1 戴震

與姚孝廉姬傳書乙亥

日者，紀太史曉嵐欲刻僕所爲《考工記圖》，是以向足下言欲改定。足下應辭非所敢聞，而意主不必汲汲成書，僕於時若雷霆驚耳。

自始知學，每憾昔人成書太早，多未定之説。今足下以是規教，退不敢忘，自賀得師。何者？凡僕所以尋求於遺經，懼聖人之緒言闇汶於後世也。然尋求而獲，有十分之見，有未至十分之見。所謂十分之見，必徵之古而靡不條貫，合諸道而不留餘議，鉅細必究，本末兼察。若夫依於傳聞以擬其是，擇於衆説以裁其優，出於空言以定其論，據於孤證以信其通，雖溯流可以知源，不目睹淵泉所導，循根可以達杪，不手批枝肄所歧，皆未至十分之見也。以此治經，失『不知爲不知』之意，而徒增一惑，以滋識者之辨之也。

先儒之學，如漢鄭氏，宋程子、張子、朱子，其爲書至詳博，然猶得失中判。其得者，取義遠，資理閎，書不克盡言，言不克盡意。學者深思自得，漸近其區；不深思自得，斯草薉於畦而茅塞其陸。其失者，即目未睹淵泉所導，手未披枝肄所歧者也。而爲説轉易曉，學者淺涉而堅信之，用自滿其量之能容受，不復求遠者閎者。故誦法康成、程、朱，不必無人，而皆失康成、程、朱於誦法中，則不志乎聞道之過也。誠有能志乎聞道，必去其兩失，殫力於其兩得。既深思自得而近之矣，然後知孰爲十分之見，孰爲未至十分之見。如繩繩木，昔以爲直者，其曲於是可見也；如水準地，昔以爲平者，其坳於是可見也。夫然後傳其信，不傳其疑，疑則闕，庶幾治經不害。

僕於《考工記圖》，重違知己之意，遂欲删取成書，亦以其義淺，特考覈之一端，差可自決。足下之教，其敢忽諸？

至欲以僕爲師，則別有説。非徒自顧不足爲師，亦非謂所學如足下，斷然以不敏謝也。古之所謂友，故分師之半。僕與足下，無妨交相師，而參互以求十分之見，苟有過則相規，使道在人不在言，斯不失友之謂，固大善。昨辱簡，自謙太過，稱夫子，非所敢當之，謹奉繳。承示文論延陵季子處識數語，並《考工記圖》呈上，乞教正也。（《東原文集》卷九）

附：

贈戴東原

姚鼐

新聞高論詘田巴，槐市秋來步落花。群士盛衰占碩果，六經明晦望萌芽。漢儒止數揚雄氏，魯使猶迷顏闔家。未必蒲輪徵晚至，即今名已動京華。（《惜抱軒詩集》卷六）

書考工記圖後

姚鼐

休寧戴東原作《考工記圖》。余讀之，推考古制信多當，然意謂有未盡者。東原釋車曰：『軫謂之收。』此非也。《記》曰：『軫之方也，以象地也。』蓋軫方六尺六寸。《記》曰：『參分車廣之一以爲隧。』蓋以二尺二寸爲輿後，其前也其廣如軫，而深四尺四寸，以設立木焉，是爲收。《詩》曰：『小戎俴收。』毛公曰：『收，軫也。』謂輿深四尺四寸，收於軫矣，非謂軫名收也。古者之尺小，鞌之戰，綦毋張寓乘，韓厥肘之，使立於後。晉師入平陰，獲殖綽、郭最，衿甲坐中軍之鼓下。使軫深四尺四寸而已，此非四尺四寸所容也，故收非軫也。

夫車邸之四邊爲軫，後軫無立木，人所由登也。軫三面有立木者謂之軓。《記》曰『軓前十尺而策半之』，此前軓也。版之前於前軓者曰陰，陰一而已。《少儀》曰：『祭左右軓。』軓有三面也。古大車轅上附輿，小車輈下附軸。其既駕也，輈附軸者上離輿七寸，揉而升之，踰軓及衡。不及軓七寸，而揉始焉，故《記》曰：『軓中有灂。』今《圖》謂軓爲陰，而揉輈自軓始，抑誤矣。

輿上以一木再揉而曲爲三，横居前曰式。其餘輿上巨木皆曰較。《記》曰：『參分式圍，去一以爲較圍。』又其餘細木爲欞，旁者曰軹，前者曰轛。故横木其高平於式而當式後，較也。注家謂之輢。士，棧車，其崇者輢而已。大夫以上飾車，衷甸重較。輢上二尺二寸，而設重較焉。左右衡較皆二，立較皆三，短其一，修其二。《記》曰：『以其隧之半爲之較崇。』謂重較也。天子重較則爲繆龍。《荀子》曰：『彌龍以養威也。』今戴君謂較輢不重者，失之矣。

凡戴君說《考工》車之失如此。其自築氏而下，亦間有然者。然其大體善者多矣。余往時與東原同居四五月，東原時始屬稿此書，余不及與盡論也。今疑義蓄余中，不及見東原而正之矣，是可惜也。（《惜抱軒文集》卷五）

4 姚興潔

姚興潔（？—1819），字香南，桐城（今安徽桐城市）人。鄉試不中。乾隆六十年（1795），湖南苗匪滋事，姚興潔投筆從軍，以理問銜檄往鳳凰廳偕贊同知傅鼐軍務，後擢爲茶陵知州、鳳凰廳同知。嘉慶十四年（1809），繼傅鼐任辰永沅靖兵備道。嘉慶二十三年（1818），魏源從其聘編《屯防志》《鳳凰廳志》。卒於官，苗民哀慟，後乃爲祠並祀傅鼐、興潔，名曰『二公祠』。

4-1 姚鼐

與香楠叔

新歲遥想起居增福。官况必倍泰進，舉族可覬速登顯仕者，吾叔一人而已，安得不跂望之殷邪？侄近平安，然目加昏，又疝氣始發作痛，此爲不佳。去歲令長孫娶婦，又爲捐一監下場，遂將老翁所積留充送終之金全費去。今以八十之年不能急歸，尚須作館以自給，豈不可傷邪！生平詩文多隨手與人持去，未及留稿，亦不復自記，若此者多矣。『千帆落日鱗鱗白，萬壑秋聲葉葉黄』，設有人以爲己句向侄誦之，侄不能知其爲己物也。賴吾叔之賞鑒而存之，亦翰墨中一重佳話也。自刻《詩文集》後，復有所作詩文合可十卷，侄意不欲更刻，或待死後併前更刻一全集耳。（《惜抱先生尺牘補編》卷二）

姚鼐

與香楠叔

侄老病懶廢，久不奉啓候，頃陳笠颿方伯使至，顧承吾叔賜問，展誦欣忭，彌以慚悚，伏審頻年起居萬福。膝前幼弟聰俊健壯，行當入塾誦讀矣。知吾叔籌策蠻夷，履行谿谷，使跂喙得安其業，而國家永奠疆圉。孟冀之告馬伏波曰：『諒爲烈士，當如此矣。』今吾叔亦何愧於斯義乎！侄本意託居金陵，然非千金不能買宅，營之數年，卒不可得，而目昏體敝，日甚一日。明年八十四歲，安有仍作客之理？决計必歸去也。秋闈桐城雋者四人，而吾家無與者，此亦未可如何之事也。今秋江南嗇收，不爲豐亦不爲歉，粗足贍食。而黃河復決，大吏駐旆於水涯，群吏努力於畚鍤，加以帑屬匱竭，度支艱難，此爲近時之害也。（《惜抱先生尺牘補編》卷二）

5 曹京

曹京（1716—1803），字雲路，號梅邨，望江（今安徽望江縣）人。乾隆六年（1741）中舉。乾隆十三年（1748）授知縣，未赴任。執掌雷陽書院，縣内及鄰縣學子紛紛慕名而來。乾隆三十三年（1768），主持纂修縣志。乾隆三十七年（1772），授國子監典簿銜。著有《四書測海》六卷、《通俗編》三卷、《稱謂辨》四卷等。

5-1 姚鼐

復曹雲路書

鼐再拜，雲路先生足下：數十年來，士不説學，衣冠之徒，誦習聖人之文辭，衷乃泛然不求其義，相聚奥首帖耳，哆口傳沓，乃逸乃諺，聞耆耉長者考論經義，欲掩耳而走者皆是也。風俗日頹，欣耻益非其所，而放僻靡不爲。使士服習於經師之説，道古昔，承家法以繫其心，雖不能逮前古人才之美，其必有以賢於今日之濫矣。鼐少時見鄉前輩儒生，相見猶論學問，退習未嘗不勤，非如今之相師爲媮也，所謂『飽食終日，無所用心』者與！獨先生單心畢力於傳注，辨究同異，既老而不懈，説之砣砣然。雖未知於古學者何如，其賢於今之士不亦遠乎！

鼐居此一期矣，嘗苦無可與語者。聞先生之篤學著書，苟非居處閑遠之故，必將造而請觀焉。先生乃辱寓書而示以所爲説，不弃愚陋而欲因之求益，抑何任其幸且愧也！《詩》曰：『心乎愛矣，胡不謂矣。』鼐固不能爲益於先生，然而心之所蓄不敢不盡者，愛敬先生，謂不可類先生如今世俗倫也。夫聖人之經，如日月星之懸在人上，苟有蔽焉則已，苟無蔽而見而言之，其當否必有以信於人。見之者衆，不可以私意徇也。故竊以謂説經當一無所徇。程朱之所以可貴者，謂其言之精且大而得聖人之意多也，非吾徇之也。若其言無失而不達古人之意者，容有之矣。朱子説『元、亨、利、貞』，舍孔子之説者，欲以達文王之意而已。苟欲達聖賢之意於後世，雖或舍程朱，可也。

自漢以來，爲經説者已多，取視之不給於日。苟非吾言足發經意前人所未明者，不可輕書於紙。而明以來説《四書》者，乃猥爲科舉之學，此不足爲書。故鼐自少不喜觀世俗講章，且禁學徒取閲，竊陋之也。今先生之説，固多善者，然欲爲時文用之意存焉，鼐輒以硃識所善者，先生更自酌而去取之，必言不苟出，乃足爲書以視於後世。

鼐又聞之，『言之無文，行而不遠』。出辭氣不能遠鄙，則曾子戒之。況於説聖經以教學者、遺後世而雜以鄙言乎？當唐之世，僧徒不通於文，乃書其師語以俚俗，謂之語録。宋世儒者弟子，蓋過而效之。然以弟子記先師，懼失其真，猶有取爾也。明世自著書者，乃亦效其辭，此何取哉？願先生凡辭之近俗如語録者，盡易之使成文則善矣。直諒多聞，益友之道也。鼐不足爲多聞，直諒雖不能逮，而不敢不勉，故盡言之如此。鼐自撰經義數十首，中乃有幸與先生意同者，今併寄一册，幸教其失。

賢從子謂杖履秋冬或來郡，然則不盡之意可面陳，兹略報鄙意。承自稱謂過謙，不敢當也。鼐再拜！（《惜抱軒文集》卷六）

6 紀 昀

紀昀（1724—1805），字曉嵐，一字春帆，晚號石雲，又號觀弈道人，直隸獻縣（今河北獻縣）人。乾隆十九年（1754）進士，入選翰林院庶吉士，散館授編修，官至禮部尚書、協辦大學士。乾隆三十八年（1773），紀昀任《四庫全書》總纂修官，姚鼐奉詔入四庫館任纂修官。乾隆三十九年（1774），姚鼐因與紀昀等人意見不合，託病辭歸。紀昀一生領導、參與了多部典籍的編修，編著有《四庫全書總目提要》《四庫全書簡明目録》，著有《紀文達公遺集》三十二卷、《閱微草堂筆記》二十四卷等。

6-1 姚鼐

與紀曉嵐①

久别甚思瞻近，又欲作一書，少道懷慕。知先生方殫精力於延閣積卷之中，故未敢輕擾視聽也。邇惟興居萬福。鼐里居以來，别無他狀，但有衰羸，加以中年哀樂之感最深，了無復舊時興趣矣。（《惜抱先生尺牘》卷一）

① 此札原題《與人書四首》，爲其中第一札。

附：

題姚姬傳書左墨溪事後

紀昀

艱苦卓絶之行，多生於憂患之中。尋常孝友，則本分事耳。然本分之中，有骨肉不以相期望，鄉閭不以相責備。而纏綿篤摯，務自行心之所安，若有所必不得已者。雖其志不在立名，第以爲適盡其本分，然本分之中，已加人一等，即謂之艱苦卓絶可矣。

夫失偶不娶，或以老，或以貧，皆常事也。墨溪年未至老，貧亦未至不能聘一婦，徒以食指繁多，不欲以養妻子之力，分養父母兄弟之力，遂以血氣未定之年，毅然絶室家之樂。非天性足勝其私情，能若是久而不變乎？善事繼母，世俗以爲難，君子不以爲難也。墨溪非惟善養繼母，且以養繼母之故，至於厚幣招之亦不肯遠離。此非特繼母如母，直並如母之見亦無矣。雖君子能不以爲難乎？

且夫艱苦卓絶之行，或往往過中失正，不近人情。墨溪有兩弟，弟又有子，不娶，不至妨似續，其非務爲詭異不顧，其安可知。其事繼母也，不以定省服事之文，而惟以不忍就遠館。不就遠館固常事，不足駭俗，其非塗飾耳目苟求聲譽，亦可知也。然則，墨溪其古之獨行歟？

余感墨溪能爲人所不能爲，而姬傳之文又足闡發其隱微，讀之使孝弟之心油然而生，因題數語於後，以著墨溪非矯激、姬傳非標榜焉。（《紀文達公遺集》卷十一）

7 王昶

王昶（1725—1806），字德甫，號述庵，又號蘭泉，青浦（今屬上海市）人。乾隆十九年（1754）中進士，授内閣中書，協辦侍讀，入軍機處，三遷刑部郎中。乾隆二十年（1755），王昶與姚鼐相會於京城，「鼐心獨貴其才」（姚鼐《述庵文鈔序》）。乾隆三十三年（1768），王昶隨雲貴總督阿桂入川，平定大小金川。起草奏檄，在軍營九年，著有勞績。後擢爲鴻臚寺卿，歷任江西按察使、雲南布政使等。乾隆五十八年（1793），以老乞歸。因諭俟來歲春融歸里，故以「春融」名其堂。嘉慶元年（1796），詣京師賀内禪，與千叟宴。嘉慶四年（1799），復詣京師。嘉慶十一年（1806）六月七日，卒於家。王昶窮研諸經，泛濫子史百家，著有《春融堂集》六十八卷、《金石萃編》一百六十卷等，輯有《明詞綜》《國朝詞綜》《湖海詩傳》《湖海文傳》等書。

7-1

姚鼐

與王述庵

八月八日，姚鼐頓首奉書述庵先生閣下：世兄來江寧，獲讀賜書，如親接侍。生平於先生古文，但於石刻中略見數首，知具才識閎深而體裁明正而已。今乃得盡覽大集，然後見其爲卓然一代之鉅手，必傳於後世無疑也。就鼐所見，綴爲一序，不知於尊製佳處采之發明否？集傳，則序文雖劣，亦不能不傳矣，豈不令人愧悚耶？尚欲留觀而承命取回，以爲校本，想校定後，必合尊詩同見惠也。

讀《跋楞嚴後》一篇，彌增兩世交親之感。家伯著述竟未能編刻，鼐《經説》中存數條而已，今併鼐詩集一部，同呈大教。若夫以經術爲根柢，以名節爲矩矱，此非鼐一人所當敬誦服膺。凡海内士流，其孰敢不承聽乎？見惠《董帖》、瓦研筆墨，俱祇領，謹申謝。鼐尚行適蘇州，或竟得造淞江瞻謁亦未可知，但不能自必耳。秋涼益深，伏願爲天下珍重，不宣。

姚鼐頓首。（雅昌拍賣網）

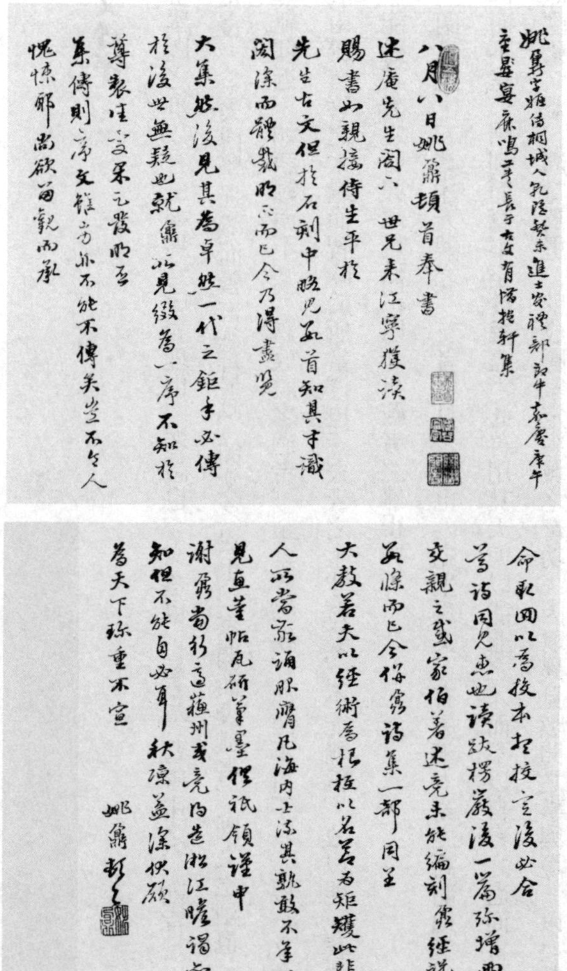
姚鼐字姬傳桐城人乾隆癸未進士官禮部郎中嘉慶庚午重宴鹿鳴二年長子[illegible]有惜抱軒集

八月八日姚鼐頓首奉書
述庵先生閣下：世兄來江寧，獲讀
賜書如親接侍坐於
先生古文但於石刻中略見數首，知其才識
閎深而體裁明正而已，今乃得盡覽
大集，然後見其爲卓然一代之鉅手，必傳
於後世無疑也。就鼐所見，綴爲一序，不知於
尊裒佳處果已發明否？
集傳則之序文雖[illegible]亦不能不傳矣，豈不令人
愧悚耶？尚欲留觀，而承
命取回，以爲校本，擬校完後必合
前諸同人惠也。讀跋楞嚴後一篇，殊增兩世
交親之感。家伯著述竟未能編刻，惟經說中存
數條而已。今俗寫詩集一部，同呈
大教。若夫以經術爲根柢，以名節爲矩矱，此非鼐一
人所當敬誦服膺。凡海内士流，其孰敢不承聽乎？
見惠董帖、瓦研、筆墨，俱祇領，謹申
謝。鼐尚行適蘇州，或竟得造淞江瞻謁，亦未可
知，但不能自必耳。秋涼益深，伏願
爲天下珍重。不宣。
姚鼐頓首

7–1　姚鼐《與王述庵》

附：

述庵文鈔序

姚鼐

鼐嘗論學問之事，有三端焉：曰義理也，考證也，文章也。是三者苟善用之，則皆足以相濟；苟不善用之，則或至於相害。今夫博學强識而善言德行者，固文之貴也；寡聞而淺識者，固文之陋也。然而世有言義理之過者，其辭蕪雜俚近，如語録而不文。爲攷證之過者，至繁碎繳繞，而語不可了當，以爲文之至美，而反以爲病者何哉？其故由於自喜之太過而智昧於所當擇也。夫天之生才雖美，不能無偏，故以能兼長者爲貴，而兼之中又有害焉。豈非能盡其天之所與之量而不以才自蔽者之難得與？

青浦王蘭泉先生，其才天與之，三者皆具之才也。先生爲文，有唐宋大家之高韵逸氣，而議論攷覈，甚辨而不煩，極博而不蕪，精到而意不至於竭盡。此善用其天與以能兼之才而不以自喜之過而害其美者矣。先生歷官多從戎旅，馳驅梁、益，周覽萬里，助成國家定絶域之奇功。因取異見駭聞之事與境，以發其瓌偉之辭，爲古文人所未有。世以此謂天之助成先生之文章者，若獨異於人。吾謂此不足爲先生異，而先生能自盡其才以善承天與者之爲異也。

鼐少於京師識先生，時先生亦年才三十，而鼐心獨貴其才。及先生仕至正卿，老歸海上，自定其文曰《述庵文鈔》四十卷，見寄於金陵。發而讀之，自謂粗能知先生用意之深，恐天下學者讀先生集，第嘆服其美，而或不明其所以美，是不可自隱其愚陋之識而不爲天下明告之也。若夫先生之詩集及他著述，其體雖不必盡同於古文，而一以余此言求之，亦皆可得其美之大者云。（《惜抱軒文集》卷四）

王昶

白衣庵贈姚孝廉姬傳 鼐時下第先歸

生平踪迹各風烟，此夕相逢倍黯然。名士從來多落拓，酒人誰與共流連。楚江舊業虚歸計，燕市悲歌感世緣。聽遍禪窗深夜雨，剪燈欹枕話龍眠。

頻年鈴馱向天涯，詩卷叢殘閲歲華。楚調吟成空自賞，吴歌醉後向誰誇。秦嘉上計功名薄，王粲辭家道路賒。何日司空山色裏，論文相對共烟霞。（《春融堂集》卷五）

王昶

懷人絶句·桐城姚孝廉姬傳

蕭寺鐘殘夜漏遲，香銷酒冷共論詩。薊門皖水俱千里，腸斷紅亭送別時。（《春融堂集》卷五）

王昶

訪姚姬傳鍾山書院

緑槐高館駐征輿，把臂相看更起予。六代江山依講席，廿年風雨嘆離居。性情恬澹先辭禄，經義紛綸早著書。聞道門墻多俊侶，莫教寂寞伴樵漁。（《春融堂集》卷二十）

8 陳奉兹

陳奉兹（1726—1799），字時若，號東浦，德化（今江西九江市）人。乾隆十二年（1747）鄉試第一，乾隆二十五年（1760）進士，歷任四川蓬山、閬中縣知縣。因功擢茂州知州，值大軍征金川，頗著勞績。乾隆五十三年（1788），任河南按察使，後任江寧布政使、安徽布政使、江蘇布政使。嘉慶四年（1799）正月卒於蘇州，年七十四。陳奉兹天才高邁，詩法少陵，著有《敦拙堂詩集》十三卷。

8–1 復東浦方伯書

姚鼐

四月二十三日，姚鼐頓首奉書東浦先生閣下：得前月二十七日賜書，伏悉近祉，慶慰慶慰！所諭論文之旨，反覆數百言，詞氣雄遑，而又深盡文章之奧秘。雖於鼐有見許太過之謬，而於立論鑒古之精，兩不相妨也。世之爲學者多矣，其所得高出千萬人之上者亦有之矣。若先生之識，不與今之出千萬人之上者並，而當於千百年中數古人期也。鼐以生平用心，所隱冀相知於不可知之異世者，而竟得於同時乎！以四海之廣，悄然相望於曠邈泬寥之中，有不使更感嘆而增欷者乎！先生文亦自非今世所有，特爲之不多耳，然亦何必以多貴乎？

韓理堂、魯絜非文，略如來諭。絜非後日之文，乃更不逮舊刻之文。昌黎云：『無慕於速成，無誘於勢利。』凡爲文始善而終衰者，大率病此耳，可太息也！陳石士前月末自此往蘇州，云將謁閣下，必已過。其人可謂有志意矣，其必成與否，尚未敢决知耳。

示詩三十餘，大抵蒼勁入古，已併入大集内矣。鼐詩集近亦刻成，謹以一部呈教。此間可與言者，僅毛俟園一人。其言詩文貴『當者立碎』，果爲名論。先生所作，時有此境，而尚不能盡然，况如鼐耶？賤狀略如曩昔，率復併候，不具。（《惜抱軒文集》卷六）

附：

送陳東浦方伯自江寧移任安徽三十二韻

姚鼐

衡嶽群舒地，横江六代都。風烟通上下，民俗别荆吴。駐節方從化，移轅有待蘇。生申元四國，借寇豈私吾？白下公初莅，黄中信早孚。從容又禮樂，談笑奠江湖。小察羞誇智，訏猷始作謨。五年休息意，四境蕩平途。愛士憐彈鋏，知音辨濫竽。古風宣護夏，僞體闢榛蕪。豈以文妨政，真看效是儒。甘棠方茇舍，瓠子計搴芻。天語褒丹鳳，人心縶白駒。皖公先在望，泗上且須臾。四載俄安宅，雙旌遂載驅。同州淮海合，分省井疆殊。作伯臨諸帥，投閑有一夫。登龍慚郭泰，伏鵠愧南趎。江遠林烟濇，霜初岸草枯。遠偕迎竹馬，近即送檣烏。回首思鄉郡，傾心仰大鑪。土風兼俠武，鄰域急軍需。狗有生氂逸，人無佩犢粗。依仁諧衆願，舞德况微軀。劇邑將辭醴，歸村更飲酺。瓶開惟説尹，襁負共將雛。九派潯陽會，千峰天柱孤。詞源瞻几杖，坐上又醍醐。此歲娵訾口，他時北斗樞。旬宣寧楚尾，羽翼上天衢。業廣同環海，恩周詎向隅？形容群作頌，傳咏慰吴歈。（《惜抱軒詩集》卷十）

姚鼐

東浦方伯邀與同遊西山遍覽諸勝歸以二詩呈之

南北吳山又越山，排雲點黛洞庭間。乘舟秋水天空闊，拄策高岩徑曲環。石谷漫泉斟乳液，琳宫殘碣剔苔斑。歸來夜夜餘清夢，携得烟霞到市闤。

海内詩才各長雄，幾人真嗣浣花翁？草堂鵝鴨聊宜我，碧海鯨魚却付公。松石相看懷舊日，烟雲同泛又秋風。極知老遇斯遊最，便腐柔毫寫未工。（《惜抱軒詩集》卷十）

姚鼐

哭陳東浦方伯三十二韵

自古思賢傑，因時各長消。孤生情易感，偶合興嘗饒。老我依經肆，逢公駐使軺。一從捫虱話，屢嘆阿龍超。九牧分潛霍，三江帶射洮。憂勞中野瘠，甄鑄在城佻。移轉天書重，周流水國遥。紫闈遲覲履，白旐促歸鑣。士尚宗三肆，民懷奉六條。縱非情合契，應惜韵孤標。昨歲舟同載，秋林葉始凋。登臨雲漠漠，唱咏水迢迢。山勢蟠吳越，天風送汐潮。援毫昔賢墓，解帶野僧寮。文字鈔榛碣，泉源酌木瓢。乾坤孤過客，今古一終朝。北闕求衣切，西垂擐甲敹。殷憂分聖代，得佐豈虚朝。未竟銘鐘鼎，徒思芟琫瑶。龍髯雲去路，鶴語雪寒宵。秦杵俄停相，虞廷正罷韶。滄洲波浩浩，空宇氣寥寥。六代烟霞郭，三春士女橈。神徠靈雨冷，迹在緑蕪蕭。車斗容凡物，堂階切久要。敢云當虎眂，深辱好蟲雕。江月今弦魄，吳帆舉過船。出迎周士披，哀和楚巫簫。貽厥爲箕近，恩斯作室翹。故人留白首，賢子尚青霄。盡此平生痛，從今道路遼。陳詩動冥漠，帷帳颯風飈。（《惜抱軒詩集》卷十）

敦拙堂詩集序

姚鼐

言而成節合乎天地自然之節，則言貴矣。其貴也，有全乎天者焉，有因人而造乎天者焉。今夫『六經』之文，聖賢述作之文也。獨至於《詩》，則成於田野閨闥、無足稱述之人，而語言微妙，後世能文之士，有莫能逮，非天爲之乎？然是言《詩》之一端也，文王、周公之聖，《大》《小雅》之賢，揚乎朝廷，達乎神鬼，反覆乎訓誡，光昭乎政事，道德修明，而學術該備，非如列國風詩采於里巷者可並論也。夫文者，藝也。道與藝合，天與人一，則爲文之至。世之文士，固不敢於文王、周公比，然所求以幾乎文之至者，則有道矣，苟且率意，以覬天之或與之，無是理也。

自秦漢以降，文士得《三百》之義者，莫如杜子美。子美之詩，其才夫縱，而致學精思，與之並至，故爲古今詩人之冠。今九江陳東浦先生，爲文章皆得古人用意之深，而作詩一以子美爲法。其才識沈毅，而發也騫以閎；其功力刻深，而出也慎以肆，世之學子美者，蔑有及焉。且古詩人，有兼雅頌、備正變，一人之作，屢出而愈美者，必儒者之盛也。野人女子，偶然而言中，雖見録於聖人，然使更益爲之，則無可觀已。後世小才嵬士，天機間發，片言一章之工亦有之，而裒然成集，連牘殊體，纍見詭出，閎麗譎變，則非鉅才而深於其法者不能。何也？藝與道合、天與人一故也。如先生殆其是歟？先生爲國大臣，有希周、召、吉甫之烈，鼐不具論，論其與《三百篇》相通之理，以明其詩所由盛，且與海内言詩者共商榷焉。（《惜抱軒文集》卷四）

姚鼐

陳東浦方伯七十壽序

昔昌黎韓文公之論爲詩曰：『歡愉之詞難工，愁苦之言易好。』故世謂唐詩人罕達，獨高常侍稱爲作詩之顯者而已。其後歐陽永叔因亦有『窮而後工』之説，世多述焉，或以爲是不必然。夫詩之源必溯於風、雅，方周盛時，詩人皆朝廷卿相大臣也，豈愁苦而窮者哉？鼐嘗思之：當文、武、成、康爲治，周、召之倫，陳述祖宗，援引興亡，以爲教諫，憂危恐懼之意常多。逮宣王中興，尹吉甫之徒，於君友間，誼兼規勉。是雖處極治之時，其詞固不得第謂爲歡愉矣。若夫爲歡愉之詞，《魚麗》《蓼蕭》《菁莪》《魚藻》之篇，寥寥數言，不足以發爲詩之極致。然則詩人誠不必盡窮，而歡愉之詞不如愁苦，其説上推之『六經』，卒無以易也。

潯陽陳東浦先生，少爲詩人，實配盛唐之雄傑，秉節方面，則嗣周室之旬宣，固兼孔門之政事、文學，而爲詩人之達者也。今秋七月，先生七十初度，吏民蒙德者，無不爲先生慶。而先生方勤思國事，愍念民瘼，未嘗少自暇逸，歡愉之説，靡得進焉。鼐謂此先生德業之所以隆，亦先生詩所以美也。是以援韓公之論，證之周、召、吉甫，以請於先生。蓋衛武公年八九十，而爲《抑戒》，而召公矢音《卷阿》，年逾百歲，爲古詩人之壽，而道光於天下後世，此鼐所以祝於先生者。若夫白樂天、陸務觀之倫，雖亦詩人之多壽，而不足爲先生道矣。（《惜抱軒文集》卷八）

姚鼐

江蘇布政使德化陳公墓志銘並序

公諱奉兹，字時若。其先陳宜都王叔明十世孫崇，唐末爲江州長史，聚族爲孝義，僖宗旌之。其後五世，自南唐及宋，皆旌爲江州義門。後乃遷居南昌，明季又自南昌遷德化。居德化三世，爲九江府學生俶。俶生範，康熙戊子科舉人，爲安義縣教諭。生絢，爲德化縣學生，是爲公考。自曾祖至考三世，俱以公貴，贈通奉大夫、江寧布政使。妣皆贈夫人。

公生二十二歲，中乾隆丁卯科鄉試第一。庚辰科成進士，授四川知縣。凡知蓬山、閬中，擢知茂州，皆有善政。當金川爲逆，大將率兵討之，任公主礮局，及修飭兵興橋路。常居口外山谷間，瀕危，勞績甚著。有三雜土司，地當進攻金川之路。官兵猝至，三雜長卓爾碼，婦人也，謂且伐之，閉道不通。將校譁言三雜畔矣，宜先攻。公告將軍：『三雜未知國家意耳，非畔也。請往察而諭之！』將軍從公策。公至一告諭，卓爾碼即散守者，具狀上謝，且奉軍過甚謹。其後詔加其封號曰『賢順』。卓爾碼以謂『惟陳公活我，又予我以榮也』。公旋晋嘉定府知府及建昌道。其居官日常寡，出入邊塞，仁恩素著，多所鎮定，中外皆稱之。上乃授公四川按察使。乾隆五十二年，調河南按察使。居二年，調江蘇，旋擢江寧布政使。居四年，調安徽。未半歲，又調江蘇。

公始在蜀最久，凡二十七年。其後居江南亦九年，歷四任。熟習民情，洞其利弊，能以簡靖漸祛其患，未嘗厲威爲聲名。吏民愛戴，以謂得大臣之體。好士樂善，獎掖如不及。公自壯入蜀，至老受任不得歸，乃取鄉地，自號『東浦』以寄思，士皆稱東浦先生云。其天才高厲，作詩專法杜子美，論者謂樸厚之氣，殆足媲之。平生經歷多異境，舉見所爲詩，凡千首，曰《敦拙堂集》。古文則所爲不過十餘篇，然實得古人之法，今世作者，無能逾也。

公年七十四，嘉慶四年正月壬午，薨於蘇州。夫人桂氏，同縣縣學生某女，有賢智，從公居建昌時卒。生蔭生候選員外郎大來、候選州同知方來。又生二女。側室蔣氏，生候選布政司理問斯來、戊午科舉人具來。側室張氏，生候選司務備來。

公嘗喜桐城姚鼐之文，薨前一歲，在江寧監臨武鄉試，見鼐語曰：『我死，必得君志吾墓。』鼐曰：『公方健，何言是也！』然心諾公。及公子於□年□月□□日葬公某所，卒爲銘鼐也。銘曰：

才爲國勞，險阻載遭，靖彼紛囂。平寧安處，來宣江滸，從容風雅。民曰吾宜，列士懷儀，未究其施。有政可頌，有文可誦，名存身耍。匡廬前麓，故居爰復，永安幽谷。（《惜抱軒文集》卷十三）

鶴咏要姚惜抱侍御李松雲太守同作

陳奉兹

園林不得不清新，何事相看臆語頻。似喜白家來好客，尚思緑野伴閑人。

鳥窺清唳初迴樹，魚傍徐行未動蘋。憑仗佳吟領標格，莫教秋到羨蒼冥。（《敦拙堂詩集》卷十一）

9 錢大昕

錢大昕（1728—1804），字曉徵，又字竹汀，號辛楣，晚年自署竹汀居士，嘉定（今屬上海市）人。乾隆十六年（1751）春，乾隆皇帝南巡，錢大昕獻賦行在，獲賜舉人，被任命爲内閣中書，次年入京。乾隆十九年（1754）中進士，復擢升翰林院侍講學士。乾隆三十四年（1769），入值上書房，教授永瑆書法。後爲詹事府少詹事，提督廣東學政。乾隆三十七年（1772），錢大昕與姚鼐、程晋芳、陸錫熊等人時有往來唱和。乾隆四十年（1775），錢大昕居喪歸里，引疾不仕，先後主鍾山、婁東、紫陽等書院。嘉慶九年（1804）十月二十日卒。錢大昕治學以『實事求是』爲宗旨，極博群書，凡經史、音韵、典章、地理、金石等，無不研習。著有《潛研堂詩集》十卷、《潛研堂文集》五十卷、《十駕齋養新録》二十三卷、《廿二史考異》一百卷等。

9-1 與錢辛楣

姚鼐

起居安否？《金剛經》謹呈還，兩詩聊還舊債，并録上。閲後仍祈將本子擲下，如蒙訓誨，并望同發來此。侍姚鼐頓首，上辛楣先生几下，三月十四日。（雅昌拍賣網）

9–2 錢大昕

與姚姬傳書

昨於新城陳公子碩士所，讀所著《廬江九江二郡沿革考》，以今縣推見漢疆域，所謂『君子之言，信而有徵者矣』。惟以廬江爲衡山改名，則猶有未慊于心者。夫淮南之分爲三，在文帝十有六年，曰淮南、曰廬江、曰衡山，皆秦九江郡地，在戰國則皆楚地也。秦之九江郡，跨江南北，楚、漢之際，以江南地析置豫章郡，而黥布封淮南兼得之。淮南厲王因布故封，文帝封厲王諸子，盡以故地還之，故廬江國兼有豫章郡，得與楚交通也。景帝平吴、楚，徙廬江王，賜于衡山，而廬江、豫章俱爲漢郡，其衡山之爲王國如故也。武帝元狩元年，王賜以謀反誅，而國除爲衡山郡，其三年，以衡山地置六安國，自後遂無衡山之名。《景十三王傳》封膠東王寄少子慶爲六安王，王故衡山地也。《漢志》叙衡山沿革于六安下，不繫于廬江下，明乎衡山之與廬江無涉也。廬江之爲郡，在孝景初，自後别無廢、省之人。伍被説淮南王安云：『南收衡山，以擊廬江。』是衡山與廬江絶非一地，今欲并而合之，難矣。

黥布初封，史稱九江，廬江、衡山、豫章郡皆屬焉。考其時吴芮徙封長沙，以其地益布，而芮故都邾，則當兼得江夏地。厲王子勃封衡山，亦當兼有邾、軑、蘄春諸縣。至武帝建六安國，分土始狹，非復衡山之舊。光武初，因省六安入廬江，若西京，則衡山自衡山，廬江自廬江，未嘗合而爲一也。讀史之病，在乎不信正史，而求之過深，測之太密。班孟堅志郡國沿革精也，間有未備，以紀傳考之，無不合也。孟堅所不能言，後儒闕其疑可矣。謂漢初之廬江在江南，武帝時已罷，昭、宣之間改衡山爲廬江，皆孟堅所未嘗言，所據者僅『廬江出陵陽』

一語。然陵陽乃鄣郡之屬縣，非淮南故地，恐難執彼單辭以爲定案也。先生當代宗師，一言之出，當爲後世徵信。敢獻所疑，幸明以示我。（《潛研堂文集》卷三十五）

附：

疑年録序

姚鼐

嘉定錢辛楣少詹事，嘗考求古今名人生卒之年，核其壽數，取《左氏傳》『有與疑年』之意，作《疑年録》四卷。詹事亡後，秀水吴君思亭得其書，頗增易所闕失，又推廣爲《續録》四卷。夫人之生死，其大者或係乎天下之治亂盛衰與道德之顯晦，其小者或以文章字畫之工，以年之長少爲藝之進退，亦考論好事者所欲知也。故此編遂爲世不可少之書，相知者多請思亭雕板以行，維余固亦樂之。獨是余平生獲知於海内賢士君子，遊從之情未厭，而睽離之後，繼以凋亡。其生卒俱入此録，而余猥以昏耄僅存，孑然四顧，展讀是編，悲懷悽愴，其亦何能已也！嘉慶十八年，姚鼐年八十三，元旦雪中，爲《疑年録》序。（《惜抱軒文後集》卷一）

10 康基田

康基田（1728—1813），字仲耕，號茂園，興縣（今山西吕梁市）人。乾隆二十二年（1757）進士，授江蘇新陽知縣，後遷廣東潮州通判，選河南懷慶府知府，調江南徐淮道，升江蘇按察使，擢江寧布政使兼管河務，又曾官江南河道總督、安徽巡撫等。因故多次革職、降職，宦海浮沉，嘉慶十六年（1811），以年老乞休。康基田於治河尤爲突出，著有《河渠紀聞》三十卷、《治河方言》二卷，又有《霞蔭堂詩集》二卷、《茂園自撰年譜》二卷，編有《晋乘蒐略》三十二卷。此外，康基田爲康紹鏞伯父，紹鏞自十二歲父親去世後，即與伯父生活。康紹鏞曾受業於姚鼐，並爲其刊刻《古文辭類纂》。

10-1 與康茂園

姚鼐

凉秋惟起居萬福。前承賜書，令撰《晋乘蒐略序》，鄙陋安能以文冠大著？慚悚未敢遽下筆，又以鄉試，親友來者紛如，幾無須臾之暇。今因諸人入闈，乃屬筆草一序文，殊不足以發揮閣下之盛美，聊以盡區區之意而已。今録稿上呈，不識便堪用不？幸誨示之。

賤狀尚粗如昔者，被恩加品，入與鹿鳴宴，衰耄無狀，荷榮增赧，今坐俟此盛典矣。率候並復，餘不具。

（《惜抱先生尺牘》卷一）

姚鼐

與康茂園

頃接賜書，敬審起居萬福。知恩綸來賁，許遂懸車，且令入都門，使諸世兄得承庭趨，永康色笑，其可快慰，何以喻之！想三月旌旆便發。在閣下既極門内之慶，亦大洽朝右之思。但鼐瞻望愈遥，接侍無日，竊懷悵悵耳。鼐固疲羸，然尚粗遣，目昏不便讀書，終日默坐而已。如閣下老而勤學，安可逮也。（《惜抱先生尺牘補編》卷一）

附：

姚鼐

晉乘蒐略序

晉之有《乘》，孟子以與魯《春秋》、楚《檮杌》並稱，而後世不見。使其得傳，縱不敢望孔子之《春秋》，豈出《左傳》《戰國策》諸書下哉？近世録史家者，正史之外，有雜史、傳記、地理之目。然考漢、晉、隋、唐《藝文》之志，其存於今者，十不及一焉。典籍文記，易泯難留，誠好古者所深嘆惜也。

合河康茂園先生，蒐輯山西一省山川、疆圉、人物，前人所紀載、史氏所當知而不可聽其泯没者，又以意論斷其得失，凡爲若干卷，取古《晉乘》以名之。先生之才，足任史事，固無愧左氏之流，而其爲此書，乃當耄耋之年，孜孜於撰述，君子之不肯弃日如此，豈非衛武《懿》詩之志乎？

鼐少嘗有意紀述之事，迨老無成。先生年長於鼐，而卒就此書，以存數千里疆土中數千年之掌故。今以書來，令爲之序，鼐不勝嘆服先生用志之美，而復俯而增愧，非徒蒲柳之衰，亦志氣之惰也已！嘉慶庚午中秋日，桐城姚鼐撰。（《惜抱軒文後集》卷一）

姚鼐

河渠紀聞序

康茂園先生，負經綸當世之才，懷飢溺由己之志。生平宦迹所至，爲民興除利病，往往身雜畚挶之間，備歷艱苦，而境内受其福者，或可以經閲百千年之久而不渝也。其讀書博考，遇有言治水之事，皆取而紀載，上自禹績，下及當代，大爲河海，細及溝渠，支分而統貫之，共爲一書，曰《河渠紀聞》。夫太史公作《河渠書》，止於漢武之時而已，而兹則舉武帝以後，天下治水之理，辭悉備焉。

孟子曰：『禹之治水，行其所無事也。』夫無事非束手坐觀及苟且因循、任其成敗於天之爲也。精思博訪以求之，苦身勞力以營之，建作方術，或有改更故迹，而使水土各得其性之所安，使斯民利無弗興，害無弗去，斯乃真行所無事矣。太史公曰：『甚哉！水之爲利害也。』夫水苟不能使之爲利，則必使之爲害矣。然則讀茂園先生是書者，仍以太史公之意求之可也。鼐既讀終其編，因書爲序。（《惜抱軒文後集》卷一）

二

蘇去疾

蘇去疾（1728—1805），字獻之、顯之，號園公，常熟（今江蘇常熟市）人。乾隆二十四年（1759）順天鄉試得舉人，乾隆二十八年（1763）成進士，改庶吉士，授刑部廣西司主事，發貴州爲直隸知州，署都匀府八寨同知，以逸獄罷官。嘗爲山西、河南書院山長，老而返里，以詩文自娱。乾隆五十五年（1790）冬，蘇去疾訪友於安慶，與姚鼐遇於江津舟中，各出其詩相示，分持而去。嘉慶十年（1805）正月，蘇去疾卒於里。著有《涉藝園集》等。

二-一

答蘇園公書

姚鼐

吴世兄至，接讀手書，並得快讀大作之全，喜慰無量！大抵高格清韵，自出胸臆，而遠追古人不可到之境於空濛曠邈之區，會古人不易識之情於幽邃杳曲之路。使人初對，或淡然無足賞；再三往復，則爲之欣忭惻愴，不能自已。此是詩家第一種懷抱，蓄無窮之義味者也。以言才力雄富，則或不如古；以言神理精到，真與古作者並驅，以存詩家正統。譬如司馬氏立國江東，縱不能剋復中原，然必不與石虎通聘者也。其間五古、五律，最多妙製，次則七律、七絕；四言及歌行排律，備體而已；應制館課之屬，雖悉删刈可也。

鼐以硃筆閲識頗嚴，是閲古人不相識者詩集之法，非閲同時人詩之法。然千載之論，竊謂已定於此。使吾兄生得聞之，不愈於後世揚子雲乎？[1]（《惜抱軒文後集》卷三）

① 按：底本原作『楊』。

附：

蘇獻之墓誌銘並序

姚鼐

常熟蘇君去疾，字獻之，桐城姚鼐同年友也。孤清峻立，以古人道持身，衡於世知不行，年四十四去官，自號曰『園公』。處場圃，觀山水，作文章自娱，尤工爲詩，摽舉性情，引撢幽渺，斵雕藏耀。人初視若無足賞，再三往復，則爲之欣忭悽愴，不能自已。

乾隆五十五年冬，君訪友於安慶，鼐與遇於江津舟中，各出其詩相示，分持而去，自是十五年不見。嘉慶十年正月，君卒於里。次年八月□日，葬於常熟西山父墓之側。君子來告，請鼐爲銘之。君於君曾祖翔鳳，康熙壬戌科進士，沂水知縣。祖佑，昌平州同知，贈興化府知府。考直言，贈内閣中書。君於乾隆己卯科中順天鄉試。辛巳恩科，取爲内閣中書，考得贈官。癸未科成進士，改庶吉士。散館改刑部廣西司主事，發貴州爲直隸知州，署都匀府八寨同知，以逸獄囚罷官。次年引見，以原官起用，君請疾，遂不復仕。其狀小身、短視、訥言，然胸中通貫今古，於事理無不曉，敢爲介直辭，在刑部屢争疑獄。當安南黎氏爲阮氏逼篡，仁和孫相國文靖公士毅爲兩廣總督，將討之。君於文靖姻也，與之書曰：『虚聲不可以讋强悍，鄉鄰有鬭，雖閉户可也。取之是爲貪兵，發難有端，將爲吾患，不可不念。』文靖迂其説，然竟以喪師，身幾不免，乃悔弃君語。大臣間亦知君才者，而君不樂與俗伍，間應其招，嘗爲山西、河南書院山長，旋歸以老，年七十有八而終。有詩集六卷、制義律賦二卷，已雕板；古文數十首藏于家。

夫人錢氏，處士用和女，前卒。生三子：汝詔，監生；載，漳浦縣丞；采，廪膳生。一女，適大理寺評事孫輿，文靖子也。側室魏氏生女尚幼。有孫十一人。銘曰：

嗚呼園公！有道植躬，仕而不見通。有文閎崇，視於世而不見工。吾銘其幽宫邪！以待後世之無窮邪！有知而如見其中邪！（《惜抱軒文後集》卷七）

12

朱孝純

朱孝純（1729—1785），字子潁，號思堂，一號海愚，隸漢軍正紅旗，東海（今山東郯城縣）人。乾隆二十七年（1762）舉人，後任四川簡縣知縣，擢敘州同知、重慶府知府，移守泰安，遷兩淮鹽運使。乾隆四十五年（1780），因風痹解職回京。朱孝純師事劉大櫆，學習詩文，劉聲木稱『其古文乃能高出時人之上，詩更能取師説而變化用之』（劉聲木《桐城文學淵源撰述考》）。姚鼐因於劉大櫆處見其七言詩一軸而心折，遂往其廬而定交（劉大櫆《朱子潁詩集序》）。朱孝純官揚州時，重修梅花書院，延請姚鼐爲掌院，以鹽務助學，興盛一時。孝純多才藝，工丹青，著有《海愚詩鈔》十二卷、《泰山圖志》八卷等。

12-1

與朱子潁

姚鼐

按：此書不見《惜抱軒文集》及《惜抱先生尺牘》等，具體内容不可知，從朱孝純《得姚姬傳書答以長歌》看，兩人分別後，朱孝純思念姚鼐時，恰收到姚鼐書信。朱孝純以韓愈與孟郊、李白與杜甫比其與姚鼐的詩才和友情。

朱孝純

與姚姬傳

按：朱孝純文集不存世，此書具體內容不可知，但從姚鼐《得朱子潁書》看，朱孝純當在此書中邀請姚鼐赴泰安遊賞。

附：

姚鼐

得朱子潁書

使君書札發齊州，戰伐新經欲白頭。出涕潺湲哀萬室，獨居威望鎮諸侯。清秋念我狂尊酒，落日同誰眺郡樓？海內幾人功力建，腐儒端合任沈浮。（《惜抱軒詩集》卷七）

姚鼐

題子潁所作登日觀圖

窮臘陰凌蔽暮曛，高岩孤迹此偕君。前生定結名山諾，到死羞爲封禪文。豈有神靈通默禱？偶逢晴霽漫懷欣。却從元旦官齋静，看掃滄洲萬里雲。（《惜抱軒詩集》卷八）

次韵子潁送别三首

姚鼐

盤盤泰山石，終古不相離。石上雲如蓋，青天多路歧。浮雲將客去，磐石此心知。諒守平生誼，寧無後見期？

海月依岩上，官齋記客來。登樓一俯仰，窺牖共徘徊。杯引千峰氣，心思萬古才。爲留三百字，長對碧雲開。

白髮遲聞道，青山且縱狂。江風清一曲，樹日蔽千章。古哲惟文字，天心豈喪亡。當憂商訂少，暇日一東望。

（《惜抱軒詩集》卷八）

海愚詩鈔序

姚鼐

吾嘗以謂文章之原，本乎天地；天地之道，陰陽剛柔而已。苟有得乎陰陽剛柔之精，皆可以爲文章之美。陰陽剛柔，並行而不容偏廢。有其一端而絶亡其一，剛者至於僨强而拂戾，柔者至於頽廢而闇幽，則必無與於文者矣。然古君子稱爲文章之至，雖兼具二者之用，亦不能無所偏優于其間，其故何哉？天地之道，協合以爲體，而時發奇出以爲用者，理固然也。其在天地之用也，尚陽而下陰，伸剛而絀柔，故人得之亦然。文之雄偉而勁直者，必貴於温深而徐婉。温深徐婉之才，不易得也。然其尤難得者，必在乎天下之雄才也。今夫古今爲詩人者多矣，爲詩而善者亦多矣，而卓然足稱爲雄才者，千餘年中數人焉耳，甚矣其得之難也。今世詩人足稱雄才者，其遼東朱子潁乎？即之而光升焉，誦之而聲閎焉，循之而不可一世之氣勃然動乎紙上而不可禦焉，味之而奇思異趣角立而横出焉，其惟吾子潁之詩乎！子潁没而世竟無此才矣！

子潁爲吾鄉劉海峰先生弟子，其爲詩能取師法而變化用之。鼐年二十二，接子潁於京師，即知其爲天下絶特之雄才，自是相知數十年，數有離合。子潁仕至淮南運使，延余主揚州書院，三年而余歸，子潁亦稱病解官去，遂不復見。子潁自少孤貧，至於宦達，其胸臆時見於詩，讀者可以想見其藴也。蓋所蓄猶有未盡發而身泯焉。其没後十年，長子今白泉觀察督糧江南，校刻其集，鼐與王禹卿先生同録訂之，曰《海愚詩鈔》，凡十二卷。乾隆五十九年四月，桐城姚鼐序。（《惜抱軒文集》卷四）

朱海愚運使家人圖記

姚鼐

右圖一卷，凡六人。偉丈夫據盤石正坐、長髯下垂者，朱海愚運使公也。衣藍簪桂、憑檻坐若有言者，夫人梁氏也。左侍兩少年：立稍前者，公之長子字白泉者也；後立子執蘭蕊進者，公次子字蒼巖者也。姆抱小兒帶銀環倚檻右立者，公孫奕勳也。乾隆四十三年，運使公年五十，在揚州，兩子未仕，甫得一孫，使工畫其家人相聚之樂如此。

鼐於乾隆十七年入都，與公相知，公時尚無子也。其後公仕蜀中，余仕京師，相隔數年，公返，乃復得見。公守泰安，余解官至泰安。歲暮風雪，同登泰山，夜觀日出，公自爲之圖。及公至揚州，邀余主揚州書院，於是相聚者兩年。公旋病歸京師，遂没於京師。至今日，余不見公三十四年矣，而復展對公像，爲之隕涕。

公夫人已前没，次子蒼崖當得太守而亦病没。惟白泉再爲江南觀察，與余相見最久，爲出此圖。其時白泉子奕勳爲山東黄縣令有聲，圖中之銀環兒也。白泉復有三子二孫，蒼巖亦有子二人、孫四人，皆生於作圖後者。家祚方盛，可慰公地下。余獨追感今昔，閲六十年有如旦暮，耄昏僅存，愴思冥漠，因書爲圖記云。嘉慶十七年六

月十七日，桐城姚鼐記。（《惜抱軒文後集》卷十）

贈姚孝廉姬傳

朱孝純

我挂輕帆一片雲，南遊楚越西入秦。烟波浩蕩幾萬里，日月中流有吐吞。九州歷遍空自笑，落花飛絮徒紛紛。歸來醉臥不出户，日日欹側頭上巾。自喜能高咏，無人可共論。與君未識面，千里叩我門。相逢握手一大笑，言語荒謬君不嗔。嗚呼！男兒生平不快意，黄金難酬知己恩。拔劍真欲剖肝膽，區區肯數夷門人。君不見，錦貂兒，翠幰賓，權勢一朝去，誰復致慇懃。世情凉薄乃如此，何用瓊瑶始報君。願爲歌詩十萬首，勸君日盡花下樽。（《海愚詩鈔》卷二）

得姚姬傳書答以長歌

朱孝純

大火行空夏雲熱，踏壁高吟興未輟。忽念故人冰雪姿，南天久作經時别。門外何期來報書，把書大笑還躊躇。文章有神豈妄語，果然一念通冥符。在昔銅山應洛鐘，延津劍化雙飛龍。有如大吕和黄鍾，玉音一擊彌長空。又如終南與華嵩，蒼蒼分立天當中。出雲降雨遥相通，江漢之水交流東，會須萬里俱朝宗。精神動關天授受，聲名豈假人推崇。君不見退之東野化二鳥，高鳴尚覺乾坤小。又不見杜陵老，白頭吟望日潦倒，只憶山東李白好。（《海愚詩鈔》卷二）

朱孝純

登樓憶姚姬傳

浮雲開萬里，風日正清妍。偶發登臨興，憑高轉惘然。鴻聲群拍水，山翠透横天。安得連高咏，相攜俯大川。

（《海愚詩鈔》卷四）

朱孝純

甲午殘臘姚姬傳假歸過泰安即送其旋里三首

忽忽辭軒冕，而來數别離。孤懷成獨往，老泪灑臨岐。我有追隨想，斯人未許知。寸心如不隔，明月以爲期。

獨飲不成醉，天風西北來。浮雲分去住，高鳥自徘徊。歲月留雙鬢，江湖去隻才。夜闌增俯仰，懷抱向誰開。

萬里樅陽路，吾師老更狂。謂海峰先生。此生悲遇合，後死懼文章。好去依鄉里，還期訂散亡。百千年後事，吾亦永相望。（《海愚詩鈔》卷五）

13 王文治

王文治（1730—1802），字禹卿，號夢樓，丹徒（今屬江蘇鎮江市）人。乾隆十八年（1753）冬，王文治初次入京。次年春，結識姚鼐。乾隆二十五年（1760），以殿試一甲三名進士及第，授翰林院編修，後出爲雲南臨安府知府。乾隆三十二年（1767），以事免歸，掌教杭州崇文書院。嘉慶七年（1802）四月二十六日趺坐而逝。王文治與姚鼐、朱孝純交遊往來，唱和頗多，爲當時文士所傳誦。王氏爲當時著名書法家、詩人，書名與劉墉、梁同書、翁方綱相當，詩歌則與袁枚、趙翼、蔣士銓並稱，著有《夢樓詩集》二十四卷、《快雨堂題跋》八卷等。

13-1 與王夢樓

姚鼐

鼐頓首，今歲兩次奉書，欲求大集，不知去冬已承見賜。昨日下午乃併手書接到，急展讀之，覺其情深意厚，使人魂銷氣盡，往復不能自已。雖鼐接待最久，讀時用心較他人不同，然此要即是先生獨得古人作詩本旨、超出凡衆處，亦即是先生能變情種爲大悲，以纏綿爲般若處也。東浦方伯見語云：『夢樓勸人學佛，意思懇摯，如其身事，最不可及。』此理吾更通之以論詩。竊以爲獨得妙解，是耶？非耶？其間應酬之作未免存之過多，然亦是鼐一人之見。鼐不能作大家，即更不許他人以大家自待，不欲其金玉與砂石俱存。斥鷃之論，不當以較鵬鯤耳。笑笑。（《夢樓詩集》卷首）

13–2

姚鼐

與王夢樓

前日一書係駱氏家人取去，不知達否？連日與東浦、坳堂評論大集，以爲遠過時流，必傳無疑。此是平心覈論，毫無標榜之意，後生聞者，亦頗以爲允。而佳處尤在《快雨》《無餘》諸集中，是鼐作序之後，反覺序所云『不如少壯』之論爲未當耳。何時更見，馳仰，不具。（《夢樓詩集》卷首）

附：

姚鼐

柬王禹卿病中

群舒山色如連雲，萬里江濤蹙山動。我昔結屋山中居，歊霧蒸雲日澒洞。青蓑短棹放中流，山罊貞觀信天縱。與君初未奉餘歡，各對烟波一江共。而今俱作長安人，林麓朝辭暮羈鞚。論交塵土一茫然，迴首前遊渺清夢。生平素無諧俗韵，轉喉悵觸嫌譏諷。雖非鷄鼠隔雲泥，忍爲蠻觸競庸衆。君才磊砢出千尋，匠石如逢任梁棟。雕鐫緣飾會成名，枉耽清吟如鳥哢。只今病卧况兼旬，朝夕鹽虀愁屢空。妻子牛衣色尚欣，邑人狗監文誰誦？燕山雲物萬里清，落葉秋聲一庭送。高蓋誰過敝席門？酒徒爲具新芻瓮。愛君力疾劇清狂，尚有瑰詞成酒中。跌宕寧非軼世才，激昂頗負窮途慟。從來烈士志濟時，一割鉛刀貴爲用。不然脱屣去人間，肯伏光範稱鄉貢？君懷奇興逸如鴻，我逢有道慚非鳳。依違見事信爲遲，責備時賢毋乃重。何當去此脱吾累，却因疾愈思當痛。山光水態終不殊，俗狀塵容

還自恐。但須鹿門携妻子，休傒臨邛致騎從。清暉萬里兩幽人，迴望塵埃真一鬨。（《惜抱軒詩集》卷一）

姚鼐

懷王禹卿太守

大江五月水湯湯，送爾西南守夜郎。聞道還家生白髮，可憐解印縱清狂。天垂襄漢涵秋色，水下金焦接大荒。青草洞庭還獨去，空山樅桂渺相望。（《惜抱軒詩集》卷七）

姚鼐

寄王禹卿

竟日無人至，蕭蕭風雨凉。樓臺憑晚霽，天地正青蒼。思爾西湖去，拏舟春草長。無因聞玉笛，烟月夜琅琅。（《惜抱軒詩集》卷八）

姚鼐

寄子穎禹卿

拔地淩江峙碧峰，水雲禪榻此相從。解衣蘿薜岩前石，倚被旃檀閣外鐘。三客並知非一世，兩山迴望有餘踪。太虚爲室時相見，豈爲離憂日置胸。（《惜抱軒詩集》卷八）

姚鼐

聞禹卿以書名上達幾更出山而竟止因寄

王氏風流草隸兼，江東行樂且遲淹。解官誓苦歸元早，合妓情多聽不懨。家作道民輸斗米，身惟服食乞戎鹽。

練裙團扇名皆貴，豈必淩高署殿檐。（《惜抱軒詩集》卷八）

食舊堂集序

姚鼐

丹徒王禹卿先生，少則以詩稱於丹徒，長入京師，則稱於京師。負氣好奇，欲盡取天下異境以成其文。乾隆二十一年，翰林侍讀全魁使琉球，邀先生同渡海，即欣然往。故人相聚涕泣留，先生不聽，入海覆其舟，幸得救不死，乃益自喜，曰：『此天所以成吾詩也！』爲之益多且奇，今集中名《海天遊草》者是也。

鼐故不善詩，嘗漫詠之，以自娱而已，遇先生於京師，顧稱許以爲可，後遂與交密，居閑蓋無日不相求也。一日值天寒晦，與先生及遼東朱子潁，登城西黑窑廠，據地飲酒，相對悲歌至暮，見者皆怪之。其後先生自海外歸，以第三人登第，進至侍讀，出爲雲南臨安府知府，赴任過揚州。時鼐在揚州，賦詩別去。鼐旋仕京師，而子潁亦入蜀，皆不得見。時有人自西南來者，傳兩人滇、蜀間詩，雄傑瑰異，如不可測，蓋稱其山川云。

先生在臨安三年，以吏議降職，遂返丹徒，來往於吴、越，多徜徉之辭。久之，鼐被疾還江南，而子潁爲兩淮運使，興建書院，邀余主之。於是與先生別十四年矣，而復於揚州相見，其聚散若此，豈非天邪？

先生好浮屠道，近所得日進。嘗同宿使院，鼐又度江宿其家食舊堂内，共語窮日夜，教以屏欲澄心，返求本性。其言絶善，鼐生平不常聞諸人也。然先生豪縱之氣，亦漸衰減，不如其少壯。然則昔者周歷山水，偉麗奇變之篇，先生自是將不復作乎？鼐既盡讀先生之詩，嘆爲古今所不易有。子潁乃俾人抄爲十幾卷，曰《食舊堂

集》，將雕板傳諸人，鼐因爲之序。（《惜抱軒文集》卷四）

王禹卿七十壽序

孔子曰：『古之學者爲己，今之學者爲人。』今夫聞見精博至於鄭康成，文章至於韓退之，辭賦至於相如，詩至於杜子美，作書至於王逸少，畫至於摩詰，此古今所謂絶倫魁俊，而後無復逮者矣。假世有人焉，兼是數者而盡有之，此數千年未嘗遇之事，而號魁俊之尤者矣。然而究其所事，要舉謂之爲人而已，以言爲己猶未也。夫儒者所云爲己之道，不待辨矣。若夫佛氏之學，誠與孔子異。然而吾謂其超然獨覺於萬物之表，豁然洞照於萬事之中，要不失爲己之意，此其所以足重，而遠出乎俗學之上。儒者以形骸之見拒之，吾竊以謂不必，而況身尚未免溺於爲人之中者乎？

丹徒王禹卿先生，篤志學佛者也。先生少以文章登朝取上第。生平吟咏之工，入唐人之室，與分席而處；書法則如米元章、董玄宰之嗣統二王，此皆天下士所共推無異論者。獨至其學佛之精，而人反不甚信。僕以語人，人口諾而心笑者且有之。今歲八月，先生忽生背疽，負痛欲死，而晝夜危坐，與人言説，神明不變，匝月而平復。於是世始駭嘆，知先生之學，真有能外形骸而一死生者，平時不覺，遇難而後見也。

又越月，則爲先生七十壽辰。夫先生苟無此七十之壽，則其爲己之實，不能大著於天下，而天下反以其爲人寄迹之事稱之，不亦失先生於交臂乎？先生持佛戒，桑弧之日，不可以酒醴稱觴。鼐獨爲斯言以壽，侑以清茗，使來壽於堂者同飲之，將終醒而無醉云。（《惜抱軒文集》卷八）

姚鼐

快雨堂記

『心則通矣，入於手則窒；手則合矣，反於神則離。無所取於其前，無所識於其後，達之於不可迕，無度而有度。天機闔闢，而吾不知其故。』禹卿之論書如是，吾聞而善之。禹卿之言又曰：『書之藝，自東晋王羲之，至今且千餘載。其中可數者，或數十年一人，或數百年一人。自明董尚書其昌死，今無人焉。非無爲書者也，勤於力者不能知，精於知者不能至也。』

禹卿作堂於所居之北，將爲之名。一日得尚書書快雨堂舊楄，喜甚，乃懸之堂内，而遺得喪，忘寒暑，窮晝夜，爲書自娱於其間。或譽之，或笑之，禹卿不屑也。

今夫鳥鷇而食，成翼而飛，無所於勸。其天與之邪？雖然，俟其時而後化。今禹卿之於尚書，其書殆已至乎？其尚有俟乎？吾不知也。爲之記，以待世有識者論定焉。（《惜抱軒文集》卷十四）

姚鼐

中憲大夫雲南臨安府知府丹徒王君墓誌銘並序

君諱文治，字禹卿，丹徒人。自少以文章、書法稱於天下，中乾隆二十五年一甲三名進士，授編修，爲壬午科順天鄉試同考官、癸未科會試同考官。其年御試翰林第一，擢侍讀，署日講官，旋命爲雲南臨安府知府，數年以屬吏事鐫級去任。其後當復職矣，而君厭吏事，遂不復就官。高宗南巡，至錢塘僧寺，見君書碑，大賞愛之。内廷臣有告君、招君出者，君亦不應。

君之歸也，買僮教之度曲，行無遠近，必以歌伶一部自隨。其辨論音樂，窮極幽渺。客至君家，張樂共聽，窮朝暮不倦。海内求君書者，歲有饋遺，率費於聲伎，人或諫之不聽，其自喜顧彌甚也。然至客去樂散，默然禪定，夜坐脅未嘗至席，持佛戒，日食蔬果而已。如是數十年，其用意不易測如此。

君少嘗渡海至琉球，琉球人傳寶其翰墨。爲文尚瑰麗，至老歸於平淡。其詩與書，尤能盡古今之變，而自成體。君嘗自言：『吾詩、字皆禪理也。』余與君相知既久，嘉慶三年秋過丹徒訪君。君邀之涉江，風雨中登焦山東昇閣，臨望滄海，邈然言蟬蜕萬物無生之理，自是不復見君。今君來訃，以嘉慶七年四月二十六日趺坐室中逝矣！妻女子孫來訣，不爲動容；問身後事，不答。然則君殆莊生所謂遊方之外與造物爲人者耶？著作文藝雖工妙，特君寄迹而已，况其於伎樂遊戲之事乎！

君年七十三。夫人黄氏。生子槐慶。女四，婿曰溧陽狄□、丹徒陳□、商丘陳杲、長洲宋懋祁。孫男六。將葬君□□，鼐爲之銘以代送窆。鼐爲王氏《秀山阡表》，具君世矣，故不復述。銘曰：

茫乎其來何從乎？芴乎其往何終乎？嗟吾禹卿乎！生而燕樂，與世同乎！名表於翰墨之叢乎！骨蜕於黄壤之宫乎！倏乎寥乎！憑日月之光而遊天地之鴻蒙乎！（《惜抱軒文後集》卷七）

王文治

病起貽姚姬傳

杜門卧高閣，養疴下重帷。起看草木長，始覺春光移。眷言素心友，幾日音塵違。未能快談讌，何以展恩私。在昔賢達人，聚散恒無期。譬彼風中萍，倏忽成乖離。念兹愴懷抱，出户披我衣。急欲一相就，風飆侵人肌。浮雲起天末，對之增遲回。思君蕙蘭質，誦君冰雪詩。（《海天遊草》）

王文治

送姚姬傳自揚州歸桐城二首

連江寒雨送歸舟，楚蓼吴楓一片秋。浮世從來驚腐鼠，餘生只合伴閑鷗。他時春樹同迴首，明日黄花獨倚樓。杜牧風情真減盡，從今無夢到揚州。

上下雲龍卅載强，幾番湖海與岩廊。流萍逐水終須散，小草還山分外香。早信榮華如轉睫，乍逢離别也迴腸。河橋黯黯孤帆去，撿點顛毛各有霜。（《快雨堂集》）

王文治

次韵答姚姬傳①

涉世殊難吏隱兼，一官三載弗終淹。江山佳處身因寄，絲竹衰年意未厭。顔氏作書惟乞米，謝家覓句漫堆鹽。女孫玉燕初學爲詩。故人札翰真難得，乾鵲連朝噪瓦檐。（《無餘閣集》下）

①原韵爲《聞禹卿以書名上達幾更出山而竟止因寄》。

14

袁樹

袁樹（1730—1810後），字豆村，一字芬香，號香亭，又號紅豆村人，錢塘（今浙江杭州市）人。袁枚從弟，以子過繼於枚。乾隆二十八年（1763）進士，授南陽知縣。乾隆五十二年（1787）任端州知府，後因前任霍邱事鐫級，辭官而歸。乾隆五十四年（1789），姚鼐首次執掌鍾山書院，始得與袁枚、袁樹兄弟交往頗密。乾隆六十年（1795）再赴廣東任職。年八十餘卒。袁樹精於鑒賞，擅畫山水，詩有子才之風。著有《紅豆村人詩稿》十四卷、《紅豆村人續稿》四卷。

14–1

姚鼐

與袁香亭

正閱書院課卷，悶悶欲睡。忽得妙繪，心目一爽然矣。復荷賜飫，飽食讀書，亦風雨中清況，誠不可多得之寶。感謝靡涯，定當面謝，不具。

香亭二兄大人，愚弟鼐頓首。（上海圖書館藏，見書前彩插）

14–2

姚鼐

與袁香亭

自趨送不值，日懷念想。得至皖所賜書，略如瞻侍。又知吾兄江行遲緩，正當於何日抵廣州耶？舟中乃被水漏，損壞衣物，要是破財，運氣當爾，亦不必以爲悵矣。入越後，興趣何如，想不至閑坐耶？諸上遊相待之意，當自佳耳。然今日事勢，必非前番之比矣。頃見樸庵中丞話及，亦甚念吾兄也。弟近狀如故，今將歸家度歲矣。率候，餘續聞，不具。

香亭二兄大人，愚弟姚鼐頓首，十月五日。（《北洋畫報》第二十九卷）

附：

送香亭重赴嶺南

姚鼐

昔君溟海我燕京，萬里相逢建業城。草緑治亭同策杖，花明江閣擁彈筝。東山未可留安石，南越重須見陸生。又送離帆天際望，自垂白髮入柴荆。（《惜抱軒詩集》卷九）

香亭得雄於其去歲所失小郎有再生之徵一詩爲賀兼以識異

姚鼐

普門大士感修熏，福得兒童乞細君。正似吾鄉張太傅，再招東普大將軍。張文端太傅母，始夢有異人自稱王敦至其家，生子名敦哥，數歲殞。母慟甚，夢異人復至，曰：『吾終爲夫人子。』遂産太傅，名之敦復。太傅長，遂以爲字。金環乘穴真堪信，老蚌珠胎倍可欣。逸少諸郎他日貴，不妨小者最超群。（《惜抱軒詩集》卷九）

姚鼐

寄袁香亭時爲壖門同知

同歲書生盡白頭，異時江國共登樓。蒼茫身世餘孤策，歷落山川又九秋。雲出易迷岩曲岫，雁飛難到海南州。却聞壯事猶能作，談笑吴霜拭佩鈎。（《惜抱軒詩集》卷十）

姚鼐

袁香亭畫册記

香亭太守與其兄簡齋先生解官之後，皆買宅金陵而寓居焉，風流文采，互相輝映，固門内之盛也。簡齋性好山水，年六七十，猶時出遊，探極幽險，凡東南佳山水，天都、匡廬、天台、武夷，達於嶺海無不至。而香亭日閉户，邀之暫出，輒有難色。其性與簡齋異者若此。顧獨好畫，窮日夕執筆爲之不倦。蓋林麓烟雲之趣，浩渺幽邃之觀，水石竹木花葉鳥獸蟲魚之奇態，香亭自具於胸，而時接於几席之上，意其遊亦未嘗異於簡齋耶？

兹册香亭摹董思白山水，凡十二幅，而簡齋自書詩十二首與相間。香亭以示余。余於詩畫深處，非所能解。自來金陵，與其兄弟交遊往來累歲，識名其末，以存其迹云。（《惜抱軒文集》卷十四）

袁樹

送姚姬傳比部歸桐城

驪歌高唱出江城，草草琴裝落葉輕。垂老每多兒女累，時比部以女婚事歸。深秋難遣別離情。風吹短棹行宜速，月照歸帆色更明。隔歲來遊重相訂，百花開處待聽鶯。（《紅豆村人詩稿》卷十三）

袁樹

答姬傳同年賀得子之作

湯餅筵前笑語新，白頭人抱再來人。慢嗤樹老猶生果，衹惜花開不及春。既以雪泥徵幻夢，可能金粟認前身。憑君悟徹菩提旨，請試啼聲辨假真。（《紅豆村人續稿》卷一）

袁樹

和姚姬傳同年寄懷原韵①

身臨絶域怕迴頭，長嘯時時獨倚樓。豺虎亂生蓬島霧，魚龍高弄海天秋。愧無良策除張魯，恨不乘機襲蔡州。寄語故人應拍手，迂儒垂老佩吴鈎。（《紅豆村人續稿》卷一）

①原韵爲《寄袁香亭時爲澳門同知》。

袁樹

懷人十四章·姚姬傳比部鼐

孤柏挺瑶峰，不隨百卉隕。至人秉至道，獨御虚無軫。一笑脱蟬冠，廿年學豹隱。溷糞嘆蠅蛆，雲霧笑蟻蚓。鍾山設臯比，奥啓乾坤藴。便便腹笥富，亹亹文思敏。清正闡元微，浮華屏脂粉。悟禪懶打参，味道薄導引。迹似混和光，衷自操繩準。於我交最親，别來歲月永。屢讀尺素書，出處寓深警。爲言今年春，决策還鄉井。行樂賴聰强，時光重暮景。同近古稀人，比部與余同辛亥生。安容不交省。峨峨龍眠山，比部住龍眠山側。迢迢大庾嶺。不敢更回頭，嗒爾徒延領。（《紅豆村人續稿》卷三）

15 朱珪

朱珪（1731—1807），字石君，號南厓，晚號盤陀老人，順天大興（今屬北京市）人。與兄朱筠時稱『二朱』。乾隆十三年（1748）進士，選庶吉士，散館授編修，後歷官侍講學士、兩廣總督、吏部尚書、翰林院掌院學士、體仁閣大學士。乾隆四十一年（1776），授仁宗學，加太子少保、太子少傅。曾任四庫全書總閱、實録館總裁、國史館正總裁等職，多次主持鄉試、會試。嘉慶十一年（1806）十二月五日卒。朱珪取士，力求經生名士，阮元、張惠言、陳壽祺等皆出其門。姚鼐得以入四庫館，即受惠於其兄朱筠推薦。著有《知足齋文集》六卷、《知足齋詩集》二十卷、《知足齋詩續集》四卷、《知足齋進呈文稿》二卷等。

15-1 姚鼐 與朱石君①

在揚州暫得瞻對，倏又歷三年矣。侍郎方以名德爲喉舌之司，負端揆之望。跧伏閭里者，與被鈞陶之益，則誠有之；奉侍左右，則固無緣也。企首星辰，惟增懷切。漸寒，惟台候萬福。（《惜抱先生尺牘》卷一）

① 此札原題《與人書四首》，爲其中第四札。此四札後有陳用光識語：『此四札，用光己未春謁先生於里第，留居桐城一月，從書堆中檢得稿紙，録歸篋内。丙寅、丁巳之間，從京師鈔寄江寧，問係寄誰之札，先生批示云，此皆不能記憶與誰。前二札當是與曉嵐、耳山，三札似是與覃溪，四札則盤陀居士也。』

15–2
姚鼐

與朱石君

去歲秋闈，先生以奉使渡江，敝鄉群士以謂此數十年未見之使者。既而榜發，果獲數十年未有之人才。此誠天下之慶，非獨閣下之慶也。其間鼐有外甥馬宗璉，素隨鼐讀書，乃以經義得旨，倖從諸俊之列，而出大賢之門，則又非獨爲此甥幸，而鼐亦竊以自喜矣。浙江學使，東皋先生之後，閣下繼之。越民久況瘁矣，而越士得師，意者贏絀之數，天道固應爾耶？春寒，伏惟萬福。（《惜抱先生尺牘》卷一）

15–3
姚鼐

與朱石君

邗江舟中奉侍以來，奄已十載。與先生年皆幾六十，尚有瞻對之日與否？誠未可知。鼐以衰罷之餘，篤信釋氏，佞佛媚道，當與先生各任其一耶。聊奉聞以發一笑，朝夕幸爲時保重，不宣。（《惜抱先生尺牘》卷一）

15–4
姚鼐

與朱石君

正月廿二日，姚鼐謹再拜奉書盤陀先生尚書閣下：新年伏惟台候萬福。去歲車騎過桐城，鼐適往鄉村，有闕瞻送，遂令此生更無侍教之日，良以爲歉。先生德望日隆，精神日茂，當卒成弼亮之功，以慰四海之願。則跧伏草澤者，自無不與被帡幪，此私心所仰企者也。至鼐蒲柳之姿，衰羸益甚，僅未卧茵榻耳。有志學道，終無了解，遠對先生，但有愧赧。

敝門人新城陳用光，本閣下通家子也。其人學爲古文，已得途轍，極其所至，足以追配前賢。而行誼學識，端正有規矩，此尤今日才士之所難者。閣下留意人材，必不能掩水鏡之鑒。鼐聊爲先言之，公當察其不欺耳。春寒猶厲，肅請近安，統惟鑒照，不具。（《惜抱先生尺牘》卷一）

附：

朱石君中丞視賑淮上途中見示長句次韵二首

姚鼐

此身未作龜藏六，擾擾人間同一局。春水常乘東下舠，霜林每引西還轂。論材真似蒿蔚卑，學道不如荑稗熟。先生伯仲才峻崇，兩角去天幾一握。文高萬士喑無聲，德盛千豪書可禿。固應厮養皆人豪，却愧雕鐫加朽木。笥河已嘆火傳薪，使君今作凶年粟。我從竹馬試迎車，但覺謙衷彌粥粥。咳唾小且出千珠，事業閎宜安萬屋。獨思舊夢五十年，那得從容髮還緑。

北臨潁尾南潛六，壽春邑據東南局。英布倔起逮劉安，豪傑興亡如轉轂。列仙曾授鴻寶方，下客猶吟楚詞熟。山川極盛在一朝，鍾離帝起乾符握。自是蕭條英俊無，草木八公皆赭禿。惟餘暴桀多劫人，每犯刑科俾荷木。先生欲革小人面，上書先請調均粟。夜犯霜風走旆旌，往問飢寒散饘粥。詩書猶且待陶甄，桴鼓豈教驚井屋。鄰邦擾攘此安居，淮甸麥豐桑柘綠。（《惜抱軒詩集》卷五）

姚鼐

答朱石君中丞次韻

衰年薝蔔甫聞香，那得全將六用藏。縱有隨之推老馬，其如後者未鞭羊。使君膏物真時雨，故侶零柯怨早霜。不貴蕊珠傳不死，諒公宇定自天光。（《惜抱軒詩集》卷九）

朱珪

次東坡密州除夕元韻和姚祠部姬傳並柬張橿亭宫詹以珪與二君今年皆三十九辛亥生也

三人百十七，九六妙合半。九九八十一，六六三十六，合爲百十七也。分爲形影神，戲作泉明嘆。吾言豈譸張，爵變占可玩。有如金石交，寧免風水散。空空一無色，誰作真宰伴。彼姝心則遐，重華方旦旦。一聲歌洞庭，萬靈欲拍案。中曲清且和，盈耳關雎亂。隨風送將雛，新沐不用盥。浮雲蕩心臆，愁絶衣帶緩。耿耿心欲摇，磊磊珠可貫。知子綽約姿，肉食心所懦。早飲上池水，未消昆明炭。鳳飛各東西，舊巢空池館。我家有竹實，與子共飽暖。試噴六出花，一發三英粲。日月如飛梭，駒隙空過半。百川日夜流，能無逝者嘆。平生苦迷方，讀書空物玩。沈思九悔多，掩卷真精散。平子賦所思，四遠誰爲伴。勞勞役形骸，夜氣失平旦。編氓有憂樂，吏牘堆几案。不材與能鳴，寧免中自亂。宫尹好風度，晬若玉初盥。來爲河汾師，使我頤頰緩。君家有難弟，嗜學已弗貫。投君銀海篇，再讀心膽懦。干莫躍大冶，敢怨陰陽炭。緇衣可喻仁，改爲歌適館。雪花滿井陘，黍谷吹律

煖。我將擬渭川，噴飯聊一粲。（《知足齋詩集》卷四）

聞姚姬傳鼐設帳於梅花書院作此代柬

朱珪

十年前叠子瞻詩，予與姬傳同年辛亥生，己丑冬君用東坡『龍鍾三十九』詩韵見寄，曾和之。彈指風輪隙景馳。絳帳梅花疑市隱，玉杯繁露肯園窺。飛霞應憶調張舊，張開士少詹亦辛亥生，時同作粲字韵詩。積雪難忘訪戴時。謂戴東原吉士，二君皆與姬傳友善，今已作古人。老我遽非誰共證，一帆秋水阻漣漪。（《知足齋詩集》卷六）

過桐城喜晤姚姬傳員外道中作此奉柬

朱珪

與君齊年六十六，浮生已可傲玉局。東坡卒年六十六，吾輩行將過之。君如高鶴避乘軒，我比疲牛怯牽轂。老耽六籍味轉腴，春過三眠絲欲熟。易成久别驚七秋，難得相逢笑一握。羡君瓠齒尚牢堅，感我霜毛已鬜禿。笥河遺卷要編紬，詹事聯吟嗟拱木。張量亭少詹亦辛亥生，于己丑年用東坡半字韵詩同有作，張歸道山久矣。百年未死且懸疣，三立誰成耻食粟。匆匆停蓋那抒悰，嗛嗛調飢方待粥。時將赴鳳泗查放灾賑。大關北去月滿梁，小閣冬暄書壓屋。上春梅放伫花嫣，清言蘭臭傾杯緑。君有正月枉顧之意。（《知足齋詩集》卷十二）

16 陳守詒

陳守詒（1731—1808），字仲牧，號約堂，新城（今江西黎川縣）人。陳道次子，陳用光之父。勇於爲善，急於濟人。任兵部武選司員外郎、車駕司郎中，官安徽太平知府、河南陳州知府。嘉慶十三年（1808）十一月初八日卒。詳見《（同治）江西新城縣志》卷十。

16-1

姚鼐

與陳約堂①

前月獲侍須臾，旌斾遽發，方切企仰，郎君至，復荷手書存注。又詢知近履萬福，無任欣忭。德門多才，家學纍襲，當爲四海不多覯之族。而郎君之來此者，則又仙芝琪樹之尤盛者也。雖鄙夫得見之，爲心志怡懌者纍日，况撫諸膝下者哉！顧以衰年陋學，無所發之，求馬於唐肆，真使虚此行造耳。愧赧愧赧。見會榜録，知賢侄孫獲雋，英少鵲起，欣賀曷任。漸熱，伏惟慎護。兹因郎君行還附候，不宣。（《惜抱先生尺牘》卷五）

① 此札爲《惜抱先生尺牘》卷五第一札，卷題後有注：『先生與用光書最多，今分爲三卷，而以家門數書冠其首。』

16-2
姚鼐

與陳約堂

久別相思甚切。九月間賜書，鼐在江寧，未及接讀，頃始見鈔稿，具審垂注，又荷俾郎君校刻鄙文，感荷之餘，彌深愧赧矣。即吉之後，里居自爲上策。今之時事，難於肩任，識必及之矣。第恐事勢迫人，有不能不更嬰簪組者耳。秋闈犬子倖得與名，甚爲逾分，今將其硃卷上寄求教。郎君遠大之器，暫蹶未足憂。鼐明歲固仍居鍾山，可以聚居，但無以益之耳。賤狀近悉如常，惟老態日增矣。冬寒，因使率候近祉，餘不具。（《惜抱先生尺牘》卷五）

16-3
姚鼐

與陳約堂

三月杪，郎君抵江寧，敬審起居萬福。接手書，見推太過，愧赧愧赧。又荷寄隆儀，益增愧矣。郎君在此，於鼐真成家人。雖淡泊而安恬之甚，所嫌鼐胸臆淺陋，恐無以副其千里來從之意，第傾其所有以與之而已。聞伯母大人佳城已定，而時日不合，稍展復土之期。石士不能記其山向，有人來，望寄知也。

聞吾兄彈冠復出之志，尚在進退之間，竊計近日宦途，愈覺艱難，裹足杜門，未可謂非善策。但里居亦大不易，苟非痛自節省，痛改潭府積習，則其勢不能久居，有迫之而出者矣。想吾兄亦必籌計及此，然毋乃有牽繫俗情，不能自克者乎？鼐賤體衰憊，然較往昔接對時，不甚相懸，不知尚有再晤之日否？朝夕慎護，率報，不備。

（《惜抱先生尺牘》卷五）

16–4

姚鼐

與陳約堂

前月得手教，具審近祉爲慰。吾兄精神猶健，出而宣績勤民，亦其宜也。但不知擬的於何時赴都門耶？郎君在此一年，愧不能大有以益之，自是日進於廣大，亦復在其自拓耳。鼐舟行歸里，必經大江，石士自以由浙回家爲便，故不可同行也。

承命書伯母大人墓誌，拙書不足觀，强爲之耳。而江寧刻手甚低，故令携至蘇、杭乃上石耳。鼐同鄉章淮樹觀察，於選擇一事實爲精造，故煩爲伯母擇大葬之期，定於明年臘月廿二，想賢昆季便可遵之，不須更移動也。吾兄若再臨敝省，則鼐猶得藉以瞻對，不則恐將終身睽隔矣。臨書悢悢，無以爲懷。朝夕惟保重，餘不宣。

（《惜抱先生尺牘》卷五）

16–5

姚鼐

與陳約堂

起居伏想佳勝，企念甚切，而無由接侍也。目今寶眷已全至署，抑尚有留居府第者不？豫中盜警，固不至陳，然辦理軍需，當所不免，勤治公事，暇豫當亦希矣。不知此日已得清了未耶？弟今年三月來江寧，一切粗適，惟老態日增耳。

安徽、江西一路時和年豐，米價大賤，此則吾兄與弟等所共快者也。東浦方伯甫去安慶，而石君先生又内擢，

敝鄉殊悵失此兩賢。而汪稼門之離貴省，亦當以爲惜也。朝夕惟保重千萬，率候，不具。（《惜抱先生尺牘》卷五）

16-6 姚鼐

與陳約堂

使至，接讀賜書，敬審起居萬福爲慰。知今冬當有覲見之事，荷恩褒擢，理必可期。更冀旌旆再莅江南，俾弟得因復瞻對，乃所大快耳。諭作《藏書樓記》，擬成一稿呈閱，未審便堪用不？知新城辦大葬事已成，以尊府世德，決之天道，其必爲佳城無疑耳。鼐近狀亦尚與曩昔相似，惟精神日短，故老態也。承厚誼過重，極令人慚。率復並謝，不具。（《惜抱先生尺牘》卷五）

16-7 姚鼐

與陳約堂

聞去冬述職入都，今歲始歸。今想旌麾已返陳郡矣。遥想興居，當增佳勝。冀擢任江南，庶再奉言笑耳。弟近狀亦粗適，但暗添衰憊，惟自覺知。吾兄與賤齒正同，其健快或猶勝蒲柳姿耶？令郎世臺本將入都，途中聞停科場之信，今擬偕弟且赴江寧讀書。弟甚愧其志，懼薄劣不能爲之益耳。兹因其遣家人問省左右，附候近祉，不具。（《惜抱先生尺牘》卷五）

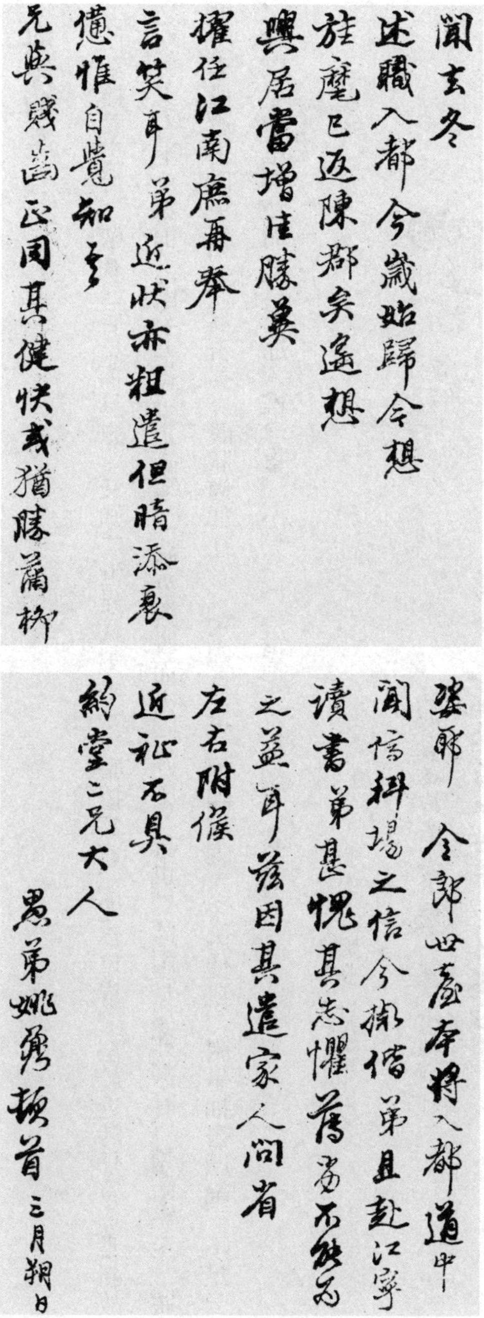
聞去冬
述職入都今歲始歸令想
旌麾已返陳郡矣遥想
興居當增佳勝矣
權任江南庶再奉
言笑耳弟近狀亦粗遣但晴添衰
憊惟自覺知之
兄與賤齒正同其健快哉猶勝蒲柳
姿耶令郎世兄奉將入都道中
聞停科場之信今擬偕弟且赴江寧
讀書弟甚愧其志懼荷寄不能為
之益耳茲因其還家入問省
左右附候
近祉不具
約堂二兄大人
愚弟姚鼐頓首 三月朔日

16–7 姚鼐《與陳約堂》

16-8
姚鼐

與陳約堂

使至接讀惠書，敬審起居萬福爲慰。又知二世兄籤掣第一，榮授甚速，尤爲可喜。至於近時任官，當新故接續之交，多有不易辦理之處，吾兄當小耐之，亟欲擺脱而去，恐未易言也。江南官場亦甚窘，趙觀察至，將署中家小盡遣還里以免累，亦良苦矣。賤狀尚如往昔，承賜多儀，愧謝愧謝。今因使還，附呈拙書四幅，不足云清玩，聊以見千里面目而已。漸凉，惟珍重，不具。（《惜抱先生尺牘》卷五）

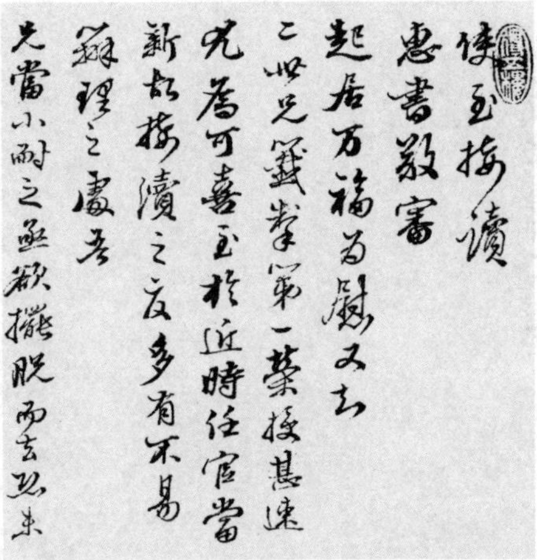
使至接讀
惠書敬審
起居万福為慰又知
二世兄籤掣第一榮授甚速
尤為可喜至於近時任官當
新故接續之交多有不易
辦理之處吾
兄當小耐之亟欲擺脱而去恐未

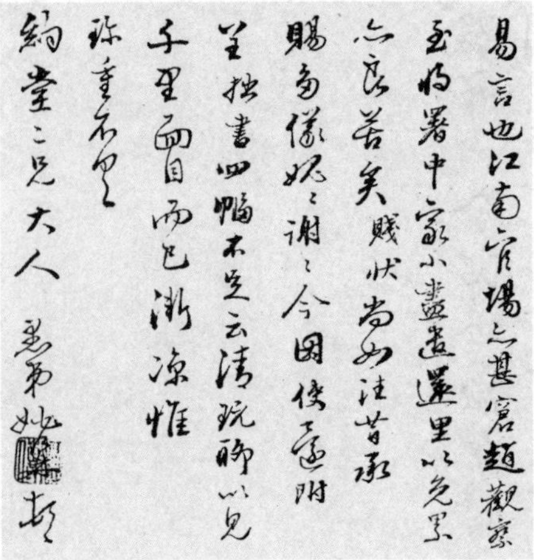
易言也江南官場亦甚窘趙觀察
至將署中家小盡遣還里以免累
亦良苦矣賤狀尚如往昔承
賜多儀愧愧謝謝今因使還附
呈拙書四幅不足云清玩聊以見
千里面目而已漸涼惟
珍重不具
約堂二兄大人 愚弟姚鼐頓首

16-8 姚鼐《與陳約堂》

姚鼐

與陳約堂

使至得賜書，並以犬馬賤辰，過蒙厚誼，豈勝感荷也。今歲碩士獲捷，良爲可喜，推其行運，宜聯步南宫矣。知其奉命即於今年進京，誠爲得計。吾兄解組之時，即賢子升朝之日。於進退之宜，不亦兩得乎？鼐賤狀尚復如故，來歲移主敬敷書院，此小人懷土之利耳。茲附使還敬謝，兼候新祉，不具。（《惜抱先生尺牘》卷五）

附：

姚鼐

陳約堂武陵泛舟圖

曠懷無染俗情濃，芳樹春流到處逢。唤作武陵何不可？桃源元止在君胸。（《惜抱軒詩集》卷九）

姚鼐

陳約堂六十壽序

始者予在京師，獲知於新城陳觀察伯常，得聞其考凝齋先生之賢，其後遂拜凝齋先生於南昌，粹乎君子德人之容也。後予再入京師，乃遇約堂先生，爲觀察之弟，仕於兵部，望其狀，知其爲人足嗣父兄矣，而顧不常見。其後十餘年，鼐歸江南，新城魯君絜非示予所爲文，中記約堂在鄉里，爲義田、義倉恤民之事十餘端，而志若未足，其仁心如此。時約堂已來爲守太平，問諸太平之人，曰：『太守之撫吾民，如其邦族焉。』後又數年，予來江寧，遇約堂於江寧。既而約堂命其少子用光碩士來從予學爲古文。碩士年少，才駿而志遠，固世之異士也。其時約堂長子，以爲四庫書勞賜舉人，當補京職，而觀察之孫既成進士入詞館矣。甚矣！陳氏之多才也。蓋天固相其家而興之，而亦其纍世仁德篤行之蓄，有以致之矣。

《詩》有之曰：『樂只君子，遐不黄耇？樂只君子，保艾爾後。』夫貽德於後美矣，而身以黄耇得躬見之，則尤人之所樂得，如《詩》之頌君子，抑何盡乎人情也。今陳氏世德相承，固古所謂『樂只君子』者矣。維諸少年之興，凝齋先生與觀察不逮見，而約堂於政成名立之時，日見其子孫繼登之美，由是日引而未艾，是古之善頌而不可必得者，而約堂獨得之也，可不謂盛乎！

歲之正月，爲約堂六十壽辰，碩士求余言持歸爲親壽。余以世俗之爲壽者，必曰神仙，昔凝齋先生嘗爲《仙説》斥其陋矣，不足爲約堂道，俾碩士誦《詩》以侑觴焉其可也。（《惜抱軒文集》卷八）

陳氏藏書樓記

姚鼐

士大夫好古能聚書籍者多矣，而傳守至久遠者蓋少。唯鄞范氏天一閣書，自明至今，最多歷年歲。國家修四庫書，取資范氏，以助中秘之藏，海内稱盛焉。

余家近合肥，聞合肥龔芝麓尚書所藏書，亦至今未失。其家專以一樓庋之，命一子弟賢者專司其事。借讀入出，必有簿籍，故其存也獲久。聞范氏之家法，蓋亦略與同焉。

夫一人之心，視其子孫皆一也，而子孫輒好分異，以書籍與田宅奴僕資生之具同析之，至有恐其不均翦割書畫古迹者，聞之使人悲恨。然則藏書非必不可久，抑其子孫之賢不異也。

新城陳凝齋先生嘗購書萬卷，其後諸子爲專作樓，以貯手澤，樓旁即爲子孫讀書之舍。今其仲子約堂太守，又慮歲久而後人或有變也，乃摹凝齋先生之像於石，而奉之於樓下，使後人一至其樓前而愴然思，惕然悚，愈久而不敢不敬守也。

以余少獲奉見凝齋先生，乃以拓本寄余，且命爲樓記。余於先生後裔又識數人，皆賢雋也，而約堂用意，又如是之至。然則百年之後，數海内藏書家，必有屈指及新城陳氏者矣，吾安得不樂而爲之記也。（《惜抱軒文集》卷十四）

姚鼐

陳約堂七十壽序

陳約堂先生，當其六十之時，作守姑孰，余既爲文以壽之矣。逾十年，君自宛丘解組，過余里而歸老新城。時君之次子，得爲刺史於寧州，而三子新捷於京兆。君則貌充而神益健，年至是七十矣。昔周公留召公以仕，而末終以『明我俊民，在讓後人於丕時』。蓋君子老之不能不終退者，理也。而冀俊民之興，以助國家丕時之盛者，人臣無已之心也。後之士大夫，雖不敢上比周、召，而願助國家之盛，求俊民而讓之，夫亦何嘗不同是情哉？夫誠得俊民之可讓矣，雖四海九州素不相知之人，吾猶將樂之，而況出於吾之子姓也哉？

今約堂一家群從，列官清要，效才内外，爲國器者既衆矣。而約堂甫遂歸田之志，即兩子奮翼之初，是一家俊民之興，蔚焉勃焉，未有極也。此天下相知，所以咸爲約堂慶，而約堂亦不能不熙然以喜者已。

顧吾又思之：周公作《君奭》之年，召公老矣，而卒不得退，至於康王之世，年蓋逾百而作《卷阿》之歌。其言『吉士』『吉人』，亦猶之周公讓『俊民』之旨。然而周公欲明農而不能，召公欲退，至逾百歲而猶不能。然則後人讓俊民之心，可竊附周、召之心。而歸田之樂，則有周、召之所欲而不得者矣。

余以無狀，早放田野，今年亦七十矣。去約堂家五六百里，約堂懸弧之日，不能遽往登堂。然或異日扁舟來訪，與君徜徉山水之間，共話數十年之離合，翛然矢音，亦差爲交遊之盛事。今先屬此一觴，以爲後約，不亦可乎！（《惜抱軒文後集》卷四）

17 **汪輝祖**

汪輝祖（1731—1807），字煥曾，號龍莊，蕭山（今浙江杭州市）人。乾隆三十三年（1768）舉於鄉，乾隆四十年（1775）進士。越十年，選湖南寧遠縣知縣，治事廉平，頗有政績。嘉慶十二年（1807）三月二十四日以足疾卒。詳見《清史稿·列傳二百六十四》《（民國）蕭山縣志稿》卷十三。著有《元史本證》五十卷、《九史同姓名略》七十二卷、《史姓韻編》六十四卷、《續史掌録》十二卷等，編《雙節堂贈言集》二十六卷。

17-1

復汪進士輝祖書

姚鼐

六月某日，鼐頓首汪君足下：鼐性魯知闇，不識人情嚮背之變、時務進退之宜，與物乖忤，坐守窮約，獨仰慕古人之誼，而竊好其文辭。

夫古人之文，豈第文焉而已，明道義、維風俗以詔世者，君子之志；而辭足以盡其志者，君子之文也。達其辭則道以明，昧於文則志以晦。鼐之求此數十年矣，瞻於目，誦於口，而書於手，較其離合而量劑其輕重多寡，朝爲而夕復，捐嗜捨欲，雖蒙流俗訕笑而不恥者，以爲古人之志遠矣。苟吾得之，若坐階席而接其音貌，安得不樂而願日與爲徒也。

足下去鼐居千五百里，非有相知之素，投書致辭甚恭，惓惓焉欲得其言，以紀太夫人高節卓行。足下何所聞而爲是哉？海内文士，爲達官貴人甚衆，執筆爲太夫人紀述者亦甚衆，足下既求得之，今又以命僕，將足下不遺一士而以鼐備其目乎？抑遂以太夫人不朽之名冀之僕耶？

且古人之文，今人讀之或不識。以今人之道度古人，古人文之傳，特其幸耳。然則雖有如古人之文，其能不朽與不，未可知也，况鼐之不足比古人邪！雖然，推足下爲母氏之心，姑爲文以備衆士之列者，僕所不辭也。足下書來久矣，有犬馬之疾，今始閑，輒作記一首，寄請觀之。久未報，惟諒宥，不宣！（《惜抱軒文集》卷六）

附：

記蕭山汪氏兩節婦事

姚鼐

蕭山汪君輝祖之母曰王孺人，其生母曰徐孺人。汪君考爲淇縣尉。淇縣君没，兩孺人皆少，遺孤十一歲，而上有七十之姑，門無族戚之助。或謀殺其孤以奪其貲，忌兩孺人，日欺陵困辱。兩孺人不爲動，卒奉姑保育孤子，教之成立，登第爲聞人。是時有司既疏兩孺人之節而旌其門矣，汪君顧悲傷兩母少所處危苦，遍走士大夫求爲文章，褒揚其行義，所致凡數百篇。又自越以書遺余，請記其事，汪君志亦勤矣。

夫兩孺人之名著海内者，以其子之成立也。設幼孤不幸或殤，或長而不才，則兩孺人泯無聞矣。方其窮厄困難，伏首相對闈闥之中，豈能知子之必才而待之？雖子成立不可必，而終不忍負吾志義者，此兩孺人所以賢也。賢者固不求名而名至，然世竟無稱者亦有之。且女子尚能堅其持操，卓然自立，而顧謂天下之士，無獨立不懼、守死服義其人者乎？其泯無聞焉則已矣。夫士貌榮名，卒何加於其身毫末哉？（《惜抱軒文集》卷十四）

18 胡業宏

胡業宏（1731？—1785？），字屺堂，號芑唐（唐又作堂、塘），桐城（今安徽桐城市）人。乾隆三十三年（1768）舉人，曾寄居天津七年。乾隆四十六年（1781），選山西趙城縣令（《（道光）趙城縣誌》）。民有訟者即坐堂上訊斷之，日决數十案，無不服其明察。三年後以病歸。既歿，同里有過趙城者，父老聞之喜曰：此吾神君之鄉人也，相與餉之，問起居，聞其死，皆哭失聲（《（道光）續修桐城縣誌》）。著有《芑塘詩鈔》《珊瑚鞭傳奇》等。

18-1

姚鼐

與胡芑堂①

春杪得手簡，備審佳勝。聞近已移調首邑，以鉅才而任繁劇，爲優擢之階，此固其理宜然。然而勤劬公事，亦已增倍矣。弟家居都如故狀，去冬安葬先祖母，今冬安葬先君，粗了此大事，來歲謝去敬敷書院，尚未定所居也。里中久旱，恐欲傷麥，第冬窗晴燠，爲病夫之所快耳。張駿生，三哥之次子、南仲弟侄女婿也，以貧故來謁晋藩，欲覓一館地。此子文藝、人品俱佳，必非終於諸生者。弟屬其至晋必造階砌，望加意拂拭之，必令其居停獲一佳處，非特伊感佩盛情，亦所以成長者誘掖後進之美也。朝夕惟慎護起居，餘不多及。（《惜抱先生尺牘補編》卷二）

① 原題爲《與□芑堂》，據此信可知其爲姚鼐同鄉，又曾爲官山西，大致可定爲胡業宏。

附：

酬胡君業宏

我如游雲出廬霍，千里飄飄向京洛。黃山西畔初別君，溪流飲馬桃花落。江南花落幾春風？羈思漁陽飛塞鴻。今年乘舟玩海月，片帆淮甸摇晴空。西尋廬阜彭蠡側，拂袖千峰萬峰碧。仙人一去白雲秋，明月無心照石壁。遠公東林寺，徐孺南昌宅。寒草蒼烟昏似積，我對青天空太息。丹楓十月凋南州，雨聲寒抱章江樓。登高把酒忽相遇，昔君頗料如今不？明月寒胎耀當代，楚望沈淪媚幽彩。人間得失似浮雲，且對江山吾輩在。清詩一唱碧霄間，五色餘霞散湖海。湖海西風萬里吹，酒闌明日各天涯。青山挂席余將去，嗟爾塵埃玉樹姿！（《惜抱軒詩集》卷一）

19 沈業富

沈業富（1732—1807），字既堂，又字方穀，號味燈老人，高郵（今江蘇高郵市）人。乾隆十九年（1754）中進士，改庶吉士，翰林院散館授編修，充國史館纂修官、續文獻通考館纂修官。歷典江西鄉試、山西鄉試、順天鄉試同考。乾隆三十年（1765），補安徽太平知府。在任十六年，救荒恤災，去後民猶思之。乾隆四十六年（1781），授河東鹽運使。乾隆四十九年（1784）致仕歸里，嘉慶十二年（1807）卒。著有《味燈書屋詩集》八卷等。

19-1 姚鼐 與既堂①

别後伏惟萬福，計麾蓋今必已至河東。仁澤所流，與春雨同潤矣。安徽持節諸使盡移山西，使人怨晋絳之民，何獨奪我賢使君耶？而吾輩文字談讌，遂至邈絶，此又不足論矣。

侍近狀如故，頃已至書院，居此三年，略無人才之望，豈所謂『魯鷄不能伏鵠卵』者乎？侍去歲歸里後，營卜葬地，竟得一可用之處，此最爲可喜。今年歲陰，可以了此大事矣。二家兄京升之後，家中遂大艱窘，無以爲策。今八舍弟𦈏元，舍諸生之業，而出門覓館，他事亦非所堪任，惟當覓一鹽務外事，是以遠趨旌節，祈賜齒芬，此於公事自無相干涉也。朝夕惟慎護，臨啓瞻企，不宣。（《惜抱先生尺牘》卷一）

① 後有小注：『似是沈，名業富，記查。』

附：

贈沈方穀

昨挂雲帆來，黃河流浩浩。遥天沃日滄海波，畏風送客淮南道。不見隋朝之宮殿，但見隋堤之芳草。蕪城蕭索無可歡，却遇故人情獨好。真珠滴酒斟金杯，櫻笋玉截珊瑚堆。脱冠把袂相徘徊。夜深星斗滿空落，仰見孤鶴橫江來。身後名，生前酒，二者於吾並何有？嘗願登臨九子峰，又思放浪五湖口。難得人生一日閑，況值相知十年久。看君鸞鳳才標孤，秋風吹翼升天都。難策言堪訕丞相，作賦才寧非大夫？豫章杞梓雲霄上，豈與人間伴社樗？楚雨才晴京口樹，上有流雲不知處。君望西南千萬峰，我棹漁舟從此去。（《惜抱軒詩集》卷一）

20 翁方綱

翁方綱（1733—1818），字正三，一字忠叙，號覃溪，晚號蘇齋，直隸大興（今屬北京市）人。乾隆十七年（1752）進士，改庶吉士，散館授編修。歷官内閣學士、左鴻臚寺卿，後榮恩宴加二品銜。曾任江西督學、廣東督學、山東督學，主持江西、湖北、江南、順天鄉試。乾隆三十八年（1773），翁方綱被任命爲四庫纂修官，擔任編修一職。『每日清晨入院……午後歸寓，以是日所校閲某書，應考某處，在寶善亭與同修程魚門晋芳、姚姬川鼐、任幼植大椿諸人對案，詳舉所知，各開應考證之書目。是午，携至琉璃廠書肆訪查之。……自壬辰、癸巳以後，每月與錢蘀石、程魚門、姚姬川、嚴冬友諸人作詩課』（翁方綱《家事略記》）。翁方綱論詩主『肌理説』，精於考據、金石、書法之學，著有《復初齋詩集》七十卷、《復初齋文集》三十五卷、《漢石經殘字考》一卷、《石洲詩話》八卷等。

20-1 答翁學士書

姚鼐

鼐再拜，謹上覃谿先生几下：昨相見，承教勉以爲文之法。早起又得手書，勸掖益至。非相愛深，欲增進所不逮，曷爲若此？鼐誠感荷不敢忘！

雖然，鼐聞今天下之善射者，其法曰：『平肩臂，正脰，腰以上直，腰以下反句磬折，支左詘右。其釋矢也，身如槁木。苟非是，不可以射。』師弟子相授受，皆若此而已。及至索倫蒙古人之射，傾首、欹肩、僂背，發則口目皆動。見者莫不笑之，然而索倫蒙古之射遠貫深而命中，世之射者常不逮也。然則射非有定法亦明矣。

夫道有是非，而技有美惡。詩文皆技也，技之精者必近道，故詩文美者，命意必善。文字者，猶人之言語也，有氣以充之，則觀其文也，雖百世而後，如立其人而與言於此；無氣，則積字焉而已。意與氣相御而爲辭，然後有聲音節奏高下抗墜之度、反復進退之態、采色之華。故聲色之美，因乎意與氣而時變者也，是安得有定法哉！自漢、魏、晉、宋、齊、梁、陳、隋、唐、趙宋、元、明及今日，能爲詩者殆數千人，而最工者數十人。此數十人，其體製固不同，所同者，意與氣足主乎辭而已。人情執其學所從入者爲是，而以人之學皆非也，及易人而觀之則亦然。譬之知擊棹者欲廢車，知操轡者欲廢舟，不知其不可也。

鼐誠不工於詩，然爲之數十年矣。至京師，見諸才賢之作不同，夫亦各有所善也。就其常相見者五六人，皆鼐所欲取其善以爲師者。雖然，使鼐舍其平生，而惟一人之法，則鼐尚未知所適從。比承先生吐胸臆相教，而鼐深蓄所懷而不以陳，是欺也，竊所不敢，故卒布其愚，伏惟諒察！（《惜抱軒文集》卷六）

20–2

姚鼐

與翁覃溪①

久别甚相念。聞再侍承明，銓叙《七略》，仍見朝廷委任之重，豈以俗情論其崇替哉！惟興居何似？鼐病伏里中，恐便無緣瞻對左右矣。眷結何已。（《惜抱先生尺牘》卷一）

① 此札原題《與人書四首》，爲其中第三札。

20-3

姚鼐

與翁覃溪

自於敝縣東門外瞻接後，幾相隔十年。啓候疏闊，殊抱愆愧。惟於北來相識者，詢悉體中佳勝如昔，以爲深慰而已。

鼐昔在館中，見宋元人所注經，卷帙甚大，而其間足存之解，或僅一二條而已，意以爲何須爲是繁耶？故愚見有所論，但專記之，如是歷年所記，每經多者數十條，少則數條而已，謂之私説，不敢謂之注。至於《三傳》校諸經稍輕，乃名曰『補注』，分成兩書。今年諸門徒遂取以刊版，鼐固知其不免謬妄，今各以一部上呈几下，不知亦堪以一二條之當見取者乎？

敝門人陳用光，新城人，先生曩爲作詩之二魯，其中表也。其學略相近，而用光古文已入門逕，固當勝於二魯矣。近日後輩才俊之士，講考證者猶有人，而學古文者最少。今陳生入都，瞻謁階墀，當必蒙異視而教益之也。曩者都中文酒之會，故人死亡略盡，在京獨閣下爲靈光碩果，士流趨仰，而好賢愛士之盛心，又出於天性，故鼐輒敢以此告之左右耳。附候起居，不具。（《惜抱先生尺牘》卷二）

20-4

翁方綱

與姬川郎中論何李書

君子不以鄙言爲妄，容而納之，且或動見顔色。方綱於今世未見有受言若此者，非執事性肫摯而契進於善不能及此。以方綱之愚，復何敢有所論辨，以瀆左右？而今有不得不明白剌説者。昨見攜約道執事所以成就惓惓之意，於詩則曰宜法何李，此方綱所以不能嘿息者也。往者，方綱執經樹彤先生門下，竊聞先生言其鄉人劉君者具體獻吉，及見所爲《海峰詩集》，果然。方綱未得識劉君，而執事與劉君切琢最深，是以昨於送詩聊及此地云云，而豈意執事顧於此用其心哉？

本朝詩人無過王與朱者，二公之言皆推許何李，今方綱獨何人，而竊議其後？雖然，二公之許何李，非許何李也，就明詩論，則氣格無逾何李者，此爲公安、竟陵諸人言之也。若以詩論，則何李僞詩也，且何李所以得稱爲詩者安在乎？在肖盛唐而已。其肖盛唐云者，貌乎？神乎？其愛之者必曰神貌兼之矣。夫神也者，非止語言氣象之謂，其必根柢融貫，而後謂之神也。今即以語言氣象論，則盛唐之詩具在，其豐容色澤自得於景事字句之外，而非可執一端以爲迹者。若何李則襲其貌，演其腔，吞剥其句與言，在明人已有翦彩爲花、木魚爲饌、尸含珠貝爲珥之喻矣。此即語言氣象，尚且不得謂之肖。

若以根柢言之，則唐人各有唐人之學識，凡一家之氣體聲律，皆有其自出之本焉。自出之本奈何？曰性情而已矣，時勢而已矣，境遇學術而已矣。杜之省直封事，不必似李之供奉揮毫；韓之曲江走馬，不必似杜之樂遊對酒。而且當指陳時事之日，宜杜之慷慨切直矣，而李又不然；當屏居獨處之際，宜李之放歌酣視矣，而王右丞、孟襄陽又不然。《傳》曰：『豈能使子面如吾面乎？』夫三百篇之《詩》，大小《雅》之材不一，孔子皆弦而歌之，以求合乎《韶》《武》之音。所謂合者，蓋非一節之似而已也。《楚騷》之作也，變而不失其所合也。至於建安、黄初而後，迨乎魏、晋、陳、隋之間，其自陳一時之情事，豈無一節之偶合者？然而周、召之作，《酌》

《桓》《賨》《般》之思，歷千八百餘歲，而後得《北征》《羌村》《收京》諸什，直接吾夫子所以刪定之遺意。此自韓子已下，無不望而生嘆，以爲後有作者，弗可及也。而忽於七百年後有人焉起而冒襲之，贋亂之，此而不肖猶可，此而肖也，則所謂彌近理、彌失真者也，况又未嘗近理乎？

前人又以粗豪稱獻吉，而以俊逸稱仲默。蓋仲默《明月》之篇直溯四傑，其他作之爽亮有似太白者，非盡恃杜也。然無論李杜，同一不可貌襲。后山、簡齋諸家，間亦有似杜之句，而其全體不似。元遺山則直用杜句，而神理更超逸。歷攬古今效前人之作，或得其聲音，或依其體製，商榷派别則可，而據爲已有則不可，未有以古人面目安於己之面目，而自謂能復古者也。

若以文章風會，監古宜今，則士君子之自處又宜審矣。明人一代學術，全在恃氣節，而精於研核者殊少。其經學既不逮唐宋人，而其詞章乃欲駕宋元而上之。所以弘治諸子勢必高語『文西京而詩盛唐』也，此所謂意氣淩人，虚憍而已耳。實亦明人氣運境地，前後積纍至此，使之不得不然者也。若吾輩處今日，則國家文章之盛，超出前古，其治經者，皆確有所考據，推之子史盡然。至今四庫百氏之書，無不推表而見裏，沿波以討源。士生其間，不特其學將爲覈實之學，而其詞章亦必爲務本之業。使昔之獻吉、仲默生於今日，將必帖然平心，去其矜驕之氣，而爲質實之言。舉所謂《空同》《大復》集者，厭而自焚之矣，而豈有吾輩尚學之之理哉？執事在朋輩中，氣醇而機静，心虚而才富，非他一家自名者，况其用力尤在經解，解經者其□必專而韵必精。

若以詩言之，則蘇黄而下，不當復安矣。或者其遺山、道園乎？是皆可謂之詩也。若獻吉、仲默者，彼自爲詩云爾。方綱之愚，方冀如執事一二輩，力追正始以别裁僞體，而乃聞執事之論，若此則方綱之惑滋甚者也。何李在詩家爲前輩，方綱豈敢僭論？顧學者用力之途，則不可誤涉足焉，不僅爲撝約也。仰猶望於執事之盡弃其夙聞，於何李之爲詩者而易轍焉。則作詩與解經誠爲一事矣，不然，則學自學，而詩自詩，誠其人而僞其言也，竊爲執事惜。（《復初齋文稿》）

20–5

翁方綱

再與姬川郎中論何李書

君子之學，未有以口舌争者也，以心融而已；未有以競氣勝者也，以心平而已。昨者之云，執事固若未喻者，而謂方綱不喜何李，不深求之，其可乎？夫何李，則奚性情學術之有哉？此言一出，似乎過當。而方綱敢於爲此言者，試觀其集而知之矣。

蓋人之學問文章，斷無似前人之理，其必似前人者，則其性情非真性情，而誤矣。今之下筆輒似古人者，皆不登其堂，不濟其武者也。古人斷不可似者也，詩斷無似李杜，似韓，似蘇黄者也。其有似某家者，皆其不得謂之詩者也；其得名之爲詩者，必不似古人者也。方綱向者意謂執事必久知此理，而何以至今作此言？則誠無望於此道矣。然執事之□高明可以□□□藝之者，而於此事隔壁，若此學術非真學術也。執事之言曰：今人工詩者，非似李杜，則似韓，不則似蘇、似黄，同於有所似，而非獨創也。嘻！執事他何望哉？執事謂方綱論明詩太過，請循其本而言之。

明人一代之詩所以不古，若者誰爲之乎？何李之復古爲之也。明初之高季迪，有振古之才，亦有效古之能，而其秀色掩出元末饒、周諸人之上。其時所謂吴中十子、閩十子、粤四子者，皆頗有肇開風會之意。設使時至宏、正間，有細心研律、通經力學之君子出焉，從事於下學循循之功，而不爲欺世盗名之説，則明之詩豈至於江河日下哉？何李二子，未會古人之深，而遽欲襲而取之。至於滄溟之流，揠苗助長，釀成癥結，於是公安、竟陵起而反之，風雅遂息矣。宋人姜堯章曰：『求與古人合，不若求與古人異哉！與古人異，不若求與古人合，而不能不合；不求與古人異，而不能不異。』此數言者，古今詩家之總訣，而何李一輩人所未嘗夢見者也。降而至於王、李，又益甚之。滄溟之咎，浮於空同，弇州之才，不及大復。而弇州晚年則頗有悔悟之意。所以《祭震川文》曰：『余豈興趨，文必自爲。』而其弟敬美則謂李、何尚有慶響，徐、高必無絶響者也。然徐昌穀與空同遊，空同謂其大而未化。夫昌穀固未能化，然若以昌穀較空同，則昌穀爲能化矣。

空同之詩，其全集具在，執事謂其五言不及七言，其中呑剥之甚者且勿論，即以其人之口實者言之，如《上元訪杜鍊師》，朱垞所選者也，其説道士，至於『織罽四角銀麒麟，仙厨往往來八珍。此時亦應尋帝趨，金燈翠旗光有無』，可乎？又如《東山草堂歌》，阮亭所最稱者，而曰『塵埃不見長安陌』。又如《土兵行》曰『塵埃不見章江途』，可乎？又如《石將軍戰場歌》，某人所選者，而曰『天清野曠來酣戰』，可乎？諸如此類，皆其最傳誦之作，而掇拾糟粕如此，又何論其他乎？

若執事所援阮亭之論，謂學杜者昌黎、子瞻、山谷、空同俱在宋二陳、海叟之上云云，此又可謂耳合者也。海叟尚去青邱遠甚，不必論已，至於二陳，自有樸氣，與空同原有真僞之殊。至於蘇黄，則空同豈可並言？且韓、蘇、黄三公，曷嘗有學杜之名？後人執杜以求之，則不知韓、蘇、黄也，抑先不知杜也。召康、召穆、凡伯之作，不聞其似周公也，家父、蘇公、譚大夫之詩，不聞其似召康、召穆、凡伯也。至於杜集中無一語襲漢魏也，若《贈衛八處士》云：『人生不得見，動如參與商。』又如《草堂詩》，連用四『喜』字，是從悲涕中無聊之極而出之。此等運化樂府，正如馬、班史中用舊書，其力至大，可以入壚鞴而不覺。又如右軍臨鍾太傅諸帖，借以發露自己神骨。而彼無識之徒，如空同、滄溟二李者，方且讀而得志，以爲竊比云爾也，實亦杜公力大，止此一二處而已。『慎莫近前丞相嗔』『少壯幾時奈老何』，其去古樂府之原句，神味即離，如水中著鹽否乎？彼空同者，則胠篋之技，烏足以語此哉？然此妙自杜公以後餘人，蓋皆敬慎而不敢出也。以韓子之追仰杜公，所謂夜夢晝思，可謂至矣。然韓集中曾有一句一字似杜乎？白公有一處似韓乎？蘇公有一處似杜、似韓、似白乎？黄又更不必言，而强執名之學杜，是何説也？豈但已哉？並阮亭先生亦不知此理。

昔年在粤中，得見甘泉宫瓦拓本，爲裝册作歌，因反覆阮亭之詩，其末句云：『兄事羽陽弟銅雀。』方綱讀至此，輒掩卷不懌，謂先生不應笨鈍至此。旁一友曰：『阮亭深服山谷者，此句效山谷《詠水仙》云「山礬是弟梅是兄」耳。』方綱聞之，不覺失笑曰：『今乃知阮亭先生竟不曉山谷之詩也。』因檢山谷集《詠水仙》詩與客論之，其後半曰：『含香體素欲傾城，山礬是弟梅是兄。坐對真成被花惱，出門一笑大江横。』蓋前兩句反勒住其勢，以蓄下二句之妙耳，與山礬爲兄，與梅爲弟，不過以花視之耳，不過以含香體素傾城之貌悦之耳。山谷曰是，則不知此花也，是則所謂被花惱者也。杜有『江上被花惱』之語，今則翻用之，曰非江上被花惱，乃坐對真成被花惱耳，如此就凡想中逼勒到無可如何，使水仙受屈受抑之至矣。而後開弦應聲，放出『出門一笑大江横』一句，真有萬鈞之力，銅墻鐵壁無不穿雲裂石者矣。山谷之妙，一至於此，淮陰侯所謂『此在兵法，顧諸君不識耳』。杜詩亦然，往往語南而意北，似實而仍虛。自古文人秘妙藏皆是如此，不獨山谷也，不獨詩也。而阮亭先生不知此理，乃取兄弟云云正用之。

阮亭集中似此者尚不一而足，不過其神韻高絶，不爲格律所縛，初無向來何李一人半人粘皮帶骨之習，此則其乘國初清粹之氣，結爲飄緲圓和之聲音，而後有來者，莫之或先也。至於詩之所然，則焉敢誣先生，以爲先生皆曉其深處哉！是以阮亭言七律，則極推空同、滄溟，而反云東坡七律不可學。王元美平生不看蘇黄以下，至臨終乃手一卷書，人有見之者，則《東坡集》也。若使元美早悟其境界，固不可知，若使何李早悟，有何李之筆力氣魄，而充以自己實學實境，則明之詩可以云詩矣。然人亦各有成就，如何李者，其氣體自與此等描摹相配，反足以成其名。且在有明三百年，號稱大家，是亦足以酬其臨仿之精神，而其佳處，若大復真有絶世妙篇，豈但大復哉？並空同摹杜處，若非其槎枒之筆，誰其能之？譬若吴通微之寫《黄庭》，王著之鈎《閣帖》，自足神明永壽，不妨聽其自伸於天壤。而後生末學，視前人有如此境界，亦不可不知也。惟是學之則誤入歧途矣，此萬萬不可者也。

然又有一説焉，今尚有仿臨阮亭者，則何李矣，不可學之。有此蓋爲實無真詣者，亦思涉筆詞場，而其學其力，全不足以自振，則莫如且借一前人已歷之境。公安、竟陵則不可，何李則尚可。從前聞張荭亭前輩言，貴鄉有方先生者，有七男，教其七男各評杜一部，評注俱不同，而其爲詩也混乎？杜之爲肖也，方綱初不信其説，及借其所手批一本看之，乃知無怪也。此人實不知杜，則其教子似杜，又自爲詩似杜，以此立家而成名，何不可哉？此皆非可語於執事者也。執事之在朋輩中，實一時所無者也，慎不可自視稍貶也。常人之情，豈特經學與詩不必合一哉？尚有不窮經而專作詩者，且有爲江湖清客之詩者，誰能盡以深入功律之？若講經而不爲詩者，又有之矣，如歸震川、方望溪，則亦已矣，是以一代之中原不數人。

執事之學之識，若用以精研『三禮』，旁睨子史，蓋必期於成者也，既不喻詩理，則可從此不爲之矣。方綱豈敢欺執事哉？然執事之學之識，則可以爲詩者也，則可以爲經學、詩學合一之詩者也。既可以爲第一等之詩，而甘爲等而下之之詩，曰何李固當如此也。明人固皆嘗如此也，執事請反而思之，恐當啞然自笑者也。

至謂前人所有之境已窮盡無餘，後人難於更創，是以必因古爲之，此又見其末而忘其本矣。夫前人之境窮盡無餘者，如體格正變，詞句源流，此遞相祖述者也。至於藻彩聲音，氣象意度，此迭相變轉者也。前所謂體格詞句者，合此則是，不合此則非。古人所有者，則吾有之；古人所無，則吾亦無之，此猶之仁、敬、孝、慈，皆因而莫能變者也。後所謂藻彩聲音者，一人有一人之筋骨面目、氣脉神致，猶夫肥瘦長短、剛柔急緩也，此則忠質文之不相因者也。子曰：『辭達而已矣。』此古今一致也。《易》曰：『辭也者，各指其所之。』此古今不一致也。

往者，阮亭先生選《唐賢三昧》《唐詩十選》，胥三唐之人而盡化爲一阮翁云爾，胥天下後世之學識筆力而化爲王、儲、孟、常諸君子云爾。夫衣裳垂而禮樂興，通其變，使民不倦，神而化之，使民宜之，未有可以茹毛飲血，概天下後世之心思耳目者也。阮亭之爲此選，推而極之，已自不能不有所泥。然其托體者，輕和淡遠，不爲急迫，尚非如昔日何李之叫囂怒張者也。然曷嘗不曰何李於沉鬱頓挫用意乎？蓋在何李論之，自爲沉鬱頓挫耳，而非杜之所爲沉鬱頓挫也。誠取空同《功德寺》《追往憤》諸作，極意法杜之處，讀之不啻今廠肆所陳重翻肅府《閣帖》中載二王草書，形神全離。且其雜詩紹古之篇，並古人語句所以遞相祖述之故，皆不曉其源委，而片段搤扯，涉筆即是，此正苦於不善因也。經曰：『爲高必因丘陵，爲下必因川澤。』夫因必有因之法焉，必深知前人所以某爲原、某爲流、某爲正、某爲變之向背凹凸，而後知吾之置身，當於何途是問焉。故曰『夏造殷因，或素或青』，若然，則謂之因也。少陵所謂『孰知二謝將能事，頗學陰何苦用心』，此等處空同、大復竟不悟入，而徒席天幕地，陳器滿案，以手取飯羹而啗之，不問其爲誰氏所餉也者，此之謂不善因也。

執事如欲觀後人因前人之法，則莫不善於何李矣，奈何反欲從事於此歟？今官場朋友既無肯言者，江海岩穹士恐亦未能有如此析言者，執事歸而久自知之，不在此一時之論説也。方綱日來苦癬發潰甚，不得自詣齋中，故復縷縷。（《復初齋文稿》）

附：

爲翁正三學士題東坡天際烏雲帖

姚鼐

東坡自謂字無法，天巧繩墨何從施？青霄碧海縱遊戲，自中律度精毫氂。嘗託西湖佳麗地，仍記閑情書小詩。前人不見蔡君謨，後人不識柯九思。人生翰墨細事耳，古今相接良賴之。學士新作蘇米齋，欲飽看字療輖饑。此册神妙尤所祕，雲烟閲世憐公痴！今朝我更作公病，歛册向篋重手持。日午來看到昏黑，兀兀不樂歸車馳。學士平生妙臨本，試作嘗眩真鑒知。請煩冰雪襟懷手，再寫佳人絶妙辭。（《惜抱軒詩集》卷二）

送姚姬川郎中假歸桐城五首

翁方綱

十年通籍聯鴛侶，兩載修書舊鳳巢。今我餞筵猶積憾，先生經解未親鈔。枕江渴憶千竿竹，負郭初無一把茅。緑酒紅燈色飛處，宦囊卷内盡貧交。

縱觀當代述人文，前輩諸公用意勤。清廟明堂庀梁棟，深山大澤蓄風雲。開元大歷非空貌，秀水新城莫漫云。君去重編海峰集，肯隨北地乞餘芬。劉廣文大櫆，姬川師也。

滁岑失訪恨南還，灊岳青來逼大關。夢寐舒王詩墨處，精靈洞谷石牛間。夜喧北郭松千鬣，春動西畲水一灣。慈母康强兒子長，丈夫集莫號藏山。桐城錢田間有《藏山集》。

幾宵東觀繙書手，忽撥殘更嶽頂雲。示我天門詄蕩語，如披玉策赤青文。飛揚逸氣鞭鸞鳳，窈渺清齋寫典墳。江畔皖公山縱好，有何岩壑可留君。姬川昨自泰安歸，見示《登日觀頂長歌》。

新蔬軟脆帶春冰，風味端宜笋蕨勝。淡意回甘無物喻，苦言近辣有人憎。紀侯秋夕緣詩瘦，嚴子冬心抱病能。又到唐花風啓蟄，桂宧雪灑讀書燈。前年送紀心齋、嚴道甫，皆於魚門此齋中置酒也。（《復初齋詩集》卷第十一）

桐城晤姚姬川二首

翁方綱

知我得才賢，姬川以予在江西選拔得二魯生爲賀。深余廢學憐。豈徒增舊話，實要理陳編。潛皖江千里，蓬瀛侶廿年。桂宧臨别語，追憶倍皇然。昔同人共餞君於程蕺園桂宧也。

樸學存吾素，天涯復幾人。平心商出處，養氣更深醇。暫對如聯榻，脩途借問津。静光應照我，轣轆尚車塵。

（《復初齋詩集》卷三十九）

翁方綱

送姚姬川郎中歸桐城序

姬川郎中與方綱昔同館，今同修四庫書。一旦以養親去，方綱將受言之恐後而敢於有言者。竊見姬川之歸，不難在讀書，而難在取友；不難在善述，而難在往復辨證；不難在江海英異之士造門請益，而難在得失毫釐悉如姬川意中所欲言。姬川自此將日聞甘言，不復聞藥言；更將漸習之久，而其於人也，亦自不發藥言矣。此勢所以必至者也。

夫所謂藥者必有其方，如方綱者，待藥於君者也，安能爲君作藥言乎？吾友有錢子者，其人仁義人也，其於學行文章，深得人意中所欲言，願姬川之聞其藥言也。君之門有孔生者，其人英異人也，其於學行文章，樂受人之言，願姬川之發其藥言也。（《復初齋文集》卷十二）

21 陸錫熊

陸錫熊（1734—1792），一名錫榮，字健男，號耳山，又號篁村、淞南老人，松江（今屬上海市）人。乾隆二十六年（1761）進士，歸班後銓。次年春，乾隆皇帝第三次南巡，陸錫熊獻賦行在，詔試一等，賜内閣中書，奉敕編修《通鑒輯覽》。乾隆三十七年（1772），與姚鼐宴飲於嚴長明寓所、木鷄齋等地；十一月十五日，與翁方綱、錢大昕、程晋芳等人集於姚鼐寓齋。乾隆三十八年（1773）四庫館開，上命其與紀昀任《四庫全書》總纂官，時姚鼐奉詔入四庫館任纂修官。乾隆四十七年（1782）五月，轉大理寺卿，七月進呈《四庫全書表文》。乾隆五十一年（1786），任提督福建學政。乾隆五十五年（1790）正月，福建學政任畢，奉命往沈陽校文溯閣書籍。乾隆五十七年（1792）春，卒於沈陽行館。著有《寶奎堂文集》十二卷、《篁村集》十二卷等，編有《三元詩》《婁縣志》《契丹國志》等。

21-1

姚鼐

與陸耳山①

曩以書局得與承教益，迄今追思，邈焉莫逮，其間存亡聚散之感多矣。先生以華國之才，任千秋之絶業，六七年内，績以有成，異世且欣慕之，况嘗共几研者乎？書成必刻《總目》，不知今歲内便可刻成否，尚能以一本惠寄耶？鼐自歸來，罷病日侵，高談無所與陳，閉門却掃，作説經文字可數十首，分爲六七卷。不知異時校閲者當以附之鈔録内乎，抑第與存目也？『千秋萬歲名，寂寞身後事』，今姑以爲自娱可耳。想與曉嵐、魚門諸先生談讌極歡時，必念及愚鄙。然瞻近之期，殆終無日。昨竹君先生過淮，鼐已歸里，竟爾不遇，唯嘗與石君先生小語須臾耳。（《惜抱先生尺牘》卷一）

①此札原題《與人書四首》，爲其中第二札。

附：

桐城江上有懷姚姬傳禮部

陸錫熊

江介滯寒景，扁舟泛夕陰。龍眠望巒翠，不覺暝烟沉。眷言同懷子，結廬卧高岑。焚香散貝帙，潔膳娱萱襟。東華一爲别，種松已成林。昔遊曠嘉覿，今塗阻遐尋。相思無日夜，浩與江流深。蘭省夙相要，歲寒亮此心。綢繆十年舊，恝闊二毛侵。（《篁村集》卷十一）

22 李調元

李調元（1734—1803），字雨村，又字羹堂，號童山，又號蠢翁、醒園、贊庵、鶴洲、蔗尾、墨莊、卧雪山人，綿州（今四川綿陽市）人。李調元與張問陶、彭端淑合稱『蜀中三才子』，與其父李化楠、堂弟李鼎元、李驥元皆中進士，兄弟同入詞林，有『一門四進士，弟兄三翰林』之譽，兄弟三人合稱『綿州三李』。李調元和姚鼐同爲乾隆二十八年（1763）癸未科進士。乾隆三十七年（1772）二月，李調元服闋赴京待補，其時與姚鼐、祝芷塘等唱和往還。後歷任廣東鄉試副主考、吏部考功司員外郎、提督廣東學政，官至直隸通永道。乾隆四十七年（1782），以事罷官，遣戍伊犁。乾隆五十年（1785），發回原籍，削職爲民，遂不復出。嘉慶七年（1802）卒於南村。李調元肆力於學，凡經史百家稗官野乘，無不博覽，詩文詞曲兼工。著有《童山文集》二十卷、《補遺》一卷、《童山詩集》四十二卷等百十種書。

22-1

李調元

答姚姬傳同年書

憶庚子歲僕由粵學回京復命，道出桐城，未至十里，正思登堂，忽見長鬚執簡旁立，問之，即君僕也。適獲我心，即不至館，直排君闥，時已昏黑，拜太夫人於燭光之下，並及見諸子。與足下銜觴話舊，五更乃去。到京後，又承乏畿東者二年，即緣事發伊犁，幸以萬金贖歸。今家居又十年矣。

久不通耗，今接來書，乃知足下掌教金陵，起居佳勝爲慰。蒙問何以伏處而不出，足見關心。弟之所以伏處而不出者，有三意焉：其一，一生賦性至蠢，過于剛正，不慣外任，誠恐再遭傾跌，不知何處又覓萬金也；其二，多與宰相爲忤，畫稿則得罪于阿、舒二公，揭員則得罪于英公，雖冤結前生事由同官釀成，而內而同部、外而同省事，皆由永姓一人慫恿，《詩》曰『永言配命』，當安命也；其三，一生以清廉居官，本無贓累，原可捐還，而首相當關，非賄不准，若一入其門，便爲其黨，誠恐冰山見日，遺臭萬年，此則寧終身廢弃，而不肯爲也。

昔年足下爲刑部郎中，例升知府，告病而歸。當時頗怪之，今乃服足下之高見也。昨足下書來，以我日逐優伶，以爲誠有以自樂，非圖樂也。目見時事之非不可正言，誠恐遇事之時一朝累及。故日以優伶自污之，特不堪爲一二俗人言也。不得見足下，每於袁子才集中見足下之詩，不啻見足下也。聞君有賢子已中壬子鄉試，大勝吾子，可喜也。又聞新著《九經説》十二卷、《三傳國語補注》四卷，現已開雕刊成，乞寄一部。如有書，乞交城中敝同年王心齋純一轉交紅花船可至。（《童山文集》卷十）

附：

寄李雨邨調元

姚鼐

故人與我尚人間，曾傍金鑾玉笋班。地勢風烟難蜀道，天涯雲水各江關。偶將文筆傳消息，竟謝簪纓孰往還。衰鬢不妨論事業，發揮潜德又誅奸。（《惜抱軒詩集》卷十）

和同年比部姚姬傳鼐見訪元韻

李調元

天遣余閑事亦奇，竟無一事可相羈。故人相見清風後，新句如歌白雪時。顔駟只今容愈醜，潘郎誰念鬢成絲。當年共展鸞凰志，此日應歌二鳥詩。（《童山詩集》卷十三）

檢討侍路川朝見示和姚姬傳韵再和

李調元

有客排門頗自奇，氣如天馬不能羈。心能從井相知早，口若懸河不避時。兩載官身長似繫，一封家信亂如絲。閑來莫訝狂吟劇，萬斛窮愁盡付詩。（《童山詩集》卷十三）

和桐城姚姬傳鼐太史見寄元韵並附寄祝芷塘袁香亭兩同年詩

李調元

自分相思夢寐間，忽聞消息慰頽顔。九年坐擁南京席，萬卷高於北峽關。聞與王維談佛近，謂王夢樓先生。應知袁虎共舟還。謂袁子才前輩。自慚蘇老甘心退，尚悔從前作辨姦。

桐城驛路雪霜間，憶在君家醉别顔。往日爭馳龍尾道，只今高卧鹿頭關。故人半受衡文聘，謂孫心畤、祝芷塘、張慕青、王少林皆作山長。英物先看奪錦還。長君已登壬子鄉薦。我輩功名真似戲，何須核實論忠姦。（《童山詩集》卷三十五）

李調元

和姚姬傳寄祝芷塘韵

吴蜀相望又十年，餘生難買下渝船。應知蒼鬓看俱老，可得紅顔似少妍。淞水半江并剪外，錦城雙節浣花邊。煩君就近因風問，去歲書曾到海壖。（《童山詩集》卷三十五）

李調元

和姚姬傳寄袁香亭韵

當年同第望龍頭，有客傳能造鳳樓。内外分頭各南北，功名到手幾春秋。機雲聲價馳吴地，軾轍文章遍粤州。獨我天隅甘寂寞，江干日理釣魚鈎。（《童山詩集》卷三十五）

23 馬春田

馬春田（1734—？），字晴田，號雨耕，桐城（今安徽桐城市）人。『少穎敏，日誦數千言，下筆風涌泉發，而志行高潔，尤爲當世所稱。』（《（道光）續修桐城縣志》卷十六）乾隆中廩貢生，例選訓導。『雨耕與姚惜抱爲中表兄弟，交最篤，其詩豪放處頗近青蓮，奇闢處往往平揖坡、谷，七古音調間有不合，而粗率之處亦爲大醇之累。』（《晚晴簃詩匯》卷一百十一）著有《乃亨詩集》四卷。

23-1 姚鼐 與馬雨耕

鼐以積愆，殃禍薦至，慈母遘疾，奄至弃養，終天之恨，無可復追。承賜唁問，展讀衷感。即日成服，開吊俱過，而宅兆未卜，鐵門尚欲請安，安則加築，不則合葬他處。此非另得一地不可。目今看得數處而圖之，不知成不。吾兄見託之語，未敢遽承。何則？地之可得者，固當自取。若難得，又何以及君？鼐之眼力又不能無誤，如去年以七千錢買小楊樹灣一處，始甚自喜，今乃知誤，幸其價廉耳。若爲人謀而所費或多，豈堪此誤？吾兄既在江寧，宜即在江寧尋覓，果得佳城，遠葬何害，况本欲遷居邪？三姐若住江寧不成，决於典去住屋，却典鼐昔買鄧雲將住處，此甚妥之策也。寒甚，保重，不一。（《惜抱先生尺牘補編》卷二）

23-2

姚鼐

與馬雨耕

前在里中得惠書，具悉近祉佳勝。欣慰欣慰。去歲安葬表伯，正在歲杪，諸事匆匆。鼐未與執紼，但聞土色甚佳，當可以放心也。尊府近俱平安。鼐於二月二十二日始舉葬事，土色亦不甚惡。於清明畢工，於三月二十四日抵鍾陵矣。却憶去年至此晤聚之況，邈不可得。淮樹家於三月二十六日葬其次婦，四月半後當來金陵。戢翼未翥，然宦情未盡忘也。邑中親友大抵不得意之人多，而稱意之家少。米價雖賤而其餘百物俱貴，爲生者益苦矣。久雨希見霽日，薄寒不解，客中保重千萬，續報，不備。（《惜抱先生尺牘補編》卷二）

23-3

姚鼐

與馬雨耕

家中今日寄新筍來，殊勝前次寄者。不可獨食，祈午間來共一飯也。（《惜抱先生尺牘補編》卷二）

23-4

姚鼐

與馬雨耕

冬季束脩收到，亦正在渴時，甚善也。若福建有消息，祈遣送。叔固、展青等皆在此候榜矣，有暇更出來一談。前番一聚，良爲勝會，别後想動定佳也。鼐擬十一月初十左右歸去，於此間先遣復兒北行耳。數日大冷如深冬，惟保重，不具。（《惜抱先生尺牘補編》卷二）

23-5 姚鼐

與馬雨耕

方大哥至，得手示並銀，具審近祉爲慰。鼐抵家後一切平安，衡兒擬令隨廣東周學使入京，而周學使今日尚未到，計不過在七八日内矣。冬煖無雪，柴炭尚可，而米價甚昂。宅中之事，與北萊細商。去年欠帳，合本利已有百七十餘金，而今歲八月已前挪扯，利上起利，大有吃虧，又至九十金矣，勢不得不與盡數還清。寄來之銀不能敷用，只得將方姓一項停閣，而日用僅能科至來正而已，吃米僅科至二月而已。今日爲宅上計，只能爲善後之策，而已往之失，不必追也。鼐恐南京一時未得人來，不可更令少有挪扯之事。鼐有應寄還王道臺買手巾銀十八兩，年底付北萊，爲定作二三月日用，俱約定錢店三日一支，及早定吃米以度春荒。四月以往，仍須吾兄接濟。餘自詳北萊字中，兹不備及。（《惜抱先生尺牘補編》卷二）

23-6 姚鼐

與馬雨耕

前月得書併銀，即與北萊甲甥分撥諸項，已於塔傳行時詳悉寄聞。此時此札計必到矣。數十日來府上安好，新生之孫殊秀健，可賀也。咨追之事，寂亦無聞，必無患矣。衡兒已於十六日隨周東屏閣學入都，今日必已踰淮矣。鼐家樹坊已畢，先祖母於十八日恭送入祠，見儀箧可告之也。鼐此月内每苦腹脹，夜則手心發熱，服十全大補乃痊，停藥即仍發，衰老之體，殆無復健理邪。（《惜抱先生尺牘補編》卷二）

23-7

姚鼐

與馬雨耕

昨日與北萊同至金山墩，其形勢乃了無可取，乃知傳言之妄，而叔固之抹非謬也。鼐擬此二十四日赴江寧，吾兄家務意欲更有部置，然非面晤不能盡。願今冬駕更一歸，披襟再一商可乎？春寒，珍重千萬，不具。（《惜抱先生尺牘補編》卷二）

23-8

姚鼐

與馬雨耕

接四月杪手書，具審一切。鼐於前月寄拙集，今當至几前，誤字數處未改，希併取東浦先生處本子爲改正之。賤狀略如常，胸間猶有凝痛，想更久自已耳。衡兒須節後始能來，來則由此徑入都矣。聞總統失利，極使人愁。舍甥張兼士正在其幕中也。邑中數日前有信來，則俱佳好。兹略報，不具。（《惜抱先生尺牘補編》卷二）

23-9 姚鼐

與馬雨耕

得此月朔賜書，具悉一切。此地得雨雖少晚，然猶有大半收，不至甚荒。至里中得雨更早，秋田不爲災也。鼐自閏月病痢，今雖愈而脾氣未復元，精神憊甚，尚不能出門。於此初三日夜失賊，竊去二百五十金，遂大狼狽，豈非運氣至劣邪？計今年必不能到蘇州，明年則可矣。雉兒在此，不可離之而出也。頻伽古文不及雒君體正，尊鑒不謬。頻伽爲常熟蔣姓求一文字，往時望溪宗伯作文，不受人謝，鼐殊愧不能如之，望爲語頻伽也。桐城院考當在八月之中，陳偉人、于野俱新有得館之機，而吾家甫申又至矣。『安得廣厦千萬間』，真可嘆也。簡齋病頗日深，而老人爲扶病至揚州就醫，政不知能小愈不也。鐵松先生於閏月十三日抵里，首邱之願大遂，亦佳事矣。聞福撫出缺，不知誰得之邪？（《惜抱先生尺牘補編》卷二）

23-10 姚鼐

與馬雨耕

秋霽未甚寒，想佳勝也。鼐亦如常，擬十月初九日回里，大約來歲仍不免一來此耳。昨日淮樹家有信來，魁哥進學矣，而無名單，其餘獲雋者，不得知也。題乃『是以大學始教』及『踰梁山邑于岐山之下居焉』。此地學臺明日起馬，而上江學臺亦定於十六日離安慶也。張勵堂柩已過蘇州。鼐一月未接家信，不知復兒得於何時可行也。東浦先生應已自河上回，撫藩之事，當併在一署，尚不至甚勞耶。孝廉方正桐城四君子及吳殿麟、張惺齋等皆給頂戴，甚可喜。而上江送一等六人不，如別省能有同之者不？餘不具。（《惜抱先生尺牘補編》卷二）

23-11 姚鼐

與馬雨耕

昨接復兒字，有十月同吳惠連庶常入都之說，但恐未能定耳。鼐《九經說》誤字甚多，今寄一硃筆校過本子，望依之校改，併取東浦先生處本子改正之。此寄本與郭頻伽可也。前月竊案至今杳然，吾亦姑聽之矣。茲因何五哥來會李觀察之便附候，餘續聞，不具。（《惜抱先生尺牘補編》卷二）

23-12 姚鼐

與馬雨耕

月初得手示，知佳好。所云亞父之疾，豈背有癤子邪，頃已痊邪？念念。鼐頃頗苦脾泄，亦大是衰徵耶。聞周公有去敬敷之意，鼐甚欲就近。前與制軍言次已略道之，若撫臺以爲可，鼐更欲辭此而適皖矣。吾兄與撫臺商之何如？香聞聞有足疾，須辭館而歸，吾兄家事必得更有部置，非鼐歸時面議不可。科舉案未出，今歲差幸來録，遺者少於往來，或不大遺漏也。徐芝亭已歸，家書尚存此，餘續報，不具。（《惜抱先生尺牘補編》卷二）

23-13

姚鼐

與馬雨耕

前月杪有一字，當已達覽。頃聞香聞之痛，良深愴悼。吾兄值此哀寂，豈衰年所堪？平生所聞瞿曇之旨，正須於此際得用，勿付之紙上空談，則所望也。甲哥以十六日得信，即於是日動身赴常州，其搬柩回過江寧時，仍入城與一見也。不知北萊能爲先定一厝處不？邑中此事極難，或且寄玉屏庵邪？觀兒今與應試者先歸。鼐十月底方回，一切須相見詳議，兹不具。（《惜抱先生尺牘補編》卷二）

23-14

姚鼐

與馬雨耕

今年延方展青在舍教觀、雉兩兒，而携衡至江寧，合伴入都，二月杪當行也。爲樊川卜兆，久不可得，殊以爲愧。邑中此事愈辨愈難矣。楚氛不靖，殊使人愁悶。吾兄卜居秦淮，果能決遂不？然亦不知孰爲安土也。率報，餘續聞，不具。（《惜抱先生尺牘補編》卷二）

23-15

姚鼐

與馬雨耕

尊體飲食略勝於夏熱時不？中丞公以大賢臨吾桑梓，必大有受福之處。吾等跂足以俟之耳。家延履久住江寧，略無所遇，只得轉入安慶謀之。吾兄居鎖院内，勢不能於外間薦館，然恐遇便有可爲吹嘘者，亦或可偶爲一延譽耳。彦容已赴鹽城挂號，其束脩百金，可謂每况愈下矣。復兒八月有信來，尚居何道長家，其年竟留京，或南歸，尚未决也。鼐十月杪去此，兹略報，惟珍重千萬，不具。（《惜抱先生尺牘補編》卷二）

23-16

姚鼐

與馬雨耕

初聞駕將至，甚以爲喜，接後諭乃知不果，不勝悵然，不知今年畢竟能一會不邪？此時計東浦先生當復任方伯事，吾兄當亦復歸藩署矣。鼐病已全好，而方植之去應院考，邀吾家甫申入課雉兒讀書，蓋不寂寞。于野有邳州劉公請去，管下百六十金之約，而未送關。陳偉人則桃源廖君請之，不日行矣。昨孫四哥又舍蕭縣而來，覓館者之多，安得一一安頓邪？（《惜抱先生尺牘補編》卷二）

23–17
姚鼐

與馬雨耕

今日徐先生至，將府報、銀封及詩卷、賜札俱付收訖。鼐俟制軍到後即行，然家中因屏山病篤，小女吉期移早，鼐比歸，喜事當已過矣。八弟改辦錢穀，尚未得妥處。靖江之行，未必往矣。端予前日自家來此，住書院數日，云將仍往銅山，今尚未行。知家中一一平安，此聞，不具。（《惜抱先生尺牘補編》卷二）

23–18
姚鼐

與馬雨耕

新年以來惟動定安好。東浦先生之喪，極可傷痛，此鼐十年來海内知交之尤厚者。在東浦，官職聲名已均無憾；而吾曹之恨，豈有涯邪？吾兄進退如何定局，新來荆公之意何如？若竟解幕務住蘇，似非策，不若且住江寧，與鼐或分或合，更俟後定。今隨便租寓，亦較蘇州爲易也。甲甥在家記念之甚，遠來省視，亦其至情。家中一切自能面陳，鼐近況亦詢悉。鼐爲東浦先生欲竭思，或文或詩，必成其一，乃能發區區之意。而在家匆匆，竟不能屬思，必須出門乃可。故今亦不作慰札與諸世兄，望轉爲道唁，遲步當另寄。江寧尚未遣人來接，然料當在此數日内。鼐行期約初十也。朝廷新政真足慰草野之望，盜賊亦易平。吾曹遷居之計，亦無庸急急矣。幼女與潘四者，正月初已畢姻。老翁又完却一種心事矣。夏間或得便相見不？茲草草付甲甥携呈，不具。（《惜抱先生尺牘補編》卷二）

23–19 姚鼐

與馬雨耕

鼐於前月十八日携兩兒到江寧，後得手書，具知安好爲慰。江寧風景彌覺蕭索，令人增聚散之感。既而思此亦人理之常，死生大事亦如此耳。可以離去情想也。頃得家信，復兒已將亡九弟夫婦於鐵門葬訖，家中亦各平安。係鼐庚戌年所窖，生記木輕乾，鷄子不壞，竟可放心矣。晴牧乃於鄉間看地顛蹶傷臂，其運氣惡劣，殊令人太息也。鼐亦苦右臂發痛，作書稍覺不便。故鄉米價甚賤，淮樹欲於城中積穀以待不虞，此故是佳事也，但典司者難其人耳。已夏而尚寒，惟保重千萬，不具。（《惜抱先生尺牘補編》卷二）

23–20 姚鼐

與馬雨耕

寄書具悉近祉爲慰。頃已大熱，故此間頗憂旱，但米價尚未長耳。舍侄於六月初六日得一子，亡弟有孫矣，此事必吾兄所樂聞者也。章八昨赴山東河工，以遲誤不能入而返，吾意此未必非其福也。鼐近狀如故，此月半於攝山般若臺與夢樓同處三日，此是今年一佳况也。聞蘇州重刻葛板《九經》，煩爲代買一部寄來，欲與兒輩作讀本也。與郭頻伽一書，乞轉付之，不具。（《惜抱先生尺牘補編》卷二）

23–21

姚鼐

與馬雨耕

去臘得書，具審杖履佳勝爲慰，新年更宜勝也。鼐去冬歸里，正值江津挐擾之時，而幸平安。臘月復兒大病幾危，幸醫治獲痊。又伊生一兒，五十日而失之。老翁尚能方便遣情，其婦之悲則甚矣。餘事則平安如昔。鼐已全戒食魚肉，然此等亦只是滯名著相中事，若言了當大事，則全未全未也。淮樹亦持戒素食，其所處境較鼐爲難於淡薄，而竟能勇斷，豈非其天資大有勝人處邪？聞隨園没後，間聞其在帷中嘆咤，此翁在日詆人言佛事，其神識固當入此糾纏中。我輩所當鑒以自警也。三姐尚如故狀，北萊來住新宅甚適，但鼐賣屋後殊偪仄不堪耳。

（《惜抱先生尺牘補編》卷二）

23–22

姚鼐

與馬雨耕

連得賜函，敬審佳勝。比得中丞關聘程儀，相見近矣。大抵鼐動身在二月半後也。復兒與魯成父子擬正月初十日北上。鼐於十九日往憨幢處連住三日，雖魯成父子亦不從行也。令郎，吾固堅拒之矣。今冬在稼門中丞家住，見其魚軒葬白嶺地，妙絶人間，天意殆大興其門邪。目今冬晴，甚可喜，然竊爲明歲憂旱。竊猶當得一快雪或雨邪。草此奉復，明正更修賀也，不具。（《惜抱先生尺牘補編》卷二）

23–23

姚鼐

與馬雨耕

新正惟動定萬福，相對在近。吾曹得多見一年，亦即是天與之厚矣，他復何所望哉？衡兒與儀顓孫於初十日北行，一由旱，一由水，取道淮上也。魯成則於二月初行，彼初有足疾，頃亦痊可矣。邑中諸親家各平安，但艱窘彌多耳。金姓黃連嘴事，愚意以爲有關合邑，只是須禁采石一事，因禁采石而及存庵，已是第二層，此外何足勞衆邪。久晴，初一日一雨，於麥頗有益，然須更得一雨以繼之乃佳耳。米價昂貴，殊令人愁。奈何奈何？胡雒君在廣西，蘇潭中丞欲以入薦章，但未知定不？蚪御委署尚不甚寂寞，而晴牧則痔漏日甚，艱於出門矣。鼐欲俟賢良祠春祭後即入皖，約二月半也。一切面叙，兹不具。（《惜抱先生尺牘補編》卷二）

23–24

姚鼐

與馬雨耕

暑熱殊甚，想佳好也。歸之與留，想尚未可決。鼐以書院讓宋署臬居之，移住學院署，而七月底又讓與懷寧考縣考，鼐即歸家。俟九月學政考過再來矣。衡兒已還到家，中秋後彼又將去，此一歸亦自佳耳。但不知更與兄晤不？略報，餘不具。（《惜抱先生尺牘補編》卷二）

23-25

姚鼐

與馬雨耕

秋涼想佳好，得書知入中丞幕中，甚佳。嗣後相見差易矣。鼐擬府考後至書院，大約在此二十日左右也。邑中望雨不可得，晚禾無收矣。衡兒已於前月之末携復兒赴淮安去，以老翁日衰敝，難以照看童稚也。離懷惆悵，則固不免耳。鼐近頻宿雙溪，恨不同此遊矣。朝夕惟珍重。（《惜抱先生尺牘補編》卷二）

23-26

姚鼐

與馬雨耕

鼐於今日飯後即登舟矣。持衡於十三日同諶配道隨緞標走，聞道上不易行也。府報如至，伊自可持交淮樹家。寄《五七言今體詩鈔》一部奉上，餘不具。（《惜抱先生尺牘補編》卷二）

23-27

姚鼐

與馬雨耕

新正以來想動定佳好。舍間竟無一大人在家，兩孫愚，惟幸常教誨之，便如鼐在家也。所諭爲令嫂壽文，鼐不敢辭，亦不敢許。今年精神大衰，實難屬思爲文。此後或遇人大好時，或高興執筆，而不能勉强。近略静坐便打瞪，似大勞碌神氣，應酬文字，豈可勞心？若得一人代筆，但用賤名，則大妙矣。制臺尚在淮上，四月或一來，府志必不辨，而吾亦不能辨矣。（《惜抱先生尺牘補編》卷二）

23–28

姚鼐

與馬雨耕

清明後春寒特甚，衰老畏之。吾兄想不爾邪。承賜詩，愧何敢當。第前章用四朝，此乃改姓之朝，似非治安之世所可用，必須改去。其次章則佳耳。（《惜抱先生尺牘補編》卷二）

23–29

姚鼐

與馬雨耕

前聞吾兄被病久不愈，甚憂之。頃得書，知已痊，可欣慰。天下之不可治者，心病也。若吾兄之心病，乃與鼐同，此豈藥餌所能爲力哉？魯子山來此，言吾兄病，若閑時不妨仍住伊處。然鼐意，苟可安居，則勿出門矣。鼐今年大約仍在此度歲，明歲乃懸車耳。近有脾泄病，吃重油則發矣，常飯亦較舊少減。由老至死固當漸至，亦胡足怪哉？（《惜抱先生尺牘補編》卷二）

23-30

姚鼐

與馬雨耕

得五月廿七日書，具悉近祉。鼐近平安，但脾土終不佳。倭硫磺已盡矣，覓求尚未可得也。《江南通志》必不能修。鼐思歸去，但憂無屋住耳。近書院修理極整齊，然三宿桑下之戀亦陋也。吾兄何以爲鼐決乎？依傍鼐住者固多，然八十老翁安能盡力爲此曹計哉？冠海欲住江寧而不能，不得不返。世間事不能如其志，固往往如此。衡兒尚在徐審案，此處命案極多。吾甚憂其造業，託朱白泉爲謀召回，不知得不。至其窮苦，則吾不能計矣。

（《惜抱先生尺牘補編》卷二）

23-31

姚鼐

與馬雨耕

前日得書，俱審佳好。此間太守已再言修志事，看來必辦，但尚未定束脩耳。今歲八九月令雉兒偕其母來，鼐竟於鹿鳴後乃歸矣。想吾兄同諸相好於風景佳時，必甚見憶也。鼐近雖無病，而每頓飯減半碗，固是衰甚矣。肚腹常小覺不寧。致意諸相好，相見乃須一年外矣。江寧旱後乃大雨，此則最可喜。

雨耕五哥，弟鼐頓首，七月三日。（雅昌拍賣網）

23-32

姚鼐

與馬雨耕

履端令序，惟動定萬福。鼐尚如故態。雪霽山青，安能便偕杖履入雙溪探梅信邪？去臘家事承照。八十老翁，當安坐受子孫奉養之時，而反尋錢以供子孫之用，能無爲一笑乎？邑中光景不佳，可想而知。姑置吾一家之事，恐杞人之憂方大耳。鼓缶而歌，聊以自遣，尊懷亦宜以此自寬也。（《惜抱先生尺牘補編》卷二）

23-33

姚鼐

與馬雨耕

新年惟動定增福，杖履所向，尚復有詩興耶？鼐狀亦如舊，衡兒謝江都事，頗致虧累。昨日來省，今以制軍明日歸署，於江浦接之矣。鼐擬此番見菊溪，告以欲歸去意也。雉兒以走路稍多，遂發腸紅，今尚未全愈。數日內雪稍寒，衰年頗爲瑟縮，吾兄尚不爾邪？（《惜抱先生尺牘補編》卷二）

23-34

姚鼐

與馬雨耕

近想佳勝。大壽不得與稱祝之列，性又不喜作壽詩，以《奉懷》一詩奉寄，覽之可發一笑。寧遠之孫得中，

亦甚可喜。兗豫軍興，而江南已不免擾攘，不知數日來便得靖不？甚可愁慮也。（《惜抱先生尺牘補編》卷二）

23-35 姚鼐

與馬雨耕

前月得書，具審佳勝。《浮山雅詠》已付賢孫，命工裝裱矣。此亦邑中一佳事也。賤狀如常。今日百中堂來書院，面辭之，欲秋初謝館事矣。今年必可從杖履入龍眠矣。苦寒嚴雪，今日始霽，不知里中亦如此不？（《惜抱先生尺牘補編》卷二）

23-36 姚鼐

與馬雨耕

前書未發，而接讀佳章。淩紙怪發，英氣勃然，正如少壯盛時，孰知爲八十老翁之作哉，快甚！東郡尚未有全靖的信，江南已有軍興之擾，杞憂亦何能免？方葆巖以兵革之事奪情，誠事勢之宜也。已定於初七日北行矣。（《惜抱先生尺牘補編》卷二）

23–37

姚鼐

與馬雨耕

暑□□甚，起居佳否？此間灾荒正成，聞故鄉尚佳，猶未度也，年歲能得七八分否？□遊圖卷，張君携去，而更□來，又意□欲僕爲題首矣。已題奉寄，□□□堂，將求孔顔樂處，賢者用意遠矣。但爲□不必作詩可也。賤狀□□□，衡兒不□□□□□得缺，稍自□□。江蘇恐今歲無有□漕，□□□□□□□□□□□□□□□□□□□也。珍重，不具。

雨耕五哥，弟姚鼐頓首，六月四日。（雅昌拍賣網）

23–38

姚鼐

與馬雨耕

前月寄一書，不知何時達，近想佳好。鼐此間如常，前告彦容得館事，今又不然，令人悶悶。荒年艱窘，飢民死亡時聞，此間辦理，似尚不逮吕公。吾前謂吕公，猶差有可取處，而同鄉諸君信來，言八月初十日出示，徵下忙錢銀，豈誤傳邪？抑本不欲徵税，爲吏胥之所惑乎？不則，吕公下鄉而幕賓照常例出示乎？此理殊未明也。鼐今年邑中田既無收，此間僅有稻九十石，而書院中月食米五石零，計所蓄僅食止明年二月，而書院月用須四十金，束脩月五十金，萬不能除一半買米。今定於自十月起，上下俱日食一飯一粥，以待年豐米賤而後復舊。設法以求不可指準之件，不若儉苦以養自完之素。吾兄亦以吾之謀爲不謬邪？計吾兄今年亦必大窘窄，而儉約亦必若吾，凡諸戚友俱可以此告之，舍此必無他良法矣。秋晴絶無雨意，麥不可種，明年尚未可知作何狀耳。佩箴頃自宿遷來，云糧艘一隻未回，運河大竭。公私之憂，豈有已邪？（《惜抱先生尺牘補編》卷二）

23-39

姚鼐

與馬雨耕

新歲想增祉。得八月書，略審消息，苦寒極可畏，老翁殊不能堪耳。鼐又加目昏，作字極難，故久不奉啓也。令孫淮郎出門歷練，亦甚好。我輩之於子孫，聽其所至而已。衡兒六月即赴泰興，其佳不，亦安可必哉？吾力不能爲孫延師，稍自課之，其資俱極閦人，亦無可如何。石甫未到，想遭逆風也。（《惜抱先生尺牘補編》卷二）

23-40

姚鼐

復馬雨畊

得書具審相愛之意，可感之至。此間諸公結會之事，弟先已回却之矣。正如吾兄所云，不欲竭人之歡也，此可謂深知心者矣。今身子尚虚憊，不知至十月能勝勞可以舟行不，亦不知其時有水不？若必不可行，只好俟之春暖也。

弟此番病後，已譬既死之人，凡人間一切事，皆不復問。凡有來相告者，如告木石，斷不問之。至作字，艱難之至，僅作此以復吾兄。其餘一切惠書者，皆不能答，吾兄告之，祈其相諒可矣。其餘一切，具詳與吾四妹書内，取閲可悉也。王姑爺已往泗州去，九月必回桐，更可將此間如何定準報知。今尚有未能决者耳。至於住江寧之事則决無矣。秋寒太早，惟珍重。相見在邇，兹不多及。（《惜抱先生尺牘》卷三）

附：

馬雨耕住相圖

姚鼐

自有天地驅羲娥，風雲變滅流江河。我昔嬰稚今髮皤，如箭逝弩絲運梭。直逮建翣嘶虞歌，焉得停晷容婆娑。君取住義將云何？君言變者自遷訛。有不變者常無他，心如死灰身槁柯。所住非中非四阿，須彌蚊睫誰么麼？稊米萬物非寡多，萬劫靡辨於刹那。了無未來與已過，此爲住義奚可訶。我聞塵根相蕩磨，應無所住傳佛陀。須菩提聞涕滂沱，今始知道異昔科。况君涉世猶同波，畫成戴髮爲優婆。忽然念起火焚和，恐君禪病容未瘥。因言生義皆網羅，住與不住同偏頗，更請斷臂求達摩。（《惜抱軒詩集》卷四）

跋馬雨耕破舟詩後

姚鼐

大禹昔導江，志濟昏墊黲。中流龍負舟，聖心堅不撼。其餘涉川民，臨濤輒嘆感。欲停苦不得，豈盡負勇膽？嗟子前時歸，妻病卧床毯。倉卒往視之，别我執手寁。石頭帆北張，天門日西晻。知止信不殆，貪進意猶欲。風利急上駛，石險藏下黓。苟非神靈祐，已入蛟龍噉。磯巨夜復昏，舟破木僅攬。念與子相親，歲月溯髦髧。白髮終牖下，固當埋坎窞。焉可葬洪濤，含珠不投頷。始聞涕爲眴，再見衷始惔。憙子命才脱，高吟味已醰。得喪似失馬，甘苦類食欖。人生託大化，陰陽聽舒慘。脩短要有命，不係避與敢。食案寢席間，或逾鋒鋭憯。不見王會稽，誓墓避世坎。岷峨萬里外，欲溯三峽覽。世情外益忘，道味中愈憺。子置青溪宅，吾將共鉛槧。不然棹漁舟，相從入葭菼。更與傲風濤，衣蓑食藜糝。（《惜抱軒詩集》卷四）

姚鼐

嘉慶八年九月二十二日馬雨耕邀遊雙溪是日爲雨耕七十初度作一詩呈之

萬疊蒼山兩白頭，清霜錦樹照深秋。松岩雨逕交行屐，苔石風亭醉掩裘。世上敢言㮣澗大，樽前差幸役車休。幾人七十能强健？况得相從物外遊。（《惜抱軒詩後集》）

姚鼐

柬馬雨耕

團扇抛時逼授衣，棱棱霜氣復侵幃。遥知谷口泉成釀，無那江南客未歸。猿鶴山中通夢寐，雁鴻雲際送音徽。世間離合尋常事，感嘆晨星故侶稀。（《惜抱軒詩後集》）

馬春田

甲子四月二十五日行可邀同惜抱石門沖觀瀑

古塘徑入石門沖，巉巉青壁攙蒼穹。遠聞碚隆響笙鏞，路轉劈見飛白龍。混沌鑿山瀦渟泓，龍尾下掉無底洪。一落千丈挂碧峰，天紳水簾垂龍宫。噴珠噓玉空濛濛，雲浪巨碓相撞舂，足令老夫三日聾。昨夜猛雨勢洶洶，要使瀺灂成豐隆，不寒而慄倚孤筇。君不見子瞻濯足白水岩之東，戲舞回風我不雄。何年却到廬山中，栖賢三峡觀流淙。更上岷峨陟遥空，溯游瞿塘駕艨艟。建瓴而下萬里篷，長江大河天漢通。乘雲螭兮騎長虹，仙人招手登三峰，下視飛流曳帛幢。（《桐舊集》卷二十四）

馬春田

偕姚惜抱登大觀亭

飛舞龍山到野坪，帶襟江郭拱山城。大觀亭敞收吴楚，九子峰青接棟甍。短髮扶筇秋未老，長天入畫水無聲。余公宰樹欄干下，却吊忠魂慨嘆生。（《桐舊集》卷二十四）

馬春田

九月二十二日遊雙溪次惜抱韵

散策深山野水頭，正逢岩壑十分秋。白雲塢裏霜添錦，黄葉林邊酒代裘。四座鬚眉推二老，一筇腰脚免三休。清凉樂事還能否，開到梅花爛漫遊。（《桐舊集》卷二十四）

馬春田

寄惜抱

都於塵壒了無關，佛性圓明一白環。范蠡飄然思遠蹈，班超老矣欲生還。黄看眉際占歸信，青向眸邊是故山。巷北人先歌杕杜，正如獨鶴舞情刪。（《桐舊集》卷二十四）

馬春田

惜抱軒詩集

名下紛倫玉版鐫，吴興最後出兹編。日休特愛香山老，文行交推得兩全。（《桐舊集》卷二十四）

馬春田

惜抱於九月十三日謝世

前得報我書，依然文字美。雖竊心喜之，兩端如首鼠。再生恐再亡，天意不可恃。歷過冬與春，斯爲真幸爾。詎知閲三旬，再病不再起。雖曰關命數，歸遲失所止。我哭不成聲，猿腸寸斷矣。從兹吾道孤，那更愛其死。但愧不能文，不敢作君誄。（《晚晴簃詩匯》卷一百十一）

24 江濬源

江濬源（1735—1808），字岷雨，又字介亭，懷寧（今安徽懷寧縣）人。乾隆四十三年（1778）進士，歷任吏部考功司主事、員外郎、稽勳司郎中等職。乾隆五十四年（1789）任陝西鄉試正考官，乾隆五十八年（1793）任雲南臨安知府。江濬源少工文章，嘗師劉海峰先生受古文法，著有《介亭文集》六卷、《介亭詩鈔》一卷、《北上偶録》三卷等。

24-1

姚鼐

與江岷雨

前在皖中，幸一瞻對。今鼐至江寧，而駕歸皖，遂復暌隔。承賜書見問，頃兒曹攜來，乃獲讀之，彌爲悵悵。又獲觀大著，所謂有德者之言，足爲世益者也，敬佩敬佩。已熱，惟起居佳適。石屏羅君文，爲撰一首，並與其書，幸尊處爲轉寄，不知有便人不？若無便，或付望江令君師公可乎？拙集謹奉一部呈教。已熱，惟珍重，不具。（《惜抱先生尺牘補編》卷一）

附：

姚鼐

朝議大夫臨安府知府江君墓誌銘並序

君諱濬源，字岷雨，懷寧江氏。曾祖諱守倜，祖諱汝湛，考諱嘉椿。祖考皆以君貴，贈朝議大夫。君以縣學生中乾隆三十五年舉人，四十三年成進士，授考功司主事，晋員外郎，又晋稽勳司郎中兼考功事。君在考功十餘年，貨賂不敢及門，吏不敢爲姦弊。

乾隆五十八年，出爲雲南臨安府知府。臨安邊遠，民寡知義，君一以道理諭之。訟者至，君呼至案，與言如鄉里，至不可教，乃威以法。有兄弟以財訟者，君爲言骨肉之誼，其辭痛甚，言未終，訟者泣涕求罷訟，復於好。後訟者益稀。臨安所屬夷氓土司十，掌塞十五。舊土官謁知府，其儀嚴甚。知府坐堂上如神，階下跪拜惶迫，不聞一言而出。君獨接以和易，賜坐與問夷情具悉，土官感恩奉命愈謹，而事大治。居寡燕樂，厨舍蕭然，優人迹不至其郡，而境内小大績無不舉。縣皆立義學，爲立法甚密。任内公私修橋梁至五六十，君自爲文以記，臨安民以爲榮。嘉慶二年，貴州興義苗爲亂，蹂近雲南，君調土練防禦，賊不得入境。後二年，君護迤南道，值大兵剿傜傜土司，君駐威遠，督理防剿有功，以卓異薦入都，既引見，反臨安待升。君以年七十請致仕歸，後五年，爲嘉慶十三年九月辛巳，卒於家。

君少工文章，爲諸生時，嘗事劉海峰先生，聞古文法，著《介亭内外集》十二卷、《介亭筆記》十卷。其在臨安，澧社江六蓬渡有螞蝗之孽，時覆人舟。君爲文祭神，其夜大風雷鳴，若有物隕墮，崇竟滅，人以配昌黎之告鱷云。在威遠時，作《邊防》四篇，其言守邊利病尤具。在考功時，爲己酉科陝西鄉試正考官，取士稱當焉。

娶胡恭人，同里太學生熾女，事寡姑趙太恭人最孝。趙太恭人謂孫女：『作婦者宜效之！』又能以勤儉助夫爲廉，嘉慶四年□月卒於臨安官舍，年□十。生七子：甲寅科舉人彦和、己酉科舉人景綸、附監生郁才、監生景綬、候選縣丞甸、附學生景紱、廩生爾維。君喪時有孫十六、曾孫六。嘉慶十五年□月，葬君於縣西北四十里宰家沖山麓，胡恭人祔。桐城姚鼐爲之銘。銘曰：

講仁導義，德被邊迦。以及夷裔，樹績佳吏。内原儒藝，有助賢嫓。稱其翟茀，爰安同瘞。（《惜抱軒文後集》卷八）

25 **王嵩高**

王嵩高（1735—1800），字少林，號海山，晚號慕堂，寶應（今江蘇寶應縣）人。乾隆二十八年（1763）進士，爲姚鼐同年。後歷湖北利川、武昌、漢陽、應城等縣知縣，直隸河間、天津兩府同知，官至廣西平樂知府。事見《（嘉慶）揚州府志》卷四十八。著有《小樓詩集》八卷。

25-1 姚鼐

與王少林

君今捧檄入扁舟，西上夷陵近益州。小國寡民千嶂閉，大家隨子一江流。才高豈必卑黃綬，交久猶欣對黑頭。好立聲名出蠻徼，莫矜辭賦吊荒邱。

少林四哥同年赴利川任賦贈並正。

桐城弟姚鼐呈稿。（雅昌拍賣網）

附：

姚鼐

王少林嵩高讀書圖

我初訪子在揚州，天寒携手王夢樓。破窗鐙暗風颼颼，擁褐無伴聲伊優。推闔徑入驚仰頭，王君戲子令子求。指我君識是子不？多君曾未一面謀。道我姓字能探喉，王君撫掌笑合眸。一朝省試同見收，無錫尚書賓館稠。朝退論經幾客留，召我與子時從遊。王君先達居上頭，我才於世真一鯫。俯仰郎署斑生髟，尚書零落今山丘。王君放浪江湖舟，邈然罷郡歸幾秋。笑我滯迹猶貪媮，君如百鏈不改鏐。名在吏部將鳴騶，偉建功業爲民休。正當容我狂不羞，少日讀書老壯猷，回思故迹真雲浮。夢樓、少林及鼐出秦文恭公之門，而夢樓爲前輩。（《惜抱軒詩集》卷二）

26 孟生蕙

孟生蕙（1736—1810），字鶴亭，一字惠叔，號蘭舟。山西太谷（今山西晋中市）人。乾隆二十八年（1763）進士，爲姚鼐同年，選翰林院庶吉士，授編修。乾隆三十五年（1770），命以六部主事，用補吏部主事，遷員外郎、禮部郎中。乾隆四十年（1775），考選湖廣道監察御史，轉工科給事中、吏科掌印，升通政使參議。乾隆四十四年（1779），任雲南鄉試副考官。乾隆五十二年（1787），擢通政司參議。居官二十餘年，以清直稱。事見《（民國）太谷縣志》卷五。著有《孟蘭舟詩文稿》等。

26-1

姚鼐

復孟蘭舟

鼐自出都門，與吾兄天涯相望，遂數十年。忽得賜書，知歸里後起居安適，欣忭之情，殆無以爲喻。

同年海内僅有數人，去歲張慕青來江寧送子入場，始得一見。與吾兄睽隔之路尤遠，此生能復對晤乎？得常通書，亦一快矣。鼐行步尚如故，口中落一齒，目已昏，然尚能作此手書，惟時有脾疾，飲食少耳。似明年八十尚可度，過此則難知矣。三子四孫。今年鼐大約在江寧過冬也。知相念，故以詳告。

所命爲年曾祖墓表，已撰一篇，今封寄，似可用以上石，更酌之。承惠銀幣過厚，祇領愧謝。有便希更賜書，特此奉復併候，不具。（《惜抱先生尺牘》卷一）

附：

贈中憲大夫湖廣道兼掌河南道監察御史加二級孟公墓表

姚鼐

國家定制：一品官封贈三代，得及曾祖父母，而又有特令，官未至一品，而願以己身及妻應得封典，特乞貤加及曾祖父母者，呈請部臣奏聞而詔命焉。蓋所以伸人子孫追遠事亡之至情，又以示士有積善者，或遠或近，期必蒙報於後世，此又聖朝錫福之廣，所以勸天下之爲善也。

乾隆五十三年，覃恩封贈諸臣之家，而太谷孟御史生蕙請以所應受之封，貤及曾祖已故候選府經歷，奉旨允給。於是遂贈公中憲大夫、湖廣道兼掌河南道監察御史加二級。夫人趙氏，贈太恭人。公諱鴻品，字飛陸，其立身有行義，事親尤孝謹，愉色婉容，能曲成親心。其考邑庠優生殑，亦君子也，母武孺人，皆樂公之能養志。公外接人無城府，獎正疾邪，而能有容。其教子孫，必爲正士。謂『士品立，則可富貴，亦可貧賤；士品一隳，富貴則驕溢，貧賤則卑污，均爲可恥』。公生於康熙十五年，卒於雍正十一年，年五十七。後六年，葬孟家莊東南原，又後四十年而得贈官焉。趙夫人年九十，乾隆二十九年卒，祔公墓。子三人：長熙，邑庠生，贈朝議大夫、湖廣道監察御史；次照，次烈，恩賜從九品鄉飲耆賓。孫八人：啓周，贈中憲大夫、工科給事中；啓疆，歲貢生，汾陽縣教諭，貤封奉政大夫、順天府西路同知；啓堂，國學生，贈文林郎、清河縣知縣；啓林，啓域，啓堃，啓墉，啓基。曾孫十八人：生蕡，贈中憲大夫；生蕙，乾隆癸未科進士，歷官至通政司參議；文蔚，府經歷；生草，乾隆戊戌科進士，順天府西路同知；生蘭，生菖，庠生；生藻，生英，從九品；生萬，生芮，生茂，生芬，生崧，生荃，生康，生傑，生夔，生度。玄孫以下，人材滋起。人謂公德之貽甚遠，不享於其身，而光於後嗣，未有艾也。

鼐與公曾孫生蕙爲同年友，生蕙遺書令爲阡表，鼐愧不文，顧以通家晚列，仰望懿美，國恩家慶，皆可贊述，因書所聞見，以謂可爲賢者慰矣。（《惜抱軒文後集》卷六）

27 吴貽詠

吴貽詠（1736—1807），字惠連，號種芝，桐城（今安徽桐城市）人。乾隆五十八年（1793）會元，選庶常，授刑部主事，歷吏部驗封司兼文選司主事。事見《（光緒）重修安徽通志》卷二百二十三。詩宗盛唐，格調高渾。著有《種芝堂詩文集》《芸軒館詩集》等。

27-1

與吴惠連

姚鼐

前得書，具悉近况清貧，尚不至全無酒資乎？時入蘭亭邸不？鼐衰老畏作詩，故無以寄之耳。故鄉乃不免水患，而聞北方乃憂旱，今已解耶？

桐城故事，館選於同里，例不投帖，此猶爲樸厚之風，不可使變。世兄乃未達此，故宜告之。都中近得時相對者爲佳。[①]珍重千萬，不具。（《惜抱先生尺牘》卷三）

①『佳』似當爲『誰』。

28 謝啓昆

謝啓昆（1737—1802），字良璧，號蘊山，又號蘇潭，南康縣（今江西南康市）人。早年師從翁方綱，爲『蘇門六君子』之一。乾隆二十五年（1760）進士，選翰林院庶吉士，授編修。乾隆三十六年（1771），授江蘇鎮江知府，旋調揚州知府。後擢授江南河庫道、浙江按察使、山西布政使，調浙江布政使。嘉慶四年（1799），任廣西巡撫，凡三載。嘉慶七年（1802）六月二十六日卒於官。謝啓昆精通經史，工詩善文，姚鼐稱『其才宏贍精麗，兼具唐宋名家之體』（姚鼐《廣西巡撫謝公墓志銘並序》）。著《西魏書》二十四卷、《樹經堂詩初集》十五卷、《樹經堂詩續集》八卷、《樹經堂文集》四卷等，編修《廣西通志》二百八十卷。

28-1 與謝蘊山

姚鼐

違侍日長，相去道遠。舊冬車蓋來臨敝郡，瞻望所隔，百二十里耳。各以事繫，接對無緣，豈勝悵也。承手書注存，謝謝。新年伏惟興居萬福。

《西魏書》雖未獲捧讀，然其言真天下萬世之公論。三長之中，已見其識矣。序例極爲允協，命鼐序首，殊非所任；附名其間，則又所甚願。但鼐甫度禫纖，神志猶耗，欲俟精神少佳時執筆，且俟尊刻已成，一展誦卒業可也。維君來貴省覓館，鼐甚憂其後時，惟鼎力多方助之。『士信于知己』，固不可以冀於今日之常流耳。鼐二月底當赴金陵，賤狀備細，維君可爲悉陳左右也。春寒未解，惟慎護，不具。（《惜抱先生尺牘》卷一）

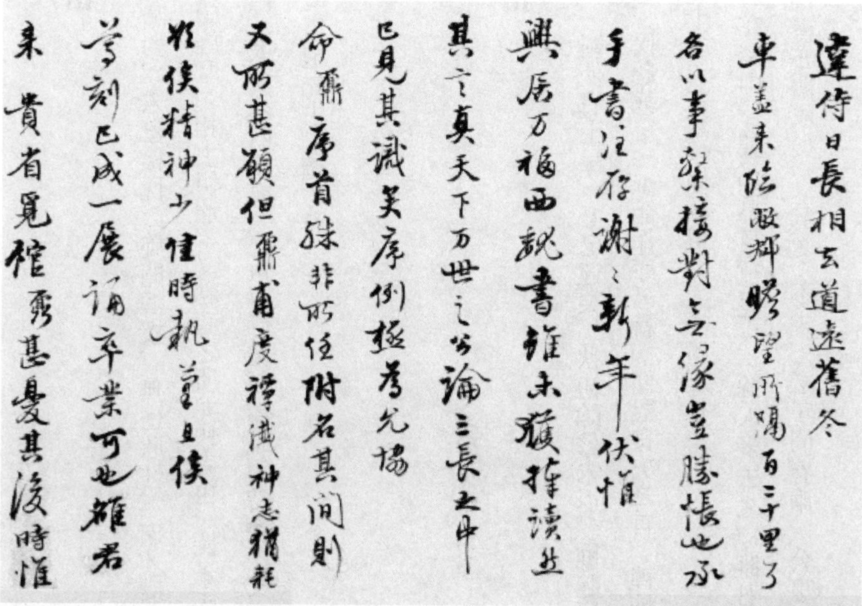
違侍日長相去道遠舊冬
車蓋來臨徽郡瞻望所隔百二十里乃
各以事絆接對無緣豈勝悵也承
手書注存謝謝新年伏惟
興居萬福西魏書雖未獲捧讀此
其文真天下萬世之公論三長之中
已見其識矣序例極為允協
命鼐序首錄非所任附名其間則
又所甚願但鼐甫度譾識神志猶耗
稍俟精神少佳時執筆且俟
學刻已成一展誦卒業可也雖君
來 貴省覓館甚憂其後時惟

28–1 姚鼐《與謝蘊山》(局部)

28-2　姚鼐

與謝蘊山

去歲暫得瞻對，未罄積忱。旋聞顯授，無任欣忭。宏才膺負物望久矣，小屈大伸，此天道之宜；而秉節河壖，俾侍等仰望旌麾，相去伊邇，又私心之所尤快者也。頃承手教，敬審起居萬福爲慰。又荷珍賜茗墨，祗領嘉誼，感荷曷任。大著《西魏書》，祈留侍處，捧讀旬時。序文容盡譾陋，撰成呈誨。久陰霉濕，伏惟慎護，謹復，不具。（《惜抱先生尺牘》卷一）

28-3　姚鼐

與謝蘊山

夏初一書，附使者上呈，必已達矣。秋初餘暑未退，惟起居萬福。大著《西魏書》，敬讀一過，意有所見，妄以記之簡端，伏聽裁定。承命作序已就，便冠良史之首，惶悚惶悚。至於書中誤字，不可勝校，鼐隨以朱筆改定者，恐不過十之二三耳，尚須更命人一番細校也。

胡生雒君在楚中，甚爲章實齋所苦，餘人多去之，雒君勉留以終其事。秋冬之間，或來鈐閣，未可知也。計此時其書亦嚮成矣。若今冬不來，必于明春爾。公事勤勩之餘，伏惟慎護，率候，不具。（《惜抱先生尺牘》卷一）

28-4

姚鼐

與謝蘊山

去冬接讀手諭，兼荷多儀甚厚，祗領感愧。欲作一書奉謝，苦山城無便，遂至於今，彌以爲愧也。即日惟興居萬福。

大集留鼐處甚久，得以反復捧誦，大抵不專尊一家之美，總以真至清矯爲貴，此自昔賢最高之格也。便執筆以閱蘇、黄、杜、韓之法閲之，圈出以識所尤愛誦者，不敢以多而成泛也。謹繳呈，不知當不？擬一序並繳呈，未知堪用不？才弱，恐不能盡發揮鴻章勝處，然似亦略狀其髣髴矣。明德鉅才，以當卓薦之典，真爲無忝。天下得賢者而登用之，亦草茅耰鋤之間，所爲額手自慶者也。

想入覲期近，若遽擢任異省，則接侍或遂至難期矣。遥瞻祝頌之中，又增别離之感。謹此啓賀，併達愚悃，統惟鑒照，不宣。（《惜抱先生尺牘》卷一）

28-5

姚鼐

與謝蘊山

傳聞旌旆於端午後當發，不知今便已行耶，抑尚得有逗留耶？所寄與張舍親分金收到，俟遇便人，即寄桐城去也。張文和係丁巳總裁，老輩若有丁巳老師，則于晴嵐閣學夫人，應自稱世侄矣。若重累以下之世誼，亦必有之，然亦難以認矣。雒君在署，得展良晤，亦當大承教益。兹其家有一信，望付與之。漸熱，伏惟珍重，

不具。（《惜抱先生尺牘》卷一）

28-6
姚鼐

與謝藴山

睽離甚久，馳慕甚切。相距不過三百里耳，而無由一奉教言，良爲悵也。即日伏惟興居萬福。

侍居此，賤狀如昔。犬子賦質薄而復無學問，秋闈真是偶幸耳。手簡見賀，彌增愧悚。此兒場後，令其歸里，今見令復來省，而亦尚未到也。胡生又黜，良爲可惜。前伊書云『十五日回桐城』，今當已決去耶？此間與方坳堂觀察往來甚頻，十日内伊當還濟南，亦可重侍函丈矣。其近況乃艱窘太甚，舟中被火，尤爲無妄之厄已。

政事之暇，必有著述，不知尚容一捧讀否？《西魏書》已付剞劂成耶？京洛舊遊，不勝聚散存亡之感。春間爲坳堂題其硃卷册，大有不勝情者。伊舟過淮陰時，必呈師席也。（《惜抱先生尺牘》卷一）

28-7
姚鼐

與謝藴山

今歲未得奉書上候，惟於雒君札中具審起居萬福。公事殷繁，而雅懷未減，彌足欽仰。鼐屢欲來從遊，而輒以事止。嘗嘆右軍遊目汶領之願，竟託其言。若鼐西湖之志亦爾，則良足惜矣。今年蒲柳之質益衰，左目生花，精神日憊。僅可趁此一二年中一着遊屐，再遲復何及哉？鼐喜用虚白齋紙，乞於雒君來時撿兩匣見寄，餘無所須也。暑熱，惟珍重千萬。

侍姚鼐頓首上蘊山先生几下，六月朔日。

與雒君一札，乞付之。（《榮寶齋珍藏十一·書法》）

28–8

姚鼐

與謝蘊山

旌麾入晋後，未及奉書，馳企則甚切也。雖遠隔江津，而使節豐采則已播聞於此，真不負平生誦讀者矣。欽仰欽仰！鼐以衰敝之軀，尚托居白下，即今東浦方伯、坳堂觀察皆將離此，蓋覺風景蕭索矣。小兒在晋中極荷尊照，銘佩無既。今此子春闈被放後，旋歸里中。其尚能自奮與否，亦聽之耳。兹鼐有故人之子胡應璿，字豫生，其翁嘗爲趙城令。伊爲諸生，貧甚，來晋覓館，其科舉文字頗佳。若得一州縣小書院，可俾糊口。伏乞容接，稍賜吹嘘，則德覆彌厚也。兹附其行上候，不具。

蘊山先生几下，九月朔日，侍姚鼐頓首。（《榮寶齋珍藏十一·書法卷》）

28-9

姚鼐

與謝藴山

三月廿八日，侍生姚鼐頓首藴山先生几下：去秋作一書奉寄，乃兩次附人，而其人皆中道而返，沈閣至今，亦可嘆也，今並此書奉覽。今年來，惟興居萬福。鼐於此月中旬抵江寧，一切如故狀。適新城陳碩士來此快談，差以爲慰。其行至杭，又得與先生相見，亦一快也。不識至爾時雒君在省否？鼐一書乞付之。率候，餘續陳，不具。

侍鼐頓首。（《榮寶齋珍藏十一・書法》）

28-10

謝啓昆

與姚夢穀比部戊午

陳碩士來，得奉手教，良慰良慰。漢宋小學之書，塗殊徑異，或者互爲尊抑，不知各有本源。六書九數者，《周官》保氏之教也；三德三行者，《周官》師氏之職也。劉《録》、班《志》極有分曉。録《史籀》以下爲小學，而《弟子職》入于《孝經》本末兼該，皆學者所當從事，庶于制行力學之道無缺。宋以來師氏之職大明，而小學掩晦，近儒乃講求之。

僕於公暇輯古今書爲《小學考》五十卷，源流略具，惟甫經脱稿，急于就正，未能細校，且體例參差之處正多，諸祈削正，並求大序，以光斯録。又附呈《蘇潭圖》，乞爲作記與詩也。聞大集刻成，雒君回杭時，希賜讀。（《樹經堂文集》卷三）

附：

題謝蘊山方伯蘇潭圖

姚鼐

南昌山色如青玉，下照澄江千里緑。倚江都會賢俊居，各起亭臺帶修竹。先生小園堂數弓，聚書萬卷花萼紅。四方名士春秋同，舉觴吟嘯於其中。遊賞年年情未足，世推豐玉兼饑穀。使節東領黄河隄，法冠北上太行麓。獨於錢塘治績多，來旬再莅西湖曲。杭州前後瞻蘇公，先生事與東坡同。小園舊以蘇潭命，或疑前定天所通。讖占小數何足道，先生本憶南康好。因懷蘇步作蘇潭，更著新圖寫昔抱。君不見安石東山在越中，金陵亦託東山號。當時曾治循海裝，中原事定思一航。威儀山澤百世芳，遠述祖德何能忘！功名卓越人間事，自古男兒悲故鄉。（《惜抱軒詩集》卷五）

西魏書序

姚鼐

當拓跋氏之衰，朝廷失政而邊鎮横，武夫暴興而國柄移，天子寄居，亟立亟廢。蓋高歡一人，而援立之帝三焉：安定廢而孝武興，孝武奔而孝静立。計其得失之故，雖不甚相遠，而以時論之，則孝静固始爲孝武之臣也。

魏收書外孝武而以天平爲正，豈理也哉？南康謝蘊山觀察，舊居史職，出剖郡符，間以退處數年之暇，慨魏收之失當，撰《西魏書》二十卷，以正其失，可謂勤學稽古、雅懷論世者矣。

吾觀李延壽《北史》本紀，録孝武于東魏孝静之前，而不曰『西魏』，意蓋以收爲非者。然拓跋自崔浩被誅，史筆回罔，故紀道武以往事多侈詞。又自道武以前二十餘世，率加以皇帝之號。延壽因之，不能正也。今觀察所紀，僅在其末二十五年事，固有延壽之得而無其失者。然延壽《自序》言『見別史千餘卷』，今時代遠隔，泯亡無一存，不獲使觀察據之以考稽同異而裁定焉。惜哉！惜哉！讀者知其網羅放失述作之志，存焉可也。

（《惜抱軒文集》卷三）

謝蘊山詩集序

姚鼐

南康謝蘊山先生，奮迹江湖，迴翔詞館者十餘年，出而分符秉節者又二十餘年。鼐初識之於庶常館中，時先生之年尚少，而文采已雄出當世矣。

自是與先生屢有離合，惟丙申、丁酉之歲，遼東朱子潁轉運淮南，邀鼐主梅花書院，適先生來守揚州。其時相從最久，遊蓋接影於山水之區，三人屢以酬咏相屬。先生才豐氣盛，鋭挺猋興，不可阻遏。非特如鼐輩者，望而自却，雖才雄如子潁，亦未嘗不以爲可畏也。然先生殊不以所能自足，十餘年來，先生之所造，與時俱進。

今者觀察河、淮，自定其詩集成若干卷，而往時宏篇麗製，人所驚嘆以謂不可逮者，先生固已多所擯去矣。夫豈非才高而心逾下，議精而志彌遠者歟？是以其詩風格清舉，囊括唐宋之菁，備有閎闊幽深之境，信哉！詩人之傑也。

且夫文章、學問一道也，而人才不能無所偏擅，矜考據者每窒於文詞，美才藻者或疏於稽古，士之病是久矣。鼐於前歲見先生著《西魏書》，博綜辨論，可謂富矣！乃今示以詩集，乃空靈駘蕩，多具天趣，若初不以學問長者。余又以是知先生所藴之深且遠，非如淺學小夫之矜於一得者。然則謂之詩人，固不足以定先生矣。

子潁自去淮南，奄終於京國。獨先生從宦益久，功名益盛，文章亦益多。今子潁遺集，得其子白泉觀察鐫板江寧，鼐方爲之序，而先生集亦適來。回憶疇昔往來兩君之間，盡覩文章之豪俊。日月逾邁，駑德如故，而兩君之集，將並大傳於時，與名其間，其爲可感嘆而愧恧者又何如也？是爲序。（《惜抱軒文集》卷四）

姚鼐

小學攷序

六藝者，小學之事，然不可盡之於小學也。夫九數之精，至於推步天運，冥測乎不得目睹之處，遙定乎前後千百載不接之時，而不迷於冥茫，不差於毫末，此術家之至學，小子所必不能也。夫六書之微，其訓詁足以辨別傳説之是非，其形音上探古聖初制文字之始，下貫後世遷移轉變之得失，此博聞君子好學深思者之所用心，小子所不能逮也。至於禮樂，則固聖賢述作之所慎言，尤不得以小學言矣。然而謂之小學者，制作講明者君子之事，既成而授之，使見聞之端於幼少者，則小子所能受也。今夫行萬里窮山海者，紀其終身之所履，艱危勞苦之所僅獲，以告於居不出於室中者，可以一日而盡得也。夫小學者，固亦若是而已。

秀水朱錫鬯檢討，嘗作《經義攷》，載説經之書既備，而不及小學。今南康謝藴山方伯，以爲小學實經義之一端，爲論經始肇之事。且禮、樂則言之大廣，射、御則今士所不習，九數則誠術家專門之所爲，惟書文固人人當解，學者須臾不能去，非專門之事也。前世好古之儒，固多究心於斯。至於今日，其書既衆，或因舊聞而增深，或由創得而邁古，雖其間粹駁淺深，爲者或不必盡同，然而彼皆欲自爲其艱危勞苦，而授小子以逸獲之道，其人其志，固皆不可泯也。因輯漢以來言文字訓詁形音之書，至於今日英才博學所撰，舉載於編，凡若干卷，名之曰《小學攷》，以補朱氏之所未備。其言筆勢八法者，乃弃不録，以其無關於經學也。《攷》成，以其書示某。某誠嘉方伯有不遺衆善採輯之美意，又以爲能盡大人君子之心，乃能授其教於小子。方伯之用心如此，異日助成國家禮樂之修，其亦有望也與！嘉慶三年八月，桐城姚某序。（《惜抱軒文集》卷四）

廣西巡撫謝公墓志銘並序

姚鼐

公諱啓昆，字蘊山，世居江西南康之蘇步，公後徙居南昌南郭，乃以蘇潭爲自號云。公於乾隆二十五年庚辰科會試中式，次年殿試，以朝考第一名選庶吉士，年二十五。乾隆三十一年授編修，既而充國史纂修官、日講起居注官，出爲鎮江府知府，又知揚州府、寧國府，擢授江南河庫道、浙江按察使、山西布政使，調浙江布政使。今上親政，命爲廣西巡撫，凡三載，嘉慶七年六月乙丑終於位，年六十六。

公爲知府時，即明决于吏事，所持堅正，上官雖異意而不能奪，屢以善績稱於江淮矣。及爲藩司，其時各省官帑多缺，或公私相胥，閱歷數官，前後援倚，所虧愈多，不可補復。公持身廉潔，而智能究郡縣利病之多寡，立法以其贏絀相補，任使盡其能，操縱當其時，故所莅不數年，無造怨于吏民，而能完久虧之額。他人或欲效公所爲，輒中室而不能遂。故公爲藩司多美政，而世尤稱公理財爲最善。及至廣西，内治吏民，外撫夷獠，築湘、灕之隄以爲民利，民呼曰『謝公隄』。又嘗興學校，飭營伍，文武皆懷愛之。其卒也，以盛暑步禱雨致疾。上聞甚悼惜，賜金治喪，又詔賜祭葬。其後廣西士民呈於大府，請以公入祀名宦之祠。

公自少本以文學名，博聞强識，尤善爲詩，其才宏贍精麗，兼具唐宋名家之體。所爲《樹經堂集》若干卷，雜古文四卷，《西魏書》若干卷，《小學攷》若干卷，晚成《廣西通志》若干卷，則士謂公文學吏治蓋兼存於其中焉。

曾祖諱茂偉，祖諱希安，考諱恩薦，皆以公貴贈資政大夫，妣皆贈夫人。公娶某縣李夫人，生女。繼娶某縣劉夫人，生子學增，候補主事，先公卒。側室四，盧孺人生子二：學崇，嘉慶壬戌科進士，庶吉士；學坰，候選府同知。女一。衛孺人生子學培，候選府同知。管孺人生女三。高孺人生女一。

公在翰林時，爲乾隆庚寅恩科河南鄉試正考官，辛卯會試同考官，多得賢才。其最者巡撫會稽陳永文，布政使歷城方昂以吏績名，而檢討曲阜孔廣森以文學顯。其在浙舉孝廉方正，亦多名士。生平重交遊，獎氣類，居廣西，作懷人詩數十篇，首其座師大興翁學士方綱，次桐城姚鼐也。遺命其子，必使鼐爲墓銘。嘉慶□年□月□日，學崇葬公□□。鼐爲銘曰：

儒者之風，退然其中。剛果有能，作吏見功。北徇汾、洮，南及嶺嶠。没而民思，生被其曜。惟其多才，文武惟試。講藝賦詩，異於俗吏。帝褒良績，天祐厥家。妥奉榫居，銘幽詔遐。（《惜抱軒文後集》卷七）

謝啓昆

姚姬傳自金陵來訪飲于湖上賦贈二首兼以送別

白髮郎潛舊史官，蘭陔遂養謝朝冠。人鈔經解接唐宋，世有古文窺孟韓。桃李兩江環座右，君掌教敬敷、鍾山兩書院十餘年。山川六代入毫端。米家船泊虹光起，盡向錢塘引領看。

卅載春闈共校文，天涯萍聚我偕君。幾人謇諤蘭臺史，萬里驅馳渭水軍。辛卯分校禮闈者十八人，今惟君與余及吳白華、秦芝軒、祝芷塘、姚佃芝在。白華官都御史，芷塘、佃芝均官御史，芷塘以言事鐫秩，芝軒則開府關中，剿辦教匪也。落落晨星湖上客，輝輝金粟鷲峰雲。江風十日催歸棹，乍合何堪袂又分。（《樹經堂詩續集》卷一）

謝啓昆

懷人詩二十首·姚姬傳

萬丈龍眠嶺，高居有道儒。詩文存古法，經解陋鈔胥。南斗人誰頡，長江派自輸。擁書三十載，環席拜生徒。

（《樹經堂詩續集》卷八）

29 **任大椿**

任大椿（1738—1789），字幼植，一字子田，號芝堂，興化（今江蘇興化市）人。乾隆三十四年（1769）二甲一名進士，授禮部主事。乾隆三十八年（1773），任《四庫全書》纂修官，禮部提要多出其手。後轉郎中，遷陜西道監察御史。乾隆五十四年（1789），卒於官。與戴震同鄉舉，習聞其論説，淹通『三禮』，究心漢學，尤長名物。著有《弁服釋例》八卷、《深衣釋例》一卷、《釋繒》一卷、《《字林考逸》八卷等，輯有《小學鈎沉》十九卷。

29-1

姚鼐

致子田書

五言詩一首奉送，略道意耳，不能佳也。莊世兄事已定妥，望寄信與之。弟不須更留字與大理矣。此叩，餘不一。弟鼐頓首上。（《興化任氏家譜》）

附：

姚鼐

陜西道監察御史興化任君墓誌銘並序

君諱大椿，字幼植，其先爲王氏。在元有爲山東行省平章事者曰王信。其子宣繼居父職，元亂避居興化，改曰任氏，爲任氏之十三世，爲歲貢生鏕。其子晋，中乾隆己未科進士，官徽州府學教授，是爲君祖；生庠生葆，爲君考。祖、考皆以君得贈封朝議大夫、禮部儀制司主事。

君之少也，穎敏于學，爲文章有盛名。又性和易謙遜，人無貴賤靡弗愛君。然君固有特操，非義弗敢爲，故自少至老，終於貧窶。乾隆庚辰恩科，君爲舉人，中己丑科二甲一名進士。故事，二甲首當改庶吉士，人皆期君必館選矣，然竟分禮部爲儀制司主事。君每日自官所歸，輒鍵户讀書如諸生時。值詔開四庫全書館，大臣有知君才，舉爲纂修官。是時非翰林而爲纂修官者凡八人，鼐與君與焉。君既博於聞見，其考訂論説多精當，於纂修之事，尤爲有功。其後鼐以病先歸，君旋遭艱居里。

既而鼐遇君淮上，當是時，四庫書成，凡纂修者皆議叙，嚮之八人者，其六盡改爲翰林矣。大臣又以鼐與君名列之章奏而稱其勞，請俟其補官更奏。君於是初服除，將入補官，亦以見邀，鼐以母老謝。君獨往，然大臣竟不復議改官事。君自循資遷員外郎、郎中，保御史。乾隆五十四年四月，授陝西道監察御史，甫一月而卒，年五十二。君賢者，居曹司固亦佳吏，居言官苟非日淺，亦必有所見，然終不若以其文學居翰林之爲得人也，而惜乎其竟抑不得也。

君事父母，能於貧匱中盡其養，待族友有恩誼，而不可使爲諂瀆。所成官書外，其自著者曰《經典弁服釋例》十卷、《深衣釋例》三卷、《釋繒》一卷、《字林考逸》八卷、《小學鉤沉》二十卷、《吴越備史注》二十卷。惟《字林》已刊板，詩集已刊者四卷，其餘與雜文未刊者又若干首。君學博奥，而於爲詩則尚清遠，不多徵引，曰：『此非詩所貴也。』

娶趙宜人，無子。没後三年，弟大楷始生子熾炎以嗣君。又後十二年，葬君於某處。鼐昔者與君本相知，及同處四庫館，則朝晡無不偕，有所疑説，無不相論證也。退而偶有尊酒召賓之設，無不與同也。閲今二十年，同居館者死亡殆盡，而鼐僅存。君弟大楷來求爲誌，乃愴懷而銘之曰：

嗚呼！幼植之瘞，不居文章之官，而既爲其事矣！不至耆耇之壽，而著書足名後世矣！生不見子，而没可以祀矣！吾爲銘之，足慰君志矣！（《惜抱軒文集》卷十三）

30 祝德麟

祝德麟（1742—1798），字趾堂，號芷塘，海寧（今浙江海寧縣）人。乾隆二十八年（1763）進士，爲姚鼐同年。授翰林院庶吉士、編修，充三通館纂修、四庫館提調，翻譯《遼》《金》《元》三史人名、地名、官名。後官至提督陝西學政，升湖廣道監察御史，掌禮科給事中。乾隆四十二年（1777），祝德麟典試福建，途徑揚州，邀姚鼐、王文治同遊平山堂。乾隆五十五年（1790），以言事不合黜歸，主講雲間書院。工詩，以性靈爲主。室名曰『悦親樓』。著有《悦親樓詩集》三十卷《外集》二卷、《賡云初集》四卷、《離騷草木疏辨證》四卷等。

30-1 與祝芷塘

姚鼐

久未修候，而企想殊切。知吾兄近主淞江書院，諒起居佳耶？室家托居尚在海寧否？膝下宜當有孫矣。聞吟咏之興不輟，何時當得一出見示乎？同譜諸君零落將盡，與吾兄相去數百里而不得瞻近，悵悵實切。欲明春或秋杪泛西湖，又不知鼐至杭而駕尚駐杭否耳？鼐須髮皓白，苟相逢或不能識認。惟齒牙尚牢，而展卷讀書，或不終卷而思卧矣。此間惟有時與簡齋、香亭來往，而香亭近日憂貧之嗟殊切，人生安樂之日嘗少。以謂香亭作守，歸宜自給矣，而尚不能，況鼐與君乎？德世兄獲成進士，差快人意，想必可館選矣。夢樓在江西，聞即來江寧而未至也。慕青聞在儀真書院，然亦未通一信。吾兄南歸後與長往還者誰歟？梅濕，惟慎護千萬，餘不具。

芷塘大兄，愚弟姚鼐頓首，五月十二日。（《袁氏藏明清名人尺牘》）

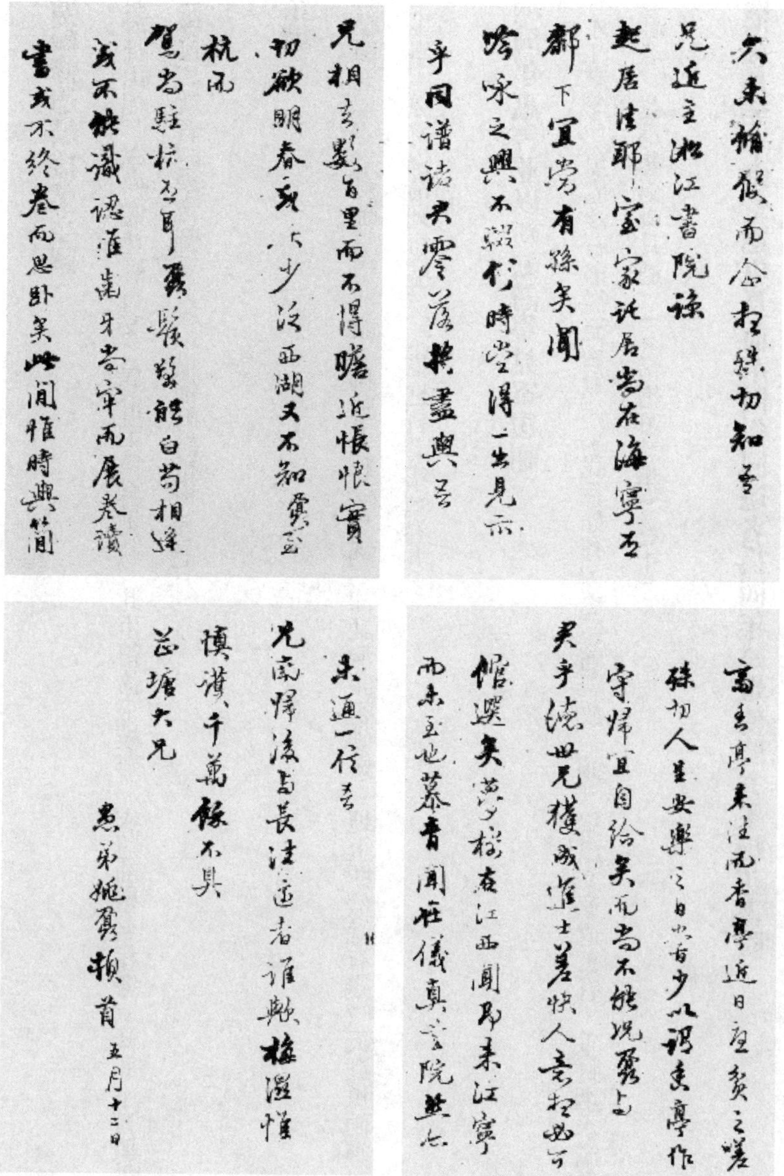

久未稍候而念往殊切知吾
兄近主湘江書院館
趣居清邵宣家近居尚在海寧否
都下宜常有緣矣聞
吟詠之興不輟於時尚得一出見示
乎因諧諸君零落殆盡與吾

兄相去數百里而不得晤近悵悵實
切欲明春到少游西湖又不知貴否
杭否
駕尚駐杭否耳若願能白苟相逢
或不能識認唯歲年尊容而展卷讀
書或不終卷而思卧矣此間惟時與簡

高吉亭來往而香亭近日至貴之嘆
殊切人生安樂之日少苦日多以謂吉亭作
守歸宜自給矣而尚不能况吾上
又手德世兄獲成進士差快人意於此可
館選矣夢樓在江西聞即來江寧
而未至也慕青聞在儀真書院然亦

未通一信否
兄處歸后諸長往還者誰與極漫惟
慎護千萬餘不具
芷塘大兄
愚弟姚鼐頓首 五月十二日

附：

祝芷塘編修德麟接葉亭圖

姚鼐

人爲碧海神山侶，亭傍叢花醜石安。異世定懷風景好，此生得倚玉枝難。衣冠前輩名相繼，琴弈中宵興未闌。昨日移居已陳迹，就君時索畫圖看。（《惜抱軒詩集》卷七）

懷祝芷塘

姚鼐

聞住華亭四五年，東風輒爲望江船。料應玉貌今衰醜，却誦清詩轉妙妍。地上朋儕餘有幾？天涯風雨颯無邊。白頭垂憶平生事，更寄傷情到海壖。（《惜抱軒詩集》卷九）

祝芷塘同年惠書並以新刻詩集見寄復謝

姚鼐

浩蕩君才江漢浮，魚龍沙石盡從流。豈徒小我吞如芥，更使前賢放一頭。集鳳文章遺舊省，垂虹烟水澹新秋。圖書跌宕應忘老，莫爲悲傷歲月遒。（《惜抱軒詩集》卷十）

自紅橋泛舟至平山堂邀東長前輩同作同遊者爲同年姚姬傳時方主梅花書院

祝德麟

隋皇城頭鴉畢逋，雷塘日落青模糊。主人欲發客船到，平明邀泛城西湖。泛湖獨酌亦不惡，况復鷗鷺相招呼。舊時清夢正須續，此而不到寧非愚。是日子潁、藴山皆以公事將出，置酒邀余獨遊，遂拉東長同往，而姬傳已先在焉。三人同遊皆不速，遂開錦纜衝凫宿。空明雙槳打琉璃，湖光如拭天如沐。到處山亭水榭多，行來閣道迴廊複。人家三十六名園，只在紅橋一團竹。就中江汪園最奇，水晶宮殿蓬萊移。荷花遍滿香世界，紅妝素面争妍姿。清虛堂中略披坐，芳鮮已覺充膚肌。探幽選勝興未極，移舟復向三賢祠。舟行岸移隨境轉，蜀岡窈窕浮青巘。松柏千行作動摇，芙蓉一朵安清淺。摘星樓閣試憑闌，何處遥峰餘婉孌。楚江依舊海門深，古往今來指一撚。君不見歐公之堂已劫灰，蘇老風流安在哉。冶春修禊盛裙屐，於今詩骨埋蒿萊。吾曹邂逅且痛飲，忍令兩鬢秋霜催。下山倚嘯斯須立，萬景蒼茫半收拾。偶然行樂不可過，穿花傍柳迴船急。長揖梅花嶺上翁，莫教驟雨沾衣濕。（《悦親樓詩集》卷八）

祝德麟

次韻答姬傳見懷二首時姬傳掌教鍾山書院①

拔脚紅塵二十年，自移書畫米家船。生徒弦誦四時悦，文藻江山六代妍。説有聲華争御李，出何經典或嘲邊。傷心野鶴閑毛羽，君滯淮壖我海壖。

九州四海偶同年，氣誼還如共濟船。陋質自甘輸衆嫭，孤芳君本掩群妍。隨身卷軸烟霞裏，回首冠裳日月邊。莫悵萬重蓬島隔，三山只在鷺洲壖。（《悦親樓詩集》卷二十八）

① 原韵爲《懷祝芷塘》。

31 熊寶泰

熊寶泰（1742—1816），字善惟，一字芸眉，號藕頤，潛山（今安徽潛山縣）人。壯年多喜出遊，北至燕趙，南走黔滇。學詩於其兄熊文泰，又受業於朱筠。舉於鄉里，乾隆二十五年（1760）應鄉試。姚鼐讀其詩，稱其『比之先兄詩，如賢者之雜屠沽』。曾居烏程縣齋，嘉慶五年（1800）移居上元老浮橋。又因其子熊象階嘉慶八年任河內知府，就養中州，讀書以自娱。著有《藕頤類稿》二十卷等。

31–1 姚鼐 與熊藕頤

前者杖履遄行，不及走送，今倏忽逮歲暮矣。得書，知抵豫後闔宅多福爲慶。明春當能至此更一談叙邪？賤狀尚如故，此間冬寒而絶無雨雪，恐大傷麥矣。里中聞亦如此，河南或不然邪？（《惜抱先生尺牘補編》卷一）

31–2 姚鼐 與熊藕頤

昨接手示，敬審起居增福。吾兄居官署養堂，賢子承顔，亦極人生骨肉之慶，第不免少朋友之歡也。設賢子竟奉板輿而至金陵，俾弟等得奉陪，以追香山洛下之盛事，是骨肉、朋友之聚兼備，不尤爲快邪？鼐近狀如常，去歲有疝痛，今年以每日吃蓮子數十粒，遂兩月不痛。古醫書中未有言蓮子治疝痛者，無意遇此，亦一奇也。昨偶在楊存齋家看梅，因與言吾兄而甚思之，惟跂望駕至而已。（《惜抱先生尺牘補編》卷一）

32 汪志伊

汪志伊（1743—1818），字莘農，號稼門，又嘗自號實夫，桐城（今安徽桐城市）人。乾隆三十六年（1771）舉順天鄉試，充任四庫館校對。後任山西靈石知縣，歷任江蘇鎮江知府、江西按察使、福建布政使、福建巡撫，官至工部尚書、閩浙總督等，清除海盜，頗有政績。後獲罪罷免，卒於里第。著有《荒政輯要》十卷、《稼門奏稿》十二卷、《官鑒輯要》十三卷、《學規輯要》六卷、《稼門詩鈔》十卷、《稼門文鈔》七卷等。

32-1 姚鼐 與汪稼門

曩在京師，幸得接晤。洎後暌隔，奄忽已十餘年。側聞六兄以儒者臨民，有應世之才，而無循俗之累。清操卓行，名昭海内，真吾黨之光華也。弟懶不作書，闊於通候，迄旌節臨江，接鄰鄉里，亦不及申賀，但有欽仰而已。

弟本居皖中，去秋因遘遭閔恤，乃辭去省城。今歲爲新安守延主紫陽，秋初歸里。昨章淮樹觀察語以閔撫臺有邀主鍾山之意，弟頗畏歙中山險，若明歲來江寧，於情較便。設閔公論及，可以鄙意允就告耳。舍親汪舜廷之子字峴南，少年美才，其家自舜廷逝後，家勢漸頹，今須求作館，以供饘粥矣。以六兄篤念舊交，必加存恤，故特遠投鈐閣。其才辦理書稟及州縣雜事，皆堪勝任。乞賜齒芬，令有栖託，以濟困而已。至弟里居近狀，峴南可以詳陳。茲附候近狀，不具。（《惜抱先生尺牘》卷一）

32-2 姚鼐

與汪稼門

別來倏忽經年，遥想起居日增勝也。聞駕將以公事來江寧，旋因督府往淮，遂不得至。致疏接對，甚悵。此間傳誦賢政數端，令人聞之欣快，非所謂『似君須向古人求』者耶？

茲因敝通家郭生麐歸便，附候左右。郭生吴江人，少年英才而貧甚，謀館以養親。文藝、詩篇、書法皆佳，授徒、書稟、代筆皆勝任。思吾兄同鄉人，難於吹嘘，而此等亦不可不置藥囊，以備索取，故輒敢奉聞。天久不雨，聞里中亦未插早秧也。天氣凉燠驟更，惟慎護，不具。（《惜抱先生尺牘》卷一）

32-3 姚鼐

與汪稼門

奉別倏經兩月，遥想入覲天光，嘉謨敷奏，必獲霽顔稱善。自此受知益深，委任益重矣。欣賀欣賀。旌旆計當南返，暑熱方甚，惟動静增福。

弟此間一切如恒。有一舍弟字嶺香，原在江畹香方伯處寫摺，最能於鞍馬勞劇之時展紙作楷書，頗爲工整。今嫌其去家太遠，欲覓南幕。吾兄藩臬之來甚速，此亦藥籠應備之材，故以奉聞。假令日下有人向尊處求人，以之應索，亦可不辱吹嘘也。茲因其行便附候，餘不具。（《惜抱先生尺牘》卷一）

32–4

姚鼐

與汪稼門

中秋前得賜書，知旌旆旋吴已兩月矣。起居佳勝，良爲欣忭。若弟自别後，則衰病時作矣。嶺香弟承吹噓，謝謝。貫一不知入都未？又聞有署篆之事，然耶？命作老伯文序，草成，殊不能佳。亦如教，以薄紙作拙書，以備鐫刻，但不識堪用不耳。月初已遣兒輩還里，弟須待制軍，大約十月當去矣。甯世之事定未，近可以歸去耶，抑尚有擔閣耶？率候，餘不具。（《惜抱先生尺牘》卷一）

32–5

姚鼐

與汪稼門

月内得手諭，具審興居萬福。又捧讀《登岱》大作，良爲閎密。聊竭陋思，奉題一首呈教，可發一噱也。張方伯延師課子，不能久待，理固宜然。今將其與胡君闗盟繳還。尊意仍欲爲胡君留心吹薦，此真扶翼盛心，雖鼐亦爲之感佩矣。邑中近無他事，但嫌米價增長耳。賤狀一切如故，衡兒已隨周東屏學使入都，差愈於孤行作客矣。獻歲行至，仰惟增祜，餘不多及。（《惜抱先生尺牘》卷一）

32-6

姚鼐

與汪稼門

初八日一書，附東浦方伯處上寄，必已達左右。弟決於明日登舟歸矣，兒子硃卷謹寄呈閱，更希有以誨之。程二哥太夫人與其昆仲合議爲之贖眚，誠爲佳事。伊現赴吳中遞呈詞。至於力爲轉移其間，俾之得遂承親之志，此在乎仁人錫類之盛心，非第謂鄉情而已。附候，不具。（《惜抱先生尺牘》卷一）

32-7

姚鼐

與汪稼門

春初在里，得聞六兄大人晉擢藩司，慶快無已。聖主用賢，惟恐不速；鴻才清節，獲此亦誠爲分中。而光及鄉閭，歡殷交友，則真一時之盛事矣。弟舟行迂緩，三月半始抵金陵，而旌麾已赴都下。計今面聖已畢，當遄赴關中。一切興居，倍增萬福。《登岱》鉅什，乃以鄙作附刻其後，接閱惟增愧耳。所諭胡冠海館事，極承厚意。今冠海已至蘇州，必當與張方伯相見矣。南中久雨傷麥，桐城亦不免此患。聞治室龍山，粗有頭緒。但不知連宇之約，弟能果此緣不耶。此後瞻企日遠，馳溯維深。千萬慎護，以副海内之仰。率賀併候，餘不備及。

去歲，江西敝門人陳用光，在南昌取所有鼐文字刻成十卷，於鄙作已盡其半，今謹以一本寄呈大教。又及。（《惜抱先生尺牘》卷一）

32–8

姚鼐

與汪稼門

沭陽陳令回江南，携至賜函，兼拜帽檐雨纓嘉惠，敬謝敬謝。陳令言及甘肅吏民頌戴之深，惟恐使君之或去。而此時已有移兩浙之信。在吾兄承九重委任之意愈隆，然使兩浙騰歡，而甘肅懷悵矣。不知此時先陛見而後南來耶，抑速赴新任耶？

弟託居江寧，諸如故狀。惟左目昏眊，作字較難，此老態之增，亦無可奈何事也。里中雨足時豐，米價已賤，良足欣慶矣。茲特肅候，並賀新喜，馳企，不具。（《惜抱先生尺牘》卷一）

32–9

姚鼐

與汪稼門

震澤使人至，得惠書，敬審近祉，欣慰。所賚四百金，收到。弟擬十一日歸家辦理此事，稍有頭緒，便當馳復。想以仁賢之意，見許於神明，默佑所加，雖愚蒙必有啓發耳。

弟前此數日遊寶華山，書至正遊屐還時。故録《山中》一詩呈教，亦當須臾晤對也。來年若旌旆尚在杭州，當以奉謁之餘，便遊西湖矣。漸寒，惟保重千萬，不具。（《惜抱先生尺牘》卷一）

32-10 姚鼐

與汪稼門

前在里中，曾作一書，附吴庶常携往南昌，未知曾達覽不？來江寧後，聞旬宣閩中，欣慶榮進者，猶鄉曲之私情；而爲海疆吏治，刓敝之後，始快得人者，則天下之公論也。

上月接讀在南昌所賜書，具審福履。又得惠寄先賢遺象，雕鐫精妙，增起瞻敬。而以陋筆與一時賢哲題識，併入貞珉，則至所愧赧耳。駕至閩時，鐵松已發未，尚得與一晤耶？弟近狀如昔，但右臂微痛，作書小不便耳。樊川先生安厝事，尚未得辦妥，須今冬歸時定之。方觀察諸公果能相助，所謂『多多益善』者已；不能，亦固當就所有了辦之耳。暑熱，肅候併賀，餘不具。（《惜抱先生尺牘》卷一）

32-11 姚鼐

與汪稼門

前得春間惠書，及諸珍刻。比得擢閩藩之信，以謂旌旆已移入閩矣。故作復書徑寄福州，其函必留於田撫署内也。頃又獲賜諭，并寄到都昌助味書堂之百金，收訖。想陛覲之後，開府之命必近在日月間矣。不審駕且以何日至閩耶？

弟秋來病下，數日適愈耳。而此初三日遭賊偷，篋中二百餘金俱去。都昌此項，幸遲五日至，早則與之同

失矣。今歲小旱，而秋初雨甚佳。邑中尚爲有年，此極可喜。珍重千萬，不具。（《惜抱先生尺牘》卷一）

32–12

姚鼐

與汪稼門

去歲在江寧，聞被實授中丞之命，真爲閭里之光華，慶忭無已。新正以來，伏惟起居萬福。弟去冬歸里，正當江津人有戒心之時，幸布帆無恙，戚友差爲之慶。臘月朔得一孫，今賤狀一切如故。二月杪，又將渡江東矣。惟爲樊川先生營葬事，尚未成。吾所欲者，業主不售；或業主肯售，而吾意以爲不堪用。遂轉致滯閣，覺此事轉辦轉難矣。其費爲之營放，頗有增益，然不敢以此爲卸責之道也。邑中雨雪應時，米價自去年來已賤，今當更獲豐稔矣。特此申候，餘容續聞，不具。（《惜抱先生尺牘》卷一）

32–13

姚鼐

與汪稼門

久未奉書，去冬在樅陽舟次，適嗣君舟自北來，與之暫晤，併屬候興居，亦未及作札也。自開府海疆，明作之氣不衰，而寬裕之風加廣，誠得爲大臣之體，固不欲以能吏爲優矣。欽仰欽仰。

樊川宅兆之事，營求三年，勞而無效。今年弟尤覺衰憊，勢不可堪跋涉之事，而受任必不可空謝。乃以弟昔所買老牛集一處，本留爲自藏者，移與之。弟前獲此地甚巧，於是餘銀甚多，爲之置田及備葬費外，尚寬然有餘。已決於本年十一月初九日子時安葬。葬後，惟田畝永留供祭，張氏子孫，不得轉售。擬以此語批於契內。至其多餘之銀，聽其家三房分用可也。頃張八哥在桐，已將田山兩處與之交代看訖，至葬費現存者，寄與樊川之婿江懷書。六哥屬其於十月杪回家，爲婦翁料理大事，並收借出之項。懷書又有爲樊川先生刻詩之意，其餘多之銀，或分或刻詩，吾輩似可以不問。但了畢窀穸，則於師友之誼已爲無負矣。謹此報命，併一帳簿呈閱。弟明日自家動身赴江寧，今作此書附寄，兼候新祉，統惟鑒照，不具。（《惜抱先生尺牘》卷一）

32-14

姚鼐

與汪稼門

聚居晨夕，快披情素，實慰平生。加以贈遺之優渥，重以佳城之欣賞，自念此數日間，亦何多幸乎。《九經説》及《辟穀方》已附輿人呈上。兹值令孫合巹嘉禮，謹具薄物，稍達稱賀之意，伏惟哂存。旌旆遄發，必在二三旬内，恨不能更來瞻送。卜鄰結好，各存心諾，不知異日天果能爲成此願乎？嚴寒，途次惟珍重千萬。餘容續陳，不具。（《惜抱先生尺牘》卷一）

32–15

姚鼐

與汪稼門

新年惟起居萬福。計旌麾當于元宵間抵治所，塗間必皆晴霽，至後則雨雪潤麥，以慰恤民之思，爲兩快矣。弟擬此初十後赴皖，賤狀尚如故態。故鄉雪後，米價乃減，今春差可以無患。舍弟隱瑜，本以副貢就職於直隸，遭艱歸里，無以自存，度嶺欲覓一館地。其人學問極佳，舍筆硯而就吏事，可謂去長而用短。今瞻趨閣下，乞賜嘘薦，得一書院，使之自資，以訓諸生，亦良爲勝任也。

弟一冬止讀宋儒書。近士大夫侈言漢學，只是考證一事耳。考證固不可廢，然安得與宋大儒所得者並論？世之君子，欲以該博取名，遂敢于輕蔑閩洛，此當今大患，是亦衣冠中之邪教也。閣下任世道人心之責，故亦不敢不以奉聞。溟海波平，吏民從化，遥望額慶。春寒，惟珍重，肅候并達愚悃，統惟鑒照，不宣。（《惜抱先生尺牘》卷一）

32–16

姚鼐

與汪稼門

奉別之後，自春徂秋，接六月在豫章所賜書，具審多祉。及接蘇淞之信，欣賀欣賀！計旌旆當自玉山經杭入吴矣。蘇撫最多明賢，今得公居職，必當繼美前哲，無疑矣。若夫時局艱難，人才與財貨兩絀，苟非先生閎量高識，因時建宜於明果，有爲之中，見從容轉運之妙，安能有濟？故今日能績比於前賢，必其力倍於前賢者也。公負天下之重望，必樹天下之駿功。願於田野之間，傾聽盛美而已。里中秋旱將成，諸公祖禱雨誠，至今日大得快雨，晚禾可豐，此最爲佳事也。

賤狀如故，因署臬宋公來，讓書院居之。鼐住學使署，又以孝期至，鼐避歸家，在家可過却重陽也。謹達。賀候，不具。

稼門中丞六兄大人，愚弟姚鼐頓首，七月八日。（《雅昌拍賣網》）

32–17

姚鼐

與汪稼門

數月來啓候疏闊，但聞屬吏往來，頌述仁政，而慶台候之增福而已。承賜手書，并頒珍果，無任欣荷。鼐足迹一至吳而在秋深時，無楊梅矣，今乃生平第一次嘗食也。示《荒政輯要》，用意精詳，非特一時戴恩，且令異世被其利。而今歲麥收大稔，早禾之豐，亦大有兆。願年年大有，此書乃備而不用，則尤快矣。節下仁慈之志，或竟可以感神明而致此乎？

鼐居此粗平安，而家内子婦輩不樂遷居，卜宅之計，不能决也。冬間須自反里，更議之耳。一書乃鼐與常熟蘇世兄者，内有爲敝同年蘇公去疾墓志，乞寄與令親家張諱敦均家轉致，必不失矣。暑濕日甚，伏惟珍攝。謹復並謝，不具。（《惜抱先生尺牘》卷一）

32–18

姚鼐

與汪稼門

曩月有疏啓候，聞閣下頃蒙聖恩，以大司空内召。以天下共推之名賢，當熙朝正卿之重任，於理誠爲應得矣；而以鄉曲私情言之，則又倍爲欣慶。

又仰度閣下受知既盛，許國彌殷，無復萌暇逸之志。而吾鄉自何文端以來，居極品者，率得懸車數年垂休田里。假令閣下復得繼前輩之盛事，於毗佐成烈之餘，計其年歲，恐當在十年之外。而鼐朽敝之軀，恐不能待而見之矣。以此歡忭之下，更復悢悢耳。想旌旆遄發在即，而鼐亦擬於十月内還家。肅此馳賀併候，不具。

（《惜抱先生尺牘》卷一）

32–19

姚鼐

與汪稼門

去冬遠承厚情，比作書復謝，並呈兩杯、兩畫，而世兄已赴楚省侍，此書尊府想續寄到也。即日涼初，惟起居萬福。鼐今春不免再至江寧，近雖衰敝而不至大困。擬更過歲，俟明秋鹿鳴宴後乃歸去也。

秋來四方豐收，米價平減，此極可慶快，反惜吾鄉獨不免傷於秋旱耳。茲因舍侄長煦趨謁鈴閣，附請台安，不具。（《惜抱先生尺牘》卷一）

32-20

姚鼐

與汪稼門

新年來伏惟興居佳勝。正月得去臘賜書，並讀大著《實心藏説》。其言切實，而包括廣大，君子之至言，可以爲後世法也。鼐春初苦疝發，第三子病下血甚危，今幸愈矣。而賤目昏眊彌甚，非素紙不能作書，腰膝加軟，精神耗竭，决於秋間歸里，已告菊溪先生，辭此講席矣。閣下今歲述職定不？不知鼐歸時，閣下明農之志果得遂而相從於山澤間乎？海内寇賊殄除，良爲大慶，而財用未紓，民生尚瘁，猶不能無餘憂耳。

至尊意所定壽藏，以鄙意論之，猶未敢附會。小龍山内確有佳城，而不能驟定其處，女兒山乃是其水口，其狀猙獰可畏，此以居水口則妙甚，以穴前見之則非妙也。今所定正不免向之，恐非可作穴地也。愚見如此，望酌之。江南今春雨雪太多，麥苗有損，米價雖非極貴，然總在三千外，亦不可云賤矣。未知登麥後何如耳。

（《惜抱先生尺牘補編》卷二）

32-21

姚鼐

與汪稼門

五月承惠，兩書俱至，知起居佳勝。但見推過甚，爲愧耳。鼐自七月得瘧疾，至今未愈，不能食，恐不可痊，所命書銘固不能矣。此刻神氣略清，故草此奉寄。

攝山一會，葆巖年最少，而已喪；鼐最老，豈能存乎？奉寄椰子朝珠一盤，聊申遠念。不知此後尚能有書與公不也。珍重爲國，率候，不具。（《惜抱先生尺牘》卷一）

附：

祝汪稼門七十壽二首

姚鼐

江漢東南接海濤，都經賜履擁旌旄。威風到處鯨鯢伏，定令頒時雨澤膏。容態書生長不改，勛名節使久逾高。潞公老有謨猷壯，傳讋蠻夷域外豪。

生同鄉國夙情親，村巷嘗邀作比鄰。草澤我衰餘馬齒，雲霄公上近龍鱗。野亭自隔元戎隊，嵩嶽惟欽降翰神。平格壽爲寰海願，私懷更近一杯春。（《惜抱軒詩後集》）

稼門集序

姚鼐

天下所謂文者，皆人之言書之紙上者爾。言何以有美惡？當乎理、切乎事者，言之美也。今世士之讀書者，第求爲文士，而古人有言曰：『一爲文士，則不足觀。』夫靡精神、銷日月以求爲不足觀之人，不亦惜乎！徒爲文而無當乎理與事者，是爲不足觀之文爾。

吾鄉汪稼門尚書，其生平不欲以言行分爲二事。上承天子之命，有撫安衆庶之績；下立身行己，有清慎之修。其所孜孜而爲者，君子之事也；津津而言者，君子之言也。故其詩與文，無鞶帨組綉之華，而有經理性情之實。士守其言，則爲端士。歷官者遇事，取其所記一一行之，如繩墨之可守。此豈可以文士論哉？

漢時校書有六藝、諸子、詞賦之略，本無集名。魏、晋以後，集乃甚著，而蘩蕪益多。若尚書之集，其文則諸子略之儒家言也，其詩則通乎古《三百》之誼者，此當爲劉向、班固之徒之所取已。

今春二月，尚書將入覲，與鼐遇於江之南，以其文七卷、詩十卷視余。余歸卒讀，而竊嘆以爲古今所貴乎有文章者，在乎當理切事，而不在乎華辭，尚書得之矣！乃以題睹其首。嘉慶二十年三月望，同里姚鼐序。

（《惜抱軒文後集》卷一）

實心藏銘並序

姚鼐

實心藏者，兵部尚書總督浙閩軍務桐城汪公之生壙也。公自言平生惟矢心去妄而存實焉，此念無間於終身，故以名其壙。且著説以示子孫，以謂殁且不弃實心，况生者乎？又以説寄同里姚鼐，使爲之壙銘。

鼐謹案：公名志伊，字稼門，以乾隆八年正月□□日生。年二十九，中乾隆辛卯恩科舉人。其歷官爲靈石知縣，霍州知州，鎮江、蘇州知府，蘇淞糧道，江南按察使，甘肅、浙江布政使，福建、江蘇巡撫，工部尚書，湖廣、浙閩總督。

其政績之美甚衆，而其尤著者：山西有孟木成者，爲人誣以殺死張光裕，一省之官皆定爲情實矣。公驗其兇刀甚小，與傷痕不合，所序情節甚乖舛，執以爲誣。欽差至，猶頗以翻衆案爲難也。公辨之，詞證明而義堅正，木成卒得生，公名由是大起。東南之漕，爲天下至重。公爲糧道及浙藩，尤能清理之，使輸者不困，而官運充。自昔江、漢汎溢，沈浸民田或數十年，且數百里。公督湖廣時，奏請建閘濬河，而建立隄工，親往督視，用財實而工鞏，至今爲利。其察江盗尤嚴密，法當而令行。及在閩治海盗，事皆整辦，江海行者靡弗頌焉。其自勵訓士及誨其家子弟，一皆出於儒者之正義而歸於實心，則公所自得之要也。

是藏成於嘉慶二十年，公年七十三矣。鼐謂古人多以垂暮之年復大建勛業，若漢趙營平、宋文潞公，皆以八九十而更有事功，載於史傳。今公雖逾七十，而精神尚健，足爲國任。前日之事可書，後日之業吾不能紀。然惟一以實心之道成之，則事雖未見，理則可明，大人君子之道，一於誠而已，以是作公藏豫銘可也。

公曾祖諱□□，祖諱□□，考諱□□，皆以公貴贈資政大夫，妣皆贈夫人。公夫人姚氏先卒，已別葬。子□□、□□。孫□□。銘曰：

國政巍崇，寢食之細。悉以誠將，一言可蔽。猗惟汪公，名德重臣。塞淵其心，自矢畢身。其行未央，焯其已見。銘告千祀，爲士林勸。（《惜抱軒文後集》卷九）

33 楊護

楊護（1744—1828），字邁功，號柏溪，金溪（今江西金溪縣）人。乾隆三十年（1765）鄉試中舉，乾隆四十九年（1784）成進士。初授刑部湖廣司主事，後爲陝西延榆綏兵備道，調甘肅平慶涇固鹽法道，升安徽按察使、江寧布政使，歷官兵部侍郎、都察院右副都御使，巡撫湖北、浙江。後以事貶官，引疾歸。著有《柏溪詩古文鈔》等。

33-1
姚鼐

與楊柏溪方伯

前在江寧，幸承明訓，別來企仰無已。初雪嚴寒，伏惟起居萬福。至於愍念民瘼，勤勞綏撫，誠仁人君子之用心。所願盡瘁之餘，稍存攝養，以慰仰戴者之望。

鼐歸來兩月，日增衰敝，目視彌昏，畏寒，自閉一室如繭裏矣。承賜書揄揚過重，但有愧赧，豈虛薄所能任耶？冶亭先生聞尚留淮陰，不知河防竟得上策否？今日任事者所處之難，殆天意欲以勵大賢乎？令弟春圃先生，想在官舍同履庥祉，相念，不另書，率此申候，不具。（《惜抱先生尺牘》卷一）

33-2
姚鼐

與楊柏溪方伯

前月聞榮晋越臬，此海内士林所同心仰望者也。其可欣快，亦何待言。愚鄙之心，稍嫌旌旆之遠，此後瞻企之願，恐遂不能復得。又以江南時事煩棘有過於越，移節杭秀之間，總領湖山之美，此又私衷所竊爲閣下慶忭者也。

昨得賜書，過承推許，愧赧愧赧。賤狀如故，今冬尚留此度歲。遥想入覲事畢，車蓋南還，亦將莅越矣。令弟三哥固當叙姜被之温，而亦有别友之悵，固天下勢不兩全者也。附此上候，目昏草草作書，勿罪勿罪。

（《惜抱先生尺牘》卷一）

33-3

姚鼐

與楊柏溪方伯

使至得賜書，伏審萬福。夏序尚未甚熱，遥想政事之暇，俯仰湖山，良增清豫也。鼐近衰憊已甚，正思引去，承諭於此間再留數載，豈所任哉。邇以目昏，都不能讀書，終日默坐而已。草草略報，馳企，不盡。

（《惜抱先生尺牘》卷一）

33-4

姚鼐

與楊柏溪

去歲暫接言教，别復半年餘矣。即日惟興居萬福。閣下以誠一之衷、潔清之操、强毅之力，往來河海，任國煩勞，有如家事，宜乎神明佑之，助成底績，以乂安斯民也。鼐懦夫，無力斯世，所快者，斯世有斯人而已。承諭爲德清徐河臺作誌文。鼐譾陋加復衰髦，强應所請，殊不能佳。今擬稿先祈賜閱，如以謂尚可用，併希將鼐復書付其世兄。陳石士聞其留淮安甚久，今已行邪？（《惜抱先生尺牘補編》卷一）

34 王念孫

王念孫（1744—1832），字懷祖，生而清羸，故自號石臞，高郵（今江蘇高郵市）人。乾隆四十年（1775）進士，選爲翰林院庶吉士，散館，改工部主事，升郎中，擢爲陝西道御史，轉吏科給事中。嘉慶四年（1799），擢任直隸永定河道。嘉慶六年（1801），因河堤决口被免職。又特旨督辦河工，先後任山東運河道、永定河道。永定河水再次暴漲，王念孫引咎辭官，以著書爲娱。王念孫從戴震學，篤守經訓，精訓詁、校勘之學。著有《讀書雜誌》八十五卷、《古韻譜》二卷、《廣雅疏證》十卷、《廣雅疏證補正》一卷、《方言疏證補》一卷、《王石臞先生遺文》四卷等。

34-1

姚鼐

與王懷祖

曩年未通啓候，但遥相念，時有都門人來，詢知佳勝而已。鼐頻歲居江寧，此地巨都，而所對人物，乃與下縣荒村不異，良可慨息。聞世兄乃能繼武家學，使人欣快無已。不知先生近日常相接談論者，復是誰耶？

敝門人陳用光，江西新城人，其人篤學好古，作古文已入門逕，是後來佳士。兹入都鄉試，因慕仰瞻謁階墀，必蒙鑒知，非庸士也。鼐《九經説》《三傳補注》刻本新就，即附呈教。鼐欲破門户偏黨之見，遂不免以臆爲斷，恐當獲罪於海内學者。先生試評論其謬妄，鼐必不敢專執自是也。寒初，惟珍重，不具。（《惜抱先生尺牘》卷二）

35 吴定

吴定（1744—1809），字殿麟，號澹泉，歙縣（今安徽歙縣）人。諸生，屢試不第。嘉慶初，舉孝廉方正。姚鼐《吴殿麟傳》言：『劉海峰先生之官於徽州也，殿麟從學爲詩文；海峰歸樅陽，又從之樅陽。兩淮運使朱孝純，亦海峰弟子也，請姚鼐主揚州書院，會殿麟亦有事揚州，附鼐舟，於是相從最久。』吴定論文嚴於義法，詩歌純樸古淡。晚年專心經學，尤精於《易》學。著有《紫石泉山房文集》十二卷、《紫石泉山房詩鈔》三卷等。

35-1

與吴殿麟

姚鼐

去臘之杪，承惠手書，兹夏始見，不知何以淹閣也。即日吾兄所處何地，動静佳不？鼐自舊夏主敬敷書院，今携馬甥及衡兒在此。狀粗平安，但日漸衰，勢如下阪輪耳。此間苦無足與言者，安得與殿麟竟日按對？讀來書，亦正有此憾，誠可嘆也。兩年來作《經説》可十卷，抄寄甚不易。鼐無便刻之。其間豈敢謂爲盡善，然必有一半足裨經學者，今力尚未辦刻耳。果刻，當奉寄也。聞多作時文，亦自佳。時文之體非陋，爲之者自陋耳。若以文體言，如相如《封禪》、子雲《解嘲》，其體何嘗不陋哉？但以其文便足傳耳。詩不甚作，間隨筆書之。在此間有四絶句，聊以寄閲，頗具居此情況，取足慰故人之相思也。

金五先生已入都，抑尚在里中，其近狀何似？必多著作矣。海峰先生於四月十日出厝陳家洲，竟未得葬。其嗣孫乃漸能循謹，此爲佳耳。聞子潁運使兩目皆瞽，萬事無常，良可嘆息。承欲鼐文稿，今寄三部。適見來

書，便作此復。此間亦乏便人，未卜何時何人當爲鼐達耳。五月十九日。（《惜抱軒尺牘補遺》）

35–2

姚鼐

與吳殿麟

連得兩書，具審安善爲慰。讀所示諸文，極多精當之論，且言有益於倫理，真可謂好學深思君子之用心矣。大抵説經之文，止期明暢，雖古人亦不能別出奇怪，極文詞之妙。尊作所不及古人者，微覺繁耳，然其大體得之矣。

所作三序，文亦俱雅飭。其書俱未讀，不敢妄論。然此三書，皆朱子所已注之書也。豈此三書外更無當注之書，而惟此三書必賴先生之論説而後當乎？然則其言雖不顯然攻朱子，而安得不謂與朱子爲難乎？鼐謂如《大學》一書，如朱子改本，誠不可謂必得古人之舊，然未嘗不合古人之理。何也？當周時博文爲教，致知格物之事易明，故《大學》中不須詳言之；至後世，則古之博學詳説之法紛亂於雜學者多矣。故《大學補傳》所云，爲天下後世不可少之言矣，不必論果爲古本有而後之缺抑否也。至於儒者之文，惟孔孟及孔門文學之賢，序次有法，若其餘如《孝經》《大學》之類，但言義理，不論文法，必欲繩貫而墨束之，必不可得。凡爲《大學》古本説者，皆是以己説强附而曲合，轉不若姑依朱子之説，以爲足以善世可矣，而何必更多爲之紛紜哉！愚見如此，惟教之。（《惜抱軒尺牘補遺》）

35-3 姚鼐

與吳殿麟

十月八日，姚鼐頓首殿麟大兄：承手書及寄文並至，得知近狀佳好爲慰。吾輩爲學，固不希人知也，慎勿以不見知爲憾。雖舉世無知我者，猶將尚友古人，不爲德孤，况海内未嘗無數子乎？

家居讀《易》甚善，然鼐謂學《易》止以程朱爲法。若苦求聖人取象之故，其爲事勞而無功。假令後人盡得文王、周公當日取象之故，其於聖人以《易》教人制行立身之意，正不相涉，况其故必不可求而通耶？爲漢學者，於《詩》《禮》猶有可言，於《易》則彌陋矣。鼐恃相知之深，於大作遂妄加塗抹。竊謂兄學識有餘，而才不足，故爲文思甚深而失之滯，辭甚潔而失之枯。更用力去此二病，則全善矣。

鼐《經説》時增時減，今可十一二卷，然未知内有一半足爲學者定説否也。自存一本，不欲暫離，又乏人抄録副本，故無以相寄。冬寒，惟保重，不宣。鼐頓首。（《惜抱軒尺牘補遺》）

35-4 姚鼐

與吳殿麟

適得手書，具審近好爲快。所言處事之宜和介無依，良所欣服。至鼐賤辰，方自恨犬馬之齒衰，而道誼無以自立，學植反就頹墮，所冀四海知交不鄙我而教我，則爲幸矣。吾兄乃賁之揄揚之辭，美則美矣，於愚衷能無愧乎？又貺以法帖、筆、硯之賜，非心所安，然雅誼亦不敢辭，惟增惶悚耳。

鼐十月半後擬便歸去，今歲當無由相見矣，明歲或猶當接晤耳。陳碩士此月來住十餘日，其詩文頗進，似當爲後來之秀，前日始回姑熟。其所還《史記》，今付來使携回，望檢收。鼐臂痛已愈，而八月蹖地傷膝，今杖而行，猶未大痊。此是衰態，亦無可如何矣。衡兒前月去皖應歲考，却遲到一日，乃補考附三等，今歸里矣。觀兒尚在此，將十月從歸也。寒初，惟保重千萬，率候併謝，不具。（《惜抱軒尺牘補遺》）

35-5 姚鼐

與吴殿麟

去臘承與一書，鼐於此月内在皖中接得，略知動静之概。不審入今年後何似，已得館否？甚念念。所欲售畫、寶石，此間必無能買之人。旌德之朱，不通消息者四五年，彼係俗人，無從語之也。度此等求售，非携至蘇州、揚州，未有益耳。

賤狀今尚平安，衡兒今年亦辭却淮安之館，同來此矣。數年來文字亦增得數篇，惜不能抄寄請教，安得披襟更一快談乎？久雨，春寒不解，歙中亦然不？幸慎重千萬，不具。（《惜抱軒尺牘補遺》）

35-6 姚鼐

與吴殿麟

得五月朔日惠書，具審近祉，欣慰欣慰。至正月末一函見賜者，則至今未得也。《周易》果有成書，自爲盛事，明年杖履携世兄來江寧，想可携此書來俾一讀乎？鼐《經書説》，旌德朱生已爲刻出，而板尚未寄到，故尚未能印呈也。衡兒今歲留里中未來，從居此者兩幼子耳。鮑君誌文當遵教增數字，餘不具。（《惜抱軒尺牘補遺》）

35-7 姚鼐

與吴殿麟

兩得手書，具審近祉佳勝爲慰。鼐生平所作文字，不知果足以待後世與否，然區區愚心，則欲以聽後賢之自爲論定，不願於今日假世君子言以爲重，故絶不求人爲之作序。吾兄乃自以己意爲之序，甚荷甚荷。然而非愚心所欲，若以引冠鄙著之首，則終所不爲也。謝謝。尊詩文已付貴同年矣。所須課讀文，今寄上，餘不具。（《惜抱軒尺牘補遺》）

35-8 姚鼐

與吴殿麟

秋熱殊可畏，未審近日起居安否何似，復何所著作耶？鼐七月内病瘧下數日，今已大愈，然衰羸甚，不能讀書也。承索鼐時文，前已令小兒寄呈，當已至耶？衡兒於七月令其歸里，鼐携幼子於九月末亦歸矣。見蕊中先生，乞道相念。兹略報並候，不具。（《惜抱軒尺牘補遺》）

姚鼐

與吴殿麟

鼐今年因體中小不適，亦會學使按臨在郡，故赴學甚遲。頃始來懷寧，乃獲讀去歲先生見與一書，略知動定。入今歲來，想當勝耶。鼐愈衰敝，殆終日飽食無爲而已。又此間絶無可語者，使人悶極。衡兒以艱於費，今年未去會試，今只在家中，而亦不肯勤學。海内舊一輩人，死亡盡矣。新出者固必有俊異，但吾身不與遇耳，此甚可悵恨！想先生亦不免此嘆耶。去歲奉寄書及大作，想已收到。朝夕惟珍重千萬。銀四兩，奉爲諸孫含飴之資，幸存，餘不備悉。（《惜抱軒尺牘補遺》）

附：

姚鼐

江上送吴殿麟定還歙

我行江北路漫漫，送爾江南山萬盤。青天落日如相憶，更倚蓮花峰上看。（《惜抱軒詩集》卷八）

姚鼐

寄吴殿麟聞其里人欲爲舉孝廉方正

天都山下結茅茨，閉户盤桓自命蓍。弟子三千周士貴，公孫五十漢徵遲。朝中筐篋將更策，天下文章要起衰。聞道洛陽才不世，吴公第一始深知。（《惜抱軒詩集》卷十）

姚鼐

吴殿麟傳

吴殿麟，歙人也，其名定，字殿麟。少時事親謹，三年之喪如禮。自期功及師友喪，飲食起居必變於常，非如世人之苟且也。家本貧，至老貧甚，然廉正有守，屢鄉試不售。嘉慶初，有司以孝廉方正舉之，賜六品服。時謂是科舉者，惟殿麟差不愧其名云。

劉海峰先生之官於徽州也，殿麟從學爲詩文；海峰歸樅陽，又從之樅陽。兩淮運使朱孝純，亦海峰弟子也，請姚鼐主揚州書院，會殿麟亦有事揚州，附鼐舟，於是相從最久。其爲人忠信質直，論詩文最嚴於法。鼐或爲文辭示殿麟，殿麟所不可，必盡言之。鼐輒竄易或數四，猶以爲不，必得當乃止。

殿麟暮年歸歙不復出，專力經學，希爲詩文矣。歙中學者言經，自江慎修、戴東原輩，大抵所論主考證事物訓詁而已，而殿麟乃鋭意深求義理，注《易》《中庸》各一編。蓋殿麟於文及學，其立志皆甚高，遠出今世。雖其才或未必盡副其志，然可謂異士矣。卒年六十六，有子四人。（《惜抱軒文後集》卷五）

吴定

送姚比部姬傳先生奉太夫人歸桐城

身事艱如此，時比部喪偶。飄然返故鄉。關山依老母，幻夢托空王。野闊風驅霧，秋深月帶霜。南陔私欲贈，無語忽沾裳。（《紫石泉山房詩鈔》卷二）

姚姬傳先生時文序

聖人之經語約而旨微，後之釋經者，若故，若微，若箋，若通，若傳，若章句之類，不可勝窮。雖所言有離合之差，然以釋經，名體固正也。自明代創爲四子書之文，以今人之口代聖人之言，則其體乃漢唐所未有。顧既假之以爲號，則所託未嘗不尊，且欲因此驗人學行之高卑，其意亦未嘗不至也。世之愚者徒役役局其志於此，既違國家選造之方；而高明之士又不過簌率爲之，以應有司之試。吾竊謂君子爲一事有一事之學，即有當盡此一事之心，况重以國朝之典，託之於先聖先賢之業乎？不溺没於文辭，而亦不敢苟簡相從，貽譏倖進，君子出處之道，宜如是矣。

桐城姬傳姚先生邃於經史，沈酣於諸子百家，不爲八比之文溺没者也。昌黎有言，爲文必有諸其中，是故君子慎其實。實之美惡，其發也不掩。先生以其中之所有者於今文發之，故其文宛然如取諸聖人之懷，而聲律皆與古會，有前明正德、嘉靖諸君子之遺風。國朝以經義試士，百餘年來能守歸、唐矩矱而行以古人之文者，吾師海峰先生之後，惟先生而已。操是技以應國家試士之令，庶幾其無負矣乎。

吾聞之君子有三不朽，立言其末也。八比之文，又立言之末也。然而君子不敢苟者，重國典、尊聖人也。吾獨悲今世之文士敝敝焉，勤苦其一生，耗智殫能，惟此之務。内之不足以乂治其身，外之不足以綏匡天下。卒之膏不沃則無光，根不固則枝葉凋亡，君子知其文章亦必不能有立也。吾聞丘陵學山而不至於山，今之爲科舉之文者，皆丘陵之類也，悲夫！（《紫石泉山房文集》卷六）

36 黄易

黄易（1744—1802），字大易、大業，號小松、秋盦，别署秋景庵主、散花灘人、蓮宗弟子等，仁和（今浙江杭州市）人。監生。因長於河防，官山東兗州府濟寧運河同知。其父工篆、隸書，易繼其業，工詩文、書畫，擅長碑版鑒别考證，尤以篆刻著稱，爲『西泠八家』之一。著有《小蓬萊閣金石文字》十卷、《嵩洛訪碑日記》一卷、《武林訪碑録》一卷、《岱巖訪古日記》等。《清史稿》卷四百八十六有傳。

36－1
姚鼐

致小松二哥

自往昔揚子舟中得與賢兄弟瞻對，倏忽幾三十年。中間辱賜手書、刻印及漢碑拓本俱至，欣荷無已。欲以一函奉報，而不得詳曉。遊寓茫然四海，鼐自抱疾江津，亦已十載矣。交遊零落殆盡，追想賢兄邈隔千古，人生如夢，良可嘆慨。而即今如吾二哥輩，莫不睽隔，消息稀少。寂寂獨居，略如窮谷病僧與木石爲伍耳。

昨家春溪叔自河上回，偶言及二哥，乃知近仕豫中，併得佳好之况甚詳，爲之快慰。顧念二哥博聞耽古，目中罕見，豈與今世上車不落者較其優劣，而反辱栖下僚强營吏事？有上才而無貴仕，乃自古傷之矣。然佳士抗心自有懷抱，區區之名位何足論哉？奉寄拙書一幅，性本不工書，加又苦臂痛，第展閲，以當須臾言笑可耳。暇時更希惠聞問，此間近狀，家春溪叔自爲悉陳之。冬寒，惟保重，不備。

弟姚鼐頓首，上小松二哥先生，十月六日。（《黄小松友朋書札》第七册）

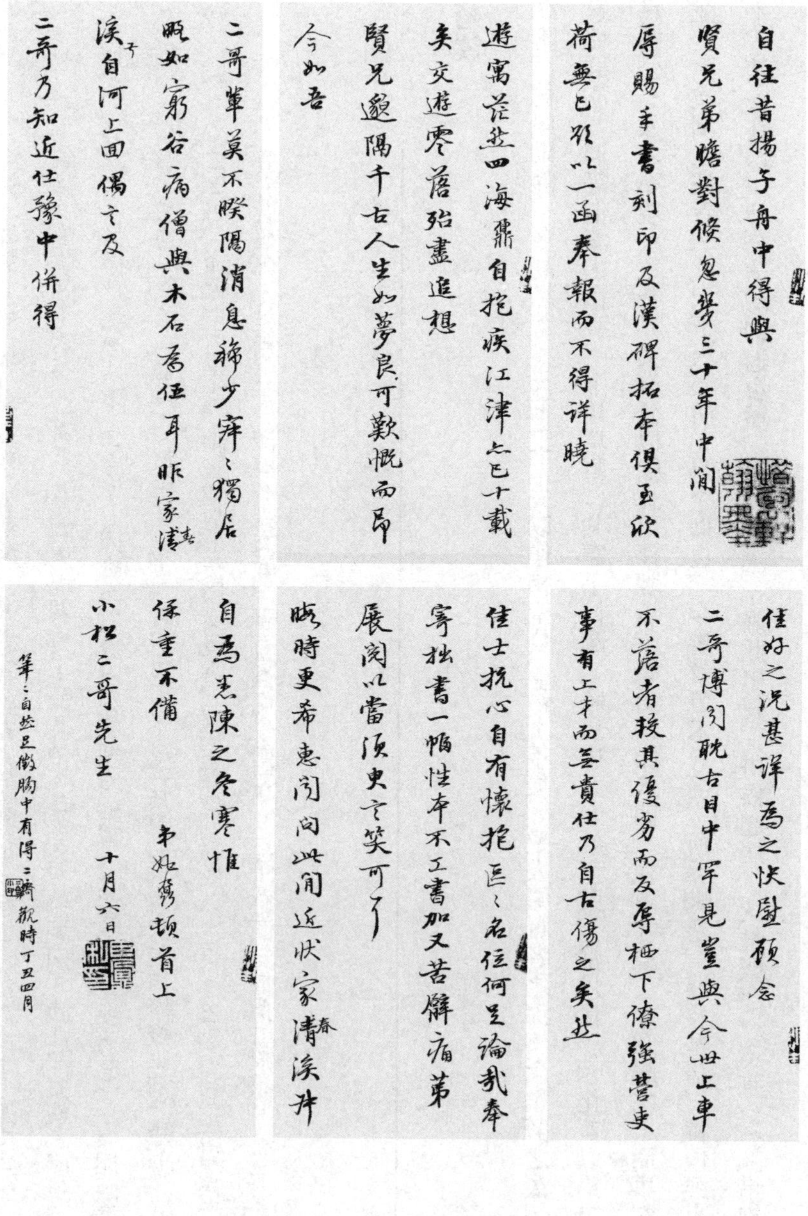

自往昔揚子舟中得與
賢兄弟瞻對倏忽遂三十年中間
辱賜手書刻印及漢碑拓本俱至欣
荷無已顧以一函奉報而不得詳曉
遊寓茫茫四海鼐自抱疾江津亦已十載
矣交遊零落殆盡追想
賢兄邈隔千古人生如夢良可歎慨而弟
今如吾
二哥輩莫不睽隔消息稀少寂寂獨居
既如窮谷惟僧與木石為伍耳昨家清（春）
溪（子）自河上回偶言及
二哥乃知近仕豫中併得
佳好之況甚詳為之快慰頌念
二哥博聞耽古目中罕見豈與今世上車
不落者較其優劣而反辱棲下僚強營吏
事有才而無貴仕乃自古傷之矣茲
佳士抗心自有懷抱區區名位何足論哉奉
寄拙書一幅性本不工書加又苦腕痛弟
展閱以當須臾之笑可耳
晤時更希惠問向此間近狀家清（春）溪升
自為悉陳之冬寒惟
保重不備　弟姚鼐頓首上
小松二哥先生　十月六日

筆筆自然足徵胸中有得　二樵觀時丁丑四月

36-1　姚鼐《致小松二哥》

37　百　齡

百齡（1748—1816），字子頤，號菊溪，漢軍正黃旗人。乾隆三十七年（1772）進士，選庶吉士，授編修。乾隆四十六年（1781），充四庫提調官。嘉慶五年（1800），授湖南、浙江按察使。歷貴州、雲南布政使。嘉慶八年（1803），擢廣西巡撫，尋擢湖廣總督。嘉慶十四年（1809），復擢兩廣總督。嘉慶十六年（1811），授兩江總督。時河決王家營，其親勘下游，疏請修浚正河。嘉慶十八年（1813），命協辦大學士，總督如故。後因案受牽，嚴詔責捕。嘉慶二十年（1815），封三等男爵，兼署安徽巡撫。是年病卒於江寧，謚文敏。著有《守意龕詩集》二十八卷、《櫰欖軒尺牘》六卷。

37-1　姚鼐　與百菊溪

伏惟執事，德厚勛隆，名高績著，天下士大夫以作相望公，殆十年矣。聖人知賢者之深，念積勞之久，命登揆席，實協群心。鼐等偕海内搢紳，下逮草野，共額手忭躍，將見擴大庇於生民，耀丹青於元化，以爲宇内之福豈僅爲明公一人之私慶哉？昔尹文端公以翰林出任疆圻，繼由使相入閣。執事才望，今乃繼之，而事勢所處，有倍難於尹文端之任者，此天下人心所尤爲企仰也。今鄰省事未肅清，河堤未塞，連及吾疆，實煩經畫。想憂廑旋平，靖安在即，俾公清暇即返會城，尚容瞻謁。肅此申賀，併候起居。伏惟鑒照，不宣。（《惜抱先生尺牘補編》卷一）

37-2

姚鼐

與百菊溪

始春麾蓋來省，公事方殷，未遂瞻侍。方探暇上謁，而駕復莅淮濱矣。恭惟閣下匪躬矢志，憂國靡寧，察奠巨川，頻勞櫛沐。今當桃花漲發之時，不知巨汛已定，可以授方略於防吏，而駕返治所乎，抑尚有須親臨之事也？鼐今春以來彌覺衰敝，眼目昏花，飲食減少，雖行步猶前，而精華實竭，未知於閣下復當幾近清光耳。小兒衡仰蒙生成終始之恩，今令趨叩轅前，俾鳴感戴。肅具啓候，併陳愚悃，縷縷下情，伏惟丙鑒，不宣。

（《惜抱先生尺牘補編》卷一）

37-3

姚鼐

與百菊溪

即日嚴寒，惟台候萬福。鼐數載江寧，承飲食教誨之賜厚矣，而鼐尸居講席，無益多士。今年耄識昏，亟思歸去。而中堂方以疆事勤劬淮上，欲俟事靖駕還，面陳辭退。乃今歲暮，知公事猶殷，不能遽返會城，俾鼐得謁見以道愚意也，故謹以啓達。衰病之軀，實不能留。乞另延賢者，以主書院。鼐俟天氣稍和，即買舟西去，或其間旌旆以事寧暫返，得以瞻仰台光，因陳別悃，未可知也。惟鑒察，不宣。（《惜抱先生尺牘補編》卷一）

38 陳守譽

陳守譽（1748—1819），字季章，號果堂，新城（今江西黎川縣）人。陳道庶子，陳用光叔父。乾隆三十六年（1771）舉人，再應禮部試罷歸。後居京師，入資爲候選内閣中書。嘉慶二十三年（1819）十二月病卒於南昌。事見《（同治）江西新城縣志》卷十。陳守譽性周密而詳慎，篤倫理而喜好文辭，晚年曾往江南拜謁姚鼐（陳用光《五叔父果堂府君墓誌銘》）。

38-1 與陳果堂

姚鼐

鼐與五兄雖未奉顔色，然夙聞風誼，託神交者久矣。去歲令侄石士過皖，承賜書，展讀欣忭無既。但自慚庸陋，見許乃過重耳。又承寄示諸經刻。鼐生平自審，以痴妄故迷失本心，求得一二繫驢橛，冀以自敕，而仍爲習氣所牽，終無實得。今因嘉惠，乃更增愧悔，願與五兄相望于數百里間，共爲策勵耳。

頃爲賢子作墓銘成，殊不能佳，以明區區相重之意而已，謹録呈閲之。此地竟無附書新城之便，乃由都中石士處轉寄，可謂迂途矣。日幸珍重，不宣。（《惜抱先生尺牘》卷五）

附：

新城陳君墓誌銘並序

姚鼐

君諱吉冠，字嘉甫，新城陳凝齋先生道之第十三孫，而薊莊孝廉守譽之長子也。才俊好學，少而篤慎，未嘗有子弟之過，爲文英異出疇類，中乾隆五十四年江西鄉試，後遭母吴夫人喪，哀毁甚，旋感疾，卒於乾隆五十八年十一月朔日，年二十七。妻楊氏，二十七爲嫠。三子曰效曾、敭曾、敬曾。

凝齋先生之門，多賢之門也。余於凝齋先生及其子孫，大抵識之，獨未見薊莊父子，以書通而已。而於嘉甫，甫知其才，旋聞其喪，兹可悲也。嘉甫工書法，尤善八分，余得見其所書文字數種，勁厚有韵，非常人所能逮。薊莊既痛子亡，乃盡取其書刻於石，厝於一室，陳其生平所好几硯書策於室内，薊莊每往，徘徊及暮，慟而返，於是者數年。嗟乎！觀薊莊所以思其子不能忘者如此，其子賢可知也。今薊莊葬□□於□所，余哀而爲之銘曰：

家有則，承以克，維俊特。天才騫，藝有妍，奪厥年。藏之厚，銘之壽，宜昌後。（《惜抱軒文後集》卷七）

39　楊　謨

楊謨（1751—1833），字少晦，號春圃，金溪（今江西金溪縣）人，楊護之弟。少篤學，父授以經史，研究恒達旦。甫冠，舉乾隆三十六年（1771）鄉試第二，授南城縣訓導，分宜縣教諭。『私淑歸有光、方苞，肆力古文辭』（劉聲木《桐城文學淵源考》），著有《云濤山房詩文集》《經説》《少晦家訓》，總纂《金溪縣志》六十卷。

39—1

姚鼐

與楊春圃

自送别後，甚切馳想，良以同心之難遇也。得書略悉近祉，想佳日時造湖上，但恐不能夜遊耳。鼐近體弊目昏，大不及去年相見時，正如就夕之日，其行乃彌速也。下年便弃去，庶歸骨於故山耳，與三兄恐無見日。『太虚爲室，明月爲燭』，與四海賢豪相遇於空寂光中，亦不必以長别離爲憾矣，吾兄以謂然乎？昏眊作書，草草勿罪。（《惜抱先生尺牘》卷一）

39—2

姚鼐

與楊春圃

别來遂經許時，極深企想。得惠書，具審清勝，欣慰欣慰。厚意相念，乃遠荷捐金見寄，殊爲愧也。

賤體雖行步、飲食，[1]而神明之憊甚矣。又聞見所及，時忽忽不樂，又絶少可共語者。目今江南頗憂久旱，聞江西乃憂水潦，安得少均之兩濟乎。令兄柏溪先生必佳好，鼐目昏，非素紙不能書，故更不奉啓。想今秋巖中丞至，其明果於公事，相商必更易了也。暑熱，惟珍重千萬。草復，併寄墨兩小匣，硃四定，皆零殘不成匣，借一墨匣盛之，以供磨丹注經，却殊便於用耳。(《惜抱先生尺牘》卷一)

①此後似當加『如故』二字，上海新文化書社印行《姚惜抱尺牘》即有『如故』二字。

40 劉臺拱

劉臺拱（1751—1805），字端臨，寶應（今江蘇寶應縣）人。乾隆三十六年（1771）舉人，入京參加禮部考試未中，而留京設館教書。恰逢四庫館開，得與姚鼐、朱筠、戴震、王念孫等交往，朝夕論學。後五試禮部而不第，乾隆五十年（1785）銓授丹徒縣訓導。乾隆五十二年（1787）六試禮部而不中，從此不再與試，教書、治學以終。乾隆六十年（1795）秋，劉臺拱至江寧，拜訪姚鼐。劉臺拱早年致力於程朱理學，後轉向經學考證。著有《論語駢枝》《經傳小記》《荀子補注》《方言補校》《漢學拾遺》等，身後由親友整理爲《劉端臨先生遺書》等。

40-1 與劉端臨

姚鼐

奉別纍年，日有企想。春間得賜書，欣慰無量。淺學陋識，乃承褒許過當，愧悚愧悚。所論爲學之病，及古今轉移事理，論偉且確矣。第以鼐承障川回瀾之責，非所任也。從來學者自負所有以視他人，謂吾之異於彼也，然而人之視我也亦然。交友學徒居相近習者，各爲其黨，其同異相軋，亦若是已矣。夫惡知其孰賢？事非死後要不能定。若同時有相忌求名之心，既鄙甚矣，究何裨哉？鼐材庸下，本無所有，又以示常自懲戒，不敢與天下學士較長短。先生之教，敬佩於衷而已，所命非所任也。前年江西陳用光以所抄鼐《古文》《春秋説》《三傳補注》刻板，板尚在其家。《古文》送來數十本，爲人取盡，更往求得，乃當奉寄。謹以《春秋説》及《補注》寄呈教。其所刻不全，雕手又極劣，要須他日另刻耳。今秋録遺時當可對談，兹略

報，不具。（《清芬外集》卷七）

40–2 姚鼐

與劉端臨

兩年來違隔教言，極懷企想。鼐自揣薄劣，而年衰氣短，不能更與海内賢俊更競千古之事。姑就平生所已就者，訂之爲書。遂付雕板，謹以兩種寄呈大教。先生當知愚鄙之見，非以斯爲已足，但力有不能更進耳。鼐秋來病癉下數日，今甫愈。此間苦鮮可與談之人。京江近得士未？顧生復作何狀？甚念念也。想此時正當學使按臨，必以公事煩勞，過是亦可得閑静矣。舍外甥馬魯成方署合淝教諭，頃當亦謝事矣。秋凉，惟保重千萬，餘不備及。（《清芬外集》卷七）

40–3 姚鼐

與劉端臨

在省接侍匆匆，以不獲多領教益爲恨。想歸後清適。著作能早付雕，則所以副士林之望也。段公已移家至京口未？弟有一書寄之，如其未至，便煩爲寄丹陽也。八月内極苦應酬之煩，今聚者盡散而岑寂太甚，安得如先生數人，無事共晨夕乎？致意令弟及趙偉堂。寒近，惟保重千萬，餘不具。（《清芬外集》卷七）

41 鐵保

鐵保（1752—1824），姓棟鄂氏，字治亭，又字鐵卿，號梅庵，滿洲正黄旗人。乾隆三十七年（1772）進士，授吏部主事。乾隆五十四年（1789）升禮部侍郎，主持京師會試、山東、順天鄉試。嘉慶四年（1799），因彈劾官員過當被貶到盛京，後以吏部侍郎出任漕運總督。嘉慶七年（1802）底調補廣東巡撫，嘉慶八年（1803）初轉任山東巡撫。嘉慶十年（1805）正月，鐵保擢兩江總督，是年即遣人固邀姚鼐主講鍾山書院。嘉慶十四年（1809），鐵保因事流放新疆。後又被革職，流放吉林。嘉慶二十三年（1818）回京。道光初年，鐵保告病退休，道光四年（1824）去世。鐵保書法宗晋唐，與劉墉、翁方綱並稱。詩與百齡、法式善齊名，稱『三才子』。著有《惟清齋全集》十九卷等。

41-1 與治亭先生

姚鼐

治晚生姚鼐頓首，奉書治亭先生尚書閣下：秋凉，伏惟起居萬福。前月得賜書，極知公事勤勞，而精神足以勝之，此天之所以佑賢者矣。灾黎可憫，賴仁政頻加，思慮周密，其爲福多矣。想潦水歸壑，漸可復業乎？聞旌旆東至海澨，威聲所向，奸宄銷弭，民間必已寧謐，想惟指麾後備之宜耳。賤狀悉如常，得謙柬惶悚不寧，謹呈繳，餘俟旋轅面呈，不具。

八月六日，治晚生姚鼐頓首上。（《清代名人墨蹟》）

附：

姚鼐

題鐵制軍籌海圖

持槖嘗從漢建章，擁旄全督禹徐揚。内憂鴻羽勞中澤，外鎮鯨波瞰大荒。星月夜懸籌筆幕，風雲晝護建戈檣。歸來更就論經席，巾卷諸生似堵墻。（《惜抱軒詩後集》）

42 松　筠

松筠（1752—1835），姓瑪拉特氏，字湘圃，蒙古正藍旗人。初爲翻譯生員，隨後考授理藩院筆帖式，後任軍機章京。曾任陝甘總督、吉林將軍、伊犁將軍、兩江總督等封疆要職，歷仕乾隆、嘉慶、道光三朝。嘉慶七年（1802）、嘉慶十八年（1813），松筠兩次出任伊犁將軍，久居邊疆，多有記述。著有『西招五種』（《綏服紀略》《西招紀行詩》《西招圖略》《西藏圖説》《丁巳秋閲吟》）等，並主持纂修《新疆識略》十二卷、《西陲總統事略》十二卷。

42-1 與松湘浦

姚鼐

前月瞻對，獲聆德音，仰量宇之高深，見用情之誠摯，敬服私衷，固無已也。又承渥賜下賁，祗領增慚，而其次日麾蓋遄發，不及走謝，彌爲悚惕。即日惟台候萬福。連日澍雨大沛，足慰閣下愍農之懷。而運河當亦增漲，糧艘想必可速過矣。鼐近亦粗遣，聊作小詩一首，併書箑兩柄，俚詞拙翰，上塵鈞鑒，固不足一笑也。伏乞存納，肅候，不具。（《惜抱先生尺牘補編》卷一）

42–2

姚鼐

與松湘浦

恭惟閣下以海内之偉人，任聖朝之重寄，居内則臯、夔，屏外則方、召，天下同心，望登槐輔久矣。今天子用賢，以副天下之人心，培國家之元氣，其可忭躍，豈尋常冠蓋稱慶之情哉。鼐屏處草間，伸眉額手，非爲私喜，但爲天下賀耳。即日惟台候萬福。鼐今歲爲江寧辦志，因吕太守催促太緊，五月而畢事，潤色之功尚乏，然粗已成書，亦完却此郡一缺事矣。其書明年當可雕本成帙。今冬鼐尚居江寧，欲明年歸去，以衰態日增也。遥望階闥，莫由仰瞻，但有企想。舍侄孫瑩在廣作書院，舍甥張聰思在廣作令，乞時賜教誨之。肅請台安，併陳愚悃，伏惟鑒照，不具。（《惜抱先生尺牘補編》卷一）

43

法式善

法式善（1753—1813），原名運昌，字開文，號時帆，又號梧門、詩龕、陶廬、小西涯居士，蒙古伍堯氏，內務府正黃旗人。乾隆四十四年（1779）鄉試中舉，次年成進士，授檢討，入翰林，充四庫提調，官至國子監祭酒、侍講學士等。乾隆帝盛讚其才，賜名『法式善』，滿語『奮勉有爲』之意。嘉慶十二年（1807），因『纂修《宮史》篇葉訛脱』，降爲庶子，不久乞病歸家。嘉慶十八年（1813），病逝於詩龕。法式善雖未與姚鼐晤面，却與之書信往來，千里論文。著有《梧門詩話》十二卷、《陶廬雜録》六卷、《槐廳載筆》二十卷、《存素堂詩初集録存》二十四卷、《存素堂詩二集》八卷、《存素堂詩續集》一卷、《存素堂文集》四卷、《存素堂文續集》四卷等。

43-1

姚鼐

復法梧門

鼐自乙未出都門，屏迹江津廿餘年矣。此廿餘年中，海內賢士大夫升名于朝、翱翔儒館者，莫非私心所欣慕；而道里暌隔，闕於通候，亦其勢使然也。

去冬乃蒙老先生不遺幽遐，遠辱賜問，兼示大作。今歲小兒持衡自浙寄來，展誦之餘，仰見詞意謙摯，其所眷顧於野人者厚矣。顧愧見期者，非所任耳。老先生才望之宏，既卓然爲當時之冠。至尊作所論李長沙進退之義，用意忠厚，文亦斐然。加以攷辨古今，託情深遠，使人讀之，如相從杖履于畏吾、大慧之間，有風流佳勝之慕。謹當藏弆篋笥，時取雒誦，以當晤對。

《詩龕圖》極欲撰數語題識，以附名諸公之末。但衰年才盡，急迫便無一字，俟稍遲撰更寄。鼐今歲尚赴鍾山書院，而持衡則遊浙未還也。此奉復，并候近祉，不具。（《惜抱先生尺牘》卷一）

43-2

姚鼐

復法梧門

承賜書，具審近祉。久未奉啓，去歲在江寧，求得《存素堂集》一部，讀之纍日，如接談笑矣。高識雅韵，因此略瞻，欣佩欣佩。纂集唐文，必已就其概。鼐素不能究心金石之學，無以仰助。想翁覃溪、錢莘楣、謝蘊山數先生《金石記》，當在鄴架矣。似此外可搜求者，如嚴子静《江寧金石記》之類，必尚有人。鼐聞見不廣，不能多數耳。拙集似已上呈，兹寄《法帖題跋》《試帖》二種。餘不具。（《惜抱先生尺牘》卷一）

附：

法式善

題交遊尺牘後·姚姬傳郎中

先生散體追曾王，其他著述今歐陽。十年郵致三五札，謬詡拙文尚清拔。弟子江西陳用光，傳君衣鉢工文章。白玉堂前夢湖海，惜抱軒中留瓣香。（《存素堂詩二集》卷四）

44 張敦仁

張敦仁（1754—1834），字仲篙，號古愚，陽城（今山西陽城縣）人。乾隆四十三年（1778）進士，歷官江西高安、廬陵知縣，署江西九江、撫州、南安、吉安、南昌，江蘇松江、蘇州、江寧諸知府，兼江南十府糧道。在繁華之地，行清廉之政。晚年寄居江寧。江藩《漢學師承記》稱其爲『北方之學者』。著有《輯古算經細草》兩卷、《開方補記》九卷、《資治通鑒補正略》四卷、《雪堂墨品》一卷等。

44-1 與張古愚

姚鼐

古愚先生閣下：得七月惠書，敬審多福爲慰。移守南昌固爲全省仰戴，所望持節東來，更一接晤耳。鼐近尚粗遣，今年爲江寧吕太守辦府志，草草成書，才五月之功。主人催促，不能無憾，然以爲猶賢於康熙初之舊志也。吕解組匆匆，未能雕板，後來者或刻成，可奉呈教耳。江寧此日凋敝之狀，又不逮竹符臨此之時矣。鼐耄病，亟思歸去，而苦未能遂志，相知又皆遠隔，豈勝悵邪？世兄必爲後來之秀。王匯川佳士，與共昕夕，亦署中之一快也。（《惜抱先生尺牘補編》卷一）

44-2 姚鼐

與張古愚

奉别倏至纍年之久，啓候疏闊，但時相念耳。閣下政與學優，德與業進，未嘗不遥播金陵，然亦當有報最内覲，一帆過此，少叙離索邪。鼐衰敝日甚，尚滯迹鍾山，今秋重與鹿鳴之宴，亦朽老之慶，但耄及廢學，不足開啓後進，徒爲陳人，兹可愧耳。敝門人劉開，雋才好學，詩文均有可觀，後來士之秀也。以覓館來江右，慕閣下而上謁，水鏡之鑒，必察知其有異常流也。顧澗蘋近尚在署中不？今歲何以竟不入闈邪？（《惜抱先生尺牘補編》卷一）

45 伊秉綬

伊秉綬（1754—1815），字祖似，號墨卿，晚號默庵，汀洲（今福建長汀縣）人，故人又稱『伊汀洲』。乾隆五十四年（1789）進士，歷任刑部主事，後擢員外郎。嘉慶四年（1799），出任惠州知府，因其與兩廣總督吉慶争執，被謫戍軍臺，昭雪後又升爲揚州知府，以『廉吏善政』著稱。伊秉綬拜紀昀爲師，又從劉墉學習書法。喜繪畫、治印，工書法，與鄧石如並稱大家。著有《留春草堂詩鈔》七卷等。

45-1 姚鼐 與伊墨卿

奉别頻年，道遠無由通問，得書知駕至邗上，不得一接侍也。北行之路，已過半矣，而又云欲返，此何理邪？賤狀尚與舊不遠，命作像贊，勉爲之，不能佳耳。書箑、題帖併畢，聊以當千里面目，可乎？《雷陰集》及惠食物四種，領謝。所示四詩意甚真摯，佳製也，但鄙陋蒙譽過甚。其寫本，謹藏爲世寶矣。（《惜抱先生尺牘補編》卷一）

附：

資政大夫光禄寺卿加二級寧化伊公墓誌銘並序

姚鼐

公諱朝棟，字用侯，汀州府寧化伊氏也。當雍正、乾隆之間，寧化有雷副都御史鋐、陰先生承方，以朱子之學講於里中，勸教學者。公少以二人爲師友，故其生平言語動作不苟，而於取舍進退常有以自守也。以拔貢生中乾隆二十四年己卯科鄉試，己丑科成進士。其間嘗處極困，將會試而無資。邑令方重公，有富子被逮，請公一言解之而酬百金，公執必不可。既成進士，分試刑部，補安徽司主事。諸城劉文正公最賢公，欲薦舉，而文正殁。其後歷員外郎、郎中，皆計俸需次而僅得之。公治曹事甚勤恪，不求人知。獄有不平，必與同僚上官力争之，人或説或不，而公不爲易，故自分發刑部二十年，乃擢浙江道御史。爲御史一年，轉户科給事中。嘗奏對，純皇帝知其賢，於是五轉至光禄寺卿，且將重用之，而公遽病偏枯，以乾隆五十七年去職，年六十有五矣。是時公長子秉綬以進士爲刑部主事，於是予告養疴於京師。又逾三年，爲嘉慶元年，扶掖以與公卿千叟之宴。

其後秉綬知惠州府，公從至惠州。當是時，嶺南多姦民，歸善、博羅屢有爲逆者，而提督標兵反與通謀，大吏特諱言之也。秉綬既以先事請兵靖亂，觸總督吉慶之怒，劾戍矣，而亂黨遂起。公以爲子之屈可以不伸，而嶺南官弁縱賊及兵與賊通之患，不可不詰；身嘗爲侍臣，不敢隱，草疏將奏之。會後總督倭什布至，聞吏民所論皆同公言，乃頗奏陳其當得罪者，而秉綬因以得釋，後爲揚州知府。公從至揚州，以嘉慶十二年八月六日卒於揚州官舍，年七十九。

公事親孝，居喪盡其哀。相國蔡文恭公嘗曰：『居貧實樂、居喪實憂者，吾見伊君而已。』自少好讀書，既病去官，作《南窗叢書》，多發先儒疑義。其爲詩尤有高韵逸氣，曰《賜硯齋集》四卷。夫人羅氏。二子：秉綬、秉徽。始公爲刑部主事，鼐爲刑部郎，直四庫館，與公未及相知，後乃知公子秉綬。公喪將歸葬，乃先爲墓誌以授其子。公家世俱詳鼐所爲公祖贈光禄志中矣，故不復出云。銘曰：

居約有耻，既貫靡肆。葆兹常度，淵乎君子。其道有承，其學有嗣。其殁無憾，安宅桑梓。（《惜抱軒文後集》卷八）

伊秉綬

姚姬傳先生鼐

先生在郎署，猶兼四庫勤。所以於先子，省同職則分。職分道固合，所造咸温醇。遺榮作經師，已歷三十春。龍眠好山色，望冠東南人。北征我初謁，勸我便抽身。或仍趨畫省，語郡雙眉顰。受恩復何易，愧無益於民。先子來揚州，二老隔江雲。方將圖合井，乃託志墓文。一言壽千載，來者知德鄰。（《留春草堂詩鈔》卷五）

46 王芑孫

王芑孫（1755—1818），字念豐，號愓甫，一號鐵夫，又號楞伽山人，長洲（今江蘇蘇州市）人。乾隆五十三年（1788）召試舉人，賜會試不第，久困屋場，後補咸安宫官學教習。王芑孫客居京城時，即慕姚鼐之名。又與洪亮吉、法式善、何道生等往來唱和，名氣日盛。嘉慶元年（1796）五月，出爲江蘇省松江府華亭縣教諭。嘉慶五年（1800），其父卒，王芑孫以丁憂解職。其後主講真州樂儀書院凡七年，寓居揚州楞園。嘉慶十三年（1808），芑孫以文集寄姚鼐，姚鼐以書扇相謝。次年，芑孫次子嘉福往謁姚鼐。二人一直書信往來，未得一見。晚年杜門著述，嘉慶二十二年十二月卒於家。著《淵雅堂全集》五十二卷、《碑版文廣例》十卷等。

46-1 姚鼐

與王鐵夫書

十月二十四日，姚鼐頓首奉書鐵夫先生侍史：昔桓譚有言『凡人忽近而貴遠』。以鼐之不才，又於今世，固所謂『禄位容貌，不能動人』者，而先生獨盛稱之，載諸文集。是其取舍遠異乎流俗之情，而鼐獲不弃於賢哲，有不待乎後世之子雲也，豈非幸哉！舉世滔滔，知己寧可再遇？而相去四五百里，無因緣一見。久欲奉一書於左右，而忽忽未及爲。昨賢子至，乃承賜書先之，展誦喜躍不可勝，而又以自慚其疏惰也。冬寒，惟興居萬福！

先生文章之美，曩得大集，固已讀而慕之矣；今又讀碑記數首，彌覺古淡之味可愛，殆非今世所有。夫古人文章之體非一類，其瑰瑋奇麗之振發，亦不可謂其盡出於無意也。然要是才力、氣勢驅使之所必至，非勉力而爲之也。後人勉學，覺其纍積紙上，有如贅疣。故文章之境莫佳於平淡，措語遣意有若自然生成者，此熙甫所以爲文家之正傳，而先生真爲得其傳矣。

詩之與文，固是一理，而取逕則不同。先生之詩，體用宋賢，而咀誦之餘，別有韵味，由於自得，非如熙甫文佳而詩則平淺者所可比也。至於尊書亦殊妙，所寄册，當裝爲世寶，固不復奉還。略論其欣仰之意，聞之以爲有當否？

鼐今歲在江寧過臘，歸期尚未能決。昔年嘗一遊蘇州，極思其風景。若再獲東來，一瞻容儀，則大快平生矣。但不知得果此緣否？賢子在此，且當時得通書。率復，不具。（《惜抱軒文後集》卷三）

46—2

姚鼐

與王惕甫

聞近用力于經學，甚善甚善。鄙著《九經説》《三傳補注》，今各以一部承教，或于高明亦少有啓發處否？鼐再拜。（《惜抱先生尺牘》卷二）

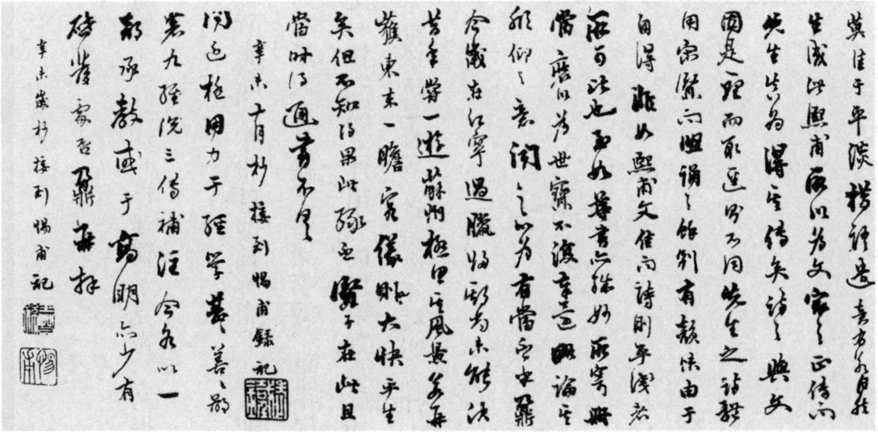

46-1,2 姚鼐《與王鐵夫書》（王芑孫書）

46–3

姚鼐

與王惕甫

去歲承賜書，付石琢堂携來。琢堂以寄賢子於靖江，今歲賢子見寄，乃得讀之。具審近履，忻快忻快。而謙抑之懷，益使人欽佩。

夫學問之事，天下後世之事，非自亢者所能高，亦非自抑者所能下。然則先生之用意，不亦善乎？其於鼐則推許誠過。鼐于文事，粗識門逕，而才力不足盡赴其識。譬諸李翺、皇甫湜，豈不欲爲退之之文耶？而才不能赴其所識。鼐是以更望之年少者。假令更有韓、歐之才出，而世第置吾於獨孤及、穆修之倫，則吾心所大快矣。先生亦以爲然乎？久雨，春寒不可耐，惟珍重千萬。企望來年杖履入江寧，得一面談耳。不具。（《惜抱軒尺牘》卷二）

去歲承賜書付石琢堂携來琢堂以寄賢子于靖江今歲賢子見寄乃得讀之具審近履忻忻快快而謙抑之懷益使人欽佩夫學問之事天下後世之事非自亢者所能高亦非自抑者所能下然則先生之用意不亦善乎其於鼐則推許誠過鼐於文事無識門逕而才力不足以盡赴其識譬諸李翱皇甫湜豈不欲為退之之文耶而才不能赴其所識鼐是以更望之年少者假令更有韓歐之才出而世第置吾于獨孤及穆脩之倫則吾心所大快矣先生亦以為然乎久雨春寒不可耐唯珍重千万自望來年秋履入江寧得一面談耳鼐頓首

鐵夫先生侍史 壬申三月十一日

46–3 姚鼐《與王惕甫》（王芑孫書）

46-4

王芑孫

與姚姬傳先生書

芑孫懵學寡陋，其少也，竊聞桐城之緒言，忽若心開。長而誦先生之文，又若身親見之。其後久在京師，及行四方，凡並世所稱有道能文者，後先接對，或意外遭之，而獨最所欽遲、最所歆慕。方將量腹勺流分其九里之潤。如先生者，其踪迹差池，動輒相左，迄不得一望履舄，進其無腆之文，以受匠成於斤斧，其默默悵惋之私，積數十年遂至於今。中間行李往來，非無將書之便。自念生平無知妄作所流播者已嘗就質於先生，即先生所著書，次第刊行，亦次第求而讀之矣。至於盛德之光，所不言而飲人者，自非朝夕几杖之下。進以觀法，退以自鏡，精神之所接，意趣之所流，類非他人所能傳，亦非楮墨所可寄。以此，每欲發書，臨發輒止。

前歲辱先生親書寄扇，筆力超邁，了不見老人衰憊之態。昨次子嘉福往拜床下，兼蒙垂詢，拳拳及於惡札。今不揣鄙劣，手寫近作二通，漫塵餘覽。芑孫之齒少先生二十餘歲，詩文字畫顧已衰退，若此蒲柳松柏受諸天者，固不可同日道，抑程子所謂『不學便老』，而衰其行業之無聞，而身名之不立，終將自隕於泯泯之中。大賢君子所宜愍惻而引翼扶掖之者，先生亦何以教之乎？遺狀不謹，諸惟亮察。（《惕甫未定稿》卷八）

46-5

王芑孫

與姚姬傳先生書

仲冬三日，得手復，尋繹纍日，欣悚無量。《九經説》舊所嘗讀，今得最後定本，尤見先生耄學之勤，其中所得皆心得也。其爲辭達意而止，不似他家動爲不急之辨、無謂之爭。自是德人緒言，非經師所及。其《三傳補注》《法帖釋文》，雖小小者，亦多出前賢之外。

芑孫操筆人間，不能不隨世俯仰，以寄衣食。少壯精力皆罄於京師應奉之作，中間雖未嘗一日廢書，而荒經則甚矣。比歲度門養疾，始極意諸經，又苦精衰不記，此雖非科舉之業，有取記性，然得後忘前，影響疑似交加胸次，未能温故知新，沛然融合其間。蓋芑孫之墮學，其前貧累之，其後病攖之，以是弃官讀書之早略與先生同，而得力迥異。芑孫不幸有傲一世名，顧獨心折於先生，自量所知所能，猶不足以居先生弟子之列。今先生過褒其文，又勖以讀經，此正所願奉以爲的服之無斁者。自知晼晚，追步末繇，翼或如昔賢所稱炳燭之餘猶勝瞑行，不辱先生之訓而已。

此間無事，從者未必能來。芑孫幼子嘉禄今年十五，補諸生，下科將自挈之以就鄉試，自可與先生相見。聞先生精健殊不類八十以外人，自古申公、轅固、伏生之徒不少，天必壽先生以果斯期也。手復，不具。

（《惕甫未定藁》卷八）

附：

書惜抱軒文集

王芑孫

予間從他處見桐城姚郎中姬傳所爲誌銘雜文，雖不多，苟一見，必把讀五六遍不能去手。因思覩其全集，訪之士大夫間，不獲也。久之，始傳得所刻《惜抱軒集》者觀之。其文簡澹而清深，翛然有得於性情之際。其於古人，若明清醆酒之涗而成味焉，不獨能載其鄉先生之流風餘緒也。暇日偶以其集持示友人玉君筠圃，筠圃遂别自精鈔一部弆藏之，以原刻未有序，虚其前，屬予題識。

予於並世諸公，獨愛姬傳及建昌魯君絜非之作。絜非與予相厚善，姬傳至今未識也。然予之好其文又過於絜非，此事之不可解者，而筠圃亦然，何爲者耶？世人親見揚子雲禄位容貌，鮮不忽焉，而顧有如予與筠圃兩人者。雖予與筠圃禄位容貌又不逮姬傳，其傳鈔愛誦無足爲姬傳輕重，要可以見文字有概乎人心之所同然者，則不必待其人而後行。凡大賢君子或不時出，而如予與筠圃其人者，世宜不乏。然則歐公所謂勤一世以盡心於文字間者，蓋可無悲，而如予與筠圃之孤而無與於世者，皆不宜中道而遽以自止。凡學焉而急世之知，世不知則沮且隳焉，彼固無所自得者存焉爾。所謂《惜抱軒集》十卷，前三卷亦多考訂家言。自記、序以後，文始驚絕。朱竹君一傳，尤有史筆。

乾隆甲寅九月書於京師。（《愓甫未定藁》卷二十三）

47 吴　鼒

吴鼒（1755—1821），字及之，一字山尊，號抑庵、達園、南禺山樵，全椒（今安徽全椒縣）人。乾隆四十二年（1777）拔貢，乾隆四十三年（1778）受業於朱筠。嘉慶四年（1799）成進士，由翰林院編修仕至侍讀學士。嘉慶二十一年（1816）出任廣西鄉試主考，後被委派編修《八旗詩》，撰修《高宗實録》。後辭官歸里，主講於紫陽、梅花等書院。吴鼒擅駢文，工書善畫，不喜考據。同時見識廣博，喜好收藏。著有《吴學士詩文集》九卷等。

47–1

姚鼐

與吴山尊

闊别如許年，未奉一書，但聞登朝侍從，欣忭而已。頃荷手書見問，併知近佳，欣慰欣慰。見寄兩文，當今才子，可云無忝。宇宙高才，爾來陵替盡矣，得閣下輩振興其間，主持風雅，當使朝廷爲之增色，況同學輩乎？鼐筆力最弱，素不工書，但以與故人見千里面目則可矣。所命書《岐亭》詩，僅書一首，以稱尊意，不敢與當世名書家並，千祈勿以入石也。

鍾山書院諸生作時文，差可觀者固尚有人。若作詩，則梅總憲一曾孫名曾蔭者爲佳。作古文，則有管同者爲佳。此二人年僅二十許，若年進學登，爲後來之隽矣。承采問盛心，故以奉告。所要鄙著詩文集，今俱以一部奉寄。此事要當聽之後世公論，今之故人相愛者，雖以見許，安敢信乎？鼐自去夏來此，都未回里，欲買宅，竟未得成。衡兒今當江浦一小書院，每歲百金，取其爲不争之地而已。率復兼候，就餘紙作書，不恭，勿罪。（《惜抱先生尺牘》卷二）

47–2

姚鼐

與吴山尊

大熱，衰年氣短，極以爲苦。閣下當尚不至是耶？前書至，已有復，並手卷、楄字同呈，頃賜問時乃未接著，今必已得矣。懇查康熙、乾隆南巡月日，可得不？《建康實録》有借處不？若書不多，或即鈔一本來也。《五七言今體詩》二部寄上，率候，不具。（《惜抱先生尺牘補編》卷一）

48 吕 榮

吕榮（1755—1842），字幼心，號惺園，陽湖（今江蘇常州市）人。乾隆四十二年舉人，兩爲桐城令，官至東防同知。仕宦三十年，罷歸田里，優遊林下。姚鼐弟子劉開稱其：『所爲詩宗法少陵，其風骨天成，不事雕飾，每有所作，皆自抒性靈，曲叙情事。揆諸六義，亦出於賦體者多也。』（劉開《惺淵齋詩草序》）著有《惺淵齋詩集》十四卷。

48-1 姚鼐 與吕幼心

恭惟老父臺先生慈惠之德、明達之才、勤厲之政，宿著於敝地，爲闔邑士民所仰戴久矣。頃者，鳧舄再莅兹邦，弟等復荷幪依，不勝欣忭。然不敢以私書輕瀆令君，故闕啓候，知弗罪也。

今年敝邑遭此大荒，側聞閣下敕令邑中巨户出穀平糶，以蘇窮民。此善政所被，雖出嚴令，而人心悦服，夫何有異説也。至於飢歲官賑，在事理爲常，而司庫非充，灾處甚廣，籌餉甚難，亦不得不姑減灾歉分數，以爲權宜之説。然遂謂可以征賦上供，則必不可。計邑中沿江、沿湖圩田，固爲有收者，然此等據地不多，恐不能及一縣地十分之一，且有無錯雜，極難於履勘。閣下或於報灾之中指明所在鄉保，剔出此十分之一，或併此統歸一例爲灾田，固在仁明酌行其可。蓋邑中豐收之年，此田往往被潦，以其少也，難於剔出求免，只歸統報也。至於此外，闔境灾黎雖有田畝而糜粥不充，蠲緩所不待言，苟復事徵求，恐其患不知所底。父臺昔在甘肅，以報灾陳實，寧得罪於上官，豈今於桐城而變其素守哉？茲固不待愚鄙之陳説也。父臺必已盡舉民瘼申告上憲，而鼐桑梓之情復瀆聽覽。區區鄙懷，實爲淺陋，所望諒恕而已。

家書一封，乞遣役送寒舍，併候，不宣。（《惜抱先生尺牘補編》卷一）

49 方受疇

方受疇（1755—1822），字次耘，號來青，桐城（今安徽桐城市）人。乾隆四十年（1775），由監生捐鹽大使，分發兩淮，補伍右場鹽大使，後爲蕭山知縣，升直隸大名府知府。後任河南按察使、直隸按察使、浙江巡撫、直隸總督。道光二年（1822）因病乞假，後卒於返鄉道中。方守疇爲官之餘，不廢吟咏，所作詩莊雅可頌。輯有《撫豫恤灾録》等。

49-1 姚鼐 與方來青

頻時闕啓，馳企維深。恭維二兄大人自莅中州，敷猷期月，廓清奏績，和氣斯流。野有更蘇之氓，天轉降祥之運。仁德彌勤於懷保，嘉謨益著於旬宣。兹當大賢崧降之辰，正當萬寶秋登之候，歌謡載播，朝野同欣，况其附鄉曲之情與族姻之末者乎？鼐以衰邁，又兼道遠，不獲遄趨鈴閣，舉觴賓階，遥切神依，祝增眉壽。鼐近託庇，痴頑尚如舊態。專肅短函，馳表長憶，伏惟鑒照，不宣。（《惜抱先生尺牘補編》卷二）

50 胡克家

胡克家（1757—1816），字果泉，鄱陽（今江西鄱陽縣）人。乾隆四十五年（1780）進士，嘉慶十一年（1806）遷江蘇布政使，十四年（1809）署按察使。嘉慶十六年（1811）九月，升江寧布政使，十七年（1812）擢安徽巡撫，二十一年（1816）調江蘇巡撫。胡克家治學謹嚴、傾心於校刊，他主持刊刻的《昭明文選》和《資治通鑑》，紙墨晶瑩，又不失原書風貌，對後世產生了巨大的影響。著有《文選考異》十卷。

50–1 姚鼐

與胡果泉

前瞻旌旆西上，倏忽逾月。伏審麾節已莅皖城，仁膏義軌日至旬宣，凡屬疆域之中，均被帡幪之福。鼐與千里耆儒，共深凫藻矣。惟聞前月塗間，閣下遭有孔懷之痛，伏想友于之深仁，竊助庶民之悚息，所願廑思負荷，勉自寬舒。此託在治下者，區區之愚忱也。（《惜抱先生尺牘補編》卷一）

50–2 姚鼐

與胡果泉

前呈一書，想達左右。嗣接手諭，敬審興居萬福。福星垂照，安徽闔境豐穰之慶大逾前數年，此亦閣下所深快也。入冬晴暖，尤貧士所宜。鼐近粗遣，惟精神衰敝耳。目益昏，讀書作字殆將謝此緣矣。（《惜抱先生

尺牘補編》卷一）

50-3

姚鼐

與胡果泉

前月聞旌旆自京師南返，伏惟方面盡職，上述於九重；豈弟見休，佩榮於三接。入奉湑灩，滋慰慈歡；出布膏流，彌符群望。此皆宇下仰德之人，所共額手稱慶者矣。今歲上下兩江秋登俱不爲歉，而河、淮底定，民有安宅之歌，亦福星之照庇也。鼐昏眊有加，疾疢時作。今且留此度歲，明年擬溯江以歸敝廬，或藉以趨詣鈴閣耳。不宣。（《惜抱先生尺牘補編》卷一）

50-4

姚鼐

與胡果泉

曩月有疏候問，伏惟涼秋興居萬福。江南今歲旱既太甚，大君子念切民飢，而財用匱乏之時又難於籌備，仰思憂悴之衷，必有逾范公之於青州者已。茲有陳者，敝縣之災與安慶各縣同也。聞本邑縣令出令各大户急出財以救飢饉，此誠是也；而側聞其又出示徵收下忙錢糧，二事並行，一何矛盾？此恐其所延幕賓不善之所爲也。誅求不得，必濟以鞭刑。極敝之民，恐鞭刑亦不能充賦，則將奈何？今邑中人心既已憂惶，鼐遠聞之，亦不能不爲桑梓之慮。謹撰私議一首，上呈几下。愚賤於公事，素不敢干，此則所關於一邑利害甚鉅，伏望垂覽，酌所以處之。如使閭閻得安，則鼐妄爲出位之言，而抑或小助涓埃於仁心仁聞之萬一也。肅此惶恐，謹上兼候台安，不具。（《惜抱先生尺牘補編》卷一）

50-5 姚鼐

與胡果泉

使至獲讀賜書，敬審旌旆行部還署，興居萬福爲慶。至賑務妥靖，灾民漸蘇，則由憂愍深切、經理得宜之所致矣。睢工合龍，淮甸得去墊隘，第恐有不及植麥者矣，而稻田則沃也。賤狀託庇平安，率復併候近禧，兼璧謙柬。（《惜抱先生尺牘補編》卷一）

50-6 姚鼐

與胡果泉

霉暑，伏惟興居萬福。今春以來，歲又灾旱，頃乃霖雨，均膏三農，咸慶閣下閔憂蔀屋之心，可以大慰矣。使至得書，承命爲贈公大人撰造誌銘。鄙陋本不足言文，加以昏耄，舊學遺忘殆盡，豈足以任表章之事？第以大孝相屬之殷，安敢辭委？勉綴一篇，殊恐叙述失當，不知果堪以鐫志不？謹録一稿上呈，惟聽裁酌用不。惶悚肅復，謹璧尊謙，併候近福，不具。（《惜抱先生尺牘補編》卷一）

51　吴修

吴修(1765—1827)，字子修，號思亭，海鹽（今浙江海鹽縣）人，晚遷嘉興。貢生。官布政使經歷，候補銓州同知。『性敏悟，十四歲已梓所爲詩問世。稍長，盡交當世知名之士。鑒别古今字畫、金石尤具精識。』（《（民國）海寧州志稿》卷十五）吴修工詩、古文，勤於著述，著有《續疑年録》四卷、《思亭詩集》九卷、《青霞館論畫絶句》一卷等，另輯有《昭代名人尺牘小傳》二十四卷、《復園紅板橋詩》一卷。

51–1
姚鼐

與思亭二兄

詩卷已題，謹繳。承示笪江上漁翁遊戲之作，殊妙。《閣帖》係兩三本湊成，其有銀錠痕者，似顧從義本，然總非宋拓也。

鼐明日尚不能走候，的行何日邪。

思亭二兄，姚鼐頓首。（《昭代名人尺牘小傳》）

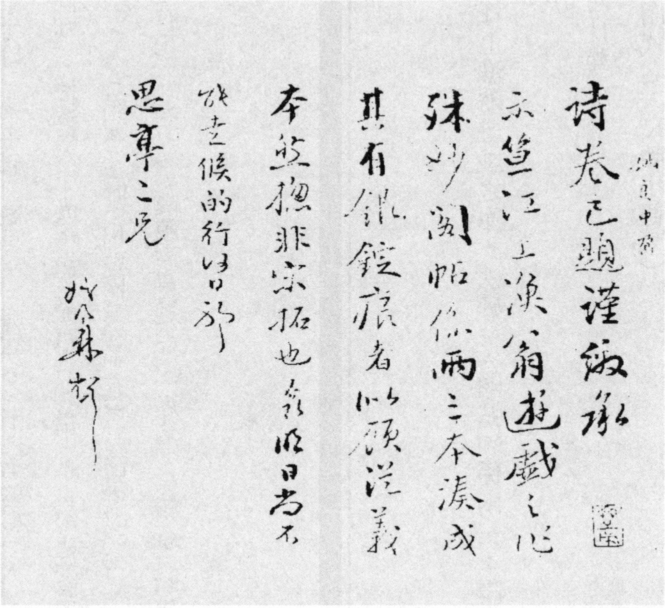

51-1 姚鼐《與思亭二兄》

51–2 姚鼐

與思亭二兄

連日腹瀉，故未走候。承示《雲麾碑》佳本，大可喜。其王蒻林題亦非僞作，大可收藏也。此復，容愈面晤，不具。

思亭二兄，弟姚鼐頓首。（《昭代名人尺牘小傳》）

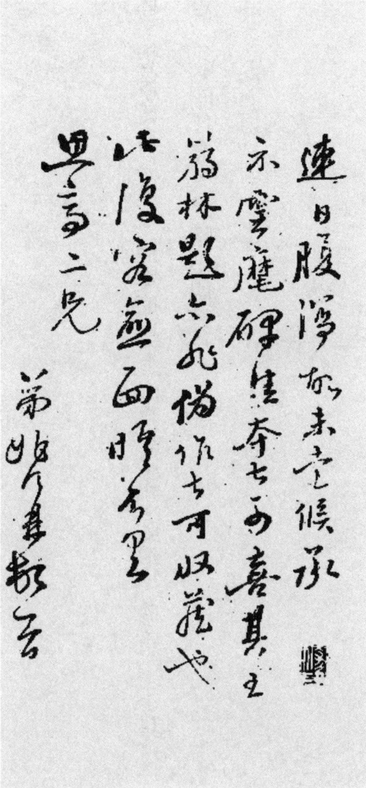
連日腹瀉故未走候承示雲麾碑佳本大可喜其王蒻林題亦非僞作大可收藏也此復容愈面晤不具
思亭二兄
弟姚鼐頓首

51–2 姚鼐《與思亭二兄》

51–3

姚鼐

與思亭二兄

文旌遄發，不及走送。想後會自易也。拙集煩呈上山舟先生。此覆，珍重，不具。

思亭二兄，姚鼐頓首。（《昭代名人尺牘小傳》）

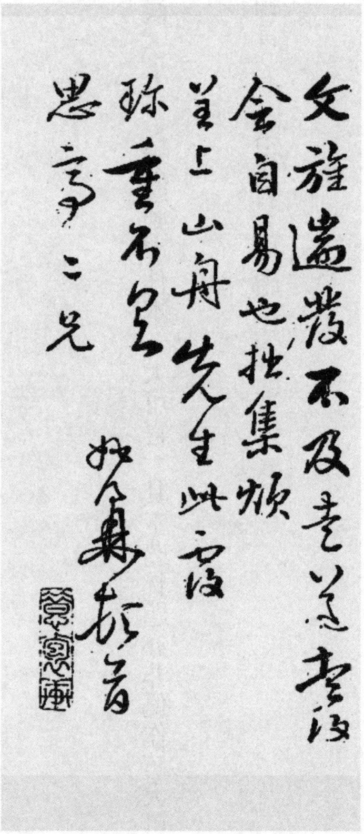
文旌遄發不及走送想
後會自易也拙集煩
呈上山舟先生此覆
珍重不具
思亭二兄
姚鼐頓首

51–3 姚鼐《與思亭二兄》

52 昭　槤

昭槤（1776—1830），字汲修，自號汲修主人，又號檀樽主人、嘯亭主人。滿清皇族。昭槤爲努爾哈赤次子禮親王代善第六世孫，其父名永恩，原封康親王。嘉慶七年（1802）十一月封公爵，授散秩大臣，三年後襲封禮親王爵位。嘉慶二十年（1815）因事廢爵，次年始獲釋，閑賦家中。道光二年（1822）任宗人府候補主事。昭槤愛好文史，精通滿洲民俗和清朝典章制度，與紀昀、袁枚等名士有往來。著有《嘯亭雜録》十卷、《蕙孫堂燼存草》二卷、《禮府志》等。

52-1 上禮親王

姚鼐

十二月朔日，姚鼐謹奉啓禮親王殿下：前承賜令，俾撰先恭王家傳，聞命震赧，不知所對。伏念恭王盛德茂行，勤篤學問，逮於耄耋，蓋兼有東平、河間之懿美。如鼐者，豈嘗具班、范史才，足以發揚其藴者哉？顧念菲薄，承先王眷顧，以古誼相期許，銘勒心腑，没世不忘。兹值殿下繼體述業，苟不稍竭區區愚鄙之衷，亦無以追報知遇，近副孝思。是以就所管窺，勉自濡翰，經閱旬時，再三竄定，粗成一篇。紀述無虚愧之辭，則誠然矣。至於文章劣弱，揄揚疏漏，固知其不免也。謹繕稿録呈觀覽，其當不，祈殿下更賜教焉。漸届改歲，惟起居增履萬福。瞻想邸階，無任馳結。姚鼐謹啓。（《惜抱先生尺牘》卷一）

52-2

姚鼐

上禮親王

十月二十四日，姚鼐謹奉啓禮親王殿下：本月，鼐同鄉吴禮部賡枚寄到殿下賜鼐教令，併袍、褂、帽頂、補服、靴、佩六種，並袛領訖。伏惟殿下景行懋德，英識亮衷，以忠孝之躬，任親藩之寄，雖士流傾望，而霄壤懸殊。矧鼐自出國門逾三十載，桑榆既迫，腐草何稱，跧伏衡茅，才術無取。梁園雨雪，靡企末至之賓；西邸芳林，有隔圖形之彦。而盼睞越山川之外，膏沐加草澤之中。元王詩傳，舊旁示於耆儒；北海尺書，又來遺於瓮牖。被兹異寵，悚息滋深。且以鼐馬齒方增，鹿鳴重賦。助聖世引年之典，厚仲秋行粥之恩。頒賚束帛，贈之雜佩。耀首賁趾，悉賴光華。織綺綉鞶，豈徒温燠？置書懷袖，抱東壁之榮光；引服形骸，逾南檐之離照。服以拜賜，雖限於道塗；戴以終身，敢忘於朝夕？謹兹陳謝，仰請睿安，遥望邸階，無任依溯。姚鼐謹上。（《惜抱先生尺牘續編》卷一）

附：

姚鼐

禮恭親王家傳

禮恭親王諱永恩，其始封禮烈親王諱代善，太祖高皇帝第二子也，推戴太宗，有大功於社稷。子惠順王諱祜塞，未嗣爵先卒。惠順王子諱傑書，嗣爵爲王，是爲康良親王。生康悼親王諱椿泰，悼王生康修親王諱崇安。修王之子，則恭王也。

恭王生而有至性過人，祖母悼太妃嘗病，時修王督師於外，恭王甫五歲，而侍湯藥於前，未嘗離，日禱神以冀愈。雍正十一年，修王薨。王以年幼，始封爲貝勒。讀書騎射，爲學日益精厲，作詩、古文皆有法。高宗純皇帝聞而喜之，命奉朝請。王侍衛勤慎，歲時扈從，出巡邊塞，屬櫜鞬從射獵，而考論古今，吟咏篇什不輟，嘗曰：『上馬挾箭，下馬持筆，吾分内事也。』

乾隆十七年，襲封康親王，時王年二十餘。上以王忠敏質實，通曉政治，時召與議論，頗親異之矣，而時相與忤。會護衛有潛出境爲不善者，時相屬吏傅會，以爲王故知，將興獄累及王。上察其非是，乃得解，第奪王俸，然王自是少疏。每入班次，趨朝會，駕出入則迎送惟謹，曰：『此亦臣子所以效靖共也。』

暇則以筆墨爲娱，其論文以義法爲要，詩以清遠淡約爲宗。其往來議論者，謝皆人、劉大櫆、徐炎、朱孝純輩也。故識趣高卓，越出流俗。間染翰，或以指作繪，皆有生氣。其生平遇人甚厚，而已常致不給，尤以持籌計得失爲鄙，曰：『吾雖貧而忝居王位，忍言利乎？』

初烈王始封曰禮親王，及惠順王嗣爵於康熙初，改號曰康親王，自是傳四世。及高宗念烈王之元功，謂宜復祖號，乃復封號曰禮親王。是年賜半俸，召至灤京，賜宴較射。上曰：『三十年不見卿射矣，精采猶如昔也。』王頓首謝。嘉慶元年，預千叟宴。九年冬，預宗室宴。初乾隆十一年，宴宗室於惇叙殿，更五十九年重與宴者，惟王及貝子永碩二人而已，次年二月十九日薨，年七十九。上聞輟朝，賜謚曰『恭』，贈恤如典。

王燕居動静，嚴整好禮。自護衛得過後，稀論朝事。偶言所料成敗輒中，然未嘗以自喜。至於人才興亡進退之間，每有聞見，其憂樂之情必深至，所思長遠，非恒人見所逮也。所著《誠正堂集》若干卷、《律吕元音》四卷。妃吴札庫氏先喪。繼妃舒穆禄氏，生一子某，嗣禮親王爵。（《惜抱軒文後集》卷五）

挽姚姬傳先生

昭槤

憶昔承歡鯉庭側，朝夕談文示軌則。海内惟推姚武功，斥弃名流儼擿埴。年年江上通魚書，每值開緘愧不如。秋窗證跛群經解，春雨高吟卧雨圖。思廉著述尤豪邁，心承父訓輕當代。余蒙兩世重交情，炙輠談天無窒礙。嘆余久抱皋魚憂，叔黨出仕天南頭。先生醇篤守古誼，罔因高尚輕王侯。辭章要道受心法，錦箋束帛時相酬。秋風何意悲掩冉，少微星隕寒芒斂。聞信心傷耆舊稀，潸潸泪落巾難掩。千里何堪會面遲，龍眠遠眺空依依。生芻欲吊羈官守，夢化江幹孤鶴飛。（《蕙蓀堂燼存草》）

53 慶保

慶保，生卒年不詳，字蕉園，滿洲鑲黄旗人。嘉慶五年（1800）八月，任泉州府知府。嘉慶六年（1801）奉旨以按察使銜分巡臺灣兵備道，並於翌年代理臺灣府知府。嘉慶二十年（1815）由貴州巡撫調任廣西巡撫，嘉慶二十二年（1817）升任湖廣總督，道光九年（1829）任熱河副總管。工畫花卉，尤善畫蝴蝶，曾作《五色蝶五首》，他人次韵之。輯有《廣州駐防事宜》。

53-1

姚鼐

與慶蕉園

欽慕高誼，爲日久矣。閣下道繼先型，才爲衆望，履甘棠之舊壤，播膏黍之新猷。士民喜昔日之郎君，作今時之方伯。文章政事，並著家風。而鼐亦快賢哲之挺生，揚師門之世美，既深忭躍，尤願趨瞻。前命題照，鄙陋之辭有污卷軸，惠書奬譽，想以垂愛情深，忘其醜拙故也。旌旆撫越歸吴，嘉猷彌茂，知晋擢期近，而鼐耄耋之年，或有斂衽奉教之期，則未可必耳。（《惜抱先生尺牘補編》卷一）

附：

姚鼐

題蕉園方伯照四首·平沙落雁圖

江邊蘆渚接沙汀，飛雁將停却未停。觀化迴殊塵眼見，撫弦方入太虛聽。（《惜抱軒詩後集》）

54 陳　預

陳預（?—1823），字立凡，號笠帆，順天宛平（今北京市）人。乾隆五十五年（1790）進士，選庶吉士，散館授刑部主事。嘉慶十五年（1810）由貴州布政使調任廣西布政使，後擔任福建巡撫。有詩文若干，爲惲敬舉主，惲敬《上舉主陳笠帆先生書》有言：『若夫文之堅毅者必能斷，文之精辯者必能謀。』

54-1 與陳笠帆

姚鼐

前歲治臨江寧，幸獲瞻接，實慰素望。旋復以移節洪州，未久又移鄂岳，瞻企彌遠，馳想彌殷。而衰病之夫，疏於啓候，時懷歉仄。頃承命使，賁以瑤函，捧讀無任忻悚。至展賢者之素衷，表儒生之吏績，數千里賴以綏靖，數萬衆獲以奠安，上當聖心，行聞優晋，玆固其所也。鼐久處鍾山，近加昏耄，今尚逗遛於此度歲，明年則决去矣。令弟太守八月曾一接晤，丰采之宣滋暢，治郡之績愈昭，計遷擢亦甚速矣。（《惜抱先生尺牘補編》卷一）

55 錢有序

錢有序，生卒年不詳，字次倫，號恕堂，嘉興（今浙江嘉興市）人。錢有序於嘉慶八年（1803）曾暫代東臺縣令，嘉慶二十四年（1819）爲安慶知府。著有《閑雲偶存》四卷等。

55-1 與錢恕堂

姚鼐

連日晴暖，想佳勝也。昨魚門之子來，知承垂照之厚，真古道可感也。但吴中一行竟無濟，今欲入歙而乏行資，竊願閣下始終成全之。目下届收糧時，或令效用於倉間，庶可以勞得酬資適歙耳。料署中本不乏才，或添此一人可乎？（《惜抱先生尺牘補編》卷一）

56

周以勛

周以勛，生卒年不詳，字次立，寶山（今上海市）人。乾隆五十一年（1786）舉人，官江寧知府。周以勛祖父中年病危，賴祖母戴氏侍夫教子，以成其家。後將戴氏侍夫教子之事繪之成圖，周以勛廣邀名人題咏，梅曾亮有《題周次立大母戴宜人侍疾課詩圖》，劉鳳誥有《爲周次立明府題戴母課詩圖》，管同《課詩圖記》曰：『圖繪於乾隆庚子，同生之年也。念幼時祖父見背，承大母母氏之愛，授詩書，俾有成立，於今四十一年矣。』如此，則知周以勛至少年長管同一二十歲，且於道光初尚在世。

56-1

姚鼐

復周次立

暑熱久不解，奈何？起居佳否？極念極念。承示石谷畫，佳册也。然恐有雜入一二幅。鼐自不能畫，所鑒未必不誤，更與海内工畫家論之可也。其衡山小楷與篛林跋皆僞作，直與去歲所見《鷦鷯賦》一類耳。鼐目昏畏作書，如奉啓只是勉强，安能作長卷乎？率候，不具。册紙併繳。

次立老先生，弟姚鼐頓首，六月四日。（中貿聖佳二〇二一春拍，見書前彩插）

56-2 姚鼐

復周次立

久不見，甚相念，使至得書，知近佳也。鼐一病幾死，今愈而尚軟弱。承寄陳米、火腿，正宜病人，謝謝。石谷《石亭畫卷》殊妙。其顔字與仇畫皆僞作，不足存。吾藏有仇十洲《紈扇宮姬》，即畫班姬也。少遲吾兄至此閲之，即知仇畫之妙。豈如此俗筆，其眉眼乃蘇州娘娘耶。漸寒，珍重千萬。（《惜抱先生尺牘》卷二）

56-3 姚鼐

與周次立

使至得書，具審近祉。又承見惠珍食，欣謝。此數日諸公祖方虔禱雨澤，而吾乃飫此甘嘉，良增愧矣。丹徒已得雨不？所示三卷《三賢傳》佳甚，又有趙凡夫篆書，夢樓後題，皆可愛。板橋字畫筆意亦可觀，然習氣正不免耳。此二卷俱爲題訖。其鍾進士卷，想龔翠岩元本必妙，而臨者不能佳。此等奇縱之筆，貴有高淡之韻出之乃妙，此臨者蓋一尋常畫手，不能得其理也。（《惜抱先生尺牘補編》卷一）

57 嚴 修

嚴修，生卒年不詳，字半愚，曾爲宣城令，其弟爲嚴斗南。

57-1 姚鼐 與嚴半愚

去臘汪君至，得惠書，具審動定佳也。交代事已畢未，當於何時可放歸舟邪？世途宦味，真如嚼蠟，幅巾山林，寧非良策？但故人遠别之懷，不勝悵耳。鼐益衰敝，疝病竟不可除，亦無可如何也。奉寄玉章三枚、舊畫一幀，又拙刻數種，望携入歸裝，以慰别後相念。（《惜抱先生尺牘補編》卷一）

58 朱璿

查《清人室名别稱字號索引》，字『子敬』者有陳世安，此爲康熙間人，非是。疑爲朱璿。朱璿原名大庭，字子敬，號元圃，太倉（今江蘇太倉市）人。乾隆三十三年（1768）副貢，以教習候選知縣，著有《崇雅堂詩稿》六卷。陸麟書跋《崇雅堂詩稿》道：『先生名璿，字子敬。先世歙人，元時有以武功顯者，葬太倉，子孫家焉。父曰海峰徵君，字端揆，雍正中以人才與王小山太守時翔同被沈公敬亭薦，徵君以母老辭，遂不仕。先生其第四子也。少孤，勵學，性方介，中乾隆戊子科副榜，考補景山官學教習，勤於講授，成就甚衆。期滿敘勞以知縣用，未補官，歸卒家，年五十九。嘗欲建宗祠、輯族譜，皆不就。』其字『子敬』，居吴地，又輯族譜，時間與姚鼐相接，或可定此子敬爲朱璿。

58–1

姚鼐

與朱子敬①

夏間承寄書，久未奉復，罪歉罪歉。初冬想佳勝。尚寄居震澤署中，將明春亦留此邪？聞修族譜，佳事。鼐嘗論族譜只當如古世表之體，以簡爲當，若家傳當另爲書。近世爲譜者多合譜、傳爲一，故其文繁冗。鼐往作家譜如表體，列行科，上安人名，下略有小注，多不過二三百字，少只數十字耳。更不作傳。吾家桐城相傳宋末自餘姚來，而失始遷之名，其支派之詳，不可得而聞矣。故所載始於元明之間而已。譜序已載所刻集中，檢看當自明耳。賤狀如常，安得更一相見邪？（《惜抱先生尺牘補編》卷一）

①此札原題爲《與□子敬》，此子敬當爲朱璿。

59 江繩

江繩，生卒年不詳，字懷書，號宜庭徽子，桐城（今安徽桐城市）人。張樊川之婿。（姚鼐《與汪稼門》言：『頃張八哥在桐，已將田山兩處與之交代看訖，至葬費現存者，寄與樊川之婿江懷書六哥。』）由廪貢考取太學志館謄録，選江西安福縣丞，歷署永新、吉水、新淦諸縣。甚洽民情，升上饒知縣。事見《（道光）續修桐城縣志》卷十三。

59-1 與江懷書

姚鼐

去歲得手書，敬審佳勝，春來必增福也。鼐衰罷日甚，不任勞苦。念往者，既承司成之事矣，安得不與歸結？而重與跋涉，力又不堪，是以竟以所自留之地交出以葬司成。已於張八哥在家時，交清賬目。胡觀海擇十一月初六日安葬，昨章觀察尚以爲未盡，欲另爲擇日，擇定再寄聞。所存現銀若干，與張八哥一行用去若干，存若干，或先取去刻詩，或存作葬費，請與張八哥叔侄定議。餘續聞，不具。（《惜抱先生尺牘》卷三）

60 沈方大

沈方大，生卒、里地不詳，字純之，號直夫。工書法。曾任安徽潛山縣丞，嘉慶元年至七年、嘉慶九年至十六年兩任桐城縣知縣，後署無爲州知州。事見《（嘉慶）濮川所聞記》卷三。

60-1 與沈直夫

姚鼐

新歲以來，遥想興居萬福。鼐推排人間，成一老物。去秋乃以犬馬齒長，聖主爲之加恩。在人理固爲厚幸，然内顧生平，抱愧者多矣。受恩但有惶悚，而父臺又曲譽之，是增其愧也。極思歸里，一領教言，而尚以事累，不獲遽返。八十而作遠客，寧不可傷乎？賤體自去年得一疝疾，不復能立案前作大書，令弟所須，俟天暖賤恙有痊時或爲書之，不則只寫一扇寄之耳。（《惜抱先生尺牘補編》卷一）

61 張曾獻

張曾獻，生卒年不詳，字小令，號未齋，桐城（今安徽桐城市）人。乾隆四十八年（1783）召試舉人，官中書舍人，分校《四庫全書》，充文淵閣檢閱，出守潞安。嘉慶中官山西潞安府知府，有治績，升冀寧道，病歸，卒年八十八。能詩，善繪事，著有《未齋詩集》八卷等。

61-1 姚鼐 與張小令

不見殆二十年。雖未奉書，固時相念也。昨聞榮擢冀寧觀察，欣忭不可爲喻。朽敝欲盡之年，意可猶見閣下杖節開府之盛事乎？即日惟起居增福。

去月承爲寄孟銀臺書，今作復函，亦煩爲轉寄。鼐衰病漸甚，今仍在此間過歲，欲明歲鹿鳴後乃歸去也。兹特奉賀并懇，餘不具。（《惜抱先生尺牘》卷一）

62　**張曾揚**

張曾揚（？—1805），字譽長，號枏軒，桐城（今安徽桐城市）人，張廷瑑第五孫。生而穎異，經史百家過目成誦，尤工制舉藝。乾隆三十三年（1768）解元，授福建鹽場大使。大吏重其文行，聘爲己亥庚子鄉試同考官，所拔多知名士。旋由雲南楚雄知縣升廣西慶遠府知府、貴州貴西道。所莅皆在邊省，苗民雜處，難於治理。曾揚本經術爲治，張弛激揚，動中機要，有古循吏風。嘉慶八年（1803）丁母憂歸，終制而卒。

62-1　姚鼐

與張楠軒

昨與尊者述及《靈樞》『厥陰在泉』之説，以爲厥陰兼府藏而言，此視王注自爲允協。所示阮林作，有横絶四海之意，無一語拾人牙後慧，真俊才可愛也。俟日晴走候，不具。（《惜抱先生尺牘》卷三）

63 張曾太

張曾太，生卒年不詳，字寧世，桐城（今安徽桐城市）人。乾隆三十三年（1768）舉人，乾隆四十一年（1776），召試張曾太，後知福建歸化縣，四十九年（1784），召試，至山西冀寧道。

63-1 姚鼐

與張寧世

久未奉書，但有馳企。側聞康健，體氣不異少壯，可謂天佑君子矣。□□頗聞美疢，今得痊不？念念。目今宦轍艱難，幸稼門撫臨閩中，故當愈於他省，然鄙意更祝吾兄身事少清，歸其痴頑，娛嬉鄉曲耳。鼐辭江寧而就安慶，亦聊取小人懷土之便。至賤體已極衰，惟齒牙未脱，尚能行步耳。往昔故人晨星略盡，天末相望，能無悵乎？兹因舍弟某入閩，略報併候。春寒，惟珍重千萬，不具。（《惜抱先生尺牘補編》卷二）

63-2 姚鼐

與張寧世

春來想動定佳好，奉别遂及一年之久，豈勝懷念。去冬譜孫出痘，乃承至情摯愛撫視，又承親母表妹經數旬之辛苦爲之照料，遠道聞之，感佩無量。今此兒想可算得一丁矣，已使到學未邪？鼐居此一切平安，但精神今年又不如去年。擬秋冬間一回家，與諸戚友一快慰也。小郎頸病已痊未？甚念甚念。紹酒一壇聊奉清酌，前寄一金腿想已至。尚餘春寒，珍重，不具。（《惜抱先生尺牘補編》卷二）

64 吴元德

吴元德（？—1798），號頤齋，當爲姚鼐親家。《桐城麻溪姚氏宗譜》載，姚景衡娶候選布政司經歷吴元德女，吴元德與吴頤齋當爲同一人。姚鼐《與胡雒君》言：『令妹夫吴五哥於三月十四日終壽，誠可傷嘆。兒衡本欲即來，以此輟行，想今亦旋可來矣。』此書作於嘉慶三年（1798），則可知吴頤齋卒年。又可知吴頤齋爲胡虔妹夫。

64-1 姚鼐 與吴頤齋

奉别經時，想動定佳好。小郎各健勝也。鼐此間如常，衡兒及馬甥先後俱到，馬甥先歸家，衡兒俟秋間回也。前月聞令女之病，不知好不？令人懸心。其身體本甚弱，少自檢不到，則病矣。想縣中亦無高手，醫家只好服壽民藥，若换人，恐更不如之耳。一切總在親家酌量，看其藥之有效與不。其餘家中瑣屑之事，鼐都不能慮及，統煩親家細密照應之矣。今年水大，早稻尚有八分邪？雒君近有信來不？雁翎扇一柄奉寄，爲左右揮蚊之用，附候，不具。頤齋五哥親家賢昆仲統候，不另。（《惜抱先生尺牘補編》卷二）

65

魯九臯

魯九臯（1732—1794），原名仕驥，字絜非，號樂廬，新城（今江西黎川縣）人。又因書室額文『山木居士』，故人稱『山木先生』。乾隆三十年（1765）拔貢，三十六年中進士。因侍奉雙親，十餘年後纔任山西夏縣知縣。乾隆五十九年（1794）因積勞成疾，卒於任所。魯九臯從姚鼐受古文法，工爲文。里居授其學於子弟及鄉之雋才，又令其甥陳用光從學姚鼐，故而新城數年中古文之學日盛。著有《山木先生周易注》十二卷、《山木居士文集》十二卷等。

65–1

姚鼐

復魯絜非書

桐城姚鼐頓首，絜非先生足下：相知恨少，晚遇先生，接其人，知爲君子矣；讀其文，非君子不能也。往與程魚門、周書昌嘗論古今才士，惟爲古文者最少，苟爲之必傑士也，况爲之專且善如先生乎？辱書引義謙而見推過當，非所敢任。鼐自幼迄衰，獲侍賢人長者爲師友，剽取見聞，加臆度爲説，非真知文、能爲文也，奚辱命之哉？蓋虛懷樂取者，君子之心；而誦所得以正於君子，亦鄙陋之志也。

鼐聞天地之道，陰陽剛柔而已。文者，天地之精英，而陰陽剛柔之發也。惟聖人之言，統二氣之會而弗偏，然而《易》《詩》《書》《論語》所載，亦間有可以剛柔分矣。值其時其人，告語之體，各有宜也。自諸子而降，其爲文無弗有偏者。其得於陽與剛之美者，則其文如霆，如電，如長風之出谷，如崇山峻崖，如決大川，如奔騏驥；其光也，如杲日，如火，如金鏐鐵；其於人也，如馮高視遠，如君而朝萬衆，如鼓萬勇士而戰之。其得於陰與柔之美者，則其文如升初日，如清風，如雲，如霞，如烟，如幽林曲澗，如淪，如漾，如珠玉之輝，如鴻鵠之鳴而入廖廓；其於人也，漻乎其如嘆，邈乎其如有思，暖乎其如喜，愀乎其如悲。觀其文，諷其音，則爲文者之性情形狀舉以殊焉。

且夫陰陽剛柔，其本二端，造物者糅而氣有多寡進絀，則品次億萬，以至於不可窮，萬物生焉。故曰：『一陰一陽之爲道。』夫文之多變，亦若是已。糅而偏勝可也，偏勝之極，一有一絶無，與夫剛不足爲剛、柔不足爲柔者，皆不可以言文。

今夫野人孺子聞樂，以爲聲歌弦管之會爾；苟善樂者聞之，則五音十二律，必有一當，接於耳而分矣。夫論文者，豈異於是乎？宋朝歐陽、曾公之文，其才皆偏於柔之美者也。歐公能取異己者之長而時濟之，曾公能避所短而不犯。觀先生之文，殆近於二公焉。抑人之學文，其功力所能至者，陳理義必明當，布置取舍、繁簡廉肉不失法，吐辭雅馴不蕪而已。古今至此者，蓋不數數得，然尚非文之至。文之至者通乎神明，人力不及施也。先生以爲然乎？

惠寄之文，刻本固當見與，抄本謹封還，然抄本不能勝刻者。諸體中書疏、贈序爲上，記事之文次之，論辨又次之。鼐亦竊識數語於其間，未必當也。《梅崖集》果有逾人處，恨不識其人！郎君、令甥皆美才，未易量，聽所好恣爲之，勿拘其途可也。於所寄文，輒妄評説，勿罪勿罪！秋暑，惟體中安否？千萬自愛！七月朔日。

（《惜抱軒文集》卷六）

65-2 姚鼐

與魯山木

去歲聞奉諱廬居，道遠未及申唁，未知即日成阡畢未？伏惟朝夕自愛。

令甥碩士至，承賜書，具荷相望之意。賢郎侄過金陵時，弟尚未至，故不得見，見碩士則愛之如吾骨肉矣。往時敝縣前輩文學頗盛于天下，近乃衰歇，無復有志之士。獨新城英俊鵲起，彌衆且賢，良由先生導之於前。『一人善射，百夫决拾』，理固不虛，然亦天意欲留此道一綫之傳於新城矣。碩士言先生頻年精意於心性之學，此尤可敬服。士必如此，乃是爲己。不然，文如昌黎，學如鄭康成，不免猶是爲人也。終制後以能不出爲佳。近觀世路，風波尤惡，雖巧宦者或不免顛躓，而況吾曹耶？鼐今歲尤衰，左臂筋酸痛，至逾半年不得愈。相見無期，遠望悵悒而已。暑熱，幸慎護，不具。（《惜抱先生尺牘》卷二）

65-3 魯九皋

上姚姬傳先生書

仕驤頓首姬傳先生几下：仕驤自得讀先生之文，心儀其人者十數年。今年遊皖城，幸得邂逅先生，趨而進見，辱先生引與深言，並示所著，俾得細讀，於是益見先生信乎爲一代之作者也。

蓋古今文章之士衆矣，然其卓然成家，不愧作者，代不數人。我朝文運極盛，自國初至今，以文名家者，前後相屬，仕驥亦嘗求而讀焉。顧學淺識庸，未敢輕議。獨於先生之文，則甫見一二，心焉頃仰，以爲醇淡淵深，非猶夫尋常文章之士之以文名家者也。今得見先生，粹乎其容，冲乎其貌。其論文章，根極於性命，而探原於經訓，至其淺深之際，一脉流通。古人所未嘗言者，先生獨抉其微而發其藴言之。其深於文如此，欲不與古之作者並，得乎？

仕驥自成童後，亦頗有志於古人之文。顧資力短淺，懵於經訓，本原不深，徒日從事於末流陋已。聞先生之論，益惶然愧赧，未知其所以自處者何如也。謹録其存稿者三編，又曾妄付鐫刻者一編並呈。伏惟先生閔其愚而示以得失焉，不勝幸甚！外先師《梅崖集》《穆庵遺文》附覽。大著古今文之已刻者，並望賜讀。惶恐惶恐！

（《魯山木先生文集》卷四）

附：

夏縣知縣新城魯君墓誌銘並序

姚鼐

君諱九皋，字絜非，建昌府新城魯氏也。大父諱寧，康熙庚午科舉人，爲内閣中書。考諱淮，歲貢生，爲廬陵縣學訓導。君爲人敦行誼，謹於規矩而工爲文。人觀其言動恭飭有禮，而知其學之邃；讀其文沖夷和易而有體，亦知其必爲君子也。嘗踰嶺至建寧，謁朱梅崖，而受其爲古文之法。於四方學者苟有聞，君必虚心就而求益。雖以鼐之陋，君嘗渡江至懷寧，見鼐而有問焉。君古文雖本梅崖，而自傳以己之所得，持論尤中正。里居授其學于子弟及鄉之雋才，又授于其甥陳用光，且使用光見鼐。蓋新城數年中古文之學日盛矣，其源自君也。

其爲科舉之文，不徇俗好，自以古文法推而用之。或以爲不利場屋，君曰：『得失，命也。』君竟以乾隆庚寅科得鄉舉，辛卯恩科成進士。歸居十餘年，奉養祖母及父，因益力爲學。而因事設方，以利其宗族閭里，雖貧而必致其財，雖勞而必致其力，逮終養，乃出就官。

是時鼐聞，寓書諫君，謂：『今時縣令難爲，而君儒者，違其長而用之，殆不可。』然君竟謁選得山西夏縣。縣當驛道，又時值後藏用兵，使驛往來日不絶。縣舊分二十餘里，里以次出錢供役，謂之里差，吏因爲利，民致大困。君自持既廉，又減其役之得已者，而重禁侵蠹，民大便之，而樂爲役。君顧嘆曰：『吾不能盡去里差，是吾恨也。』其見民，眗眗然告以義理所當從及去，不作長官威厲之狀，民亦欣然聽其教。於是縣號爲治，上吏亦絶重君矣。鼐聞乃自咎前者知君之淺，固不能盡君才也。然君亦以積勞致疾，在縣凡兩期，以乾隆五十九年三月卒于官，年六十三。

娶楊孺人，生四子：肇熊、肇光、嗣光、迪光；四女子。又庶出之子五，皆少；一女。肇光，拔貢生，君以後母弟某；嗣光，壬子科舉人，君以後從父弟某，皆能嗣君古文學者，而肇光先殞。君文曰《山木集》，已刻者若干卷，未刊者若干卷。

某年月日，葬君某所，嗣光及君甥用光，皆以書來乞鼐銘。銘曰：

孰謂儒者不可以理繁庶？孰謂學古不可爲今世語？美哉魯君！其行企矩，其文蹈雅，卒寘德在夏，而士興其庭宇。其生也有令譽，其亡也有傳緒，其葬也於是野。（《惜抱軒文集》卷十三）

66 何思鈞

何思鈞（1736—1801），字季甄，靈石（今山西靈石縣）人。因故鄉兩渡村有雙溪，故號『雙溪』。乾隆二十三年（1758），姚鼐居京師，曾開館授課，何思鈞從其受業。乾隆三十五年庚寅科（1770）中山西鄉試副榜，乾隆三十六年（1771）中鄉試舉人，乾隆四十年（1775）中三甲八十四名進士。朝考後，授庶吉士，是年冬，充武英殿纂修，旋入四庫館。書局裁撤，何思鈞閉門養疴，訓子讀書，逍遥輦下。所交遊者，多爲當世知名人士，如浙江會稽章學誠、江蘇興化顧九苞、安徽歙縣程瑶田、蘇州長洲汪元亮等。輯録有《檀几叢書録要》《欽定錢録》。

66-1 姚鼐

與何季甄

去歲得手書，具悉佳勝。倏春秋再更，遥想增福。惟老病成翁者，更深益齒之感耳。今秋長男持衡幸與鄉薦，亦不得不令其束裝北來，而以其年少無知，踽踽遠道，未免繫舐犢之懷。惟吾弟古誼篤情，必能視之如親子弟。其出門時，愚固已告之，當恭聽教命矣。

兩郎君聲譽甚盛，家慶方隆，今秋分校，足徵聖心，方將倚用，可勝賀也。令侄輩現在里居，抑來都不？當並安吉耶。愚里居近况，持衡自當詳陳，兹不備及。冬寒，保重千萬。（《惜抱先生尺牘》卷四）

66-2
姚鼐

與何季甄

初春惟動定佳勝。賢子剖符九江，若就養而南，便可使衰朽更得接晤矣，但不知高興來不？鼐頑鈍之態如故，今年捨江寧而就皖中，可以不涉江濤矣。衡兒不免北行應試，諸凡誨之。奉寄孟陽小畫一軸、粗箋一握，以致相憶而已。餘不具。（《惜抱先生尺牘》卷四，見書前彩插）

66-3
姚鼐

與何季甄

春來想動定佳勝。鼐老矣，而吾弟亦非少壯，然想尚未至大衰憊耶。去冬多承惠問，又以賤辰在月制之期，將以厚誼，彌增感愧。持衡在京久擾廡下，其南來乃適浙江謀一館，今未歸也。賢郎居官名譽日盛，欣賀。鼐此月內赴江寧，一切略如故狀。特此奉謝并候，餘續報，不具。（《惜抱先生尺牘》卷四）

66-4

姚鼐

與何季甄

凉初近當佳勝。聞五月内乃體中小不適，今知已愈，猶願慎護耳。鼐今年移居皖中，去家近，一切粗遣。衡兒乃奉擾過久，至愛亦不言謝矣。蘭士太守已進京未？甚念甚念。邇者外吏之難爲，日甚一日矣。惟不欲作好官，乃更以爲易耳。畿輔水灾之重，夙所未聞，今當各復業矣。城中相知者，未至大受患不？相見無由，率候，不具。（《惜抱先生尺牘》卷四）

附：

姚鼐

何季甄家傳

何季甄者，名思鈞，霍州靈石人。考諱世基，生三子，思鈞爲季，故字曰季甄。季甄早孤，依於其兄思温，友敬甚至，勤力於學。乾隆四十年成進士，改庶吉士。纂修《四庫全書》，善於其職。四十三年散館，改部屬矣。旋以校書之善，仍留庶常館。次年授檢討，自是常在書局。及《全書》成，與賜宴文淵閣下，而旋以疾請告，屏居訓子元烺、道生，兩子一年成進士，其後皆以才顯，有名内外。其居靈石北鄉有雙溪，嘗自號『雙溪』。天下稱何氏爲盛門，以何雙溪爲宿德矣。嘉慶六年，季甄卒，年六十六。

始吾二十八歲居京師，而季甄之兄令季甄從吾學。其齒幼於吾六年耳，而事吾恭甚，使背誦諸經，植立不移尺寸。其後學日進，而與吾或别或聚。吾在禮部時，季甄得山西鄉舉而來，相對甚喜。後三年而吾以病將歸，季甄適携家居於都。吾入其室，見其子之幼俊，嘆曰：『何氏其必興乎！』然是年别，不復得相見。次年，聞其成進士。又後十二年，聞其兩子成進士。又後十三年，聞季甄喪矣。

季甄存時，常以書問吾甚摯。自京師來者，爲吾言：『季甄之家法整飭，老而所養益邃，容肅而氣沖，士流有前輩典型之望。其所以訓子者，真古人之道也。數十年未嘗須臾晝而居内，敕其子皆然。』吾老而德不加修，吾愧於季甄，季甄不吾愧也。季甄於交遊鄉黨多惠愛，每好濟人困，又嘗設義學於其間。

始季甄娶王氏，無子。繼娶梁氏，生二子：元烺以庶吉士改部，今爲户部郎中。道生以工部郎擢山東道御史，出爲九江知府。又繼娶張氏，生四子：立三，維四，慎五，漱六。漱六爲孤才三歲。吾痛季甄之喪，既爲文哭之，又次其行爲傳，以寄諸其家云。（《惜抱軒文集》卷十）

67　方　昂

方昂（1740—1800），字叔駒，號訒庵，別號坳堂，歷城（今山東濟南市歷城區）人。乾隆三十六年（1771）進士，方昂舉進士時姚鼐與謝蘊山同爲考官，方昂出謝蘊山之房。授刑部主事，遷郎中。乾隆五十四年（1789），任江西饒州府知府。乾隆五十九年（1794）任江蘇蘇松道。次年，補江寧鹽巡道。值姚鼐主江寧書院，二人日夕相從，往來唱和。嘉慶三年（1798），擢貴州按察使，遷江寧布政使，後以疾辭歸。著有《坳堂詩集》。

67-1
姚鼐

與方坳堂

命跋《蘭亭防海圖》，皆已題『海防』，恐題壞好卷子，故另紙也。寶華山方丈悟千致與寺中執事構訴法門事體，亦甚可傷嘆。若到轅下，固當爲此律堂扶持，俾不墜祖風，乃佳耳。熱甚，不敢造瀆。率候午安，不具。

坳堂三兄大人，愚弟鼐頓首。

卷子上總簽宜云『海防全圖』。（雅昌拍賣網）

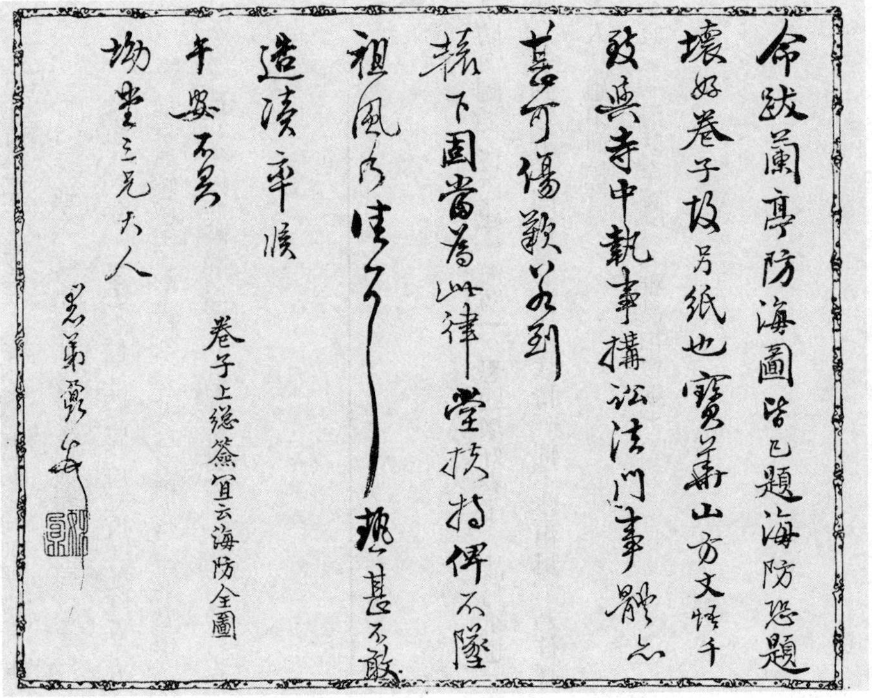
命跋蘭亭防海圖皆已題，海防恐題壞好卷子，故另紙也。寶華山方丈性千致與寺中執事搆訟，法門事體亦甚可傷歎。兹到
摳下，固當為此律堂扶持，俾不墜
祖風乃佳耳。懇甚，不敢
造瀆，率候
平安，不具。
坳堂三兄大人
愚弟鼐頓首
卷子上總簽宜云海防全圖

67–1 姚鼐《與方坳堂》

附：

訪坳堂觀察於城南寶光寺釋皓清亦至讀觀察近詩數十首雨中共至皇姑寺作詩一首

姚鼐

江霧帶長干，南望盡蒼碧。何處使君居，空山少人迹。東風泛林影，逕草含新色。數轉造精廬，遂爾逢巾舄。漠漠寒雲光，幽幽丈室白。山僧共披帷，飛雨颯沾席。清言接今兹，高文自曩昔。真性不容遏，筆墨偶流溢。結習誠未忘，固已遺喧寂。誅茅鍾阜顛，邀君共晨夕。

樹引南岡升，雲垂午光晦。披衣細雨中，曳杖荒林外。企彼建琳宫，遠矣自前代。庭圍青竹幽，石倚紅墻壞。危閣墮泠風，空櫺塞寒靄。列架備龍藏，展讀吾未逮。所欣道人韵，敷坐肅相對。（《惜抱軒詩集》卷四）

偕方坳堂登牛頭迴至獻花巖宿幽栖寺

姚鼐

昨雨竟夕晨未休，與君宿約登牛頭。我怯欲止君意鋭，中道稍幸霾雲收。山陰轉至南澗曲，佛宫上倚雲峰稠。入門階磴鑿蒼翠，兩闌松桂交龍虬。十圍銀杏穿入地，再出若濟與陶丘。雷衣尚有林雨瘵，拄杖且趁石逕幽。深洞傳爲辟支坐，小沼或記昭明遊。世往荒昧不可辨，登冢一俯千山周。東來句曲氣咫尺，大江三面環如鈎。仰思萬古正儻恍，飛鳥忽逝投滄洲。下踐僧廊出門外，危循鳥道升東陬。獻花巖居萬木杪，片壤劣架懸鐘樓。其時山花開且落，枝間偶復聞啁啾。迴視來逕杳修曲，山光金碧交相浮。幽栖寺近暮投宿，林深霧暗風颼飀。道人昔處此石窟，遠有望氣來相求。廓然無聖乃家法，金屑雖貴寧居眸？尚有佛見師所斥，了無一法今何修？嗟予與子厭塵壒，但云芒屩賢鳴騶。若尋第一微妙義，豈於喧寂論誰優？山僧煮笋春米熟，虎跑泉瀹香盈甌。鐙前飽食放頭睡，起看杲日青天流。（《惜抱軒詩集》卷四）

姚鼐

方坳堂觀瀑圖

泰山北面寒岩谷，曾逐谿聲就朗公。莫道出山泉竟去，舉頭長在碧雲中。（《惜抱軒詩集》卷九）

姚鼐

坳堂觀察自安徽返將歸濟南仍入都補官餞之於清凉山

天門赤岸涉波濤，問訊秋來迹已勞。風雨才晴將送遠，江山無際共登高。重來郭伋誰能必？獨立王尊氣自豪。衰眼摩揩瞻事業，何妨萬里縱旌旄。（《惜抱軒詩集》卷九）

姚鼐

題坳堂所藏諸城劉文正公手迹

獨立清修動主知，喟然耆艾在彤墀。後來董令思文偉，誰許王弘繼穆之。竹素蒼茫千載事，丘山零落百年期。寸縑中有平生感，曾共山公把酒卮。（《惜抱軒詩集》卷九）

姚鼐

方坳堂會試硃卷跋尾

乾隆三十六年會試，余與南康謝藴山編修並爲同考官。藴山得《詩》四房，余得《禮記》二房，皆居西序東向，坐最近。時每共語，得佳卷，或持與觀賞之。今觀察歷城方君坳堂，出於藴山之房，余獲讀其文最先，及填榜始知其名。

其後余病歸，久之來主江寧書院。時藴山既外授，遷河庫道，去江寧三百里。坳堂觀察亦來江南，則居江寧，日夕相從，出其會試硃卷見示。余再讀之，因憶昔者危坐終晷，握管披卷，時欣時厭，及獲於諸賢聚居言笑之狀，宛在目前，計去今二十二年矣！當時考官三人：諸城劉文正公、長白觀補亭尚書、武進莊方耕侍郎，皆已亡。同考官十八人，及今存者，余與謝觀察外，復四人而已。是科得才稱最盛，而當時登第烜赫有聲，若程魚門、周書昌、孔葓谷、洪素人、林於宣、孔撝約輩，今率已殞喪。況歲月悠悠，又自是以往者乎！因與坳堂語及愴然。坳堂才行逾人，不負科名，是卷固宜爲後世所寶貴。而余顧尤念者，今昔之情也。

同考官舊制用藍筆，是科以皇太后萬壽恩科，易之以紫，循用數科，升祔之後，復改從舊。又是時試帖詩題在第二場，房官以《五經》分卷，今則詩題移於第一場，而房官無《五經》之名。是皆二十年中科場儀制之小變，併記於是，俾後考求故事者知之。（《惜抱軒文集》卷五）

姚鼐

江蘇布政使方公墓志銘並序

公諱昂，字叔駒。其先由歙遷於義烏，自公祖諱紹倫以上，居義烏二十三世。至公考諱起英，乃遷歷城。祖考皆贈江蘇布政使。公十三歲而孤，貧甚，爲歷城諸生，親執薪汲以養母，而其意怡然。

乾隆壬午科，舉山東鄉試。辛卯恩科成進士，授刑部主事，居刑部十餘年，再擢至郎中。其執法平，用心仁恕，屢以此與上官爭至忤，而公不變所守。乾隆五十四年，授饒州府知府。饒州人甚愛之。期歲，命擢爲江蘇道，交印將發矣，而營弁以捕私鹽，擾民於德興。民大驚恐，皆欲奔亡。公曰：『吾不可辭此責。』馳往，民見公即定。公旋請削武弁職，而寘民之犯官閧衆者於法，然後至江蘇待缺。以委審積案三百餘，勞甚致疾暫解。病痊引見，復發江蘇，署松太道事。值海上盜近寶山，總督率兵至寶山防之。公籌軍需甚備，盜旋去。公乃建八策，大府頗用之以弭後患。次年，補江寧鹽巡道。公以爲吏治不善與民俗之惡，二者每相因而益甚，故其與諸生庶民語，皆諄諄教之如子弟。知其貧乏者，時濟以資；至懲治奸蠹，則極嚴峻。嘗早暮聽訟不懈，民益趨公所而訟。人或謂此非觀察之體也，公曰：『然。使舉吾職，視不肖令長盡汰之，吾坐受成，豈不善？然其勢不得，非如此，何以盡吾心哉？』自公臨江寧凡五年，吏民風習之尤惡者大抵皆革，而士皆親公矣。旋擢貴州按察使。行日，民涕泣送之，連塞數十里，公亦爲泣顧而不忍去。今上夙聞公治名矣，及臨大政，即擢公爲江蘇布政使。公至江蘇，甚欲有所建，而已被疾，百日而卒，嘉慶五年閏四月二十八日也，年六十有一。

公爲人孝友仁厚，雖家去義烏，而修祠墓、厚宗族，皆盡其禮意。作詩文不多，而自然穎拔，讀者知其爲奇人也。夫人歷城楊氏，生子世平，女二，婿張鎮峰、周霞。繼娶海陽趙氏，生子世德。又繼娶上元吴氏，生子世紱，女一未字。世平奉公葬歷城之□山。桐城姚鼐居江寧時，親見民之戴公甚也。爲之銘曰：

卓犖其才，勤撫衆黎，用意慤慈。天子既知，作屏海淮，任荷當時。宜壽以祺，而早謝之。家貧子羸，舊民戴思。作是銘詩，以告萬期。（《惜抱軒文集》卷十三）

68 秦　瀛

秦瀛（1743—1821），字淩滄，一字小峴，晚號遂庵，無錫（今江蘇無錫市）人。乾隆三十九年（1774）舉人，賜内閣中書，直軍機處，擢侍讀，遷郎中，後授浙江温處道、廣東按察使、浙江布政使、光禄寺少卿、順天府尹、刑部侍郎、左副都御史、内閣學士等，後以目疾乞歸。以詩、古文名當世，工行楷，有董其昌意，兼善隸書。著有《小峴山人集》三十七卷、《己未詞科録》十二卷、《無錫金匱縣志》四十卷、《淮海公年譜》六卷等。

68-1

姚鼐

復秦小峴書

小峴先生觀察閣下：鼐惷愚無所識，又以年老多疾，遂至廢學，爲海内賢士大夫所弃宜矣。與閣下非有生平過從之舊，遠承賜書，殷勤垂問，見推過甚，悉然愧赧！固不敢議閣下之言爲無端，又安敢以所相望之深，謂必可以任也？

鼐嘗謂天下學問之事，有義理、文章、考證三者之分，異趨而同爲不可廢。一塗之中，歧分而爲衆家，遂至於百十家。同一家矣，而人之才性偏勝，所取之徑域，又有能、有不能焉。凡執其所能爲，而呲其所不爲者，皆陋也，必兼收之乃足爲善。若如鼐之才，雖一家之長，猶未有足稱，亦何以言其兼者？天下之大，要必有豪傑興焉，盡收具美，能袪末士一偏之蔽，爲群材大成之宗者。鼐夙以是望世之君子，今亦以是上陳之於閣下而已。

往時江西一門徒取鼐文刻板，鼐意乃不欲其傳播，屬勿更印，故今絶無此本子。惟《四書義》乃鼐自鐫，其板在此，今輒以兩部奉寄。經義實古人之一體，刻《震川集》者元應載其經義，彼既録其壽序矣，經義之體不尊於壽序乎？

胡雒君在會稽當佳，孝廉之舉不得，亦不足恨耳。此間常與鄒先生相見，因以略知近祉。相望殊切企慕，略報，不宣。（《惜抱軒文集》卷六）

68-2

姚鼐

與秦小峴

辱手示，甚慰闊懷，欣忭欣忭。閣下辭外藩而得京尹，既可奮雋張之閎績，不若外吏之憂牽制；又且都中故舊，時得過從，亦可喜也。鼐學卑文陋，加復衰罷，偶有撰述，亦何足云，見許過重，彌以愧赧。海内英傑，凋落殆盡，後生繼起，更苦稀少。

鼐居此地，不能有益於諸生，良可歉愧。雒君無子，所諭誠然。其所欲撰述，卒有志未成，將自是薶没，豈非大恨哉。秋涼惟增福。率候，幸珍重，不具。（《惜抱先生尺牘》卷二）

68—3
姚鼐

與秦小峴

侯君至，得惠書，敬審興居萬福。閣下以敷佐休明之烈，兼寢處山澤之儀，雅志歸田，惓焉南顧，固其情也。第恐時事倚賴，未許遂初。若果以杖履東山，俾鼐復承言誨，豈非意外之幸乎？侯君果爲美才，詩文俱遠異流俗，但修志設局之事，非江南財力之所能任。雖制軍主持欲爲此事，而一二年内似尚未有頭緒。侯君貧士，急切需館，未可坐待此也。閣下須更爲籌之。鼐近衰敝多病，不能讀書，文字之緣亦將謝去矣。（《惜抱先生尺牘補編》卷一）

68—4
秦瀛

與姚姬傳書

某再拜。甲子之夏，雒君仲子赴海南，欣奉手書，惓惓然念及嶺外遠人，感佩無量。人事鹿鹿，竟未即報，而懷抱間亦殊惓惓也。

上年到京，常見碩士編修，詢悉先生履候致佳，又於碩士處屢讀所寄散體文字，知造詣愈深，説經之作有大醇無小疵。先生學古知道，人非茲世之人，宜其文亦非茲世之文也。絜非、雒君先後化去，而碩士方有志史漢八家之學，得先生之教，評閲點竄，意爲之盡。碩士趨向既正，嗜學不已，庶幾與絜非代興，惟在京師不免分心於應酬之事，懼其業不顓耳。

某不自揣量，歸而復出，在粤一年，與時違忤，坐大困。會以遷擢離彼中，兹乃復爲京朝官，再遷而尹畿輔。是職於古最稱華要，而本朝之領是職者，魏敏果、孫文定外，近惟東武竇公尚見風采。方今所處甚難，惴惴然日慮負此官以爲知己羞。因念先生角巾歸里已三十餘年，賢者固不可及。夫天之降年不可預期，其久者八九十而止耳。某今年已六十有四，其視六十有四以前如旦暮也。正不知餘年幾何，行能無所加於人，功德無所被於世，即早知止足，退老林藪。而故鄉耆舊喪亡略盡，乃猶徘徊顧戀不能決去，不亦重戾於古人出處之義耶？七律一首，聊以述懷。覓暇當再寄音，諸惟亮督，不盡。（《小峴山人文集》卷二）

附：

謝蘇潭邀同姚姬傳遊西湖即送姬傳還白門

秦瀛

姬傳先生來杭州，西湖要作十日留。芒鞋踏遍湖上路，重陽細雨丹楓秋。今朝風日喜晴霽，康樂邀我同清遊。訪君直指段橋口，楊柳椿繫沙棠舟。篙師解纜掠波去，雙槳驚起雙白鷗。憶君中歲挂冠早，著書長對龍瞑幽。海峰爲師雒君弟，古文卓絶無與儔。近年作客冶城畔，六朝山色當簾鈎。齊宫梁寢莽蕭瑟，復向趙宋尋荒丘。冬青樹死髑髏泣，山鬼夜叫寒林愁。西湖無恙好眉黛，付與詞客張吟眸。君言更覓理安寺，十八澗水沿谿流。石屋雲深宿猿玃，水樂洞古喧琳璆。峰頭每箇住一月，頫視滄海如浮漚。如何便欲理歸櫂，吴江烟浪風夷猶。他時白門儻相憶，木葉又落金陵樓。（《小峴山人詩集》卷十二）

秦瀛

寄姚姬傳時姬傳在金陵

秣陵烟月近何如，一别南朝卅載餘。春草全荒謝公宅，故人曾寄粤中書。上年姬傳寄余書於粤東。青衫漬酒痕猶濕，白髮論文業未疏。想得鍾山吟望處，秦淮潮上皖江魚。（《小峴山人詩集》卷十八）

秦瀛

聞梁山舟先生病並懷翁覃溪暨姚姬傳周松靄三先生

學士焚魚早，西湖屋半弓。問年絳縣老，作字晋人工。前輩看幾盡，殘星數欲空。北平一叟外，落落兩衰翁。

（《小峴山人詩集》卷二十四）

69 周興岱

周興岱（1744—1809），字長五、冠三，號東屏，涪州（今重慶市）人。乾隆三十五年（1770）舉人，乾隆三十六年（1771）進士。後參與《四庫全書》編纂工作，爲武英殿提調官。曾任翰林院庶吉士，授編修，累官内閣學士兼禮部侍郎、吏部左侍郎、兵部右侍郎、左都御史等職。充順天鄉試同考官，山東鄉試副考官，武會試總裁等。周興岱擅書法，亦能詩，平生以撰奏議爲多。

69-1 姚鼐 與周東屏

久未奉書，想動定佳好。鼐去歲爲治亭先生邀來江寧，遂居此兩載。衰敝之狀，亦日夕漸增，但尚能行步飲食耳。下月擬歸里度歲，明年當不免更一來也。體中近復何似，一切尚未減昔者不？鼐刻《詩文集》，計尊處當已得之。今增《試帖》一卷，聊寄請正。

兹有程魚門編修之子瀚，已捐雙月縣丞，兹來京欲圖仕進，機會恐亦未易。想篤念年誼，愍其孤立，彼在都進退事宜，或當蒙指教之益耳。因其行便附候，不具。（《惜抱先生尺牘》卷四）

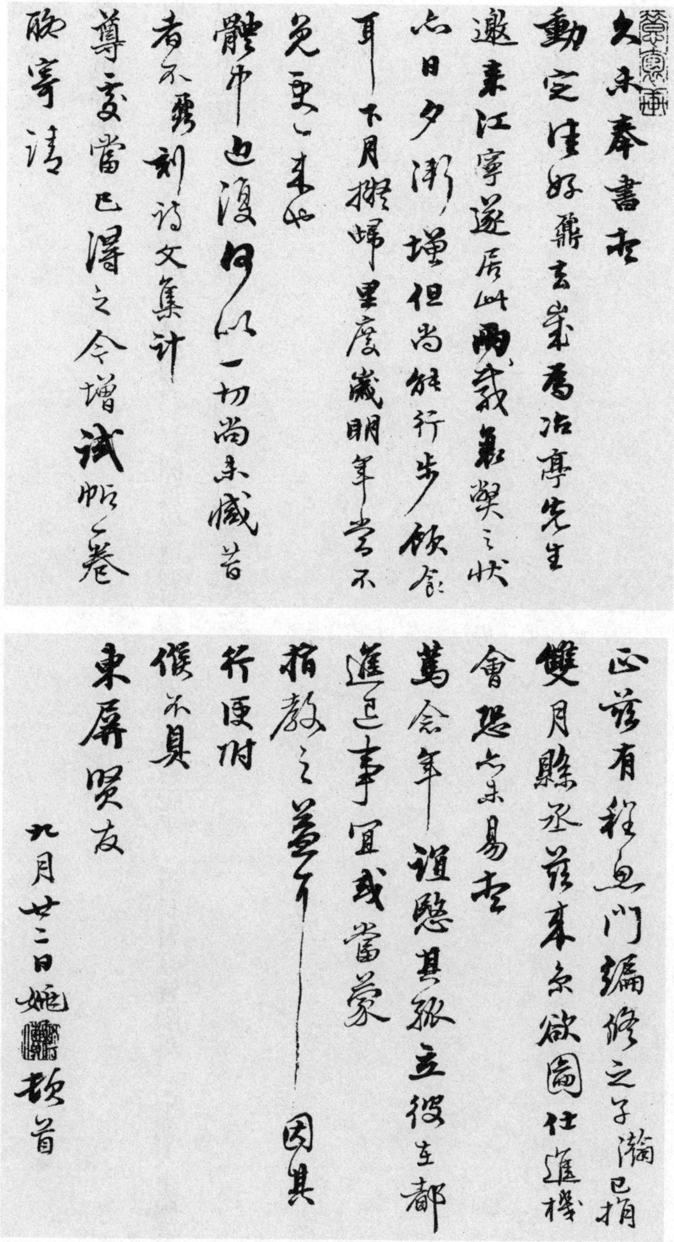
久未奉書札
動定佳好。鼐去秋為冶亭先生
邀來江寧，遂居此兩載，衰頹之狀
亦日夕漸增，但尚能行步飲食
耳。下月擬歸里度歲，明年當不
免更來也。
體中近復何似？一切尚未識。昔
者所刻詩文集，計
尊處當已得之，今增試帖一卷
附寄，請
正。茲有程魚門編修之子瀚，已捐
雙月縣丞，茲來京欲圖仕進，機
會恐亦未易也。
萬念年誼，懇其銳立役在都
進退事宜，或當蒙
指教之益耳。因其
行便附
候，不具。
東屏賢友
九月廿二日姚鼐頓首

69–1 姚鼐《與周東屏》

附：

輓周東屏總憲

姚鼐

西蜀名家世正卿，擒華弱歲早知名。麟洲最覺邅迴久，烏府終持憲紀平。近日賢豪皆隕落，中朝人士感哀榮。況餘白髮滄江叟，空憶星軺過舍情。（《惜抱軒詩後集》）

70　周有聲

周有聲（1749—1814），字希甫，號東岡，長沙（今湖南長沙市）人。乾隆六十年（1795）進士，授内閣中書兼文淵閣檢校。歷知思州、思南、貴陽三府，以失察小錢落職。旋以河督百齡保奏，發南河補用。歷署江蘇松江、蘇州二府，總理下河工務，以廉勤著稱。積勞，卒於官。周有聲乡試出姚鼐門，嘗從蔣士銓遊，與法式善、伊秉綬、唐仲冕等交往，與秦瀛交最契，工詩。著有《東岡詩賸》十四卷。

70-1

姚鼐

與周希甫①

去冬，張豫常觀察歸，得書知近祉，所寄文字及百金併至，甚荷厚誼也。想從宦多年，始秉符竹，可以大展夙抱矣。佇聽佇聽。鼐近仍主敬敷書院，年七十四矣。精神日衰，惟齒未脱，視聽亦漸壞，而髪之脱最甚。膝下三子四孫皆平安，差可喜爾。所索爲尊先觀察公作墓誌已就，今奉寄，但不知果可用不？拙集二種並寄覽。相去道絶遠，非希甫移節於安徽，必無緣相見，豈勝懷想。略報，不具。（《惜抱先生尺牘》卷四）

①其後有注：『有聲。』

70-2

姚鼐

與周希甫

駕枉至江寧，幸一聚晤，倏又遠別，後會不知何日，豈勝思邪？得書，知已抵都，不知分省乎？抑在部俟選乎？抑定赴貴州也？鼐在此平安。頃得桐城信，長孫復由生一子，老翁有曾孫矣，此亦差可喜也。鼐今冬只在此間度歲，至明歲再籌行留之局。承寄見贈之作佳甚，但衰朽當之，有愧赧耳。諸作便以鄙見直筆評判，未必果當，然以當面談，傾吐至盡矣。率復並候，不具。（《惜抱先生尺牘》卷四）

70-3

姚鼐

與周希甫

前得寄書並見贈詩，詩佳甚，讀之欣忭不勝。即爲評閱，並一書寄入京師，而不意駕之更至江南也。其書屬持往者送唐編修處，計唐必寄上也。現在履察河淮，誠不免勞瘁，然助捍民灾，速見底績，即不論上官之酬勛與不，而於仁人之心，不亦快乎？至於江上友生，復得瞻對，此又平生所不期而遇者也。想臘正之間，當可至省。鼐近狀粗遣，九月得一曾孫，旋出天花，亦已痊收，可差爲喜耳。冬寒，惟珍重千萬，不具。（《惜抱先生尺牘》卷四）

70-4 姚鼐

與周希甫

別來倏逾三月，聞作守淞江，此郡極弊之後得賢將臨之，氣象一新矣。欣賀欣賀。賤狀如故，秋來飯食小減耳。衡兒隨督轅在清江，尚未回省。附寄補服一副、瑪瑙朝珠一挂，聊表賀意。率候，不具。（《惜抱先生尺牘》卷四）

70-5 姚鼐

與周希甫

前月有一書，付舍侄憲奉寄，計已達覽。使至得書，略知近祉爲佳。時事壞敝，作守者豈能爲旋轉乾坤之事？救其小半，即爲賢將之功，然亦必大費精神矣。鼐近狀粗遣，思一歸里而尚未能決。爲尊大人作傳，俟少閑屬筆，成便奉寄耳。衡兒隨制軍在淮上，當亦隨之回省，不知此月得不？懇爲舍侄薦一小館，早晚可得耶？承輟俸見饋，祇領銘謝。兹因使還率復，並候，不具。（《惜抱先生尺牘》卷四）

70-6

姚鼐

與周希甫

昨舍侄從吳門回，略知近況，平爲福，其餘亦無足較矣。想中丞必留賢於吳以辦公事，不能聽返金陵，相見殊不易矣。鼐近狀粗適，衰年畏冷，甚于曩日耳。尊大人家傳已脱稿，更簡于志銘，而用意頗深。今以一本寄覽，以謂當不？嚴寒，惟珍重，餘不具。（《惜抱先生尺牘》卷四）

70-7

姚鼐

與周希甫

使至得書，具審近祉。首郡公事繁勞，固其理也。所望勤勩之餘，稍自調攝，以葆沖粹耳。鼐今秋本欲歸去，意欲一歸即不復更出，而度其居阯未可得安，故復展期一年。然衰耄已甚，强留於此，亦可嗤矣。承惠饋節拜登，謝謝。衡兒現在出差，觀、雉二子尚在書院也。鼐近精神衰憊不堪，久不作文字矣。補山相國之詩，容留讀之，若精神稍佳時，或能爲之叙，而未敢自必，望爲先告知孫世兄。鼐有女婿潘，明日將赴吳中，鼐昨已作一書付之。其至吳呈閱，當在此書後耳。奉復，不具。（《惜抱先生尺牘》卷四）

70-8

姚鼐

與周希甫

昨日前日，連作兩書奉寄，必俱達也。茲有左君墉，字蘭城，乃丹徒詩人，鼐廿年交友。今自京口徙居吴中，羈旅無偶，畏人欺之。故謁閣下，希一接見，以增其光，別無他求，故爲介紹耳。衡兒已爲藩委查灾，昨制府又委催回空糧船，此差須冬底乃竣耳。辛苦亦其分矣，想差回可得一署事耳。奉報併候，不宣。（《惜抱先生尺牘》卷四）

70-9

姚鼐

與周希甫

別來累月，惟動静佳勝。攝任繁郡，當可展懷抱矣，然恐時事猶多棘手處耳。元任官尚無來信，想可任至冬間耶？鼐近狀粗遣，衡兒雖得本班先用，而實缺急未可得，又未委署，今差赴徐州查灾也。女婿潘玉，字韞輝，舊爲江蘇錢穀幕，今失館來蘇，欲求一枝之栖，此間一切，令其口詳。奉候，不具。（《惜抱先生尺牘》卷四）

70-10

姚鼐

與周希甫

乙丑年，鼐在皖得書，并承寄四十金。時鼐匆匆將赴金陵，遂闕報書，甚歉甚歉！頃得去年十月十日京師見寄書，乃知近況之詳，遭屈殊爲悵悒。今屆新正，想動定佳好。鼐絶不看邸鈔，不知希甫今尚留都中乎？抑更得一開復機會未耶？

鼐衰敝已甚，今年當重赴鹿鳴，故留住此，俟秋冬間歸去耳。兒景衡現署儀徵，家有孫四人，長孫今年可娶婦矣。鼐於文章之事，何敢當作者之目？但平生所聞於長者，差異於俗學。所撰《古文辭類篹》，陳石士處有鈔本，恐一時未便刊刻。若希甫就鈔一部，帶回湖湘，或未必無益於學者耳。珍重千萬，餘不多及。（《惜抱先生尺牘》卷四）

附：

姚鼐

中憲大夫杭嘉湖海防兵備道長沙周君墓誌銘並序

君諱克開，字乾三，先世自豐城徙長沙。明末張獻忠破長沙，脅降諸生周繼聖，至斷腕不屈者，君五世祖也。其四世孫宣智，中乾隆甲子科舉人，爲溆浦教諭，以君貴贈中憲大夫。

君爲贈中憲之長子，少有盛才，後父一科而爲舉人。乾隆十九年，以明通榜引見，發甘肅以知縣用，授隴西知縣，調寧朔。寧夏之田，並河爲渠，歲得河新水則腴，得湖山宿水則鹻且瘠。故渠有引河之閘，又有泄宿水入河石竇，民謂之暗洞。君在寧朔，值唐延渠暗洞崩塞，渠水不行。上官從他吏建議填暗洞，而竭唐渠入漢渠，以便寧夏之引河。君念暗洞廢，則寧朔水無所泄，夏秋水盛，民且溺，力請修復之。夏民以爲農事近，新水將至，不可待。君約以五日爲之，乃取故渠廢閘之石，晝夜督工，五日而暗洞復立。又嘗爲寧夏治唐延、漢來及大清三渠，皆前吏治之無功者。君受檄相度，或濬或徙，至今民賴其利。

君再以卓異薦，擢知固原州。父喪去官，服終爲姚州知州，擢都匀府知府，調貴陽府。在都匀時，嘗從巡撫與總督吴達善、侍郎錢維城治貴州苗民爲逆，獲其首從鞫之。君謂錢侍郎用法有不當者，固争不爲下。在貴陽，亦以强直忤巡撫宫兆麟。二公始皆憾而卒以重君。

旋以公累解職，引見，復授蒲州府知府。調太原府，大清積案，修復風峪口隄堰，障山潦而導入汾。始君在寧夏，治渠作閘，民謂之周公閘。至太原，民亦德之，於隄上作周公祠云。擢吉南贛寧道，署布政使事，以王錫侯書案被罪。然高宗素知君賢吏也，乃發江南以同知用。值駕南巡，君以署江寧府見，上命知九江府。擢浙江糧儲道，又調杭嘉湖海防道。值改建海岸石塘，君莅其工。總督欲徙柴塘近數百丈以避潮，君曰：『海不與河同，徙而讓之，潮益侵，無益也！』力争得止。君督視勞甚致疾，然猶不懈。在任年餘，以乾隆四十九年七月二十日卒，年六十一。

君生平所莅官皆有績，善治獄，多所平反；禮儒生，以私錢興書院，而性尤廉。其授糧道，盡革舊徵之濫，而身與上官約，不取一錢之賄，上官故移之海防也。没後，家無餘貲。娶張恭人，先卒，生子有聲，乾隆六十年進士、貴州大定府知府。次有度，早殤。女三。側室童氏生子有蕃，國學生。女一。有蕃年未三十而卒。君與張恭人合葬本邑河西鄉蘊玉山。

嘉慶十年，有聲將復治其墓，桐城姚鼐銘之。銘曰：

矯立其義，惟堅以毅。惡恤子忌，奮襄民事。辨害興利，河壖海澨。方略載備，衆曰君恃。生爲良吏，没而民祀。貽庥厥裔，銘告千祀。（《惜抱軒文後集》卷九）

周梅圃君家傳

姚鼐

梅圃君，長沙人，周氏，諱克開，字乾三，梅圃其自號也。以舉人發甘肅，授隴西知縣，調寧朔。其爲人明曉事理，敢任煩劇，耐勤苦。寧朔屬寧夏府，並河有三渠：曰漢來、唐延、大清，皆引河水入渠以灌民田。唐延渠行地多沙易漫，君治渠使狹而深，又頗改其水道，渠行得安。而渠有暗洞，以泄淫水於河，故旱澇皆賴焉。唐延渠暗洞壞，寧夏縣吏欲填暗洞，而引唐渠水盡入漢渠，以利寧夏民，而寧朔病矣。君力督工修復舊制，兩縣皆利。大清渠者，康熙年始設，長三十餘里，久而首尾石門皆壞，民失其利。君修復之，皆用日少而成功遠。君在寧夏多善政，而治水績最巨，民以所建曰周公閘、周公橋云。

累擢至江西吉南道，以過降官，復再擢爲浙江糧儲道。當是時，王亶望爲浙江巡撫。吏以收糧毒民以媚上官者，習爲恒矣。君素聞，疾之。至浙，身自誓不取纖毫潤，請於巡撫，約與之同心。撫臣姑應曰『善』，而厭君甚，無術以去之也。反奏譽君才優，糧儲常事易治，而其時海塘方急，請移使治海塘。於是調杭嘉湖海防道。君改建海岸石塘，塘大治，被勞疾卒於任，而王亶望在官卒以貪敗。世言苟受君言，豈徒國利，亦其家之安也。君卒後，家貧甚，天下稱清吏者曰周梅圃云。

姚鼐曰：梅圃，乾隆間循吏也。夫爲循吏傳，史臣之職，其法當嚴。不居史職，爲相知之家作家傳，容有泛濫辭焉。余嘉梅圃之治，爲之傳，取事簡，以爲後有良史，取吾文以登之列傳，當無愧云。（《惜抱軒文後集》卷五）

周有聲

鍾山書院謁座主姚姬傳先生敬呈三十二韵即以誌別

一代斯文寄，如今復幾人。先生起江表，高步視前民。纘祖非遺世，圭璋自抱珍。年增形不老，道重品逾醇。立德行何忝，談經意獨申。疏箋融漢宋，稽討逮周秦。究委從觀海，窮源必導岷。衆流趨巨壑，利刃闢荒榛。折角誰門户，埏埴實大鈞。傳心惟在昔，遊藝亦無倫。墨妙淵雲失，詞林典誥親。六朝空綺麗，八代盡逡巡。嘿鼓洪鑪炭，精銷百煉銀。希聲咸夏渺，切響濩韶真。法酒齋良並，和羹醬醯勻。琮璜豈稜角，彝鼎倍鮮新。碑版方資史，歌謡合奏禋。群公多莽鹵，數卷最瑞璘。昔嘆溝中斷，曾叨席上珍。愧難尋奥窔，只覺負冠巾。京洛棲遲久，鑾鄉竄逐頻。行猶期贄雉，來不爲思蓴。霽月仍回照，光風恰趁春。詩書能换骨，笑語總怡神。顧我憐無具，休官詎不辰。歸求宜可及，請事尚堪振。羨彼二三子，群依八十身。先生今年八十一歲。吴天雖浩蕩，楚澤未沉淪。應劭虚參座，彭宣幸侍茵。一編欣拜手，時先生以新刻《經説》見授。萬里更書紳。窺管憑看豹，探珠且奮鱗。期頤還有頌，重掃絳帷塵。（《東岡詩賸》卷十三）

71 吴賡枚

吴賡枚（1750—1825），字登虞，號春麓，桐城（今安徽桐城市）人。嘉慶四年（1799）進士，朝考選爲翰林院庶吉士，任實録館纂修。後改任禮部主事，升郎中，纂修會典及《學政全書》。在禮部十餘年，遇事議論必依據禮經並參合國制。後任山東道及江西道監察御史。因母喪，回籍守制，遂不出。主講歙縣、安慶書院，學者稱『春麓先生』。著有《吴御史奏稿》《惜陰書屋文集》《惜陰書屋詩鈔》等。

71-1 與吴敦如

姚鼐

得書，略知近狀，邇惟侍奉益佳勝也。鼐屏居草澤，豈當復論西清舊體？前鮑覺生投帖，鼐更不以名帖復答之。足下益爲煩矣，故謹璧尊謙也。

故鄉淫雨爲患，居屋皆困於浸濕，薪米皆貴，殊令人憂。京師未知何狀，甚望尊大人得一差，又望臺中得一實缺。朝夕惟珍重，餘不具。（《惜抱先生尺牘》卷三）

71–2

姚鼐

與吴敦如

去冬郎君回，得手書，具審佳勝，奉侍萬福爲慰。鼐里居亦如常。郎君美才而立志，真佳兒矣。里中少年，風氣殊不善，此獨不爲所染。傑出之士，異日必繼家聲，乃翁雖貧，亦差足樂矣。

家鄉米價極貴，而未得透雨。鼐欲與同人募米平糶，而樂輸者少，恐不能辦成，但有愍嘆耳。聞尊大人意興頗佳，禮闈望可與分校。衡兒以盤費之艱，遂輟公車之行，亦以其去歲乏功力，不欲取債而爲無益之舉耳。朝夕惟珍重千萬。（《惜抱先生尺牘》卷三）

71–3

姚鼐

與吴敦如

書至，審侍奉多福，欣忭欣忭。鼐亦粗適。卜居之説，尚未能決也。得禮邸書，即爲恭王擬作一文字，然其間有數條須更審問者，今寄來，奉懇爲細細問清，更將元稿寄鼐改定後，乃復繕清以寄禮邸。再藩邸之傳，本應史臣裁著，非職元不當爲。若云家傳，亦覺不妥。意欲改爲神道碑文，但加一銘詞耳。望見禮邸，更一商之。至所載詳略之宜如何，抑更須增減耶？率候，不宣。（《惜抱先生尺牘》卷三）

71-4

姚鼐

與吴敦如

盛暑，想侍奉佳勝。鼐四月底作一書，并《禮藩傳》稿，奉寄商訂，付陳既亭。乃伊行至揚州，以水大，畏而返，又留吾書於揚城，故今另鈔寄。鼐見虞道園爲當時宗室撰碑誌，皆略述其前世功德。蓋遐遠之人生未見國史者多矣。而宗室先世之事，必于國家關繫，豈可草略？今故先擬一稿，所未明之事，祈爲查清。若吾兄於此亦未明曉，便希見禮邸詢問，問得後，批於元稿，却轉寄鼐竄改定本繕清，鼐乃敢爲啓以寄復禮邸也。

頃淮揚水灾極重，而吾桐則早遲之禾俱豐，米升十三錢，於貧士大利，真可慶也。都中本年糧運無阻，人情安愈可知，然以言久遠之策，似尚未獲耳。鼐雖尚能行步，然終是衰憊，精神大乏。今冬回家一行，或明年二月再出，謝去此席，尚未能也。尊大人前請安，不另書矣。珍重千萬，不具。（《惜抱先生尺牘》卷三）

71-5

姚鼐

與吴敦如

鼐今冬留江寧未歸，得里中轉寄來賜書，具悉康善，尊大人正萬福也。禮邸家傳至，據以竄定，恭王之傳，觀之庶爲明晰矣。今併一啓，即懇持入邸内，以呈今王，想便可刻入舊函後也。

鼐今年刻《試帖詩》一小卷、《法帖題跋》三卷，並裝一册，呈尊大人及吾兄，閱之以謂何如耶？歲行盡

矣，尚可從容度去不？無由相見，深切企想。珍重，不具。（《惜抱先生尺牘》卷三）

71-6

姚鼐

與吴敦如

尊大人醇德雅才，鄉邦共仰。遽爾弃世，悲切士林。况鼐俯仰人間，故人斯盡，痛感曷勝！大孝哀毁，亦何以慰！願賢兄弟深念擔荷之重，自慎遺體而已。此時已奉靈輀登舟不？想過石頭時，可申一奠。兹先奉唁，或尚未行也。

鼐去冬寄禮邸啓并傳文，已至都未？兹略報，不具。（《惜抱先生尺牘》卷三）

71-7

姚鼐

與吴敦如

去冬聞轉官御史，欣慰欣慰。令弟至，益知近祉之詳，新年想增福也。鼐昏憒日甚，看文作書甚艱，此固其宜爾。欲歸又未得去，兹以爲恨耳。

所命題史閣部書後，此爲兩姓光榮之事，附名其間，誠所願矣。但耄病不文，雖作題無可觀耳。另紙呈閲，可附於史公書後不？衡兒得泰興，尚未能赴任。江南春寒猶甚，恐京師未必若此也。草草略報，不具。（《惜抱

先生尺牘》卷三）

附：

跋史閣部書後

姚鼐

鼐之六世從祖湘潭公，爲明神宗時清吏。其長女適吴氏，夫亡守節育孤，後與兄同遭流寇之亂，罵賊死義。史閣部撫皖時，高其誼，請於朝旌之。夫人子爾玉公，今侍御賡枚之高祖也，於史公憂歸時，以啓陳謝，史公復之。書藏於吴氏，今侍御以見示。

鼐惟史公千古偉人，撫皖時吾鄉尤被其賜，民敬祀之，至今不衰。而吾五世祖姑節烈之風，光於兩氏家乘，又因史公之言而彌顯。展讀手書，敬感交至，因題其後云爾。（《惜抱軒文後集》卷二）

師　範

師範（1751—1811），字端人，號荔扉，别號金華山樵，大理趙州（今雲南彌渡縣寅街鎮）人。清乾隆三十九年（1774）舉人，後多次北上應考未中。乾隆五十二年（1787）選任劍川州學司訓，嘉慶六年（1801）官安徽望江知縣。嘉慶十三年（1808）解望江縣令，因貧困不能返鄉，在望江賣文爲活，最終卒於此地。師範爲官清廉，恤民愛士，甚著賢績。著有《滇繫》七十卷，被姚鼐譽爲『史氏一家之美』。又著有《金華山樵前集》十八卷、《金華山樵後集》十卷、《二餘堂詩稿》十二卷等，輯有《歷代詩文》六十卷、《國朝百二十家古文鈔》二百卷。方東樹稱其學問『博大精深，有體有用』。

72-1

師範

上姚夢穀先生書

範曰，夢穀先生閣下：範負性椎魯，家鄰西鄙。雖早承庭訓，少知自愛，乃困以帖括，復疲之以舟車，舊學遺忘，毫無本末。昔嘗住都城者十有餘載，竊見諸鉅公手持文柄，震懾一世。非不工於立言，考其行率多不合，或迂僻爲古，詭誕爲博。範竊心非之，於是顯者之庭落落然無範之迹，即通門舊好，亦不過旅進旅退而已。惟於南園侍御處，得聞閣下高風亮節，自以爲祥麟威鳳，生既並世，而不獲一見，心欽欽然若有所失，流濕就燥，或亦水火之性則然！

戊申還滇，先君子嘗召範而謂之曰：『我没，必求有言有德之文以銘我。無拘戚誼，無豔官階。若所見迂僻先君司教晉寧，昆明乃旁邑，數以所業質，極獎之，故每呼其字如諸生時。範當日默不敢對，私念得他文不可知，若南園文亦甚易易。乃先君之卒，反後于南園兩月。

範自奉諱回鄉營葬，植碑修祠，而誌墓之典缺如。去冬，承乏望江，聞閣下主講鍾山，擬以謁制軍之便，泥首崇階，借償夙願。偶遇周午塘言之，午塘曰：先生已移席敬敷，子而猶不知耶？傾聽之餘，欣躍彌日。齋心潔貌，驀然投刺，遂遊霽宇，如坐春風。退而念先君子，壽躋大耋，登仕版廿餘載，著有政聲，於法已得銘。且範亦非欲以文諛其親者，據實陳情先生，必憐而許之，遂不揣冒昧，持狀叩謁。果欣然命筆，並爲手書入石。夫不得于南園，今乃得之於南園之師，又即先君子之所謂有德有言者，範可告無罪於九原矣。鞅掌下吏，一晉省垣，率多不懌，範則以得見先生爲幸。他務苛繞，皆所弗恤，楚米之役，先期趨别先生，謂範差竣回皖，先生已歸龍眠，相晤必於明春。執手相送，情致拳拳，孰料先生來皖，而範猶滯楚。歲序之遷流，人事之變幻，有如此。範自抵鄂赴襄，足疾耳疾相繼並發，困卧舟中者七十餘日。因病得閑，成古近體詩二百餘章、雜文數篇，已浼鈞六世兄另繕清本，俟銷差後，面奉左右。不見南園，得見南園之友，當亦樂爲教育也。五排廿四韵，先録寄呈，淺才弱筆，無讚揚高深，亦聊志向往之誠耳。臨穎悚切，伏惟爲道保練，不戩，範啓。（《二餘堂文稿》卷二）

師範

附：

寄上姬傳先生二十四韻

當代推前輩，巍巍復幾人。惟公操寸管，于世養天真。集已消微纇，辭俱返大醇。雲霞高不落，日月見常新。至道垂千古，斯文繫一身。津梁開後覺，矩度秉先民。弱冠初攀桂，庚午孝廉。中年始佩銀。癸未入詞館。鸞坡朝試馬，秋府夜回輪。改官刑部。屢作掄才使，典試山東、湖南，並分校會闈。嚴搜待聘珍。體求芟茁軋，路必薙荆榛。任倒通侯屣，時標折角巾。歸思潔饈膳，乙未請養歸里。去匪戀鱸蓴。風雨梅花夜，主講揚州。江山采石春。鍾山書院。攢眉過白社，洗眼看紅塵。間入蔣生逕，心餘編修。偶同王翰鄰。夢樓太守。殫心工著述，著有《九經説》，並選《古文辭類纂》，俱爲一代之書。披卷仰陶甄。自厭爲卿相，非關慕隱淪。弟兄情獨摯，昆玉三房約數十口俱仰食於先生。師友誼何肫。耕南徵士、子潁運使文集中每道及之。捫籥滇西士，瞻星皖水濱。敬敷書院。升堂衣許攝，入室足猶循。教本因材立，時爲點定拙稿。言從握手親。龍眠桃欲纈，雷岸草將茵。沾溉原無盡，交遊若有神。勞勞漢南吏，此意向誰陳。（《師荔扉先生詩集》卷十二）

姚鼐

滇繫序

方志爲史家之一體，非具史才者爲之不能善也。昔司馬子長以父子繼爲史官，而成《太史公書》。然其後班彪即仕爲縣長令，而首爲《漢書》。世推良史，何嘗以其職哉？自是之後，居史職者往往屬諸上車不落之才，而具史才者不得居其職，是亦多矣。

雲南入中國最晚，古事闕軼。國家定天下幾二百年，文治遠被邊陲，雲南之文獻彬彬出焉，然不得生其土地、具史才者論定之，猶患不能善也。大理趙州師君，天下才人也，工詩文，明吏事，仕爲望江知縣。合生平聞見，蒐輯雲南事類，成《滇繫》一書。撰論古今之是非，綜核形勢之利病，兼采文物，博考故實。此史氏一家之美，而師君以吏治餘力成之，豈非其才之過人而庶幾於叔度之事者哉？

吾始識師君於懷寧，後屢相接對，見其人豈弟忠信，篤於友誼，愛士殷殷，出於至誠，真世之君子，亦非獨才智之美也。今以事過吾舍，出《滇繫》示余。余既取其人，又樂其備西南一方之事，成一家外史之書，因書爲序云。（《惜抱軒文後集》卷一）

知縣銜管石碑場鹽課大使事師君墓誌銘並序

姚鼐

君諱問忠，字恕先。師氏本居山西洪洞，明初從黔寧王定雲南，以功得世襲指揮使者曰毓秀，始居於滇。其後乃有定居大理府□□者，至君凡七世。君之祖諱可植。考諱行甫，爲縣學生。君十四歲而孤，孑立無伯叔昆弟。貧以耕食，欲奮於學而姿魯，讀書不得入。君愈發憤，且求禱於神。一夕寐，若有人以刃剖胸，取其心濯之，寤悸猶若痛。然自是聰悟，文冠其儕，旋入縣學。乾隆六年，中雲南鄉試第二名，試於禮部數不利。丙戌科試後，挑晉寧州訓道。四歲，吏部取入都，旋授爲長蘆樂亭縣石碑場鹽課大使。於是居樂亭二十年乃歸，歸居八年而卒，年八十有五。

君有文學才識，屈居下職，然不以爲忤意。遇人甚和易，至非義則堅不可犯。欒亭令以竈户地誣爲荒地，招姦民而市之。竈户訴於朝，人知令之不直也，而多爲之地者。君以實報上官，且持之甚力，上官謂之强項場官。然終以君議正，不可奪也，卒以地歸竈户。

其持身儉甚，衣履敝不易，曰：『苟欲華侈，一至不給，則敗所守矣。』娶金孺人，生子翼，先君殁。繼娶任孺人，生子範。君以文章教弟子，多成名者，而範亦中甲午科雲南鄉試第二名，今爲安慶府望江知縣，有聲矣，天蓋報君於其子也。範已葬君，使鼐補爲銘。銘曰：

其學天啓，其行人韙。官偃不起，誼植弗毁，昌後其徯！既安幽里，銘貽萬祀。（《惜抱軒文後集》卷八）

73 孔廣森

孔廣森（1753—1786），字衆仲，一字撝約，號顨軒，堂名儀鄭，以希追踪鄭玄。曲阜（今山東曲阜市）人，孔子六十八代孫。乾隆三十六年（1771）進士，入選翰林院庶吉士，散館授編修。乾隆五十一年（1786），以居祖母及父喪，哀傷而卒。孔廣森天性聰穎，師姚鼐受古文，又受經於戴震，經史小學，無不深研，尤精『三禮』及《公羊春秋》。又於演算法、音韵皆卓有發明，分古韵爲十八部，並提出陰陽對轉之説。孔廣森工書法，擅駢文，論者以爲兼有漢魏六朝初唐之勝。著《春秋公羊經傳通義》十一卷、《大戴禮記補注》十三卷、《詩聲類》十二卷、《聲類分例》一卷、《禮學卮言》六卷、《經學卮言》六卷、《儀鄭堂文集》二卷、《儀鄭堂遺稿》一卷等。

73-1 復孔撝約論禘祭文

姚鼐

鼐頓首：去聖久遠，儒者論經之説，紛然未衷於一。而又汩於同異好惡之私心，以自亂其聰明，而長争競之氣，非第殘闕之爲患而已。子曰：『多聞，擇其善者而從之。』又曰：『禮失，求之於野。』夫於群儒異説擇善從之，而無所徇於一家，求野之義，學者之善術也。雖於古禮湮失之餘，亦終不能盡曉，然而當於義必多矣。

承教《禘説》，其論甚辨，而義主鄭氏，則愚以謂不然。『禘』之名見於《禮經傳》《春秋》《國語》《爾雅》，未有云祀天者。《禮記》曰：『王者禘其祖之所自出，以其祖配之，而立四廟。』韋玄成釋之云：『王者受命祭天，以其祖配，不爲立廟，親盡故也。所立親廟，四而已。』玄成以是解《禮記》之義已僻矣，此班彪所謂『不博不篤，不如劉歆』者也。意玄成之爲此言，固非臆造，當時儒者，固有以禘爲祭天神之解矣。玄成又引《禮》『五年而再殷祭，言壹禘壹祫也』，此亦當時儒者之説，蓋出於《公羊》經師。推是説固以禘爲宗廟之大祭，非祭天神也。惜玄成混引其辭，不能分别，擇其一是耳。

東漢而後，儒者説經之義，或繼或絶，或闇不章，而鄭氏獨著。鄭氏所受師説，同於玄成。夫以祖之所自出爲天，則人孰不出於天，何以别爲一王所自出？别爲一王所自出，則必如康成所用緯説『感生靈威仰』之類，而後足以達其義。故究韋玄成之解，必至於用讖緯而後已。然則禘説之失，萌於西漢之士，而極於康成之徒。西漢之士説非皆誤也，雖有是者，傳述之不明，而廢於無助也。夫《逸禮》尚有禘於太廟禮，安得如鄭説，以祭昊天於圜丘而謂之禘。果周以禘祀天，而以譽配；孔子告曾子，宜與郊以稷配，明堂以文王配，並舉之矣，而反漏不言乎？《禮記·喪服小記》《大傳》兩篇，皆以説《儀禮》《喪服》者耳，因《喪服》有宗子適庶之禮異，故推其極至天子承祧，至禘而後止，何謂泛言及祀天乎？兩篇皆言『禮，不王不禘』，鄭君釋以祀天，不達經之本旨者也。且夫郊以祭天，其禮誠重矣。然自人鬼言之，則禘之祭祖所自出而以祖配，其禮專爲祖設者也，重在人鬼者也；郊祭天而配以祖，所重非在人鬼者也。故展禽之言禘先於郊，《春秋外傳》屢言禘、郊者以此，不可因是遂謂禘乃祭天神，與郊同義也。

當康成注《周禮》，知是説之不可通矣，亦謂宗廟之祀，有禘、祫、祠、禴、烝、嘗六者，然不能舉禘、祫之別。惟鄭司農注『司尊彝』有云：『朝享、追享，謂禘、祫也。』夫王者先祖之於太祖，皆子孫也。子孫得朝於祖而合食，故祫謂之朝享。王者之追遠，未有遠於祖所自出者矣，故追享禘也。以是求之，司農之説當矣，而後鄭不達，顧捨而不從。及王子邕難鄭君，作《聖證論》，斷以禘爲宗廟五年之大祭，以虞、夏出黄帝，商、周出帝嚳，四代禘此二帝，是爲禘其祖之所自出，然後禘義大明。故究禘之論，仲師啓其萌，子邕暢其義，後儒所不能易已。

然鼐意子邕之説，亦有未盡。蓋王者，太祖以下，皆其祖也。禘祭祖所自出，則其祖皆得配之，祫有不禘而禘無不祫，是以皆曰殷祭也。其祖皆殷祭而立廟者四，是謂以其祖配之而立四廟，言隆殺之分有如此，故雖有太祖之廟，而非其辭意所及也。非如玄成謂遠祖無廟，亦非如子邕言專以太祖一人配也。然子邕之言，大旨善矣，後有執鄭君以難子邕者，皆好爲説而無從善徙義之公心者耳。

當明時，經生惟聞宋儒之説，舉漢、唐箋注屏弃不觀，其病誠隘；近時乃好言漢學，以是爲有異於俗。夫守一家之偏，蔽而不通，亦漢之俗學也，其賢也幾何？若夫宋儒所用禘説，未嘗非漢人義也，但其義未著耳。夫讀經者，趣於經義明而已，而不必爲己名。期異於人以爲己名者，皆陋儒也。撝約以爲然乎？鼐於義苟有所疑，不敢不盡，非有争心也。苟不當，願更教之，得是而後已。鼐頓首。（《惜抱軒文集》卷六）

姚鼐

與孔撝約①

鼐於前歲，得撝約所寄于宣誄，後曾兩次作書，奉寄入都。今揚州寄去歲秋間惠書，乃知前兩書俱未達也。鼐前在揚州，聞撝約遭艱還里，時鼐亦正有婦喪，匆匆歸來，急切無附書處，遂闕唁問，今計時已終制矣。未審撝約已入都補官不？近狀佳不？

鼐數年來情緒頗劣，小邑寡可言者，作文字頗多，又不能寫寄。昨承索《儀鄭堂記》，便即撰成，鈔於別紙，撝約觀之，亦不異共一夕談笑也。想便可煩賢叔書成刻石耳。鼐纂録古人文字七十餘卷，曰《古文辭類纂》，似於文章一事有所發明，恨未有力，即與刊刻，以遺學者。數年來經營葬地，去臘始得一處，粗有形勢可觀。拘於術者日月，俟來歲正月乃可畢葬事，然精力則已罷矣。尊府所刊《國語》《國策》，祈以一本見寄；《國策》若未得校正，且以誤本寄來也。大抵樊川先生、左六哥處皆可寄書，當必達。尊大人前可道請安，率寄不盡。（《惜抱先生尺牘》卷四）

①此札爲《惜抱先生尺牘》卷四第一札，卷題後有注：『此卷皆與門人。』

73-3

孔廣森

上座主桐城姚大夫書

五月十七日，領到惠製《儀鄭堂記》一首。如來鄴騎，方窮寶玦之繩；恐效津龍，遽化豐城之鍔。雕陵顧字，渙水騰文，歡喜奉持，回還誦讀。去天三尺，未喻聲高；繞極一句，定知塵起。伏惟夫子大人，立言不朽，下筆爲經，受書於河洛之間，講學於瀍伊之表。斟裁體要，二百年吏部之文；含吐風神，六一翁廬陵之集。乃若子山宫體，丁廙小文，固有類於俳優，尚耻爲於執戟。而廣森藉承談末，經示端倪，以爲湘水波瀾，稱言絶妙，春旗楊柳，無字可删。既舉斯隅，自覽其切，遂得粗知偶事，强附駢聲。它日韓陵片石，免作驢鳴；樊南一編，積成獺祭。誰開間介，即被雕朽耳矣。蝸角荒廬，蛇年草創。東鄰縈映，顧慚拙宦之居；北市囂塵，差遠小人之宅。然而方纔布武，廣不由旬，在陸疑舟，有囪似瓮。雖開府小園，何嘗無賦；而長卿陋室，未必堪銘。豈意金壺副墨，石室餘縑，錫以題辭，光其楶棁。入長公别集，彌榮三槐之堂；乞退之一言，便擬雙松之舍。竊惟校漢儒林，東京尚已；稱鄉先達，北海褎然。是以小已忘涯，高山仰止，低徊哲範，若見之墻，橅擬賢容；欲圖之壁，重聞命焉。曰姑舍是，賢者識大，不當囿以專家，古之離經，非徒尋夫章句。許君謹案，何掾膏肓，雜問之志，六藝之論，詎要道之微言，秖通人之鄙事。若廣森者，私淑於趙商、張逸之間，激揚於賈釋、孫評之後，旁要夕桀，僅取多能，觚字幽聲，惟資小學。上士勤行之道，本末朝聞；群經淆亂之言，何曾晚定？若其溯高密之徽風，追不其之逸躅，足使冀州畔援，折敬伊人，應劭宏通，願爲弟子。二千石青綬，式馳馬以旌門；百萬衆黃巾，望單車而解甲。世無孔子，當亦遊、夏者流，第之宋儒，不在張、程以下。是則慕藺相如之名，其去猶遠；

讀臺孝威之傳，此志終狂。苟將業彼箋疏，呻其佔畢，而謂著書通德，訓詁傳於此名；寫定禮堂，祝史尊其陳數。匪直鄭公之學，謬爲聖證詆諆，仰幾董傳之徒，乃有步舒惑陋與？因荷言提，歸諸盍各，負墻無地，迪牖何年。起安石於東山，志今益遠；望羲和於南陸，心與俱馳。（《儀鄭堂文》卷一）

73-4

孔廣森

上座主桐城姚大夫書

……近喜公羊學，方爲之説，未竟。……

按：姚鼐《哭孔撝約三十二韻》小字注言及『君書來』云云。

附：

姚鼐

寄孔撝約

岱山樅檜鬱嵯峨，磵户秋風吹女蘿。早厭雕蟲卑入室，遲歸金馬且槃阿。萌芽頗嘆言詩少，枝葉惟嫌擬易多。千古著書非近用，廟堂伊鬱獨弦歌。（《惜抱軒詩集》卷八）

姚鼐

哭孔撝約三十二韵

孔夢興疇昔，斯文失在兹。世從乖大義，家尚誦聞詩。舊德誠遥矣，通家願附之。壁中書若授，坐上客何辭？往歲南宫直，東征使節持。鹿鳴君始賦，駿骨竊先知。庾信升朝歲，揚雄好賦時。翰林真不忝，家法亦胡虧？文富韓陵石，書摹鄒嶧碑。談經工折角，好學復深思。海宇承無事，宫庭大有爲。九流讎秘省，三俊接彤墀。博誦先王語，當求孔氏師。二劉今幾見，後鄭獨勤儀。君作儀鄭堂，嘗乞余爲記。老氏藏書室，儒林習禮帷。廟堂君竟返，延閣士奚資？道德慚途説，文章劣管窺。燕居頻接膝，狂論每無疑。處處同杯酒，殷殷愛履綦。逮聞辭禁闥，先已病茅茨。岱嶽分天峻，江流控地卑。龜陰人去少，舒口雁來遲。鵩鳥妖斜日，龍蛇在歲支。風流前日會，天意百年期。橘幼靈均頌，蘭摧長史悲。豈教爲異物，真見瘗瓊枝。銘鼎幾先德，沾袍辨異辭。君書來云『近喜公羊學，方爲之説，未竟』。書成寧餅肆，身泯罷饘斯。適就潛夫論，希聞智者規。九原終不達，一卷更投誰？余以《經説》寄君甫去，計不及見。髟鬢秋增白，雙髦昔對垂。止餘名篆在，啓篋涕交頤。（《惜抱軒詩集》卷八）

姚鼐

儀鄭堂記

六藝自周時，儒者有説：『孔子作《易傳》。左丘明傳《春秋》。子夏傳《禮・喪服》。《禮》後有《記》，儒者頗裒取其文。其後《禮》或亡而《記》存，又雜以諸子所著書，是爲《禮記》。《詩》《書》皆口説，然《爾雅》亦其傳之流也。

當孔子時，弟子善言德行者固無幾，而明於文章制度者，其徒猶多。及遭秦焚書，漢始收輯，文章制度，舉疑莫能明。然而儒者説之，不可以已也。

漢儒家别派分，各爲耑門。及其末造，鄭君康成總集其全，綜貫繩合，負閎洽之才，通群經之滯義，雖時有拘牽附會，然大體精密，出漢經師之上。又多存舊説，不掩前長，不覆己短。觀鄭君之辭，以推其志，豈非君子之徒篤於慕聖，有孔氏之遺風者與？

鄭君起青州，弟子傳其學，既大著。迄魏王肅，駮難鄭義，欲争其名，僞作古書，曲傳私説，學者由是習爲輕薄。流至南北朝，世亂而學益衰。自鄭、王異術，而風俗人心之厚薄以分。嗟夫！世之説經者，不蘄明聖學詔天下，而顧欲爲己名，其必王肅之徒者與？

曲阜孔君撝約，博學工爲詞章，天下方誦以爲善。撝約顧不自足，作堂於其居，名之曰『儀鄭』，自庶幾於康成，遺書告余爲之記。撝約之志，可謂善矣。

昔者聖門顔、閔無書，有書傳者或無名。蓋古學者爲己而已。以撝約之才，志學不怠，又知足知古人之善不，將去其華而取其實，據其道而涵其藝，究其業而遺其名，豈特詞章無足矜哉？雖説經精善猶未也。以孔子之裔，傳孔子之學，世之望於撝約者益遠矣。雖古有賢如康成者，吾謂其猶未足以限吾撝約也。乾隆四十五年春二月，桐城姚鼐記。（《惜抱軒文集》卷十四）

74 胡 虔

胡虔（1753—1804），初名宏慰，字雒君，號楓原，桐城（今安徽桐城市）人。嘉慶元年（1796）舉孝廉方正，賜六品頂戴。師事姚鼐，受古文法，工古文辭，精經史考據，尤長地理、目録之學，爲乾嘉之際有名學者。歷主翁方綱、謝啓昆、秦瀛等幕府，謝啓昆所撰《西魏書》《小學考》等皆出胡虔之手。著有《識學録》《柿葉軒筆記》各一卷等。

74-1 姚鼐 與胡雒君①

自去里中，何日至鄂？甚念甚念。入夏來想佳勝。書局之事畢未？鼐於二月晦出門，三月望始至江寧，近平安耳。謝公有書來，翁覃溪令其更有事考稽於石刻，然魏人石刻既少有，又不足資考異，恐無益也。見秋帆制軍、實齋先生，均爲道候，餘不一。（《惜抱先生尺牘》卷三）

① 此札爲《惜抱先生尺牘》卷三第一札，該卷題後有注：『此卷皆同里故舊及後進。』

74-2 姚鼐 與胡雒君

久未得消息，想佳好。尚在秦觀察署中耶？貴宅一切安善，令婿新入泮，殊可喜也。鼐去冬喪弟婦，而次子生一孫。今春欲以舍弟夫婦合葬竹園窠，乃遭大雨，穴中泛水。蓋其地作一穴自可，三棺則不能避水，祇得仍措，俟今冬葬之鐵門，然以此，大爲勞費矣。

三月初八日，始自家動身來南京，精神殆更不如舊年。又相好者率皆遠别，目前鮮可與言之人，極使人不樂耳。臘月半，陳碩士過舍間，留談竟日，伊取鼐爲兒輩竄改之文刻之。此不如《惜抱軒稿》之枯淡，大爲人情所欲得。帶來數十部，取之須臾便盡，俟其再寄來，當奉寄也。正月末，魯習之來晤，果亦佳士，碩士之表弟也。邑中二左、二葉及秦牧，皆苦心勞力以覓地，而迄今不得，良可太息。玆事乃爾難耶。鍾山監院鄒學博，是秦觀察之舅，可因寄信。居越中近有所聞見不？曾遇佳士足與言者不？叔固屬爲刻《海峰集》，成邪？未邪？年底擬還家不？詳示之。略報，不具。（《惜抱先生尺牘》卷三）

74-3
姚鼐

與胡雒君

纍月未得消息，想佳適耶？夏初一札，從孫藩台處奉寄，不審達不？鼐秋初癉下數日，又遭賊偷，今病雖愈，猶未復元，而貧乃甚矣。《九經説》及《三傳補注》則先後成，此蓋爲可喜，今各以一部奉寄。江寧及故鄉皆秋旱米貴，而四方未寧，吾曹安得無憂耶？衡兒尚居里中，舍間三月於鐵門葬舍弟，而五月遂得一侄孫，妄意又欲自誇矣，奉聞發一大笑也。邑中諸友率平安，惟楷之葬泉水塌事大可怪駭。郡中今正考試，而尚未聞雋者之名。鼐擬十月末去此歸里，諒亦當於此時乎。惟保重，不具。（《惜抱先生尺牘》卷三）

74-4 姚鼐

與胡雒君

昨得五月見寄書，具審佳好。主紹興書院，千岩萬壑，固宜多勝覽矣。此間日與豫生相對，殊慰岑寂。故鄉昨有人來，雨水甚足，早稻登場，米價大減，茲可慶也。春間舍侄駿赴浙，鼐有一書奉候，而前書來時似未達，當由杭、越相隔故耶？汪稼門如到任，想可一晤之。甯世想已至臨安去耶？鼐近狀如常，相見日近，一切面悉。茲不宣。（《惜抱先生尺牘》卷三）

74-5 姚鼐

與胡雒君

去歲得手書，具審客中佳勝爲慰。鼐今歲又二月來江寧，頃時有人來，知尊府一切平安也。

前所議小學事，鼐殊不以《班志》所定爲是。朱子所定小學，其識自高于古。朱彝尊輩欲返而從漢，其所評不爲是也。夫六藝自是古人以教小子之事，然計所教者亦淺，令粗知其概耳。其一藝之精，自有專門，豈必人人能之？又學者豈必事事解了耶？若宋儒所云『小學』，則是切於日用，學者必不可缺者。大抵近世論學，喜抑宋而揚漢，吾大不以爲然，正由自奈何不下腹中數卷書耶？吾亦非謂宋賢言之盡是，但擇善而從，當自有道耳。雒君以爲然乎？

邑中晴牧家起壙事最可痛，今尚無地葬也。豫生有來江寧之説，而至今未至，不知何故。蘊山先生處，望爲道候。西湖之遊，吾未知能果此緣不耳。兹因舍侄騤來浙覓館，伊所依者甯世兄，然恐未必有濟。如有相當之處，希爲助口芬耳。鼐與觀兒居此平安，餘不備及。（《惜抱先生尺牘》卷三）

74–6 姚鼐

與胡雒君

去臘聞雒君就紹興書院，不得歸里，甚以不晤爲悵。想館况稍覺適意，亦自佳也。鼐在里略如故態，惟全戒肉食，真成一老頭陀矣。臘月朔日未時，令甥又舉一子，以正擬齋僧而生，名曰『齋郎』。今大小俱健，想聞之爲增喜。衡兒乃於臘月病傷寒幾死，服大劑薑附乃愈，今差欲復元矣。吴五哥病疽久不收口，而精神瘁憊，吾極爲憂之。冠海冬初往江陰，今尚未返。鼐爲樊川謀葬地，亦尚未得，殊爲耿耿。張惺齋書附達，餘不宣。（《惜抱先生尺牘》卷三）

74–7 姚鼐

與胡雒君

春間得寄書，知到浙後安好爲慰。鼐今年來苦右臂痛，故作答難也。今未全愈，但不甚耳。此間携觀、雉兩兒來，方厚躬爲課讀，俱平安。家中亦平安。邪教西人武關，而江漢、淮甸皆寧矣。章淮樹仍欲於邑中捐穀設義倉，以備城守。深長之慮，亦非過也。鼐《經説》已爲朱生刻成，現在收拾舛誤，略遲即可奉寄。江寧諸生爲刻《三傳國語補注》，行亦可得，所摘者已去之矣。

將動身來時，將兩兒分撥，意欲自是更不問家事，亦不讀書作文，但以微明自照，了當此心而已。學如康成，文如退之，詩如子美，只是爲人之事，於吾何有哉？嘗至杭州，見藴山、小峴兩公不？小峴有北行過江寧之説，不知得果否？左聖俞乃爲國殤，可痛可痛。然則竹城嘴亦未妙耶。鼐家楓香嶺事，已與彼和息，以『終凶』爲戒故也。頃聞給頂帶，部議已至，附賀，不具。（《惜抱先生尺牘》卷三）

74－8

姚鼐

與胡雒君

前作書付錫祉，錫祉輟行，故沈閣至今。雒君乃有悼亡之恨，實助悽惻，此況亦鼐所身嘗也，命也奈何？正當歸趨大覺耳。鼐去臘月得之孫，已隕於正月廿日，時吴五哥病甚，不令之知。鼐本擬携衡兒來江寧，因其岳病留之。約於三月十二日抵江寧，今不知吴五哥之存不矣。

陳石士頃過此，甚可喜。設其行過杭，而雒君在彼一晤之，亦快事也。鼐《詩集》刻將成，不過一月，可以奉寄矣。此間一切如故狀，珍重，不具。（《惜抱先生尺牘》卷三）

74–9

姚鼐

與胡雒君

在江寧接前月手書，知在里逗留。鼐於此月初六日歸家，駕於初八日發，不知江中於何處相蹉過，竟不得見，爲悵。十五日鼐抵家，而齋人家兄喪於十三日，遭此悲戚，諸事匆匆。侄憲尚未到家，今想甫聞信。而今歲天行之惡，鼐失一侄孫，又失一外孫女，皆極可悼。衡兒於此十三日附綴標入都，以聞塗間不易行故也。致候蘇潭方伯，不及另書，有書從陳方伯寄去，當已達耶？致候晦之、仲魚兩先生。賤體尚如故狀，里中亢陽不雨，不知杭州何似？惟珍重千萬。（《惜抱先生尺牘》卷三）

74–10

姚鼐

與胡雒君

得四月十八日所寄書，具審近佳。又得實齋諸賢共朝夕，亦今時難遇之事，良可喜也。鼐居此近粗平安。胸前小瘡久平，衰羸固理當爾耳。令妹夫吳五哥於三月十四日終壽，誠可傷嘆。兒衡本欲即來，以此輟行，想今亦旋可來矣。

拙詩以十卷付雕，今甫成，聊以一部奉寄閱之，不堪多示人也。又一部寄蘊山方伯者，在方坳堂處。去歲曾有寄方伯及小峴觀察《九經説》，而皆無回信，不知曾到未耶？煩爲一問之。已熱，保重千萬。（《惜抱先生尺牘》卷三）

74-11
姚鼐

與胡雒君

新年來想動定增勝。鼐去歲到家，曾有一書奉寄，當已達也。今年一切如故狀，大概今年赴金陵當少遲。昨陳碩士有書來，説伊二月必過桐城見訪，固亦須候之也。今日石君先生已過此入都，此後又當景象一新矣。《五七言今體詩鈔》二部，一以奉寄，一以寄方伯，希轉呈之。仲魚當已入都，望致意晦之也。數日極寒，今日稍晴和，作此奉候，餘續聞，不具。（《惜抱先生尺牘》卷三）

74-12
姚鼐

與胡雒君

夏初得春末惠書，知清勝爲慰。鼐與次兒居此平安。今年雨水極多，越中不知若何？如故鄉，則豐年矣。衡兒已定留京。此番禮闈，尚可謂之得人。但經義之體則日下矣。前所寄《近體詩鈔》，鼐復有重訂，大增評注，惜前本付雕之略早矣，其誤字亦殊多也。魯陳歸班當選教職，此數日内甚望其來。石士因其尊人召之去，今當在署，尚未見回信來。植之昨有書云：『近大用功心性之學。』若果爾，則爲今日第一等豪傑耳。鼐與樊川老牛集地淮樹爲擇九月葬矣，此大是里中百餘年來一僅見之事也。趙甥得第分部，近頗有譽，吾爲其父定十五里坊之墓者矣，亦可發一笑也。略報，不具。（《惜抱先生尺牘》卷三）

74–13

姚鼐

與胡雒君

去冬，汪稼門中丞邀往觀其新葬其夫人於白嶺地，殊爲佳妙。係其長子所自定，亦人家墳山，以九百金得之。作回龍局，朱雀千峰極奇秀，天殆將大興是族耶？相好諸君，在邑中經營此事皆寡所得，而倦怠之情乘之矣。植之爲吾薦於稼門家館，歲百廿金，亦甚妥也。（《惜抱先生尺牘》卷三）

74–14

姚鼐

與胡雒君

不得消息又逾半年，想動定佳適。書局事已畢未？目下何所爲耶？鼐二月至敬敷，携觀、雉及外甥幹，朝夕亦粗遣，但皖中可與言之人，更難得於江寧也。

今年會榜，惟陳石士館選，最爲可喜。其餘名人殊少。而邑中左君之事，尤可慨嘆矣。近諸賢赴秋闈，而觀海、叔固、青展皆裹足不行，亦其見之果耶？故鄉歲豐穀賤，斯第一可喜事。孔城劉生名開，十九歲，吾呼來書院讀書。故鄉讀書種子，異日或在方植之及此人也。衡兒場後留京，當仍居何季甄家，然吾亦久不得其信也。尊處舊所借五女一項，伊今嫁女須用，望以原本寄至鼐處，清結可也。朝夕惟珍重千萬，不具。

（《惜抱先生尺牘》卷三）

74-15

姚鼐

與胡雒君

初春，惟體中安好。咫尺不見，與萬里等耳，豈必以遠隔爲恨，所望客居清適而已。鼐尚如故態。衡兒已自京至杭，鼐書令其旋里，然竟未回。而賢郎亦未回，似各於浙中得一小館矣。故鄉諸相好略如故狀，獨目中所遇年少人才日薄，良可嘆息。文廟建理學扁，良爲謬誕。然鼐歸，事已過矣，安能遽令除却耶？張虯御分發桂林，覬可與上官有筆墨知遇，不列之尋常佐雜之中，而吾賢與之他鄉聚晤，亦一快也。

吾所選《五七言今體》，重複批閱之本，彼行笥携有之，可以借臨一過。鄙見自詡此爲詩家正法眼藏，不知他日真有識者論之，當復何如？若近時人毀譽，舉不足校耳。

張樊川竟於十一月初九日葬於老牛集，此事猶當爲吾邑近年之盛舉。至其後賢之果昌與不，則亦何敢遽定哉？陳石士尚趨庭宛邱，其應試於南北，尚未定。馬魯成現在家，行赴淮關書院。馬雨耕適暫歸，昨相八角亭墓，乃大蒙其賞愛也。去秋始得《四庫全書目》一部閱之，其持論大不公平。鼐在京時，尚未見紀曉嵐猖獗若此之甚，今觀此，則略無忌憚矣。豈不爲世道憂耶？鼐老矣，望海內諸賢，尚能捄其敝也。目花，燈下作書，草草不盡。[①]（《惜抱先生尺牘》卷三）

①文末有小字『巳未』，當爲『己未』之誤。

74–16

姚鼐

與胡雒君

獻歲惟動定佳勝。臘月得書，具知近況。賤辰承寄多儀，謝謝。去夏及秋，鼐在江寧，曾兩次寄書，然似皆未達，不知其後到不？遠書誠難致耶。聞蘇潭有推轂之意，不知其事果否？

鼐近狀略如故，今歲就皖中，取去家之近也。《文集》爲江寧諸君鏤版，云四月必成工，共十六卷，待得之可奉寄也。接老伯大人詩刻本，佳甚，雖不多，足以傳後矣。謝謝。珍重，不具。（《惜抱先生尺牘》卷三）

74–17

姚鼐

與胡雒君

入春來想佳好。去歲得書，知尚在書局。今所修志了畢耶？鼐冬間大病幾死，今愈，故態依然矣。邑中諸友皆佳好。豫生冬歸，今又赴晋。鼐携雉兒及復孫來書院，聊伴岑寂。《文集》刻成，今以一部奉寄，又二部以寄藴山、蚪御也。賢郎家居安好，蚪御家亦安好。兹略報不備及，珍重千萬。（《惜抱先生尺牘》卷三）

附：

姚鼐

有懷雒君

秋陰不成雨，黯黯望空津。楓落初寒水，帆行失意人。山林違遠性，書筴逐羈身。安得將尊酒，相邀慰此辰。（《惜抱軒詩集》卷九）

姚鼐

爲胡雒君題説經圖二首圖三人一雒君一錢晦之一陳仲魚

遺經殘缺在人間，已墜斯文不復還。一髮千鈞餘傳説，九州三子尚追攀。孝廉郡國同推舉，吴越溪山共燕閑。若使老翁參坐論，頻遭奪席也欣顔。

聞名吾未識錢陳，應是東南兩俊民。最憶半生同硯席，獨誇胡子出風塵。文章經術元同貫，場屋徵車總致身。他日聖朝論白虎，三君誰是著通人？（《惜抱軒詩集》卷十）

75 **唐仲冕**

唐仲冕（1753—1827），字雲枳，號陶山居士，善化（今湖南長沙市）人。乾隆五十八年（1793）進士，歷任荆溪、吴縣知縣，後升任海州直隸州知州、通州知府、蘇州知府等。嘉慶十年（1805），官至陝西布政使。道光七年（1827）卒於金陵。所至建書院，修水渠。著有《岱覽》三十二卷、《陶山文録》十卷、《陶山詩録》二十八卷等。姚鼐《陶山詩録序》稱『陶山先生真是詩人性情，故下筆每得古人詩境深處』，錢大昕亦謂：『陶山詩筆力横絶，字字心花結撰，不肯拾人餘唾，而實無一字無來歷。抒寫懷抱，能達難顯之情，而不入於俚鄙佻巧之習。』（《沅湘耆舊集》卷第一百十八）

75-1

姚鼐

與唐陶山①

駕回，鼐以病不得晤爲歉。所示《麻姑壇》，不過明人刻本。禊帖縮本始於趙子固，此正是子固書，而作僞者謬以薛稷跋裝其後耳。此復，並候日安。（《惜抱先生尺牘》卷二）

① 其後有注『仲冕』。

75-2

與唐陶山

姚鼐

八月兩得惠書，具審嘉祉。秋深涼爽，遥度增勝。鼐承命作《書義序》，已擬作一首，今寫呈。近世人最輕視經義之體，唯僕意尚重之，得先生與僕同心，豈勝喜也。（《惜抱先生尺牘補編》卷一）

附：

陶山四書義序

姚鼐

論文之高卑以才也，而不以其體。昔東漢人始作碑誌之文，唐人始爲贈送之序。其爲體皆卑俗也，而韓退之爲之，遂卓然爲古文之盛。古之爲詩者，長短以盡意，非有定也，而唐人爲排偶，限以句之多寡。是其體使昔未有而創於今世，豈非甚可嗤笑者哉，而杜子美爲之，乃通乎風雅，爲詩人冠者，其才高也。

明時定以經義取士，而爲八股之體。今世學古之士，謂其體卑而不足爲。吾則以謂此其才卑而見之謬也。使爲經義者，能如唐應德、歸熙甫之才，則其文即古文，足以必傳於後世也，而何卑之有？故余生平不敢輕視經義之文，嘗欲率天下爲之。夫爲之者多，而後真能以經義爲古文之才，出其間而名後世。使人率視爲科舉體，而無復爲古文之志，則雖有其才而不能自振也。故貴有其才，又貴必有其識也。

長沙唐陶山先生，固嘗以文取科第矣，而其志乃欲以經義爲著書之事，不以科第論也。作《四書義》一編，寄以視余。余乃知君之才與識，皆高出當世，而將上比於唐、歸之流者也。余之鄙陋，持守孤論，雖欲率天下而不能得。君之倡爲高文，將世必有應者，一代文章之興，安知不出於是？余耄老矣，而重望於君，故欣然爲書其編首云。（《惜抱軒文後集》卷一）

陶山詩録序

姚鼐

詩家以性情爲貴，陶山先生真是詩人性情，故下筆每得古人詩境深處。此二卷，乃其中年以前之作。最佳者，語意警絶，得未曾有。次者，亦各有一種情趣，要不愧爲雅人之咏也。嘉慶辛未冬姚鼐題。（《陶山詩録》卷首）

76 許鯉躍

許鯉躍（約1754—1821前後），字春池，桐城（今安徽桐城市）人。乾隆六十年（1795）進士，選鎮江府學教授。師事姚鼐，受古文法。劉聲木稱其：『於師説最爲篤信。其文謹嚴精潔，辭約旨豐，事近喻遠，持論昌明俊偉，多垂教礪俗語，不以塗澤字句爲工。其講道論學、考證經史，俱確有心得。其抒寫抱負，凡國計民瘼之大，皆可見諸施行。』（劉聲木《桐城文學淵源考》）撰《春池文鈔》十卷、《聖朝六皖殉節人士録》二卷、《五經一得》《四書一得》若干卷等。

許鯉躍生卒年不詳，其致信姚鼐稱『前因來春二月賤辰，承賜序文』，則姚鼐《許春池學博五十壽序》作於許氏五十歲生辰前一年。又云『蒙寄古文集及《春秋左傳補注》二種』，此『古文集』即《惜抱軒文集》，刻成於嘉慶七年。信中提及許鯉躍『十餘年來爲散體文百餘篇，及門者妄欲以付梓』，『擬於明年以試事赴金陵，躬自趨謁，親呈以求指示而改削之』。《春池文鈔》卷首左濆嘉慶九年夏所作序稱『壬戌歲，許春池先生以所作時文付梓』，壬戌爲嘉慶七年，故嘉慶八年應爲許氏五十壽辰，其出生約在乾隆十九年（1754）二月。又《安徽通志藝文考稿》載許鯉躍『卒官，年六十八』，則其亡於道光元年（1821）。

76-1 許鯉躍

上姚惜抱先生書

某頓首惜抱先生閣下：前因來春二月賤辰，承賜序文，曾於八月肅函致謝，想登記閣。頃丹徒韓國子名怡者返自金陵，蒙寄古文集及《春秋左傳補注》二種，捧誦之餘，載忻載怍。蓋以先生古文，鯉躍受業敬敷書院時曾讀《答魯絜非書》數篇，繼來京江，又從友人處鈔讀《書制府壽序》數篇，已饜於口而飫於心矣，然恨未讀其全也。今裒然大集，諸體悉備，得焚香諷誦於明窗净室之内，遠之不啻與司馬遷、昌黎、歐陽諸公相坐對，近之不啻與震川、正學及同鄉望溪、海峰諸先生相追隨，聽其言論而聆其指授也。幸甚！感甚！

鯉躍自始讀先生古文時，竊不自量，亦嘗有志於是矣。顧以賦質薄劣，讀書不多，且衣食奔走，不能久侍夫函丈。而地處卑賤，又未多得當世直、諒、多聞之益友相與講明而切琢，惟日從故紙中拾前人之餘唾。非惟不能得其神，亦且無以襲其貌，而况於道，先茫乎未之有聞乎？特既聞望溪、海峰兩先生之風，又曾親炙大賢之門墻，興起之心不能自已。誠以地近則時雖隔而感易，人親則道雖尊而志奮也，故十餘年來爲散體文百餘篇。及門者妄欲以付梓，鯉躍慚不自安，擬於明年以試事赴金陵，躬自趨謁，親呈以求指示而改削之，俾無爲當世有識者所笑。此鯉躍夙夜向往之志，竊豫白焉。

讀《春秋左傳補注》，仰見先生好古之深而著書之勤。然其所補者，義理多而考證少，亦望溪説經之意，皆朱程之學，而與徒誇博涉者不同也。鯉躍亦有《四書一得》《五經一得》，亦不過推闡前人未盡之義理耳。俟敬繕成帙，並求批斥。聞韓國子云先生月底即返旆，因肅此志謝，敬問起居而並先陳其意如此。天時漸寒，諸惟珍重，不備。（《春池文鈔》卷六）

附：

許春池學博五十壽序

姚鼐

春池學博，篤行君子，而沉思好學。爲文華美英辨，而切於理。既成進士，授職長丹徒學。丹徒諸生，無不樂其人而親其教也。

余往主揚州書院，多有丹徒生在列，知其地多異才矣。又往來江上，過北固、金、焦山，每與客登眺，愛其山川雄秀而曠深，蓋所以能蓄清英而生佳士者。其後又主安慶敬敷書院，春池以同鄉生來著録焉。余論説學問必崇古法，蓋世人所謂迂謬者。春池時獨能信吾説而不疑，余固賢之，知其異矣。今以春池之賢，而教丹徒之秀傑；諸生之信春池，殆猶春池之信吾，固宜其有合也。

昔與春池聚時，春池固猶少壯；今忽忽越二十餘年不見春池，而春池壽五十矣。既樂其聲名之有聞，而亦感余益老且憊。丹徒江山之麗、才傑之多，與春池風義之舊，皆邈然不可復見，而其生徒以春池初度，舉觴爲慶，乞余爲之辭。余欣然書之，亦所以識余感也。（《惜抱軒文後集》卷四）

77 姚原綬

姚原綬（1754—1818），字霞紆，號藕房，桐城（今安徽桐城市）人。姚元之之父。廩貢生。歷六安學正、寶山訓導。事見《（道光）續修桐城縣志》卷十三。

77–1 姚鼐 與霞紆侄

前月得書，略知近祉。歲云暮矣，想朝夕自清泰也。吴中人來，盛稱述老侄作監院之德。吾在此中十餘年矣，安得一實心爲諸生之監院官？其甚者，則非徒無益也。然則吴士之愛戴嘉誼，不亦宜乎？吾居此尚平安。久不歸，明秋當决去矣。

數年來，吾族科第尚不甚落莫，但盡累於貧耳。然今天下無不貧之士大夫，吾家安得獨不爾也？伯昂想常有信來，其貧不待言，但平安便佳耳。草草奉復，餘所屬已悉，不具。（《惜抱先生尺牘》卷八，見書前彩插）

78 **張士元**

張士元（1755—1825），字翰先，一作翰宣，號鱸江，震澤（今江蘇蘇州市）人。乾隆五十三年（1788）舉人。性耿介恬淡，授以教諭，不就。館大學士董誥第中，董誥待之頗厚，多所規諍。晚歲，歸老爛溪之上，以著述自娛。士元好爲古文辭，師歸有光，與王芑孫、秦瀛、陳用光以古文相切磋，爲姚鼐所賞識。著有《嘉樹山房集》二十卷等。

78–1

姚鼐 **與張翰宣**

素未奉瞻接，承以書見問，意甚謙。示所著文甚善，議論當理，有裨世教。辭氣又衝雅入古，於今世爲稀有，僕恨不得就足下求探教益耳，僕豈能爲足下益哉？文章之事本乎道德，自《六經》至於百世爲文者，其理一而已。惟其理一，故其境象可百出而不窮。夫唐宋以後爲文者多矣，何以獨推歸熙甫？以熙甫能於北宋諸賢外自開闢徑路，故推之也。僕竊謂足下篤好熙甫，於熙甫文擬之殆無愧矣。然視其自開徑路之事，則恐弗逮焉。若夫命意、遣辭，則固得退之所云，惟其是者無可指摘。僕目昏，小書甚難，於尊著不可細爲評論，論其大體如此，未知當否？惶悚上覆，衰耄已極，未死容得見，或更通書論之。兹不具。僕文集一部並呈，幸教之。鼐頓首。

（《嘉樹山房集》卷九）

78–2

姚鼐

與張翰宣

春間承賜書，久未奉復，亦乏便也。近想佳勝，著作益富矣。所論文章之事，具見古人學之根柢，非深入者不能爲是言也。獨不信望溪不取孟堅之旨，此其間別有説焉。蓋以學問論，則《漢書》乃史家之首宗，豈可輕視？若以爲文論，凡《漢書》除所取太史公之作，其傳之佳者，盡在昭、宣之世。大抵西漢人舊文，非孟堅所能爲也。其諸志率本劉歆，若班氏自爲之文，只是東漢之體，不免卑近。若司馬相如之文，自是西漢之傑，昌黎極推之。以學論，司馬固遠遜孟堅；以文論，孟堅安得望相如？昌黎詩文中效相如處極多，如《南海廟碑》中叙景瑰麗處，即效相如賦體也。而先生謂韓文無司馬體，則退之爲文，學人必變其貌而取其神，故不覺耳。韓公效相如處頗多，故其稱之不空口也，望更尋之。鼐今年只在此度歲，恨無由一見，故略報，不具。（《惜抱先生尺牘補編》卷一）

78–3

張士元

與姚姬傳先生書

士元再拜，謹上書姚姬傳先生執事。士元，震澤之賤士也。家居郊野，少時寡與往還，嘗讀諸經，隨俗爲舉子業。好觀古文章，若有所開悟者，久之遂遍三史及諸子，而於近代之文獨好歸熙甫。歲常館于外，篝燈中夜得古人言中意味，舞蹈不能已，間亦學爲之以自娱。會以禮部試，入京師，客居數年，所應者今世之科，所學者古人之辭，雖屢遭屏黜，不悔也。既不得仕，則歸息丘園，從其所好。時時有作，簡牘遂多，誠不自知其合與否？顧平日見當世士大夫之文不少，恒有所不愜于心，而獨喜誦執事之文。執事名滿天下，天下之士識與不識皆奉爲文章之宗，然而真能讀執事之文者，亦寡矣。士元讀之，自謂稍能知之。蓋執事之文取徑于介甫，取法于昌黎，而其氣韵又多得之子長，卓然爲一代大雅之作。當今文事能自振而起衰者，舍執事其誰哉！士元心藏之已久，而山川相阻僅數百里，不能自致一望清光，士元貧故也。近者客館稍暇，輒録舊作若干首呈上，伏望論其是非而教之。(《嘉樹山房集》卷九)

78-4

與姚姬傳先生第二書

張士元

去年九月，友人自金陵歸，持到手書，即日詢知尊體安善。冬春來伏惟動止萬福。書中過蒙獎進，且喜且慚。展讀所賜文集，心目開滌，見所未見，淡而旨，臞而豐，信乎古之文，非今之文也。來諭謂歸熙甫能於北宋諸賢外自開徑路，故數百年獨推之，此即熙甫所謂自得者也。古今爲文章者，雖遞相師法，要其所自得，必有出于師法之外。其始也，常取道于一家，以正其趨；其繼也，必推類于諸家，以盡其變化。久之，則渾然融化矣。士元質鈍才朽，從事於此三十餘年而無所稱。自頃歲讀《史記》《漢書》稍熟，而取《昌黎集》詳讀之，乃於其間時有得焉。蓋退之所取者至博，而其大要則有二端。議論宗孟子，叙事法馬遷，皆遺其貌而直取其神。他書出入漁獵，無不就範，此退之之所自得也。

宋以來文家，大率學韓。歐陽永叔、曾子固尤學韓之善者。本朝方靈皋先生持論甚嚴，於左、馬之外，獨取韓子，雖班固亦多駁議。觀其推究利病，洵近世之知言者也。然謂退之以下諸家，論文者皆不列班固，見爲不足取法，則未敢信也。退之言古作者，舉司馬遷、劉向、揚雄，輒及相如，而其爲文則不用相如之格，顧嘗采取班氏，兼用其體。豈相如果能勝孟堅耶？退之意蓋以孟堅書半用子長，其辭亦子長之亞，言子長足以該之，故不及孟堅。而以相如詞賦之雄類舉之，未嘗以此定優劣也。且當時文士，遊于退之，爲退之所善者，莫如李習之。習之之文，皆準退之，而與黃甫湜論文，嘗儕班固於左、馬之列，美其敘事高簡。豈退之不屑道班氏，而習之顧自有得于孟堅耶？將亦亟聞退之之論而爲此言也？自退之後，善叙事者惟永叔、熙甫。然亦僅可與孟堅匹耳！豈能過之乎？又况不及永叔、熙甫者乎？審是，則學文者固未可輕議孟堅矣！

抑又思之，文之難非知之難，爲之實難，爲之者必有諸其中。孟子曰：『我知言，吾善養吾浩然之氣。』今不養古人之所養，而徒學古人之文，庸有當乎？然則知其不可强致，而務養之以俟其自得，知者之事也。士元邇日所見如此，先生以爲何如？得再賜書開之，幸甚！（《嘉樹山房集》卷九）

78–5

張士元

與姚姬傳先生第三書

士元頓首姬傳先生侍者：得十月朔日書，知今年仍在鍾山度歲，動止如常，藉慰遠想。承示司馬相如、班固文學之短長，敬聞命矣。士元少時聞前輩講論亦云：韓文中有相如體。既而讀兩家之書，大體不同，因謂退之不學相如。今蒙來教，復將馬、韓之書讀之，則韓文之該孕相如誠非虚也。且退之嘗自言之矣。《進學解》云：『作爲文章，其書滿家。上規《詩》《書》《易》《春秋》，下乃及于子雲、相如。』則謂退之不學相如誠過矣。然求其取法之指要，仍不可得也。蓋退之之學古人，師其意，不師其辭，故讀者不易見其宗旨，非獨學相如者不易見，即學《詩》《書》《易》《春秋》者，亦不易見也。其所旁推交通者，則又不獨相如。雖下於相如者，苟有可取亦取之。此韓子之文所以怪怪奇奇，不專一能，而能超越千古也。至于班氏之説，則尚有所疑者，敢終言之以求正焉。先生謂孟堅《漢書》除所取《太史公書》，凡傳、志佳者，盡在昭、宣之世。大抵西漢人舊文，非孟堅所能作。其所自作者只是東漢之體，不免卑近，而《十志》又出于劉歆。竊觀《漢書》諸傳，誠有稍失之繁冗者，然其中佳文甚多，如陳湯、張禹、王尊、王章、孫寶、何並、薛宣、朱博、史丹、兩龔、尹賞、陳遵、石顯等傳皆在。初元建始以後與昭、宣二世之傳略相上下，似不得概斥爲卑近。其本之舊文者，往往見于贊語，如《揚雄傳》明言雄之《自叙》與《司馬遷傳》同例，趙廣漢、尹翁歸、韓延壽、王尊傳則推本于劉向、馮商、揚雄。釋者以《新序》《法言》及商之《續史記》證之。《續史記》七篇，載于《藝文志》，今不得見矣。《法言》僅一稱王尊耳。《新序》傳本不全，故書中無趙、尹、韓三人事。然觀《新序》文字，亦與班書不類，未必全取劉向之文也。其他可以類推矣。《十志》中如《律歷》《五行》《藝文》所取劉氏者，孟堅並自標明，恐非盡出劉歆也。夫作史者，必有所因，乃左、馬家法也。如謂班氏佳文盡出前賢，則昭、宣以來至于新莽之傳，自子政、子雲而外，不知更有何人能爲。孟堅草創，足以光耀漢史者，此其難定者也。又嘗反復讀之，審其規格義意，終成孟堅一家之文，其後來諸傳或未盡善，蓋有故焉。當日孟堅著書垂成，而以事死獄中，所爲《志》《表》尚待其妹補足，則傳文固宜有刊落不盡者，疑未可以東漢薄之也。惟諸傳序贊時有偶儷之句，其體一變然。曾子固文格實出于此，亦不妨存此體也。鄙見如此，不審有當否？客館拘綴，未果辦裝親謁而屢陳簡牘，伏惟諒之，不宣。

（《嘉樹山房集》卷九）

附：

輓姚姬傳先生四首

張士元

鍾山望裏魯靈光，千里風濤路阻長。文士幽居是徐幹，郎官蚤退勝馮唐。也知非聖書難讀，何意忘名事更彰。聞有山公曾勸駕，絶交未肯作嵇康。

文章珍重讀鉛槧，雅樂登堂里曲潛。辭仿退之羞諛墓，名過持正笑爭縑。一時月旦公評出，六代烟花妙句添。安定教行江上下，不辭學舍老齏鹽。先生嘗主揚州書院，後復主講鍾山，竟卒於此。

歐公清潁蘇陽羨，將老先須二頃田。公竟無金營好時，士空灑泪送新阡。丹黄筆迹書千卷，濃淡苔痕屋數椽。想得桐城雲暗處，孤魂只在故山眠。

海上琴聲許共知，不妨弦指判高卑。兩年三度要相見，一會千秋失太遲。病裏南都寄魚雁，夢回北海警龍蛇。感餘拂拭懷梁肅，只少清文似習之。（《嘉樹山房集》卷二十）

79 汪桂

汪桂（1756—1821），字薌林，號薌齡，婺源（今江西婺源縣）人。乾隆三十年（1765）舉於鄉，乾隆五十五年（1790），試禮部，登中正榜，例授中書舍人，當事奏通榜皆報罷考，補咸安宫教習。嘉慶四年（1799）進士，選庶常，改主事，充會典館纂修，擢監察御史，歷任順天鄉試同考官、會試同考官，後以疾歸。工書，善於臨摹鐘鼎和漢魏碑帖。著有詩文若干，曾爲劉開《劉孟塗集》做評語。

79-1 姚鼐

與汪薌林①

違别十餘年，時復相念。道遠，消息不易通。齊梅麓至，得書，審近祉佳也。寂寞郎署，仕宦之味，大抵如斯。隨行逐隊，以聽遷擢之自至而已。鼐固衰敝，但未困卧，今秋鹿鳴與宴，即歸樓户矣。過承遠惠，謝謝。珍重，不宣。（《惜抱先生尺牘》卷二）

① 其後有注：『桂。』

80 **惲　敬**

惲敬（1757—1817），字子居，號簡堂，武進（今江蘇常州市）人。乾隆四十八年（1783）舉人，曾任咸安宫宫學教習，選新喻、瑞金知縣，以振興文教爲務，頗有政聲。嘉慶十七年（1812），擢南昌同知，改署吴城同知。後遭人誣告被劾。惲敬自幼偏愛駢文，後專心於古文，與張惠言同爲『陽湖派』創始人。著有《大雲山房文稿》十一卷等。

80–1

姚鼐

與惲子居

前得惠書，久未奉復，道遠乏便，亦由懶惰之愆也。聞閣下遭無妄之毁，使人嘆慨。今事當已明白，得復官不？承示數文字，皆佳甚，今世那得見此手？第校之古人，當尚有遜處耳。夫古人妙處，不可形求，不可力取，用力精深之至，乃忽遇之。衰耄如僕，豈復能更有絲毫進步？閣下年力猶强，從政之餘不忘學問，望更勉至古人深處，不以所值自限而已。（《惜抱先生尺牘補編》卷一）

81 馬宗璉

馬宗璉（1757—1802），字器之，又字魯陳，桐城（今安徽桐城市）人。馬瑞辰之父。乾隆五十一年（1786）鄉試中舉，嘉慶六年（1801）中進士。歷任合肥、休寧、東流教諭。馬宗璉年少即跟隨其舅姚鼐學習詩與古文詞，後受學於邵晉涵、任大椿、王念孫等人。無他嗜好，唯以著述爲樂，精通古訓及地理之學。阮元編纂《經籍纂詁》，其凡例爲宗璉所定。著有《春秋左傳補注》三卷、《校經堂詩鈔》二卷等。

81-1 與馬魯成甥

姚鼐

我頃自徽州回家，見吾甥家信，知在京平安。汝家中近亦皆佳好也。我離家才五月，其中乃聞南寧之喪，加以馮侄之戚，運氣衰否，哀感叠臻，此豈人生所堪值耶？衡兒入泮、生女，此皆不足喜之事，而可悲者，則極深矣。衡兒學問，殊不長進，今秋亦未令其入場，從我在徽，今復隨歸。我必欲於今冬葬墳，至於得地與不，此自屬天數，非人力所能爲也。汝辭館閉關，此亦佳事，但不知力能自給不？寄任幼植、王懷祖、孫淵如、何季甄字共三封，[①]可分致之。南中非常大水，淹没田廬甚衆。尤可異者，今已秋深，而漲未減。南京場屋水浸，今秋入試者甚苦矣。

我在徽州，夏間曾病癉瘧，今亦無甚病，而精神自覺不支，真成老翁。死生且置之度外，但欲數椿心事得了

① 與四人書，共三封，其中或有錯訛。

畢耳。汝母誦經念佛，頗得微效，能向人念經，而止其瘧。精神所至，理固有之，亦非怪事也。汝臨場，每日讀書之外，須静坐一時，使神凝氣定，最爲有益，切忌多與人談白也。我明年雖與徽州定再往之説，然苟能在家閉户，用度粗給，即更當辭之，不得已乃往，此事須年底定也。餘不一。（《惜抱先生尺牘》卷八）

81-2

姚鼐

與馬魯成甥

吾今年有兩次寄甥書，皆在與衡兒字内。衡兒出京，寄書者率爲將回，致汝不見耳。挑三等是吾心中最喜之事，假令得第後以知縣用，却反不可就也。甥近在京，所爲何事？暇時宜略寫字，不可任其太拙也。吾此間始得王夢樓先生住此五日，頃始去耳。而書院中，旋覺蕭索，不可耐矣。

吾《經説》近略增可十餘則，《詩集》鈔成凡八卷。今年現在刻《家譜》，譜成，欲明年同刻所著，不知有項費用不耳。見王懷祖、邵二雲兩先生，爲我致意。頃爲任子田作墓志，頗自喜，惜乏人爲寫寄之。吾於十月内當歸家，其時陳碩士來訪吾也。餘不多及。（《惜抱先生尺牘》卷八）

81–3
姚鼐

與馬魯成甥

豫長到家，所寄各君書及對聯俱收到，知甥在京平安。家中兩尊及甥婦子，亦平安也。我家去臘已將喪用各項還清，今所難者，買地而已。現有一處形勢既佳，去鐵門四里，又出路可售矣。而索價七百金，遂爲之束手。我去歲已堅辭安慶書院矣，而撫藩爲商，不欲其閑居，薦主紫陽書院。將來或就之，少助買山資耳。

甥在外須節縮，必歲有所寄乃佳。雖家中不乏，而父母之心，猶以用子之財爲樂，用異人之財爲不樂，情也。况時不免缺乏耶？來書八封，可分致之。（《惜抱先生尺牘》卷八）

81–4
姚鼐

與馬魯成甥

魯成大甥覽：汝近想平安，家中堂上佳安也。聞在王瑶峰處看考卷，甚得所。今想已爲辦畢，專心入闈，覬一獲售，以慰親心而已。我去年買得老牛集王氏竹林莊地，去鐵門四里。昨竟取得蟹黄佳土，明春决於此地安葬，以今年犯三煞不可用也。汝家黑凹嶺山，我看來甚可用，但無錢辦此事。吴四爺雖許借給葬費，而未可信。將來仍須汝寄用耳。吾已將十一弟及馮兒夫婦葬於鐵門，便爲伊終身大了結，痛何可言。吾亦衰憊之甚，未知於世當有幾歲月。而此身應辦之事、未得了當者，尚多也。

今年就鍾山書院館，三月初當去。見都中諸相知，各爲道念。前日王孝廉有字來，欲至京謀場後館地。我復以知交漸少，惟孫編修有好士之心，當爲作書。今思孫與王亦同年，不須我書也。而王所長乃今體詩，京師諸君所尚者考證耳，識其佳者殊少。汝可于孫編修及任禮曹處道達余意。此外寥寥，聽其自遇而已。餘此間備細，公車諸君，自能詳説之，兹不多及。（《惜抱先生尺牘》卷八）

附：

題外甥馬器之長夏校經圖

聖人不可作，遺經啓蒙愚。大義乖復明，實賴宋諸儒。其言若澹泊，其旨乃膏腴。我朝百年來，教學秉程朱。博聞强識士，論經良補苴。大小則有辨，豈謂循異塗。奈何習轉勝，意縱而辭誣。競言能漢學，瑣細搜殘餘。至寧取讖緯，而肆詆河圖。從風道後學，才傑實唱于。以異尚爲名，聖學毋乃蕪！言多及大人，周亂兆有初。彼以不學敝，今學亦可虞！嗟吾本孤立，識謬才復拘。抱志不得朋，嘅嘆終田廬。甥有吾家性，禮部方升書。才當爲世用，勉自正所趨。矻矻校遺經，用意寧投虛？盛夏示我卷，秋葉今零株。至道無變更，景物乃須臾。僞學縱有禁，道德終昌舒。試觀宋元間，士盛東南隅。以視後世賢，人物誠何如？願甥取吾説，守拙終不渝！（《惜抱軒詩集》卷五）

82

凌廷堪

凌廷堪（1757—1809），字次仲，又字仲子，歙縣（今安徽歙縣）人。乾隆四十七年（1782）冬，凌廷堪初次入京，拜翁方綱爲師。同年應試不第，南還揚州，與阮元、江藩等相識。乾隆五十年（1785），凌廷堪再次入都，與孔廣森訂交。始讀戴震著作，服膺戴學，與孔氏切磋交流。乾隆五十五年（1790）進士，五十九年（1794）得權授安徽寧國府學教授。乾隆六十年（1795）三月，遂出都赴任。嘉慶十年（1805）以母喪歸，歷主宣州敬亭、歙州紫陽書院講習。凌廷堪精通經術，尤精『三禮』，亦工詩詞，著有《禮經釋例》十三卷、《校禮堂文集》三十六卷、《校禮堂詩集》十四卷、《梅邊吹笛譜》二卷、《燕樂考原》六卷等。

82-1

凌廷堪

復姚姬傳先生書壬戌

客夏在皖，獲親杖履，二十年仰止之忱一朝頓慰。歸舟每繹教言，猶肅然生敬也。緣秋間抱病未痊，不克箋候起居，中心曷勝歉仄！昨貴門生嚴明府來，乃荷手書，勤勤懇懇，獎掖備至。並蒙示新刻大集二種，潛玩累月，聞見藉以擴充，不啻重侍几杖也。

伏讀集中論《司馬法》，以世所傳本爲僞撰，故《漢書·刑法志》所引不在其中。竊謂《漢志》所載《司馬法》，與今所行《司馬法》當是兩書。何以知之？考《隋書·經籍志·經類·三禮·雜大義》下注云：『梁有

《司馬法》三卷，亡。』此即《漢書·藝文志·禮類》所載軍禮《司馬法》百五十五篇也。其書亡於江陵之難。《隋志》據《七録》存其目耳。又《隋志·子類》載《司馬兵法》三卷，下注云：『齊將穰苴撰。』此即今所行本也。汪容甫明經因此書無傳注所引者，遂謂是宋人删本，金輔之修撰又謂是闕佚不全，皆不知爲兩書故耳。

又集中論詩，假索倫蒙古人之射爲喻，以爲非有定法。此誠不易之論。竊謂詩既如此，文亦宜然。故於方望溪義法之説，終不能無疑也。讀書鹵莽，苦不自知，敢質之左右，願先生終教之。入冬以來，伏惟頤養康强，順時綏吉。遥企江雲，依溯何已，不宣。（《校禮堂文集》卷二十四）

附：

答姚姬傳先生

凌廷堪

皋比廿載擁名都，言行真爲士楷模。談藝不譏明七子，説經兼取宋諸儒。是非原有遺編在，同異何嫌立論殊。傳得桐城耆舊學，直偕熙甫繼歐蘇。先生論文以歸熙甫上接歐蘇，蓋其鄉方望溪、劉才甫之説。（《校禮堂詩集》卷十二）

83 **何道沖**

何道沖（1761—1823），又名元烺，字良卿，一字伯用，號硯農，靈石（今山西靈石縣）人。乾隆五十二年（1787）進士，授翰林院庶吉士，散館改户部主事、員外郎，官至廣西太平府知府，署左江道。著有《硯農集》。

84 **何道生**

何道生（1766—1806），字立之，號蘭士、菊人，靈石（今山西靈石縣）人。乾隆五十二年（1787）進士。歷官工部都水營繕司主事、員外郎、郎中，山東道監察御史，江西九江、甘肅寧夏知府。何道生工詩文，善書畫，富收藏，與乾嘉時期金石書畫名家交遊極廣，著有《雙藤書屋詩集》十二卷等。

83、84-1

姚鼐

與何硯農蘭士

得持衡書，云尊大人已弃榮養，老懷凄惻，殆不可堪。數十年之相知，於兹永絶。遥想諸世講值此大痛，哀毁曷勝。猶望以禮自節，以全大孝耳。靈輀何時歸里？鼐作一祭文，以達悲懷。令持衡陳一薄奠，想尚可及也。特此奉唁。

硯農、蘭士兩世講，姚鼐頓首，十月廿八日。（《小莽蒼蒼齋藏清代學者書札》）

83、84—1 姚鼐《與何硯農蘭士》

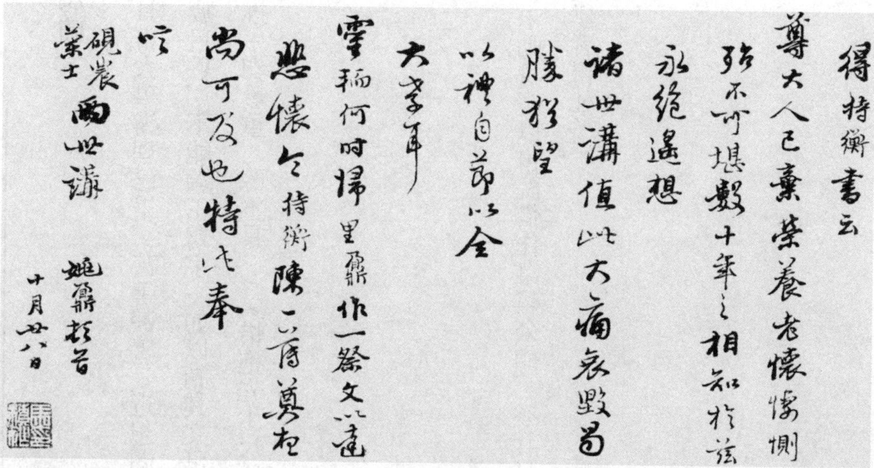
得侍衛書云
尊大人已棄榮養，老懷悽惻
殊不可堪。數十年之相知，於茲
永絕，遙想
諸世講值此大痛，哀毀骨
勝。務望
以禮自節，以全
大孝耳。
靈櫬何時歸里？鼐作一祭文以達
悲懷，令侍衛陳之以薦奠右，
尚可及也。特此奉
唁。
硯農
蘭士 兩世講
姚鼐頓首
十月廿八日

83、84-2

姚鼐

與何硯農蘭士

前得書，具審大事辦理已畢，甚善甚善。近想闔潭各清安也。所須尊公家傳，已爲具草。雖不能佳，却字字真實也。鼐衰疲目昏，不能端正寫字，如以謂其文可存，或求一善書者書之，便如《閑邪公家傳》款也。今將稿本寄上，朝夕惟一切珍重，餘不具。（《惜抱先生尺牘》卷四）

84-3

姚鼐

與何蘭士

鼐十一日未動身，以書院借作臬臺公館，須廿日外方可去。賢若赴郡，可於月盡月初也。鼐手簡。（《小莽蒼蒼齋藏清代學者書札》）

羅十一日未動身以書院借作泉臺

公餞須廿日外方可去

弟今日赴郡可於月盡月初也

鼐手肎

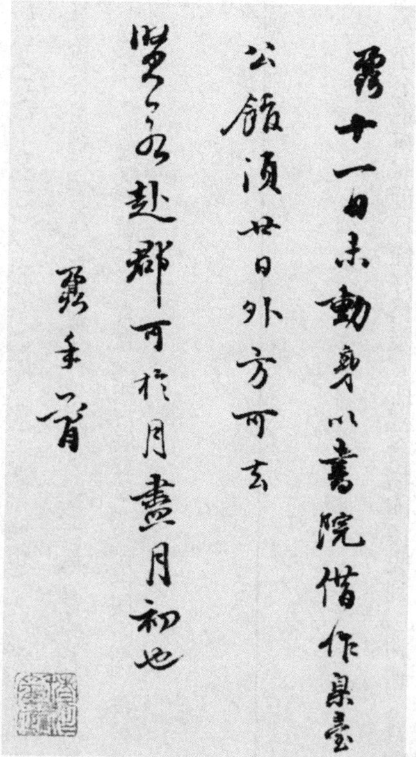

85 姚通意

姚通意（1762—1811），字彥純，桐城（今安徽桐城市）人。乾嘉間布衣。姚通意爲姚支莘次子，師事從父姚鼐於鍾山書院，相從最久，得姚鼐詩文要旨，益深於詩。馬樹華稱其『爲人端謹，詩亦清雋不群』（《桐舊集》卷七）。著有《賴古居詩草》《賴古居詩話》等。

85-1 與彥純六侄

姚鼐

兩月内連接手書，知吾侄至睢寧，近日佳好爲慰。所寄食物前後收到，謝謝。吾如故狀，但疝氣時發痛耳。兹寄腰帶一根、手帕一條服之，祝如老夫之頑壽也，一笑。衡兒求補庫廳不可得，只好俟署印矣。砥人昨來，已回嘉定去，植之尚在此。餘不多及。

彥純六侄，鼐頓首，臘月廿二日。（藝度網）

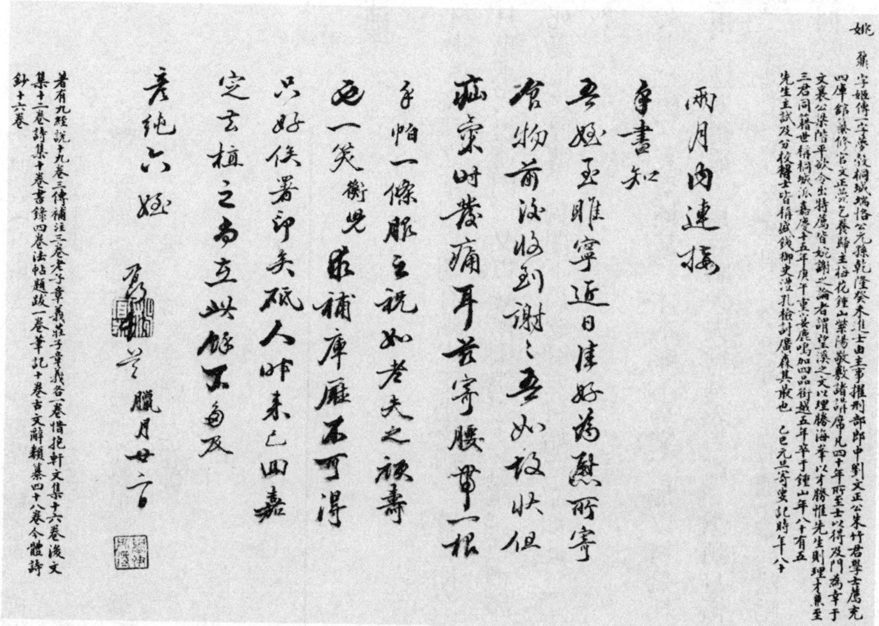
姚鼐字姬傳一字夢穀桐城端恪公元孫乾隆癸未進士由主事推刑部郎中劉文正公朱竹君學士薦充
四庫館纂修官文正薨乞養歸主梅花鍾山紫陽敬敷諸講席凡四十年所至士以得及門為幸于
文襄公梁階平欲令出特薦皆婉謝之論者謂望溪之文以理勝海峰以才勝惟先生則理才兼至
三君同籍世稱桐城派嘉慶十五年庚午重宴鹿鳴加四品銜越五年卒于鍾山年八十有五
先生主試及分校髦士皆稱盛錢御史灃孔檢討廣森其最也　乙巳元旦寄叟記時年八十

兩月內連接
手書知
吾姪至雎寧近日康好為慰所寄
各物前次收到謝謝吾如故狀但
腳氣時發痛耳前寄腰帶一根
手帕一條服之視如老夫之祝壽
也一笑衡兒求補庫歷不可得
只好俟署印矣硯人昨來已回嘉
定去植之尚在此餘不多及
彥純六姪
鼐草　臘月廿六日

著有九經說十九卷三傳補注三卷老子章義莊子章義各一卷惜抱軒文集十六卷後文
集十二卷詩集十卷書錄四卷法帖題跋一卷筆記十卷古文辭類纂四十八卷今體詩
鈔十六卷

85–1 姚鼐《與彥純六侄》

86

趙慎畛

趙慎畛（1762—1826），字遵路，號篴樓，晚號蓼生，武陵（今湖南常德市）人。早年爲諸生時，受學政錢澧器重。嘉慶元年（1796）成進士，歷官編修、御史、閩浙總督、云貴總督等，居官有政聲。著有《從政録》八卷、《載筆録》四卷、《省愆室續筆記》一卷、《讀書日記》四卷、《惜日筆記》二十卷、《榆巢雜識》二卷等。

86-1

姚鼐

復趙篴樓

閣下在士林有文章之華，立朝有端人正士之望，昔者聞名而欣慕久矣。頃閣下持節嶺南，相去益遠，未由瞻接。顧於前月惠承賜書遠問，又以錢南園銀臺之舊誼，執禮謙甚，愚鄙當之，彌以爲愧也。世之以科名仕宦者，每視隆替生死爲情之厚薄，獨閣下篤念師友終始之誼如此。『夫尹公之他，端人也，取友必端。』鼐以追思南園，能無慨嘆乎？

鼐頻年久處金陵，衰耄極甚，才本非工爲文，加以精氣耗竭，四方君子以文字見命者，率辭謝弗能顧。感閣下之高誼遠懷，勉期駑罷，爲尊贈大夫撰墓表一篇。謭陋自慚，録本奉寄閱之，不審遂堪以鐫石不？書來云，拙著《九經説》《詩文集》已登鄴架，今更寄《三傳補注》《法帖題跋》二種，又《南園詩序》一篇未入刻者，並抄呈覽。統惟照察，此復。（《惜抱先生尺牘》卷一）

附：

姚鼐

贈中憲大夫武陵趙君墓表

君諱宗海，字匯川。其先世居歙之巖鎮，宋之宗室也。有朝散郎不佊之裔孫字仲容者，自歙遷於湖南，爲武陵人，君之祖也。君考曰商山，早世，君三歲而孤，繼又喪母，乳媪哀而育之於家。稍長，出入里閈，恭慎勤敏，異於常人。時武陵有王西厓妻劉安人，寡居而賢，知能鑒人。生一子一女，女聰慧，通知古今書史。劉安人奇之，欲得良婿，見趙君愛之，曰：『此孤兒後必大。』乃以女女焉，是爲王太恭人也。君遂爲王氏贅婿，治生爲賈，然能敦信而輕利，遠近服其爲人，所交多四方長者。當趙氏來武陵，猶有貲，君考之亡，族人皆侵取之。君既立家，顧厚於族人尤甚，微弱者皆依以成立，先世柩在歙未安葬者，君皆葬之。人有事就謀者，必忠告而爲盡力焉。以積勞卒，卒年四十，時王太恭人年三十八。

君未没時，綢繆趙、王兩姓，皆立門户，子皆能讀書矣。太恭人兄春埜爲名諸生，太恭人以子屬教之，今觀察也。及君喪，太恭人督教子益嚴，嘗杖子而杖折，太恭人識歲月於折杖而藏之。初君所受託以財賄者，有數千金，及君没，頗乏償貲，□謀以孤寡辭而弗與。太恭人曰：『吾夫信義，故人托之；今弗償，是爲夫取惡名也。』乃破産鬻室中衣物，以盡償負。其周恤族黨親故之事甚衆。人謂君固賢，而成君賢者亦内助也。

君與太恭人以子貴，屢被國恩封贈，而今觀察爲編修時，以己及妻應得之封貤贈外祖及劉安人云。君之子二：曰慎畛，嘉慶丙辰科進士，今爲廣東惠潮道；慎畯。君與王太恭人合葬於□□。嘉慶十八年冬，桐城姚鼐爲之表。

（《惜抱軒文後集》卷六）

87　鮑桂星

鮑桂星（1764—1826），字雙五，一字覺生，歙縣（今安徽歙縣）人。嘉慶四年（1799）進士，選庶吉士，散館授編修。嘉慶八年（1803）擢中允。次年典試河南，留任學政。歷改江西、湖北學政，累遷内閣學士。後因事革職。道光四年（1824），升詹事府詹事、文淵閣直閣事，尋病卒。鮑桂星少師吴定，後師從姚鼐，詩、古文並有法。著有《覺生進奉文鈔》一卷、《覺生詩鈔》十卷、《覺生詠物詩鈔》四卷、《覺生詠史詩鈔》三卷、《覺生感舊詩鈔》二卷等。

87-1　與鮑雙五

姚鼐

去秋在金陵寄一書，當已達覽。新年來想安善，卜宅已得吉壤未？念念。鼐冬間歸家，次子師古得一兒。既而喪吾弟婦，今正辦與六弟合葬事，未竣也。爲令祖大人撰墓銘已成，不能佳，今以稿寄觀，亦可與殿麟先生論之，謂足存不耶？二月杪當詣江寧，不知尚得與雙五有接對之時不？衡兒去秋自太原至汾，今當自汾州入京矣。賤體如故狀，略報，不盡。（《惜抱先生尺牘》卷四）

87-2 姚鼐

與鮑雙五

前日衡兒自都中回得書，始知挾策入都。鼐前作一書併志銘稿，寄往巖鎮，不知曾轉寄到不也？今更將志銘録一本寄上。長夏想安好。鼐近狀如常。曩者爲黟縣葉治三作《西園記》，治三弟兄已勒石京師。此間頗有索其拓本，而鼐無以應之，望爲拓二三十本見寄爲荷。在都時與來往者爲誰，何時更得一快晤？相望悵然，惟保重千萬。（《惜抱先生尺牘》卷四）

87-3 姚鼐

與鮑雙五

久别相念甚切。今年聞與館選，極欣慰，正爲西清慶得人耳。遠承古道，修簡見問，謝謝。見譽拙集太過，豈所敢承，然鎔鑄唐宋，則固是僕平生論詩宗旨耳。又有《今體詩鈔》十八卷，衡兒曾以呈覽未？今日詩家大爲榛塞，雖通人不能具正見。吾斷謂樊榭、簡齋皆詩家之惡派，此論出必大爲世怨怒，然理不可易。非大才不足發明吾説以服天下，意在足下乎？知將請假南旋，然恐冬間過金陵時，未必相值。今寄此奉覆並候，不一。（《惜抱先生尺牘》卷四）

87-4

姚鼐

與鮑雙五

去歲大考，聞進職，甚喜。願努力建樹，以副清時。至天下文章衰敝，得登高而呼以振興之，亦所幸也，慎勿以遠貧爲急計耳。所寄兩書俱至。欲作古文，鼐何足資問？韓、李以來，諸賢論文之語具在，取師之，彼必不爲欺人語也。用功之始，熟讀古人之作而已，豈復有異術哉？冬末，鼐自皖歸家，持衡亦自淮上辭館而旋。小男雉乃生一子，此差可喜。賤狀固衰老，然尚平安。今年仍擬赴皖，但不知此生與足下有復相見之期不？承寄換帖，謹璧。鼐野處，不欲以搢紳之體自居，况翰林乎？故併不作全柬奉復。勿罪勿罪。江淮間冬春皆暖，京師未知何如也。珍重千萬，不一。（《惜抱先生尺牘》卷四）

87-5

姚鼐

與鮑雙五

周東屏南來，得手書，具悉清適，欣慰欣慰。此時分校、出差，二者想必有一得耶。處今日而貧乏，殆無術可免，止有耐心而已。鼐在皖亦粗遣，臨場時獲免如在江寧之煩擾，而岑寂特甚矣。頃得殿麟先生書，知其近佳。而檠齋之喪可痛甚至，都中諒知之矣。衡兒諸望教導。秋凉，珍重千萬，不具。（《惜抱先生尺牘》卷四）

87-6

姚鼐

與鮑雙五

惠書知佳勝，欣慰欣慰。河南闈墨亦清正，知必盡其菁英矣。鼐固衰眊，然尚能步履，亦樂與少年談説。而院中諸生，肯來就談者乃絶少。士不説學，使人有閔子馬之嘆，老翁亦深以自愧。而來書以造士相推，彌增愧矣。衡兒以道費之艱，公車之行竟輟，是亦無可奈何之事也。知京邸亦甚苦，然貧乏乃今日士大夫所同。惟甘淡泊者，則處之裕如。鄙人以此自勉，亦以奉勉而已。相對一談，恐終無時，但有惆悵。朝夕惟珍重千萬，不具。

（《惜抱先生尺牘》卷四）

87-7

姚鼐

與鮑雙五

頃得月朔手書，略悉春來近祉。學使，最費心力之任，而體中覺心經煩熱，殊以爲懸念。此無容静攝之理，似當服天王補心丹也。須用參自製，不能於外售，若僞者更有害矣。鼐於去夏至江寧，便住至今，俟冬間乃歸。賤狀不甚異昔，但精神實大減也。衡兒就此地江浦書院，每年百金，取其近吾而已。卜居江寧事尚未决，要亦聽之機緣耳。近刻爲諸生、兒輩改竄之《四書文》，聊以一部寄閲，似頗有益於初學耳。江寧有一秀才管同，在其同鄉一通判署商邱陳姓家坐館。此生詩文俱佳，乃少年異才，若行部至，可呼與語，或便招入幕，亦佳事也。率

報，不具。（《惜抱先生尺牘》卷四）

87-8 姚鼐

與鮑雙五

前月一書，由舍弟商城令處轉呈，必已達矣。頃於商城處，又得光州使院惠書，併白金三十兩，過承遠惠，銘謝銘謝。晚春和暖，惟倍增福。公事誠不得避勞，所望稍自愛嗇而已。賤體率如故狀，惟不能復讀書。真『飽食終日，無所用心』也。志局總無頭緒，縱有開局之日，不爲空言，而衰翁固不能待之矣。近惟稍理故經，於舊所撰《九經説》，略增數卷，其間或微有資於學者耳。不知有日更得一接談否？遥望曷任企悵，珍重千萬，不具。（《惜抱先生尺牘》卷四）

87-9 姚鼐

與鮑雙五

起居近想安好。使軺按部興才校士，勞勩諒不免矣。亦有佳士大出庸衆者乎？今年屢得殿麟先生書，知其安善。讀所注《易》，乃不滿人意，以此彌嘆著述之難耳。鼐連年住江寧未返，亦自粗遺。今年刻《試帖》一卷，又《法帖題跋》一卷，同裝奉寄覽之。又鼐時藝有内外兩編，今亦奉寄，其外編尚可爲今時學者用也。詩、古文亦間作，然鼐不欲增刻，待死後論定，當有人爲刻一全部。若死後無人爲刻，必是其文不足傳，生前縱刻，亦何貴之有哉？今年淮揚河患甚鉅，而他郡則甚豐稔。冬不甚寒，此亦貧民之所喜也。鼐居此，頗恨可語者希，前言管同，曾來謁閣下乎？昨始求得武進黄仲則詩集讀之，固亦有才，然不爲絶出。若管生異日成就，或當勝之耳。相隔懸遠，無由面談，惟珍重千萬，不具。（《惜抱先生尺牘》卷四）

與鮑雙五

今年兩得書，具審佳好。吴令親至，談使節近況尤詳也。欲奉一書而無便，計今將還旆入都矣。鼐居此平安，但彌覺衰，左車脱一矣。管異之至，承寄銀十六兩，謝謝！明年擬尚處此席，未能便謝去也。聞賢郎能讀書，此大可慶之事，想已婚，得孫未耶？奉寄顧寶幢畫一軸，《争坐帖》一册，上皆有拙筆題識，聊以慰遠道之相念也。計此書至京，差可與軒車相值。率候，不具。[①]（《惜抱先生尺牘》卷四）

① 文末有小字注：『丁卯。』

87-11

姚鼐

與鮑雙五

去歲聞典試山西，遠爲欣忭。頃獲寄書，知用心之審細。展閲試卷，誠亦得才矣，彌可喜也。又承遠念衰朽，寄以廿金，愧荷愧荷。鼐尚如故態，此月半復赴江寧。在里中，在江寧，總不得一異才崛起者，天資卓絶固難，而用功精專亦難也。意常鬱鬱，希可共言，安得更對如雙五其人者乎？兹先作書奉復，俟至江寧有便，更報消息。惟珍重，不具。（《惜抱先生尺牘》卷四）

87-12

姚鼐

與鮑雙五

初寒，想動定佳勝。今正當進册頁之時，高文典册，必盛有可稱矣。鼐近粗遣，在江寧擬度臘，以待明秋之鹿鳴矣。今年乃聞殿麟先生之隕，極可悽痛，諒同此懷，歙中舊人殆盡矣。鼐頃有《五七言詩今體》重雕本，頗增減於昔，刻亦較佳。奉寄一部，於尊意當不？不妨寄聞也。餘不具。（《惜抱先生尺牘》卷四）

87–13

姚鼐

與鮑雙五

正月有書奉寄，當已達。頃見試録，知令弟獲雋，良深欣慰。公山正禮，二龍並轡，世之佳事，孰逾此哉。即日想增佳適。鼐於二月來江寧，今粗適，未携家眷來，雖岑寂而轉有静味，固所喜也。衹是精神疲敝，每日瞌睡時多，朽木糞土，不可自克矣。書一箑奉寄清拂，出入懷袞，亦千里面目也。率候，惟珍重，不具。（《惜抱先生尺牘》卷四）

87–14

姚鼐

與鮑雙五

月初，得八月内手書，兼荷佳章及白金之饋，厚誼令人愧赧。而循讀鉅製，詞氣奔放，押强韵如是之多，不覺艱苦，足見雄才，良爲陋室之光華矣。敬謝敬謝。頃聞奉節督學湖北，曩任中州已有訓士之效，今更可爲楚中慶矣。此日旌旆應已届武昌。霜寒遥度，使院多豫。鼐尚如故態，今冬在此度歲，偶書一箑奉寄，一笑。又近作《殷麟先生傳》，寫一本寄閲之。若爲鐫撰述，亦可便附入矣。餘不具。（《惜抱先生尺牘》卷四）

87-15

姚鼐

與鮑雙五

九月作一書，欲奉寄而無便，置之笥中，遂至許久。即日惟興居佳勝。當尚未按部，只在武昌也。鼐痴頑如故態。昨殿麟先生子寄其刻集，併鼐所爲傳亦刻，不知曾奉寄不？然則殿麟尚可云有子也。鄙撰《九經説》，增添數十則，不記曾奉寄不？今更寄一部，設多，以贈留心經學人可也。外絹箋十張一篋，併資揮翰。冬晴過久，所欣穀賤，不知能常不？奉候，不具。（《惜抱先生尺牘》卷四）

87-16

姚鼐

與鮑雙五

去秋承寄詩及銀，鼐於冬間有書奉寄，付杭州葉君，此書曾寄到不？今歲來想倍增多福。此時行部何郡耶？鼐近平安，仍在鍾山也。

楚中近有異才不？不知今天下人才何以若是衰耗。想使者取賢，不限一格，或學問，或文章，學問中非一門，文章亦非一門。假如其人能作時文，亦即可取。今世時文之道，殆成絶學矣，由諸君子視之太卑也。夫四六不害爲文學之美。時文之體，豈不尊於四六乎？江南殊苦春寒，又自秋末至今無雨，甚有無麥之患。楚中想不至是耶？兹略報，餘俟後寄。（《惜抱先生尺牘》卷四）

87–17

姚鼐

與鮑雙五

去歲聞使軺入都，旋晋閣學，已可欣快。新年惟動定增福。鼐今年尚居鍾山，一切粗遣。衰耄有加，固其理也。今春望雙五總裁會闈，文體之壞甚矣，能反之以正，乃士流之所望也。去歲友人刻錢莘楣《疑年録》，余爲作序，今春寄一部，監定古人字畫，此書大有用也。江南大雪，於二麥甚妙，此甚可喜，但春寒可畏耳。草草略報，不具。[①]（《惜抱先生尺牘》卷四）

① 文末有小字注：『甲戌。』

87–18

姚鼐

與鮑雙五

漸熱，想動定佳勝。鼐亦如常。四月間爲治亭制軍邀至江寧，復主鍾山書院，遂携衡兒來此。此間舊人多相厚之情，今真擬卜居於此矣。京師諸相好想各安好，亦想各苦貧，此則惟有耐之而已。馬舍彌甥與館選，此最快事，望時教之。鼐在此更謀將所訂《經説》《今體詩》之類重刊一本，此則居此之便，愈於上江者也。朝夕惟珍重千萬，餘不具。[①]（《惜抱先生尺牘》卷四）

① 文末有小字注：『乙丑。』

87–19

姚鼐

與鮑雙五

得五月内手書，具審近祉爲慰。獨聞令郎之疾，令人耿耿，今獲痊不？其症爲痴耶？狂耶？此各異治法。又其發止有時乎？抑鎮常如一乎？若有明清了了時，勸之尋閲佛書，與佳僧談論，勝於服藥，此急救心火妙方也。蓋世緣空，則心病必愈矣。鼐近况如故，今年江南大荒，故欲歸而不得，又須留此一年。衡兒尚未補缺，補後吾或可去耳。承寄廿金，謝謝。秋凉珍重，不具。（《惜抱先生尺牘》卷四）

附：

姚鼐

鮑君墓誌銘並序

鮑氏世爲歙人。明末有諸生遭革命不復出者曰登明，爲君高祖，其居在巖鎮，生子元穎，賈于吴致富。其子蕃，賈于杭州，入其籍。蕃生善基，爲杭州府學生，善爲文，而家業貧落，生四子，其第三者君也。君繼父學而益勤，少自杭就學於歙，已而歸杭。終父喪，遂復至巖鎮，復先人居，入歙學，其文名日起。巖鎮有吴先生瞻泰者，試之《紅豆歌》，使次韵，君詩即成且工。先生喜，以孫女妻之。吴先生贈嫁，有書千卷而無他財。君爲人敦行義，重然諾，作詩歌、古文辭皆有法，能見其才。當時儒者文士皆樂與之交。學使者舉爲優貢生，然困於鄉試，不見知。年四十餘，遂絶不就試，以文業授徒。其徒乃多發科成名，其尤著者，金修撰榜也。

君諱倚雲，字薇省，嘗爲族譜數十卷，以擬蘇明允《族譜》，故復號蘇亭。子二：長嘉邕，亦歙學生，能文。乾隆四十二年，嘉邕疾殞。君以慟得疾，次年秋九月二十一日，君遂卒于巖鎮，年七十一。次子嘉命，君使後其仲兄倚樓。嘉邕有子早亡，嘉命有四子，以其次子金復嗣嘉邕，爲君宗焉。嘉命及其長子壬子科順天舉人桂星，皆嘗問學于鼐，今將葬君某所，乞鼐爲銘。銘曰：

五世三徙卒居歙，貧富迭更返故業。師友援推表鄉邑，有文炳興身挹擫，卜其終登在繼葉。（《惜抱軒文集》卷十三）

鮑桂星

壽姚姬傳先生八十

浮山四面環大江，七十二峰奇少雙。猗姚先生稟靈秀，健筆遂使方望溪先生劉海峰先生降。黃河走天海氣奪，碧華照夜鐘聲撞。鯨呿鰲擲虎豹栗，奔雷激電相砰韸。毗耶帝釋彈指見，七寶瓔珞珠旛幢。蓬萊仙人八萬輩，青鳥白鹿從群孋。有時容與得自在，中流簫管横輕艭。漣漪無塵風日美，岸花灼灼波㴇㴇。夜來妙手試針縷，玉蟲暗墮深秋釭。清絲豪竹與哀笛，往往異調無同腔。須知此事本經術，汝南高密音何跫。先生盛年富根柢，丹地偶一排金窗。挂冠五十耽著述，時雨所被多蘅茳。題評愧我海内冠，先生跋拙稿云然。遠夢飛繞江流淙。鍾山魚書歲枉惠，紛綸大筆龍文扛。今年再舉苹鹿宴，八十矍鑠誇奇厖。吁嗟頹瀾日東下，雙手孰障稽天洚。王述庵師錢辛楣先生諸老不可作，靈光獨巋衆所聜。情頤典墳濟南伏，屣脱纓冕襄陽龐。麥邱頌言識古義，旗翼星氣瞻天杠。

何當一葦指江路，再拜床下浮金缸。（《覺生詩鈔》卷三）

鮑桂星

感舊詩

比部姚姬傳先生，諱鼐，桐城世家。以翰林改秩秋曹，年四十乞歸不復出。壽八十有六。重與鹿鳴宴，賜四品卿銜。先生博學多通，著述宏富。《惜抱軒九經説》確有家法。世父薑塢先生經學甚邃，先生少受學焉。古文澹逸閑遠，樹幟方望溪劉海峰二家之外。詩鎔冶唐宋，自成一家。書法在文、董間，時藝出寒碧齋上。兼精賞鑒，洵風雅總持也。先大夫曩從問字，桂星嘗以詩贄，先生目爲海内少年之冠，郵書敦勉，歲時不絕。今先生往矣，桂星學不加進，慚復知己，能無泚然。

古筆今誰擅，桐城作者三。先生推逸品，鼎足信無慚。朗咏清逾妙，遺經老更耽。紫陽山月冷，曾主講吾歙紫陽。凄絶望江南。（《覺生感舊詩鈔》卷二）

88 陳希曾

陳希曾（1766—1817），字集正，一字雪香，號鍾溪，新城（今江西黎川縣）人，用光從子。乾隆五十四年（1789），江西鄉試第一。乾隆五十八年（1793）一甲第三名進士及第。先後典試順天府、雲南、貴州、江南等鄉試，提督四川、山西、江南等學政，歷官工部右侍郎、刑部右侍郎、國史館副總裁官等。師事魯九皋，受古文法。工詩、古文詞，得山水清剛之氣，而傳以博采，撰《奉使集》一卷。

88–1 姚鼐

復陳鍾溪

想望清光久矣。南北睽阻，不獲一見，邇者閣下持節視學江東，計按部必至江寧，固私欣可奉對矣。而閣下又先惠書來，辭意淳厚，推許過優，讀之愧悚。鄙陋耄昏，惡足以副閣下望哉！閣下所云『文足以覘士行』者，是也。夫士誦習先儒，謹守成説者，固必未盡賢也。乃至肆然弃先儒之正學，掇拾詖陋，雜取隱僻，以眩惑淺學之夫，此其心術爲何如人哉！衡文者不能鑒别，往往録取，轉相仿效，日增其弊，此何怪士風之日壞也。

閣下毅然欲率今日士習使之端，固當變今日文體使之正。且士最陋者，所謂時文而已，固不足道也。其略能讀書者，又相率不讀宋儒之書。故考索雖或廣博，而心胸嘗不免猥鄙，行事嘗不免乖謬。願閣下訓士，雖博學强識固所貴焉，而要必以程朱之學爲歸宿之地。以此覘於士習，庶或終有裨益也乎。承徵取鄙著刻本，今呈上《九經説》《詩文集》各一部，幸閲教之。冬寒，惟珍重多福，率復，不宣。（《惜抱先生尺牘》卷五）

89 欽　善

欽善（1766—？），字藺木，號吉堂，又號正念居士，婁縣（今屬上海市）人。諸生。少孤貧，讀書龍門寺，刻苦自勵。與改琦、高崇瑚、高崇瑞、梅春姜等爲『泖東七子』，以詩、古文雄於時。事見《（光緒）婁縣續志》卷十七。王芑孫官華亭教諭，見其詩，亟稱之，以爲『畸人異才』（《（光緒）重修華亭縣志》卷十六）。著有《吉堂詩文稿》二十卷等。

89–1
姚鼐

復欽君善書

欽君足下：辱賜書並示所爲文一篇。足下畸士也，其文亦畸文也。夫文技耳，非道也，然古人藉以達道。其後文至而漸與道遠，雖韓退之、歐陽永叔，不免病此，況以下者乎？足下之文，不通於俗，而亦不盡合於古；不求工於技，而亦不盡當於道。自適己意，以得其性情所安，故曰『畸文』也。

齊桓公見瓮盎大癭説之，『而視全人，其脰肩肩』。足下謂不欲以人首加己身，其意善矣，而欲僕繩削其文。僕不能偶俗，略有類足下耳，豈能以區區文法爲足下繩削？第如齊桓之視瓮盎大癭者視之而已。（《惜抱軒文後集》卷三）

90 臧庸

臧庸（1767—1811），本名鏞堂，字在東，更字西成，號拜經，武進（今江蘇常州市）人。乾隆五十三年（1788），盧文弨主講常州書院，臧庸往受經學，並從錢大昕、段玉裁等討論學術。嘉慶二年（1797），入浙江巡撫阮元幕府，協助阮元編纂《經籍籑詁》、校勘《十三經注疏》。嘉慶十六年（1811）七月卒於京師吴氏館舍。臧庸治學漢宋兼采，考據與義理並重，阮元稱其『爲學根據經傳，剖析精微』（阮元《臧拜經别傳》）。著有《拜經堂文集》五卷、《拜經日記》十二卷等，輯有《月令雜説》《孝經考異》《樂記二十三篇注》等，編有《孟子年譜》。

90-1 臧庸

與姚姬傳郎中書庚午仲夏

自辛酉鄉試摳謁，迄今十載矣。乙丑在都，遭舍弟之變，惠書垂問，撰賜墓表。肅函致謝，未審達否？每晤江寧友朋，詢知精力尚健，慰慰。

文教日昌，諸先正提倡於前，後起之士精詣獨到者間有其人。而浮薄之徒逞其臆説，輕詆前輩，入室操戈，更有剽竊膚淺之流，亦肆口雌黄，嫚駡一切，甚至訶朱子爲不值幾文錢者，掩耳弗忍聞。此等風氣開自近日，不知伊於胡底。二三十年前，講學者雖不及今日之盛，而澆薄之風亦不至是。殆盛極必衰，不可不爲人心世道憂也。耆儒碩學漸次凋謝，今東南大老負海内重望者，惟先生及若膺大令、易田徵君數人而已。而蓄道德、能文章，清風亮節被拂海内幾四五十年者，於先生爲最也。

庸有志於學，處境困阨，舊業將落，不克時領誨言。昨於友人處見大集刊成，中論《左傳》一條，尤爲精絕，以未讀全書爲憾。今年應順天鄉試，道出德州，小住逾月，與高足管君異之昕夕聚首，持論頗合。其學識超邁流輩，所交門下士如鮑學士、陳編修、郭頻伽諸君，皆所不及，擴以見聞，寬以歲日，必成通儒，決爲先生傳道之徒，竊欣幸焉。管君南還鄉試，肅書致候。庸再拜。（《拜經堂文集》卷三）

附：

臧和貴墓表

姚鼐

武進臧氏有孝子曰禮堂，字和貴，家貧無僕役，躬執薪水之事，以事父母，能盡愛養。父病瘧，畏寒惡火，和貴每夕身温其被。父喪，三日不食，三年不入内如禮。母疾，割股禱而母愈。其初娶也，懼婦不能孝其親，作七言辭以教婦。婦至，使人抗聲誦，俾立聽畢而後合巹。苟有益於親之事，必忘身而爲之也；苟足悦其親，雖違衆不顧也。

和貴與兄庸皆好學博聞，尤精小學，善讎校，爲四方賢士所貴，而和貴不幸年三十而死。桐城姚鼐嘗識庸，聞和貴之學行，未見也。今以天下悲惜和貴之情，乃爲表其墓云。（《惜抱軒文後集》卷六）

91 李宗傳

李宗傳（1767—1840），字孝曾，號海颿，桐城（今安徽桐城市）人。嘉慶三年（1798）舉人。歷浙江麗水、平湖、瑞安、建德、平陽知縣，所至求民隱，鋤豪强，平反冤獄。在麗水斷積案七百餘事，捐貲河工，敘知府，擢浙江督糧道。累攝鹽道布政使，升山東按察使，遷湖北布政使。年踰七十，引疾歸。宗傳少從伯父李仙枝，後師事姚鼐受古文法。嗜學不倦，『其文本經準史，深邃廣博，發攄性真，波瀾意度動與古會，得乎師傳之醇者爲多』（劉聲木《桐城文學淵源考》）。著有《寄鴻堂集》二十四卷，今存《文集》四卷、《詩稿》二卷。

91-1

上姚姬傳先生書

李宗傳

宗傳再拜，奉書姬傳先生閣下：古今不朽者三，而立言居其一。自周秦以後，節義功名之徒，代不絶書於史册。至有道論文、閎中肆外、卓然成一家言者，數百年乃一見焉。嗚乎！何其難也！竊聞海内之論古文，莫盛於桐城。桐城自褐夫、望溪、海峰諸先生外，著述可傳於後世者，惟先生。天下皆知先生，皆知有先生之文矣。蘇明允謂歐陽永叔之文章，天下莫不知之，而已知之特深愈天下之人。宗傳於先生亦然。何則古文者？古而文者也。先生有言曰：『文章之源，本乎天地，陰陽、剛柔並行而不容偏廢。剛者，至於僨强而拂戾；柔者，至於頹廢而闇幽，則必無與於文。』此千古至言也。先生之文，取經史之精，合剛柔之體，識解超悟，語復精詳。史公之簡潔，退之之雅健，蓋兼有之而不留其迹。而先生踐履清潔更有過人者，是以溢乎貌而見乎文，都無一毫塵俗。殆九州靈淑所鍾，非直挺秀於桐城已也。

夫文章有定者也，嗜好無定者也。楊子雲微時以布衣召見，自奏少不得學而心好沈博絶麗之文。卒之，子雲成就不出其所自好。宗傳前以所爲《夫差》等論質於先生，謬蒙許其才氣，命勿以賢於流輩自喜，精心古人，求其深處，必有卓然自立者。既聞先生高論，又取所爲文字搴手追想，像其意境。願終身北面事之，惜不多讀先生之文以爲恨。或者性之所近，非必媚人以求知己也。宗傳賦質顓愚，人事絶無所好，惟文史是耽。成童以後，即妄意推測古人。時方從事科舉，靡敝精神，無非章句排偶之學。不幸歷膺多難，幽憂之疾，抱痛於心。又迫家累，授徒鄉里，托一日之命。自以年齒尚少，謂可俟之他時。蹉跎荏苒，已逾三十，日月益促，舊學消亡。自古文士多窮，而窮之甚者至欲讀書而不得，則宗傳是也。嗚乎！亦良可悲矣！

今歲走京師應試禮部，試無所遇。同輩勸留，希圖薄禄。自惟頑不知道，窳不任事，持手而食，碌碌因人，政復何益？且所學不足以自存，雖歷金門、上玉堂，徒增顔汗耳。『守道則福至，求禄則辱來』，古人其有明訓也。思退而處菰蘆山澤之間，鍵關一室，稍窺探古人，以酬曩昔之志。而窮鄉僻壤，又無老師大儒誘掖以進於道。譬諸冥行無燭，將倀倀其何之。乃者決計南歸，間關三千里車馬馳驅，無日不有先生在於夢寐。近且與世疏闊，寄食於所親，誠不自揆力，欲掃除俗學，而神志荒惑，涉獵不精，憂惶慚愧，恐此事又復徒然。嗟乎！人生於世，當圖所以自爲。三數輩知交得意以去，顧憔悴迍邅，侘傺失志，徒終日或歌或泣，讀時士不讀之書，抱此生未必能成之志。飢寒日偪，卒歲無歸。其知者憐之，其不知者笑之矣。

夫非有生平之素，而喋喋以求諒於人，宗傳知其妄也。苟非其人，斷弗肯爲也。先生品高學卓，而又去其群泰，取其衆和，人咸樂就之。獨至於論文，則多以爲過高不可及。嗚乎！鸞鳳之音必傾聽，雷霆之響必駭心，瞽人固未可與道黑白也。宗傳每見先生，則胸中之氣勃發，欲取無能之辭就正於左右，自顧拳曲之才悉可質大匠。問者懷不能已，忘其鄙陋，冒昧自陳。夫昔之有道能文者往矣，不可復見矣。當吾世而有先生生同州里，幸常接見，又殷殷開示，俯而就使可仰而跂。而必支離廢弃，自屏於門墻，誰之咎也？嘗竊怪世之後生小子挾册遨遊，聞某地一鉅公，不惜裹糧負笈，徒跣相從於千里之外。而鄉有先輩文行卓卓者，輒因近而忽之。彼爲先輩者，亦以里閈之地，豈必有人日求四方英俊賢豪以傳其學？凡人賤近而貴遠，善乎桓譚之論哉！宗傳以爲二者皆非也。文章之事，非可以勢分，緣飾於其間，亦豈可以道里較量也哉？特視其人之可求、不可求，抑可告、不可告耳。宗傳於先生，不敢稍存世俗之見，謹以所作詩文繕寫呈上，先生亦可諒其心矣。乞賜覽觀，加以教誨，則不勝幸甚。（《寄鴻堂文集》卷一）

91-2

李宗傳

再上姬傳先生書

姬傳先生閣下：歲戊午，宗傳嘗至金陵，謁先生於鍾山講院。曾以伯父之喪，告於左右，乞存數字以光泉壤。先生比諾之，未遑以爲。去年春拜先生於家，復以爲請，至今未蒙賜示。先生以文章名天下，士之欲托以傳者比肩接踵，多所謝絶。宗傳過不自量，瀆至再三而不已者，則以宗傳於先伯父有父之親、有師之尊，而又有知己之感、死生之托者也。

宗傳五歲受書，伯父鍾愛之甚。十歲携至潛川，學舍寢興，寒燠飢飽，日周察之。及應試，舟車上下，未嘗相離。宗傳受性迂愚，又多痼疾，支離脆弱。伯父提携覆露者，十有餘年。至於學問文章，恒揭所聞於先正者相啓迪，謂士當立志以古人自期，毋騖於功名而詭遇求獲其教。宗傳者，至矣家貧，授徒於外。伯父恐其失學，太息傷懷。逾時不見，忽忽若有所失。雖觸事盛怒，見宗傳則霽顔，笑談不倦。嘗語人曰：『吾氣度學問，皆不如宗傳也。』嗚乎！愛之者抑又深矣。

伯父生有異才。少時苦心學問，力求異書，挾策交四方文士。時同里劉海峰、張螺岑兩先生自負才地，見所爲詩文，咸以國士相許。困舉場三十年，身世蹭蹬，無所建白於時，深以爲恨，而屬望於宗傳。晚乃放意山水園林，嘯歌以自適其志，亦誠可悲也。歲丁巳春，伯父病，執宗傳手而痛曰：『余生平志事，惟託於汝。今病將死矣。姚先生於我辱有一日之知，恨相見晚也。我死，汝乞數言誌我，無餘憾矣。』宗傳涕泣識之，未敢忘。夫急欲表彰父師者，子弟之愚衷也；而樂道人之善以傳者，賢人君子之識也。昔曾子固請歐陽永叔爲先大夫誌銘，洵託之，得其人而書之公。且是今天下未有子固者，先生則歐陽子也。極知先生之文不苟作，宗傳之請未足以爲重。而身後之託，垂絶之言，安忍恝置？且海内未嘗絶無能文者，而與伯父少生平之素，貿貿干求，毁譽失真，適滋詬病，宗傳弗爲也。若假於少知涉筆者連綴成篇，無論文不足録，令人齒冷，就令粗有可觀，而欺伯父於九京，則又不敢用。是潔誠齊慮，再請於先生。惟哀其迫，而垂鑒焉。宗傳再拜。（《寄鴻堂文集》卷一）

附：

題李孝曾海上釣鰲圖二首

姚鼐

東方無盡是虛空，惟有扶桑日出紅。釣罷六鰲無一事，海天吹淡釣絲風。

人間得失争蝸角，末俗榮華看葦鳩。但使胸遊天地表，海鰲何異瀆中鰍。（《惜抱軒詩集》卷九）

再至浙江懷姬傳先生

李宗傳

荷許清才善屬文，臨歧勸勉更慇懃。休從草市稱名士，好就花封作令君。琴想成連真絶調，馬逢伯樂竟空群。秣陵秋老鴻飛遠，目企鍾山到夕曛。（《寄鴻堂詩稿》卷三）

92 **吴德旋**

吴德旋（1767—1840），字仲倫，一字半康，宜興（今江蘇無錫市）人。以廪貢生入都，三試不售，絶意舉業。受業於姚鼐門下，學習古文法，又與張惠言、惲敬、錢伯坰、陸繼輅、李兆洛等砥礪古文，所學益進。盛宣懷《初月樓古文緒論跋》稱其『攻古文，宗韓退之氏，一主於法。時姚鼐方爲海内文宗，學者翕然稱桐城，仲倫亦步趨之』。著有《初月樓文鈔》十卷、《初月樓詩鈔》四卷、《初月樓古文緒論》一卷等。

92–1 姚鼐

復吴仲倫書

姚鼐頓首，仲倫先生足下：鼐才陋識闇，無得於古人之學，而士大夫徒以故舊之好與之，遂横竊虚譽，甚可愧耻。今先生又過聽而推及之，至比之歐陽永叔，是重益其愧，而使之不知所爲答者也。

伏讀賜示文集，理當而格峻，氣清而辭雅，今之世固未有其比。先生所希者退之也，以學退之者較之，蓋與習之、持正並，不待言矣。僕嘗謂古之論文事者多矣！惟退之與人言，必盡其底藴，若與李翊、劉正夫、尉遲等書，本末、始終、精粗之義盡，甘苦之情達，隱顯之理備，他人不能若是也。然習之、持正親見韓公，宜悉聞其言矣，而文不能盡韓公之旨。以先生之才而力希韓公，日取韓公之言而蹈其軌，意者其必能追配韓公乎。

夫天下文士皆慕乎古，操筆向紙，氣盛志厲，以爲淩出古人之上。而及其成文，以較古人，則不如遠甚。何也？古今才力有厚薄，而真爲學者，其志必不自欺也。雖然，以一端之長短言之，則後人固亦有賢於古者。引其長以益其短，苟有所就，其亦可矣。今先生之文，果足並退之與否，抑問有能勝之者否？先生真爲學，必自能決之。如鼐之淺，未足爲先生定此矣。暑熱惟佳勝。安得一日面談？不宣。（《惜抱軒文後集》卷三）

附：

姚惜抱先生墓表

吴德旋

德旋年二十餘，慕古人爲文，而不知所以爲之之法。側聞今天下爲古文者，惟桐城姚惜抱先生學有原本而得其正。然無由一置身其側，親承指授，以爲恨。後得先生《古文辭類篹》，讀之而憬然悟。謂今而後治古文者，可以不迷于向往矣。陽湖惲子居好持高論，于辭賦、古文必曰周、秦、兩漢。至其論學，未嘗不推先生爲海内一人也。先生諱鼐，字姬傳，號夢穀，一號惜抱，世桐城人。曾祖諱士基，羅田縣知縣。祖諱孔鍈，以子範貴，贈翰林院編修。考諱淑，以先生貴，贈刑部廣東司郎中。妣某氏，封宜人。

先生少學文於同邑劉才甫，才甫爲序贈之，期以王文成公之學，由是知名于時。乾隆十五年庚午，本省鄉試中式舉人。二十八年癸未，會試中式進士，改翰林院庶吉士。三十一年丙戌散館，以主事用分兵部，尋補禮部儀制司。三十三年戊子，充山東鄉試副考官，遷禮部祠祭司員外郎。三十五年庚寅，充湖南鄉試副考官。三十六年辛卯，充會試同考官，遷刑部廣東司郎中，充四庫全書館纂修官，記名御史。年餘，乞病歸。自是歷主講梅花、敬敷、紫陽、鍾山各書院，凡四十餘年。嘉慶十五年庚午，重赴鹿鳴宴，欽加四品頂戴。二十年九月十三日卒，春秋八十有五。群弟子祀之鍾山書院。道光十二年十月，崇祀鄉賢祠。配張氏，某官某之女。繼配張氏，某官某之女，並封宜人。子三人：景衡、師古、雉。孫四人，曾孫二人。

先生外和而內介，義所不可，確然不易其所守。官刑部時，廣東巡撫某，擬一重辟案，不實，堂官與同列無異議。先生核其情，獨爭執平反之。乾隆、嘉慶之際，天下爭尚漢學，詆程朱爲空疏無用。先生毅然起而正其非，嘗以爲論繼孔孟之統，後世君子必歸程朱。士之欲與程朱立異者，縱于學有得焉，猶不免爲賢知之過；其下則肆焉爲邪説，以自飾其不肖者而已。於戲！若先生者，謂非獨立不懼之君子也哉。先生于學無所遺，而尤工爲文。其文高潔深古，出自司馬子長、韓退之，而才斂於法，氣蘊于味，斷然自成一家之文也。詩從明七子入，卒能兼體唐宋，模寫之迹不存焉。書逼董玄宰，蒼逸時欲過之。所著有《九經説》十七卷、《三傳補注》三卷、《文集》二十卷、《詩集》二十卷、《筆記》四卷、《法帖題跋》二卷、《尺牘》十卷，並刊行于世。

德旋既讀先生《古文辭類篹》，稍知爲文之法。其後獲見先生於鍾山，而請益焉。先生以禪喻文，謂須得法外意。德旋聞之，而若有證也，而先生亦深許德旋爲可與言文。然今德旋年且老矣，業不加進，慚負先生，尚何言哉！尚何言哉！嘗竊以謂立言之士，自元明以來，才學兼擅，未有盛于先生也。雖然吾能言之，疇克聽之，先生將有待也耶，抑無待也耶？固無待也，而若仍不能無待。嗟乎！其又可慨也已。

先生以某年月日葬某所，時未有爲之銘者。今先生之從孫瑩，以先生行狀及崇祀鄉賢録視德旋，乃擇其尤要者次爲文，刻之外碑。先生既歿，而言立足以垂世行遠，無所藉于德旋之文，夫亦用是以誌仰止之忱而已矣！道光十二年十一月，門下後學宜興吴德旋撰。（《初月樓文續鈔》卷八）

93 **譚光祥**

譚光祥（1767—1814），字蘭楣，一字君農，號退齋，南豐（今江西南豐縣）人。乾隆四十九年（1784）召試舉人，乾隆五十八年（1793）進士，嘉慶九年（1804）充禮部郎中任，歷官郎中、湖南鄉試同考官、雲南學政、湖北施南知府、武昌知府。據法式善《梧門詩話》載：『譚蘭楣光祥少宰，古愚先生之子，癸丑進士，朝考第一，選庶常，改儀部。詩宗三唐。乾隆甲辰在江寧應南巡召試，時年十八。』可推知，其出生於乾隆三十二年（1767）。曾助建南郡書院，宣導以教治民（見徐潤第《建立南郡書院碑記》）。著有《知邏齋詩》等。

93-1 姚鼐

與譚蘭楣

鼐以謭陋，行能無稱，自屏江介，與中朝士大夫隔久矣。閣下遠賜手書，過蒙推譽，執後進之禮甚恭，此豈僕所敢任哉？

先侍郎名德治行，海内悉知，宜垂史册，豈鼐陋文所能闡其盛美？第以昔者曾與賓階，今承命不敢辭，擬撰一文，未知便堪上石否？又近讀宋以後史書，大抵多采取傳誌之文，稍竄易便爲正史，然此必名人之集之甚著者乃得用之，而鼐非其倫也。鄙文録呈，惶悚惶悚，謹復，不具。（《惜抱先生尺牘》卷二）

附：

吏部左侍郎譚公神道碑文并序

姚鼐

公諱尚忠，字因夏，南豐譚氏。其先世多聞人矣，及公成乾隆辛未科進士，授户部主事，三徙爲山西道監察御史，出爲福建興泉道，又入爲刑部員外郎，再出爲廣東高廉道，三遷至安徽巡撫，降福建按察使，再遷至雲南巡撫，入爲刑部右侍郎，調吏部左侍郎。嘉慶二年十一月廿八日薨於位。

公之在户部也，嘗司寳泉局，及高宗純皇帝察局中事，惟公無纖毫私染。在興泉時，以洋行事例降官，而上又察知其不污，故復進用。其在封疆爲大吏，室中澹如寒士，遇屬員甚有禮，藹然親也，獨不能少入之以財利。天下論吏清儉者，必舉譚公爲首。然公遇事奮發，則執誼不可回。其爲安徽巡撫，以忤和珅故，降爲福建按察使；在福建，復屢以事與督、撫争。至督、撫同官，事尤相牽，而爲撫者每委曲以就督。公在雲南，獨能持正裁之，且謂曰：『公自爲其德，吾自任其怨可也。』其丰采峻厲如此，故公雖和平廉潔，而非煦煦曲謹者也。其教子有曰：『人當先約其身，身約則心約，心約則事不踰閑，然後可以擴充，爲有本之事功矣。』故公所至，興利去害，必究其原委曲折之盡，則斷然行之，使所莅必蒙其澤而後已，去則民多涕泣送之。高宗純皇帝嘗稱爲正人可任事，今上亦絶重之，而公遽没矣。

公在安徽，姚鼐主敬敷書院，時接談讌，食設五器，而情厚有餘。及聞公薨而悲，今又十年矣。公子光祥以庶吉士改禮部主事，自京師移書至，曰：『先公既葬矣，而碑未立。』某夙奉公教，宜爲文，至其家世及夫人子姓之詳，則編修陳用光志之矣，故不具。銘曰：

公居士林，文學愔愔。接物以情，不爲阻深。秉節當官，篾敢私干。進者宜之，退者弗怨。歷邇及遐，隴坻海嶠。攘抉姦蠹，耋孺鼓樂。晚爲侍從，公望在衆。殂未及登，刊石載頌。（《惜抱軒文後集》卷六）

94 賈聲槐

賈聲槐（1767—1845），字閣聞，一字直方，號艮山，樂陵（今山東樂陵市）人。嘉慶四年（1799）進士，官户部主事，遷員外郎，擢監察御史，轉給事中，選授河南南汝光道，署按察使，改授浙江温處道等。凡爲國民之事，無不言。因語言不迎合上官意罷歸，閉門著書。著有《艮山文集》十一卷、《艮山文續集》十二卷等。

94-1

姚鼐

復賈艮山①

鼐庸材淺識，病居江介，與中朝士大夫聲氣不相屬久矣。閣下英資篤學，奮起群士之中，卓然趨嚮，尚友於古，何所取于僕？而遠承賜書，執所爲文，殷勤下問，爲之愧汗不寧。讀其文之温粹，知其爲君子，覗焉願識，而不可得也。

近時文體，壞敝日甚，士習詭陂因之。如閣下讀宋賢之書，融洽貫穿，以施于文，殆孔子所云『辭達』者。以當衡士之任，必能釐正僞體，有裨於教化，惜尚未見任也。閣下亦自信所執待之，終有光於斯世而已。僕何能爲益於閣下哉。聊識所見於所著前，未知當不？謹以奉復，外《九經説》一部，鼐文一部，併以奉寄，兹不具。

（《惜抱先生尺牘》卷二）

① 按：此後有小字注『聲槐』。

賈聲槐

與姚姬傳先生書

後學賈聲槐頓首，謹致書姬傳先生閣下：竊以文者，載道之器，道無一日不流行於天地之間，而文之明乎道者不以古今爲升降。古聖賢之人遠矣，其庸言庸行，下學上達，發明倫常日用、性天一貫之旨，備於《四書》《六經》，後人遵而守之，可矣。然《易》曰：『引而伸之，觸類而長之。』吾夫子又曰：『温故而知新。』蓋道之本一而已，其用則纖細委備，事有萬變而理不厭其精詳，任人自尋求耳。學者多識慎擇，抒其心得，不爲隱僻，亦不爲剿説雷同，要於中而已。

漢儒訓詁實有功於經學，宋儒因之，而於理尤觀其會通，析其精微。自是以後，潛心正學者以程朱爲標準而引申，觸類旁通，發揮注解，詳而理愈明。其於古人事迹本末、典章名物之考據，間出己見，要其義有相發而得所折衷，亦羽翼道教之資也。至於古文、時文，相爲表裏。韓歐諸公以文明道，不第氣息之古；後世制藝本以發明聖賢義理，其體原於傳注。《易》曰『言有物』，又曰『言有序』。文之傳而可久者，皆其近於是者也。

先生行高而志潔，德厚而養純，非僅以文章見者，而本心得以宏。譔著暢明道術，誘掖後學，海内之士仰爲山斗久矣。聲槐近與貴門人陳君石士交，得讀《古文彙纂序目》，又借讀《九經説》《惜抱軒稿》。博大精深，發前人未發之覆，而要歸於中。至於文之氣與法，則神明變化而不踰其則。蓋私心嚮往者久之。

昔朱子言惜無韓歐之筆，今讀其文集，深厚温醇，條理該貫，不以文見而文亦至，其理足也。後來習爲訓詁者，或明於理而文不足以達；而文章家馳騁詞華，又或入理未深，遺弃規矩，乖於古作者之旨。兩者蓋交病也。

先生扶樹道教，經學、古文並擅其勝。以韓歐之筆發明聖賢義藴，不惟近世罕匹，求諸古人，豈多得哉？聲槐自弱冠後，亦嘗有志於古人之學，而賦質甚魯，見識膚淺。即管窺之意，間有論説，未知有當否？然以大君子誨人不倦之心，或不弃諸門墻外，而儆其失，引其所不及，則幸矣。謹呈舊刻時文二本，希惟留覽。外有論辨五篇，近爲時藝數篇，並呈覽，祈正削之。《九經説》《惜抱軒稿》仍求各賜一部。統惟鑒察，不宣。（《艮山文集》卷三）

附：

題姚姬傳先生文

賈聲槐

由唐宋以來，治古文者多持門户異同之見，而其卓然可傳，自震川外不多覯。艾千子有言：『凡文之以堅、以瘦、以淡、以樸，參差曲折，隨文勢屈注者，此今人之文合於古《史》《漢》之文者也。凡以尖、以纖、以整、以麗、以濃，纏手束脚，惟恐錯跌，此文之合於六朝卑弱軟靡者也。』其論甚確。自方望溪文集傳播海内，而桐城古文之學盛。劉海峰繼之，望溪亟稱許焉。姚姬傳先生與同里，其學由海峰以溯望溪，而上追震川，以取源於唐宋八家。詞理兼勝，而清勁流轉之氣以涵養、沖和出之，瑩然以粹，悠然以遠。其神致之高，蓋有合於千子所謂古文者。時文則用正嘉以前法度，而得於古氣既深，充積洋溢，行乎其所不得不行，止乎其所不得不止。要以理明辭達，體會聖賢立言之旨，而神致淡遠，令人尋味不盡。

夫士不通經學古，其文即標新領異，必不能有出於人。苟知此意，而蘄於古之立言者，其得力亦各有淺深，不能强其所未至也。先生自序曰：時文，亦古文也。可以覘所養矣。（《艮山文集》卷四）

95 魯繽

魯繽（1768—1818），字賓之，號静生，新城（今江西黎川縣）人。乾隆五十七年（1792）舉人。魯繽性情恬淡，專志古文。自嘉慶六年（1801）罷歸，不復應試禮部。嘉慶二十一年（1816），母强之北行，中嘉慶二十二年（1817）進士，未及殿試而聞母卒，奔喪歸。後遇疾卒。賓之師事從兄魯九皋，受古文法，又嘗以文質姚鼐。其爲文雋傑廉悍，專志於朱仕琇之體格。撰有《魯賓之文鈔》等。

95-1 答魯賓之書

姚鼐

某頓首，賓之世兄足下：遠承賜書及雜文數首，義卓而詞美，今世文士，何易得見若此者。某之譾陋，無以上益高明，求馬唐肆，而責施於懸磬之石，豈不愧甚哉？顧荷垂問，宜略報以所聞。

《易》曰：『吉人之詞寡。』夫内充而後發者，其言理得而情當。理得而情當，千萬言不可厭，猶之其寡矣。氣充而静者，其聲閎而不蕩；志章以檢者，其色耀而不浮。邃以通者，義理也；雜以辨者，典章、名物。凡天地之所有也。閔閔乎！聚之於錙銖，夷懌以善虚志，若嬰兒之柔。若鷄伏卵，其專以一，内候其節，而時發焉。夫天地之間莫非文也，故文之至者，通於造化之自然，然而驟以幾乎合之則愈離。

今足下爲學之要，在於涵養而已。聲華榮利之事，曾不得以奸乎其中，而寬以期乎歲月之久，其必有以異乎今而達乎古也。以海内之大而學古文最少，獨足下里中獨盛，異日必有造其極者。然後以某言證所得，或非妄也。足下勉之！不具。六月十七日，某頓首。（《惜抱軒文集》卷六）

95–2

姚鼐

與魯賓之①

奉别遂十餘年，得惠書，欣喜之至。閉門奉侍，高尚不應公車，想見超駿之氣，然亦可悵也。今年行止復何如？承示古文佳甚，其氣陵厲無前，雖極能文之士，當避其鋒也，矧衰慵如鼐者乎？近年鼐以目昏，畏對小字，都不讀書。所示文略讀，間識數字於側，不能詳悉，所言亦未必當也。

夫學文者利病短長，下筆時必自知之，更取以與所讀古人文較量得失，使無不明了。充其得而救其失，可入古人之室矣。豈必同時人言其優劣哉？言之者未必當，不若精心自知之明也。

鼐今歲必歸桐城，足下決不出山，而鼐耄昏若此，豈得有相逢之日？念之愴恨。無人至新城，今更從碩士處轉寄，此書當達。惟珍重，馳想，不具。（《惜抱先生尺牘》卷二）

①其後有注：『繽。』

96 **魯嗣光**

魯嗣光（1768—1799），字習之，另字韓門，新城（今江西黎川縣）人，魯九皋之子。乾隆五十七年（1792）中舉。幼從其父學習古文作法，博通經史。爲文博核精當，自成一體，確守姚鼐文法。曾校正《禮記》《爾雅》《説文》等書，皆未刊刻成書。遺文由陳用光輯爲《魯習之文鈔》一卷。

96-1 姚鼐

與魯習之①

夏間得書，甚荷存注。所示諸文，命意可謂卓然能自樹立者矣。輒以鄙見陳所取舍，冀於高明效涓埃之益，直率大甚，勿罪勿罪。

爲尊大人撰墓銘，已具稿，於愚心粗盡矣，未知於孝子之意頗稱不？鼐數年來，目有黑花，作行草尚覺吃力，真書絶不能爲矣，故不能承命。自爲書丹，所愧薄劣，恐文集不能到後世耳。昌黎、歐、王所爲誌銘具在，其石本傳者有幾耶？往時王禹卿在揚州，爲鼐書一文入石，舛誤之字，不復鐫改。余謂此那得通，禹卿笑云：『君自有集與後人證明耳。』又蘇公自書《赤壁賦》，『與子之所共適』，『適』誤作『食』，亦不注改，良以自有文集足取正之故。此皆石本不逮集本之説也。第恐鼐集無傳世之望，今姑引此以自解耳。霜寒，惟保重千萬。

（《惜抱先生尺牘》卷二）

①其後有注：『嗣光。』

96–2

上姚姬傳先生書

魯嗣光

嗣光末學膚受款啓寡聞。曩時竊聞先生緒論，輒以意求古人之書，暖暖姝姝，不自知其陋聞。執筆學爲文章，則又所謂蚓竅蠅聲，言不出奥窔，目不踰尺咫。《折揚》《皇荂》不足瀆君子之聽，故雖懷願見之日久，而未敢以不潔之躬輒聞名於將命者也。竊惟古人有言曰：『駑蹇之乘，不騁千里之塗；燕雀之儔，不奮六翮之羽。』此言力小者之不能任重也。故負翼而飛者，翼不足以任其風，則必有夭閼墜折之傷；量力而進者，力不足以繼其後，則雖狂奔盡氣，而終不可以相及。夫鷦明翔而入寥廓，鳲鳩不自知其力之不逮也，拔其翮而傅之以升，則折腰絶脰，而反以累其躬。夫人之才性之相懸也，豈不亦猶是哉。故斥鷃不睹雲天之高，井蛙無與東海之樂，言小知不及大知也。若夫知其大而竟域於小者，則亦有之矣。今夫窶人之子，生而未嘗覯芻豢稻粱也，餐蔬啗藿，自以爲足矣。俄而芻豢稻粱陳乎前，則瞲然視之而以爲怪，然嗅之而芬於鼻，噍之而旨於口，則亦曷嘗不知天下之正味哉？顧其力有未備，雖欲厭嘗珍饈而不得，誠使其得與膏粱者處，日飽太官之奉，飫柔嘉之品，彼豈猶是窶人之子哉？

今以嗣光之固陋，而亦得聞先生之學矣。誠自知其力之不及，故不敢爲鳲鳩之累，而亦未甘自安於井蛙之愚，是以輒援知味之説，而終欲求進也。且夫良醫之門多病人，檃栝之側多枉木，故君子有明其業而溥其施者，則無賢不肖皆争附之。夫魁瘣苻婁，觀者皆知其爲不才散木矣。然使大匠顧之，加以烝矯，則亦可揉之使成器。夫學行於邯鄲者，未得國能而反失其故步，豈志力之弗專？毋乃迷於其迹也。故擿埴索塗者，不足以語至道之精；畫地自守者，不可與窮域外之觀。孔子曰：『如垤而進，吾與之。』夫望洋者自涯而返，則長見笑於大方之

家。故竊不自外暴其愚誠，且貢其所作於左右，猶望先生之引以繩墨也。伏惟少垂鑒焉。（《魯習之文鈔》）

96-3

再上姬傳先生書

魯嗣光

嗣光頓首姬傳先生几下：伏念先君子生平敦古人之行，於當世文章少所許可，獨於先生之文稱道不置。每語諸孤曰：『桐城姚先生，今之作者也，惜未識其人。』晚年得見先生，則又喜曰：『吾文得所質正矣。』既而作令山右，欲以古之道施於爲政，而形格勢禁，終莫之施，欲廢去而不可得，則又未嘗不嘆曰：『姚先生之語我至矣，吾不用其言，以至於斯也。』是先君子之於先生，幸生而並世，又幸而相知，則没而求所以不朽者，非先生其誰屬？

故竊不自外，昔歲苫塊之中，曾屬外兄陳石士先之以書，匄爲銘墓之文。先生果哀其志而諾之。是先生篤念故人，而不欲其没而無稱也；是先生覆露諸孤，而誘其勉繼先業也。則是先君子晚年之得見先生果爲大幸，而諸孤因是而求所以自立，其感與報宜若何矣。

抑又思古人文之傳於後世者，固其精氣不可磨滅，然亦往往託諸金石以傳，而其書之不工，則亦不足以焕斯文之光。故爲人子者，欲顯其親，既得有道能文者爲之銘，又必求其人以書之，而後不辱君子之文，而後於顯親之心無憾。今先生既幸而錫之以文矣，其或者矜重其言而並賜以書，則尤假寵先人之厚，而諸孤之所願得者也。非所敢望也，敢布其私，伏惟亮察。（《魯習之文鈔》）

97 陳用光

陳用光（1768—1835），字碩士，一字實思，新城（今江西黎川縣）人。陳道之孫。嘉慶五年（1800）舉人，嘉慶六年（1801）進士。授編修，官至禮部左侍郎，提督福建、浙江學政。少師舅氏魯九皋，後受業於姚鼐、翁方綱。嘗爲其師姚鼐、魯九皋置祭田，以學行重一時。工古文辭，自謂：『力宗漢儒，不背程朱，覃溪師之家法也；研精考訂，澤以文章，姬傳師之家法也。吾於二師之說，無偏執焉。』著有《太乙舟文集》八卷、《太乙舟詩集》十三卷等。

97–1 姚鼐 與陳碩士

再得書，知侍奉清佳爲慰。驟熱遂甚，衰羸乃殊畏之，臂痛亦未大愈，故艱作書也。

震川論文深處，望溪尚未見，此論甚是。望溪所得在本朝諸賢爲最深，而較之古人則淺。其閱《太史公書》，似精神不能包括其大處、遠處、疏淡處及華麗非常處，止以『義法』論文，則得其一端而已。然文家『義法』，亦不可不講。如梅崖便不能細受繩墨，不及望溪矣！臺山則似於此事更遠，想其所得自在禪悦，而不能移其妙於文内，其時文大不及二林居作也。簡齋已歸，而溉亭於此月初四喪矣。此間樸學，舍此更無人，甚可哀惜。吴殿麟赴揚州二十日矣，不知今赴鎮江不耳。孔信夫去後，未有信來。此間大僚無不被罪，使人哀嘆世間。臺山、允初所事，豈非大得耶？所存窗稿閱其半，然所論已盡，今便以寄還。

采之文尚未閱出。

呈尊大人名帖，乞爲候安。兹因使還略報，餘當俟面悉耳。六月初七日。①（《惜抱先生尺牘》卷五）

①文末有小字注：『庚戌。』

97-2 姚鼐

與陳碩士

雨後乃大熱，想侍奉佳勝。讀書方勤厲也。文家之事，大似禪悟，觀人評論、圈點，皆是借徑。一旦豁然有得，呵佛罵祖，無不可者。此中自有真實境地，必不疑於狂肆妄言未證爲證者也。鼐左臂尚未全愈，鈔辭賦尚未得，餘不具。六月廿一日。（《惜抱先生尺牘》卷五）

97-3 姚鼐

與陳碩士

使至得書，具悉佳勝爲快。書内筆勢增進，殊可喜。所不逮者，措詞簡當，波瀾老成耳。此固非一蹴可至，久爲之，當自得也。鼐臂痛已愈，但筋硬，尚不能自捫其頂耳。秋後乃爾苦熱，適有雁翎扇三柄，意嫌其華，今以奉寄，可供堂上以助夏清，則其宜也。詞賦已鈔得西漢以前，且付來足，朝夕保重。（《惜抱先生尺牘》卷五）

97-4

姚鼐

與陳碩士

使至得書，知還姑熟後佳好爲慰。寄來數詩，改本大勝於前，其述夢作亦佳甚。氣流轉而語圓美，此便是心地空明處所得，由是造古人不難。惟《次東坡韵》詩尚蹇滯，不爲妙耳。

簡齋豈世易得之才，來書所言是也。欲得筆勢痛快，一在力學古人，一在涵養胸趣。夫心静則氣自生矣，高才用心專至如此，久當自知耳。郭茂倩《樂府》佳書，作詩家必不可少者，略遲并梅氏《算書》同寄。尊大人前幸爲請安。想當俟制軍入金陵時來見之，然制軍之來此，尚無消息也。凉深，惟朝夕保重，餘不備。（《惜抱先生尺牘》卷五）

97-5

姚鼐

與陳碩士

寒初，遥惟侍奉佳勝。鼐此間如常，定於廿九日發櫂歸去矣。爲尊大人作壽文已就，今寄閱，以謂與《熙甫集》中壽文之佳何如耶？辭賦續鈔得兩卷，其餘今不及，須俟之來年矣。

惠氏《左傳補注》，亦自見讀書精密處，特嫌其所舉太碎小。近世爲漢人學者，率有斯病，愚意不喜之，覺殊不能逮顧亭林也。閱其書，見爲用力勞而受功寡。隨園昨已自揚州回，然腹疾究未能愈，今見邀作預輓詩也。令舅氏有信來否，今在何所？前歲所與書鈔來，望見寄也。冬寒，惟保重千萬。（《惜抱先生尺牘》卷五）

97-6

姚鼐

與陳碩士

春間鼐過太平，值尊府君已去，旋將一札并扁聯一副付魏江寧寄去，竟不知得達否？即日想侍奉佳好。今年居此，可與語者尤少，極令人不樂。遠念碩士，彌如芝鳳矣。入冬乃有王真吾來，博聞强識，大是讀書種子，建昌良多才耶。閱邸鈔，知山木先生已令晋中，不可挽入山林矣。其抵任後意况何如耶？其郎君隨任未？尊祖母太夫人係與凝齋先生合墓耶，抑不耶？大事辦理畢未？甚念甚念。

鼐詩稿去歲鈔成二本，爲同年蘇園仲取第二本携入皖中遺失，惟底本存碩士處，當尚存，希爲鈔補。自《甲午出京新城道中賦木介》七言古詩起，凡兩卷也。鈔成遇便見寄。兹寄手書《金剛經》一部，發願之意，欲供十方善知識持誦，願碩士能自持誦最佳，勿作收藏字畫也。鼐於數日内即歸桐城，明春當不免復來，衰罷，能并此席謝去乃快，恨不得耳。簡齋先生乃更健於去年，甚可喜。曲阜孔信夫則於江東歸去即殞矣。兹書付真吾轉寄。冬寒保重。乞爲問尊大人几杖近安，餘不具。[1]（《惜抱先生尺牘》卷五）

①文末有小字注：『辛亥。』

97-7

姚鼐

與陳碩士

鼐冬初在江寧作一書，付王生轉寄，當必達。頃在里得七月七日所寄書，具審侍奉佳好。承饋紅布、磁器、蓮菰併至，謝謝。鼐春間從江寧魏君處寄書乃未達，想在七月後耶。尊祖母太夫人葬期想在壬子秋冬，誌文擬略遲撰成，自覓確便寄至尊公處，當在來春耳。厚畬先生墓表當一並寄來，今尚未成也。鼐近衰態彌增，去秋傷膝，今乃發動，小不適耳。知閱注疏甚佳，然此非一年所能了，勿貪多而欲速，浸灌深則自有得耳。詩、古文、舉業，當以性情所近，專治一途。一時欲其兼善，安有是理耶？所寄詩五首，有風致而格迺不超，又頗覺語繁也。

鼐在里中，親族時以事嬲之，轉不若客中之静逸。尊公書今且未復，先爲請安。賓之書亦未復，其專力班史，自爲得要。凡人學問，千岐萬派，但貴有成，不須一轍。實有自得，非從人取，斯爲豪傑矣。匆匆略報，餘續問，不一。（《惜抱先生尺牘》卷五）

97–8
姚鼐

與陳碩士

近想嘉善，鼐去歲先後共寄三書，當盡達耶？尊大人前乞爲請安。令作太夫人志銘，謹爲撰成，殊不能工。録本呈閱，不知便可用否？其銘内某山字須酌改填之。

鼐今春不免復至江寧，老病厭看時文，又居此不能成就人才，所最望者一汪兆虹，而正月内夭死矣，尤令人不樂。兒輩就此下場後，明年欲另謀託居處耳。魯君墓表亦撰成，望即轉付其世兄。其《厚畬集》尋閱一過，無甚優劣，不須選定，盡存之可也。匆匆不及另作書，望爲轉述此意。今冬鼐必在里，望碩士與魯世兄秋闈得雋，計偕過桐城時可快晤也。春寒，保重千萬，餘不具。[①]（《惜抱先生尺牘》卷五）

①文末有小字注：『壬子。』

97–9
姚鼐

與陳碩士

前月得手書及爲鼐鈔舊詩一本俱至，未及復，適又得閏月廿五日手書。具知近日侍奉清安爲慰。今年北方旱而南多雨，江西及徽州皆水灾。其江南餘郡則幸不爲病，似尚可爲豐年也。鼐居江寧，膝痛未發，然此所患者在冬，固不在夏也。

聞山木先生治政卓然，超越流俗，欣快欣快。未知其上官能知而容其若是乎？抑爲世難行之事，勢睽情詭，多方以難之，山木先生竟能以久處不變乎？果爾，雖小邑不遍及世，而亦斯民之福也。

簡齋與榕門相國書固善，然吾以謂猶未盡今世士夫膏肓之疾。必救其疾，則經云『心誠求之』四字足矣，奚以多言爲哉！學文之法無他，多讀多爲，以待其一日之成就，非可以人力速之也。士苟非有天啓，必不能盡其神妙。然苟人輟其力，則天亦何自而啓之哉？若科舉之學，但勿爲其孤冷，必不諧於時俗者，有聲色使人可尋求，則足矣。得與不，要有數焉，無所容心也。鼐《經說》新文所增益皆不多，然急切不能鈔寄。惟時文有副本者，今檢出封寄閱之。吾家中丞丁艱，此後往來寄書更難矣。石士前書中云近讀《晉書》，鼐以謂非也。讀史惟兩漢最要，次當便及《資治通鑒》，《晉書》當又在所緩。韓子曰『非三代兩漢之書不敢觀』，此語於初學要爲有益，不可反嫌其隘也。暑熱未已，惟慎自愛。不多及。（《惜抱先生尺牘》卷五）

97–10

姚鼐

與陳碩士

使至，得十一月十三日書，具審侍奉清豫爲慰。秋闈小屈，宜勿置胸中也。二魯之雋，自可喜耳。鼐明歲自不能去金陵，石士能來聚居，豈非至樂？所患衰罷遺忘，無以相益，奈何？拙集遽承爲開雕，雅誼則誠厚矣。然從此恐益爲海内學士之所嗤笑，自反亦實歉然，敢忘愧耶？《經説》今更將底本寄來，以石士處本子不若此處之全。如已刻，不妨補篇於卷末。其古文十卷，且勿刷與人。如《史文靖墓志》，鼐已删去，不入集矣。文既非佳，亦恐招怨，其餘亦有類是者。大抵《經説》不妨先傳，詩文宜俟身後耳。冬來膝痛未發，似愈矣。夫文章之事，望見塗轍，可以力求；而才力高下，必由天授。鼐所自歉者，正在才薄耳。

頃見王鐵夫文，規模頗正，其才恐不免與吾輩上下，無復古人意致佳處也。然所見不多，猶未敢深定，或别有佳勝耶。尊大人出處之事，未敢遥決。里居而能自安，則閉户可也。苟不能安，則反不如出仕，更審度之。冬寒，保重千萬，餘不一。（《惜抱先生尺牘》卷五）

97–11

姚鼐

與陳碩士

鼐在家接去冬見寄一書。昨到江寧，又接二月十一日所寄書，具知近狀安好。北行已輟，惟尊大人赴補入都，此策亦自佳，但惜隔相見耳。書内云月之初七先有一書，此則未經接得，不知何處浮沈矣。錢辛楣先生見陳方伯，極稱石士之賢，許古文之必有成，當亦是海内一知己也。前輩愛士雅懷，殊不可没。

至其必欲以秦桂林四郡置初立三十六郡之内，及不許廬江郡本在江南，窺其意似有堅執己見、不復求審事實之病。四郡之立在三十六郡後，見於《本紀》甚明，何須更辨？若廬江則《招魂》固云『路貫廬江』，又云『哀江南』矣。古廬江在江南，而後移於江北。猶豫章在江北，而後移於江南。今之九江、潯陽，皆從江北移而江南者也。夫何足異？鼐嘗謂辨論是非，當舉其於世甚有關繫、不容不辨者。若此數郡，所論不過建置前後之異耳。得亦何足道，不得亦何足道？于世事之治亂，倫類之當從違，夫豈有所涉哉？《荀子》云：『有爭氣者，勿與辯也。』鼐於辛楣先生處，已不更作復，聊與吾石士言之耳。

《考工記》一本，今以奉寄。衡兒在家廢學，今令其往山西投兩通家，覓一館學，以拘束之，亦爲來春會試資也。觀兒納婦後，仍隨至書院。第三兒亦隨來，又延一表弟左君來誨之。鼐精神又減於去年相對時矣。餘不備。[①]（《惜抱先生尺牘》卷五）

①文末有小字注：『甲寅。癸丑歲，用光隨侍先生於江寧，故一年中無書札。此甲寅夏間所發札也。自此至乙卯、丙辰三年中，尚有書七八通，皆在陳州燬于火矣。辛亥歲，先生云有三書見寄，而春間一札則未之得。』

97-12

姚鼐

與陳碩士

不得石士問近一年矣。去秋鼐於此間作兩次書，至家後又作一書，皆不知曾見不？遠路通問固是難耳。即日想侍奉萬福。今年當常居陳州耶？抑擬暫還家耶？鼐今年三月携觀、雉兩兒來江寧，近況平安。但鼐日老憊，精神全減。苦右臂疲痛，作書艱難，大字竟不復爲矣。

此間東浦方伯去後，彌覺蕭索，吾亦思引去耳。《九經説》已刻成，尚在刊改舛誤，稍遲可以刻本奉寄矣。衡兒留居里中，有信來，知亦平安，但嫌其不勤爲學耳。隨園主人病腹泄，三四月不愈。老人若此，亦甚可憂。前輩凋謝欲盡，而世事未平，使人四顧增不快也。兩魯在家佳不，有消息至耶？胡雒君在浙江作一小書院，而爲保舉事大致窘困矣。石士作何功課，安得更一聚談耶？五月而氣候殊寒，保重千萬。略報，餘不備及。五月朔日。[①]（《惜抱先生尺牘》卷五）

①文末有小字注：「丁巳。」

97–13

姚鼐

與陳碩士

路管家至，得書，甚慰相憶之懷。知侍奉清佳爲快。而發書之夕，被回禄之驚，殊助怛悒。霜後凉深，願更珍重。寄來文字，佳者極佳，劣者自劣，已爲分别論之。此後能自審决，不輕下筆，乃所望也。鼐今歲致趙觀察及王禹州處兩書，乃俱未答。而去歲有寄鈔本《五言今體詩選》，乃亦未達。而鼐今亦且忘其爲付何人矣。遠路寄字之難乃如此，可嘆也。此《五言詩》，方觀察世兄已決意爲刊，今不須更鈔。而《古文辭類纂》，現亦在方處鈔寫，伊明年必携入都。都中如有能共刻之者，固佳矣；不則仍要齊五六家於南京刻亦可，須方世兄總其成耳。

寄來《九經説》《三傳補注》各一部，如王禹州處寄本亦到，則分一部與習之。所屬《藏書樓記》已就，此文尚爲鼐近日文字中稱意之作。石士觀之，以爲若何？賢舅氏之集，鼐留之家中，未携來。意以謂石士所折欲去之者皆是，而吾亦精神不足，不能爲細心看此數巨册。計尊府於歲杪應有人歸新城，可過桐取去爾。簡齋於揚州就醫未返，聞須九月半乃回。而其脾泄亦時愈時作，終是衰態也。承遠惠多儀厚甚，謝謝。舊蓄麓台侍郎一小幀，聊寄以佐書室中清玩。外《惜抱軒稿》《課讀文》各一部，適散取盡，故無以多寄。楚氛未靖，甚以爲憂，佇望索倫此一大捷耳。今歲若不得清了，則愈難爲策矣。鼐擬十月初十日前後歸桐城。石士想今歲杪必行入京，當住令侄編修處耶？以俟秋試可矣。此後致書，唯當以達之京師耳。王夢樓在京口，陳東浦在蘇州，其集皆不能得，俟後索之。霜寒珍重，不備。（《惜抱先生尺牘》卷五）

97–14

姚鼐

與陳碩士

西漢人文傳者，大抵官文書耳，而何其雄駿高古之甚。昌黎官中文字，止用當時文體，而即得漢人雄古之意。歐、曾、荆公官文字雄古者鮮矣，然詞雅而氣暢，語簡而事盡，固不失爲文家好處矣。熙甫於此體，乃時有傷雅、不能簡當之病。若絜非先生此數篇，又下熙甫數等矣。但以其議論設施言之，則亦足存。若爲之竄改，則大難矣。以此知文字必須身前自定之也。

鼐頃自定《詩集》十卷、《文集》二十卷，《詩集》現付刻，計明秋可以成工。《文集》俟再辦耳。（《惜抱先生尺牘》卷五）

97–15

姚鼐

與陳碩士

使至得書，具審近祉。入都之計輟止，亦善。而明春過桐城，又得一番相見，則尤所快慰矣。鼐於十月自江寧行歸，其月杪到家，今皆平安。

老年惟耽愛釋氏之學，今悉戒肉食矣。石士聞之，毋乃笑其過耶。然其間頗有見處，俟相見詳告耳。尊大人前叱名請安，行人匆匆，不及作復函。今歲既以軍事留行，恐明春行亦未能速耳。《經説》及《補注》俱付使者。餘一切俟面悉，不具。（《惜抱先生尺牘》卷五）

97–16

姚鼐

與陳碩士

去冬一札，想已達覽。新正諒侍奉增勝。鼐如故狀。去臘之朔得一孫，而衡兒大病一場幾死，今乃痊癒矣。

擬於二月廿四五赴江寧，石士能於此前至乃佳也。署中想一切安善。聞教匪又漸入豫，此殊令人愁，恐辦軍需不能輟也。奈何奈何！簡齋先生於十一月十六日捐館，使人有風流頓盡之嘆矣。餘一切面悉，不具。[①]（《惜抱先生尺牘》卷五）

①文末有小字注：『戊午。』

97–17

姚鼐

與陳碩士

頃得四月十八日杭州見寄之書，知比解纜欲發，計今抵家當旬餘矣。寶眷自一切安勝，植之當亦佳也。鼐居此如故狀。《詩集》刻成，今以封寄。行後乃知所鈔奉贈五言詩遺未取去，有茲刻本，亦無所用彼矣。江西開府處，乃托方坳堂觀察爲致書，非鼐自致也。伊是兩姻家，可於往來書中達其說，亦非專函。縱雅意審思遂不辦，彼言之亦無害耳。漸熱惟保重，餘續報，不具。（《惜抱先生尺牘》卷五）

97–18

姚鼐

與陳碩士

前月作一字，並鼐《詩集》一部，付江西提塘處寄新城，不知得免浮沈不耶？想與寶眷久已平安抵家，今當命期應試會城矣。保舉事辦未？方觀察與張撫書，則固已達矣。此間一切如常。衡兒尚未至，伊蓋俟北試人同伴耳。《詩集》今更以一部寄來，以備前有失也。餘不具。六月十一日，酷暑中。（《惜抱先生尺牘》卷五）

97–19

姚鼐

與陳碩士

石士自歸新城後，此間總未得消息。而鼐於此寄兩次字，亦不知其曾到不耶？見《江西全録》，石士乃又被屈，使人憤慨。然却願石士恬然，勿以攖懷也。明歲必有恩科，固當就試北闈。想必先省覲，過桐城可一晤耶？植之在貴宅佳不？江南榜亦甚不稱人意，伊當亦見之矣。

鼐於八月半後携衡兒遊吴中，遂至西湖，亦是衰年一快事。想石士聞之，亦爲余喜。作古今體詩四十餘首，擬明年以補入集中，其間頗有奇作也。九月杪回江寧，近狀平安。於此間先遣持衡入都，然後鼐還家，十一月初十頭事矣。東浦先生來此爲武主考，以督撫皆任河務不能來。其四郎君又獲雋，殊以爲大快矣。

鼐在蘇州，獨值莘楣旋里，不得見，而鼐去江寧時，王蘭泉適又來此，此却是今秋可恨事耳。頃江寧已大覺寒，新城想不當爾。惟保愛，餘續報，不具。十月十三日。（《惜抱先生尺牘》卷五）

97－20

姚鼐

與陳碩士

頃爲蔣心餘之子作墓碣，頗以自喜。石士試覽之，以爲何如耶？鼐今歲寄石士後一書，即付此君之子帶去者，不知曾送到不？今亦不知其所在，想不出南昌。煩轉訪得，以此文付之。

鼐又爲隨園作誌。此老身後大爲杭州人所詆，至有規鼐不當與作志者。鼐謂設余生康熙間，爲朱錫鬯、毛大可作誌，君許之乎？其人曰：『是固宜也。』余謂隨園雖不免有遺行，然正是朱、毛一例耳。其文采風流有可取，亦何害於作誌？第不得述其惡轉以爲美耳。其文頃未及鈔寄，石士評吾此論非謬耶？

鼐於十一月六日回里，衡兒即於此日入都。頃桐城寄來九月十七日所發書，一切俱悉。所要《五七言今體鈔》，今寄來。至《五經》《莊子》等，却在桐城，正須後寄耳。（《惜抱先生尺牘》卷五）

97-21 姚鼐

與陳碩士

久未得消息，懸念之至。使至乃甚慰。然念碩士方欲以文字自適，而當摒擋官舍諸煩瑣之事，可謂違才易務矣。然處之正須細心寧耐，此中即是學問也。

聞習之之亡，使人痛悼。近來才志之士，天使之得成就者，何其少耶！夢樓所閱詩稿及植之詩，今寄來，朱筆則鼐記也。夏間新城寄來府報一封，今並寄山木文，且將印本付來足，其板旱路難帶，擬携至桐城，俟遣人回江西，過桐取去可也。鼐詩補刻五卷，十卷之半，甫付之，俟刻畢再寄。謝蘊山陞廣西撫，胡雒君自不能同去，不知作何行止。夢樓大病背疽，今收口尚未盡，病中仍晝夜危坐持誦，亦殊學道之功矣。衡兒未考教習，留京無事，或將歸也。此聞。九月望日。[①]（《惜抱先生尺牘》卷五）

① 文末有小字注：『己未。』

久未得消息，懸念之至。使至，
甚慰懸念。
碩士方欲以文字自見，而當擁
擠官舍諸瑣瑣之事，可謂違才易
務矣。然更之正須細心，寧耐此事，即
是學問。此間習之，亦已使人痛快也。
來書志之士天使之得失錢者
何甚少邪。夢樓所閱
詩稿及梅之詩，今寄來，殊草草，只
算記也。夏間新梓寄來
所報一封，今并寄山木，文且的即寄
付來。足見枚早路難，常擬携至桐
梓俟遣人回江西過桐取去可也。敦詩
補刻五卷，十卷之半當付之，俟刻畢
再寄。謝蘊山陞廣西臬，胡稚威因
不能同去，不知作何行止。夢樓大病
背疽，今收口尚未盡，病中仍晝夜危
坐誦之，殊等萬之功矣。獨見來考
教習留京無事，或仍循此此間
碩士世兄
鼐頓首
九月望日
外收用銀賬一紙

97-21 姚鼐《與陳碩士》

與陳碩士

新年想侍奉增祉。差至得書，衹悉一切。《荀子》及蘑菰、杏仁收訖，謝謝。去冬十月惠書已至，而十一月書則未得也。所論《道書》《河圖》之旨極佳，至如荀子得用於世，未知所就何如，此非吾儕所敢臆斷。若古禮，『朝必君臣皆立，無有坐者』，吾《論語説》中已辨之矣。坐朝蓋起於戰國之佚君，而荀子乃不能辨。此與乘六馬，皆春秋至戰國中間變易之事。其間書傳至少，無由斷爲誰始耳。

至都，有鼐同鄉新改部之汪崇義及歙新庶常鮑雙五，皆佳人，而於鼐素交。不及一一作書，宜往晤之，爲鼐致意可也。鼐詩有補入鐫者，今以一部奉寄。《古文辭類纂》且以鈔者寄去，尚有未畢之本也。山木先生文，似無庸更作序，但以鼐志銘刻入其集内足矣。習之有石士哀辭，其人已盡。若欲埋銘，亦以石士言之爲有情，可以有佳文。自鼐言之，終是疏也。胡雒君乃隨謝中丞至廣西。持衡已至浙江，此時在會稽看縣考卷。若畢後，或在浙作館，或歸里，尚未得其的信。鼐二月底赴江寧，别後亦作數篇文字，然無甚佳處。又鈔不及，今以有本者奉寄。尊大人前請安，不另具啓。春雪寒甚，草草奉復，不多及，正月廿二日。[①]（《惜抱先生尺牘》卷五）

①文末有小字注：「庚申。」

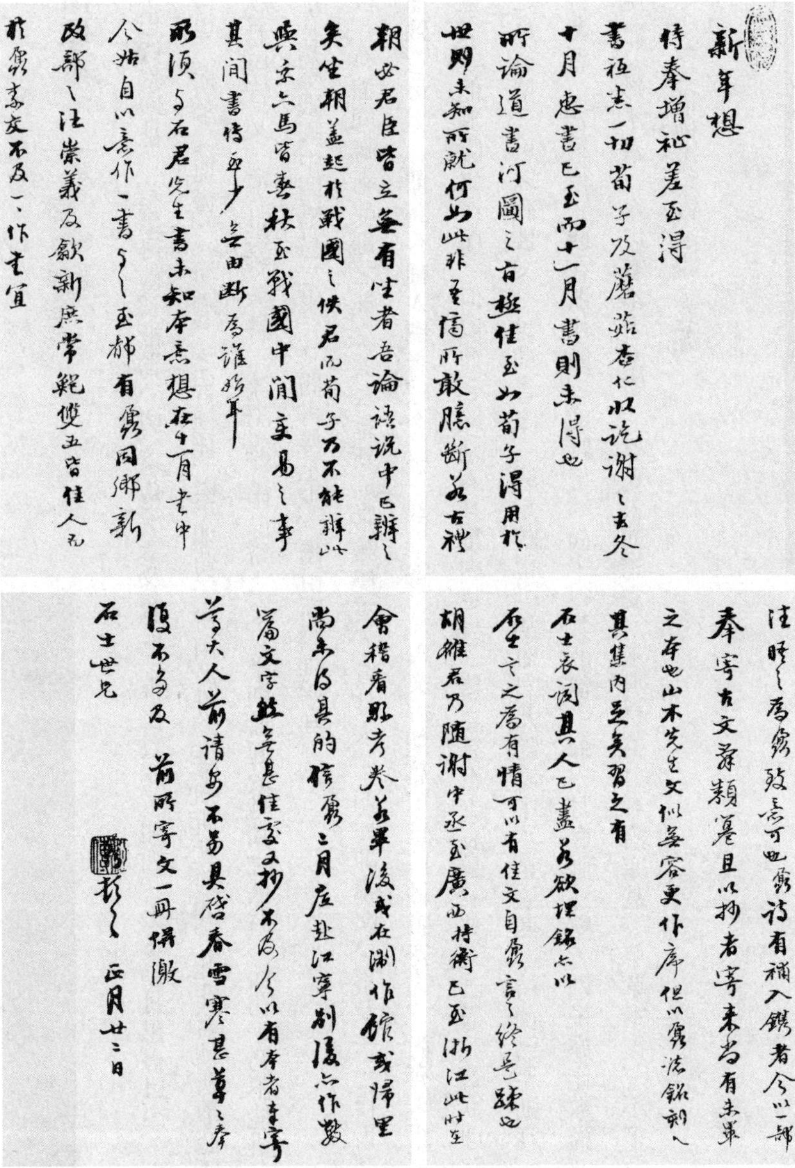

新年想
侍奉增祉，差慰渴
書在志一切荀子及蘑菇杏仁收訖，謝謝。去冬
十月患書已至，而十一月書則未得也。
所論道書河圖之旨極佳，至如荀子得用於
世則未知所就何如，此非至信所敢臆斷。若古禮
朝內君臣皆立，無有坐者，吾論語說中已辯之
矣。坐朝蓋起於戰國之侯君，而荀子乃不能辨此。
與客立馬皆春秋至戰國中間變易之事，
其間書傳亦少，無由斷為誰始耳。
所須與石君先生書，未知本意，想在十月書中。
今姑自以意作一書與之，至都有處同鄉新
改部之汪崇義及歙新庶常鮑使五，皆佳人，而
於處事交不及一一作書，宜
往晤之，為處致意可也。處詩有補入錄者，今以一部
奉寄。古文辭類纂且以抄者寄來，尚有未果
之本也。山木先生文似無容更作序，但以處志銘刻入
其集內足矣。習之有
石士求閱其人已盡，若欲理錄亦以
至之之為有情，可以有佳文自處，言之終是疏也。
胡雒君乃隨謝中丞至廣西，持衛已至浙江，此時至
會稽看取考卷，至畢後或在湖作館，或歸里，
尚未得其的信處。二月應赴江寧，別後亦作數
篇文字，然無甚佳處，又抄不及，今以有本者奉寄
尊大人前，請安不另具。啓春雪寒，甚尊之奉
復不多及。前所寄文一冊併繳。
石士世兄　　鼐頓首　正月廿二日

97-22 姚鼐《與陳碩士》

97-23

姚鼐

與陳碩士

使至，得三月廿二日手書，知佳勝。擬孟夏初入都，然則今已行矣。盡己之道，得失進退，聽之天而已。想高明所見，亦若此也。至論重卦，謂甯人不始于文王説爲不然，則《周禮》於三《易》皆云别卦六十四，則甯人之説，不爲非也。

張桐岡詩文略覽，此殆是奇士。古文雖似未能入妙，然頗有規格，詩更勝于文也。留此，熟復之再報。《古文辭類纂》僅有兩類四本，且寄來。其餘尚在人手鈔，尚未畢也。使行欲速，略復，不具。（《惜抱先生尺牘》卷五）

97-24

姚鼐

與陳碩士

今歲再得手書，具審清豫爲慰。鼐春夏遭妹喪，夏秋間多病，今差愈耳。交人事匆匆，所寄來文字尚未及評閲。邇正當秋闈，伫望捷音而已。

《古文辭類纂》八本寄來，可查收。此書附鮑庶常入都之便，伊至可見，以知鼐近狀也。餘續寄，不具。（《惜抱先生尺牘》卷五）

97-25

姚鼐

與陳碩士

月初鮑庶常入都過此，作一書，併《古文辭類篹》付之。時匆匆多不及詳。秋凉想佳勝。北闈事畢，佇望一捷。假如不得，南歸耶，抑留京耶？

所論『廛而不征』，『廛』是屋税，『征』是貨税。『廛』如今房租，非如今地丁矣。古市屋有官作，税之豈謂無理？唐税間架，乃民所自爲屋，安得一例乎？夏時冠周月説，誠爲不當，此閻百詩駮之極暢，載《尚書疏證》，可檢視也。唐弃維州，司馬温公是其事，吾意以爲非。夫要功域外以病民者，固不義矣。若弃已成之功，失控制之要，其爲國病，亦豈小乎？假令牛奇章非出于忌媢，忠于爲國謀，吾猶以其策爲失矣。顧甯人謂夏、商皆有重卦，此據《周禮》《太卜》，其別皆六十有四句爲證，非誤也。至以左氏筮詞不見《周易》者爲夏、商《易》，則無據之説。左氏所載元卜辭，吾頗疑其自造。非當時本占，其筮詞亦豈必誠有哉？况敢定以爲夏、商《易》乎？享禮之禮，賓以奉主也。但稱一『享』字則不辭，安得因是混主禮賓之禮乎？聘享與私覿皆同時行之，不容多間，安得雜以主禮賓之事耶？

寄來張桐岡詩文，皆有可取處，佳士也。其人似無師友見聞之助，故不能卓然成就耳。鼐近苦脾泄，間止間作。老人火衰，極是不佳之候。簡齋亡前三四年，正如此。此亦聽之，其餘率如故。草寄，不盡。

自七月來，爲鄉試人所嬲，疲敝欲死。今始寧静，得作此書。然來者惟蘇州較多才穎，十餘年後，俊出者終在吳人乎？（《惜抱先生尺牘》卷五）

97–26

姚鼐

與陳碩士

九月在江寧，見《京兆題名録》，知獲雋，甚爲欣快。頃使至得書，知近侍奉在陳州，一切佳勝，又增快也。

鼐在江寧，曾三次有書相寄，内有鈔本《古文辭類篹》及閲石士所爲文，乃竟未有一字得達，豈行者遲緩故耶？想今必在令侄寓邸也。尊大人大壽，正思作一序，尚未能定草。蓋鼐昨日始到家，一切匆匆之甚。下月若有尊使過桐時，望令其來取也。衡兒見隨來家，明年當與馬舍甥父子同入都，自當相見。

鼐以年衰，畏涉江濤，明年改居安慶敬敷書院矣。《文集》，江寧諸君合爲鐫刻，約二三月可以成功。鼐亦姑聽其意。近狀大約如舊，餘俟報，不具。（《惜抱先生尺牘》卷五）

97–27

姚鼐

與陳碩士

前月晦一書，當以達。今計已計偕入都矣。鼐近狀如前，爲尊大人壽序已脱稿，亦未能佳耳。今鈔一本子寄閲，方植之一書幷寄。

伊七言律乃大進，極可喜也。衡兒須正初北行，此間一切，彼到京自詳之。前幾次所寄《古文辭類篹》，當悉收齊。此間記憶不真，設有寄重複者，可寄還也。都中晤覃溪先生、吴穀人、汪存義、鮑雙五輩，可爲各道相

憶。嚴寒，惟保重千萬，不具。（《惜抱先生尺牘》卷五）

97-28

姚鼐

與陳碩士

新年想動定增福。去冬便公車北上耶？抑遲至今春耶？鼐作尊大人壽序，俟使者來取，而竟無人至。豈尊大人歸途不經此乎？鼐入春來，亦尚如故狀。二月往皖。石士想不免作舉業，固當不爲一世所不好也。此間一切，衡兒來京可以面述，故不詳具。去歲作一字，擬付使者，今并寄閲。[①]（《惜抱先生尺牘》卷六）

① 文末有小字注：『辛酉。』

97-29

姚鼐

與陳碩士

月半得京鈔，知榮與館選，欣慰之至。兹尤足慰尊大人之心矣。夏初尊大人過此，精神意興致佳，想歸後屢有字入都矣。鼐居此亦粗適，但寡可語。敝郡殊乏人才，更求一方植之，乃不可得。植之今歲在汪稼門家館，其舉業加進，殆可望中矣。彼云六月擬過此。

石士今當不免且勤坐館課，他事亦當姑置矣。貴同年中，鼐所知差少，中必有佳士，猶願聞也。前番寄來文四篇，今并寄，『飽乎仁義』兩義，真足存矣。望見衡兒時，勸諭以静坐寡交，想彼心如野鹿矣。賓眷今年入都不？朝夕珍重，不具。（《惜抱先生尺牘》卷六）

97–30　姚鼐

與陳碩士

得五月廿二日手書，具知佳勝爲慰。鼐六月初有一書交摺差，想今已達耶？①鼐書正言今石士宜留京受職，或歸省耳。皖中殊静於江寧，寂寞則素性所能耐，賤體亦未至甚狼狽也。但恐老翁理無久壯耳。明年歸覲，必過此，當得一會。衡兒督教之苦，或有動耳，甚願甚願。《古文》已刻就，正在校改，未印出。周東屏回時，當可寄來矣。初寒珍重，不具。（《惜抱先生尺牘》卷六）

① 其後有小字注：『此書未得。』

97–31　姚鼐

與陳碩士

去臘得十月九日所寄書，具知佳勝。此日想勤作館課，散館後决計南歸，良爲善策也。鼐去冬大病幾死，今雖愈而時復發熱乏氣。要之，此亦衰年應有之事，但恐未足當『朝聞道』三字耳。《文集》刻成，而殘缺數葉，至今不曾補來，故且未寄京。俟得，即寄來也。

寄來數詩，有利鈍雜出處，已略評之。南來相見，得更詳論之耳。衡兒無論中不，今年總令回來，或便可奉陪同舟矣。江西鄉闈得樂君甚佳，此與吴蘭雪，吾皆未見。然見其詩，誠一時佳士也。植之今在阜陽王令處館，明日動身矣。茲附問新祉，保重千萬，不備。[1]（《惜抱先生尺牘》卷六）

① 文末有小字注：『壬戌。』

97-32

姚鼐

與陳碩士

夏間得邸鈔，知已留館，甚可喜。葉治三來，得書云『秋間南旋』，不知今已侍奉在里耶，抑尚在途耶？一切佳勝不？甚念甚念。

寄來之文，尚不免牽於應酬，不能極其才力所至。此後肆力爲之，當大有進步耳。亦止是熟讀多作，固無他法也。鼐近狀尚如故態。此月廿一日回桐城，十一月初赴六安州爲修志書，臘底當歸。書云『入都時，擬見過』，極喜。垂老更得一相見，真所願，須必得果耳。新刻《文集》，在京時已得未？今更以三部奉寄。鄙意殊有未協欲改竄者，而已爲江寧諸君所刻。凡文字大抵不欲早付雕也。衡兒尚未到家。漸寒，珍重千萬，不盡。

（《惜抱先生尺牘》卷六）

97–33

姚鼐

與陳碩士

去冬在六安，得所寄書，悵悒之至。相遲早五日耳，遂不及見，甚可惜也。即日想佳勝，侍奉萬福。昨得臘底見寄之書，云有欲來皖之意，果爾，可一快晤矣。但此間覓今歲之書院，則必不可得。若明歲，則石士當進京考差矣。或由是向維揚一行乎？然恐亦無大濟也。

鼐閱所作古文本子，自已接著寄至六安者，仍前古文耳。所益無幾，大抵近作詩進而文退也。此本且存此，俟駕至奉還。鼐在皖如常，衡兒乃在淮安書院。茲略報，餘面悉。[①]（《惜抱先生尺牘》卷六）

①文末有小字注：『癸亥。』

97–34

姚鼐

與陳碩士

今秋，鼐以借書院與臯臺暫歸，而石士適於此時過皖，遂不得見。行後十日，鼐始至，聞之甚可悵恨。連得三書，盡知在途安勝。置家章氏宅旁，得暫安息，甚善。不知行旌以何時抵京，想仍與令侄學士同居也。鼐頃又自皖回家度歲，一切平安。幼子執雉於前月底生子，衡兒辭淮安之館還家矣。

石士前所寄文俱爲閲過，其間卓然精詣者不能及半，而牽于應酬者多。大抵好文字，亦須待好題目然後發，積學用功，以俟一旦興會精神之至。雖古名家，亦不過如此而已。吾刻集後所作亦十餘首，然精神日減，文有退無進矣。時文除石士所刻六十篇之外，又得百廿餘篇，其中佳者，似可與荆川、鹿門抗行。此事在今日殆成絶學，以俗人但知作科舉之文，而讀書好古之君子，又以其體近而輕之不爲，不知此與作古文亦何以異哉！章觀察已喪，竇眷自當急入都，然恐不能得速，正可隨糧船之尾耳。山木先生文版，吾已忘却存于何處，今走字與吴子見白之。承寄紙，甚佳。今寄竹筆筒一枚，古尺鎮紙一枚，聊慰遠送之懷。冬暖殊甚，不知都中何似？朝夕珍重千萬，餘不具。（《惜抱先生尺牘》卷六）

97–35

姚鼐

與陳碩士

去冬一書自江寧寄京，已達覽未？石士行于何時抵京，竇眷又於何時行到？想一切安好，甚念甚念。鼐頃已來皖，携衡、雉兩子併一長孫居此，亦粗遣。《筆記》長有改竄增删，故未欲刻，正須待身後耳。《六安志》尚未刻出，《廬州志》刻出矣。然惟『沿革』一門出鼐手，餘非所作。書多亦難寄，另俟便耳。

令五叔所託作令十三兄志銘，苦未寄行略來，以意所知者爲之，想亦不過如此。而不知其字及其妻子姓名，中之科分，死之年月，故其文空若干字，煩石士填之。其有須改者，便逕爲竄易，更望鈔一定本見寄。章淮樹觀察已喪，亦甚可傷。劉明東今年在懷寧縣署作館，方植之却閑在家也。答令叔一書，希爲寄去。朝夕珍重千萬，不具。[①]（《惜抱先生尺牘》卷六）

① 文末有小字注：『甲子。』

97-36

姚鼐

與陳碩士

三四月間，連得京邸見寄兩書，具審清適爲慰。鼐亦以兩次書寄京，然書來時皆未達，今並至不？眷屬於何月始至京耶？甚念甚念。《泰山道里記》，三十年前隨手寫付，承爲鈔來，大增舊遊之感。然鼐生平作文自少，如此等遺佚者，要亦希耳。近日亦無甚文字足相寄者。《經説》《筆記》，皆略有增益，終不成卷帙。盡舉付刻，正須待死之後耳。

石士寄來文字，《達生解》最佳，庶幾《東坡述典》亦可，然未出近人疆域。大抵頌辭每以囁嚅爲病，能如孟堅《典引》已大是難，況《西京》乎？《與明東書》《祭靜山文》皆不佳。陳户部文一篇，不能見佳處，然不至俗陋，便是可學。大抵學古文者，必要放聲疾讀，又緩讀，祇久之自悟。若但能默看，即終身作外行也。寄來《文章體則》，此是一鄙陋時文家所爲，其論之謬處，便大謬；如數胡澹庵便是。不謬處，亦膚淺不著痛癢。如云以理爲主便是。必須超出此等見解者，便入内行。須知此如參禪，不能説破，安能以『體則』言哉？寄紙印書甚佳。今以《詩集》《三傳補注》各五部寄來，《文集》板尚在江寧。率寄，不具。（《惜抱先生尺牘》卷六）

97-37

姚鼐

與陳碩士

自入春來惟動定佳勝。孫庶常家足力來，得書，略知近狀。鼐亦尚如舊態。今年尚在皖，此時尚在家未往耳。衡兒竟以盤費不給，不能赴公車矣。

石士去年考差文佳甚，今年會闈或當與分校耶？甚望甚望。鐵夫不逮梅崖，誠然誠然。墓表自與神道碑同類，與埋銘異類。神道碑有銘，似墓表用銘亦可通，然非體之正也。吾謂文章體制，當準理決之。不得以前賢有此，便執爲是。如贈序中用『不具，某頓首』，與書同，此顔魯公《蔡明遠序》體也。直當斷以爲不是耳，安可法之耶？今年吾鄉有作聚珍版者，擬將《經説》及《五七言近體詩鈔》皆另印出，當於秋冬間可奉寄。劉明東縣試得前卷，必入泮矣，伊今在郡。珍重，不多及。[①]（《惜抱先生尺牘》卷六）

①文末有小字注：『乙丑。』

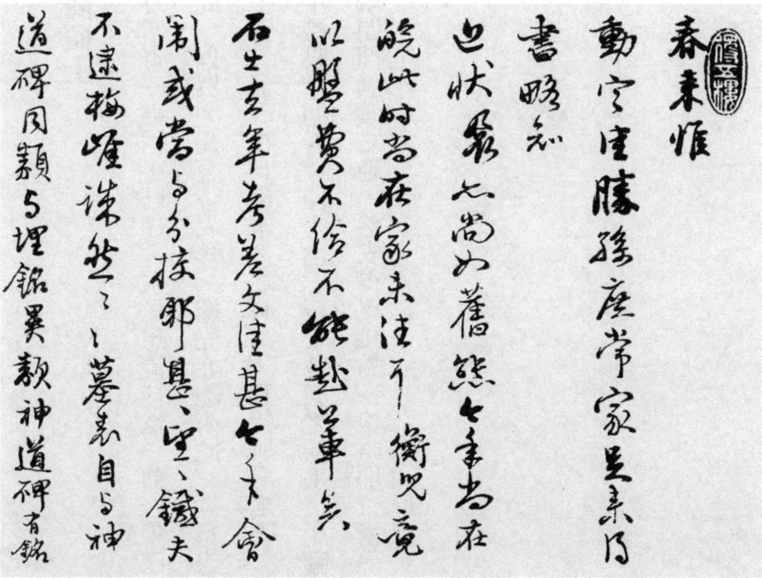

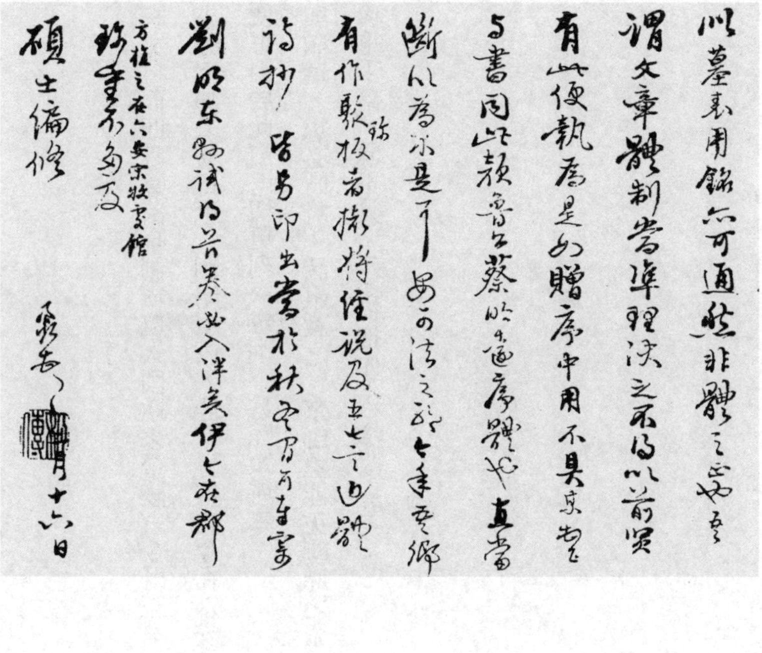

97-37 姚鼐《與陳碩士》

97-38

姚鼐

與陳碩士

正月奉寄一書，必已達。入夏想清佳也。鼐今年已至皖矣，而四月爲治亭制軍遣人固邀來金陵，今既至矣。却便因此，思買宅爲金陵人耳。衡兒亦隨來此，欲爲謀一小館，却未易得也。劉明東已入泮，方植之今在六安教徒，俱平安。鼐現在刊刻未刻之時文，其餘所訂之書，亦便思因居此，一切更刻一定本，當陸續辦之。

今年榜眼徐頲者，佳士也。石士曾與之談乎？馬彌甥與館選，想必時見，諸事教之。京師豈能免酬應之繁？當自不廢閉門誦讀之趣。然安得更接對一快晤耶？漸熱，珍重千萬，餘不具。（《惜抱先生尺牘》卷六）

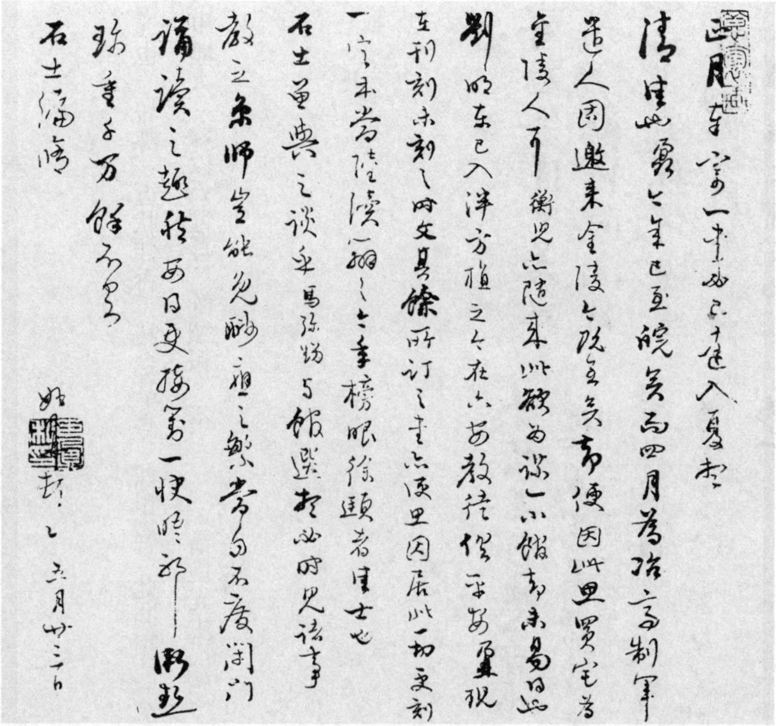

97–38 姚鼐《與陳碩士》

97-39

姚鼐

與陳碩士

前月有一字奉寄，想已達也。暑熱，近狀佳否？甚念甚念。鼐粗適。此間諸使君有修《江南通志》之意，欲俾鼐主之。然年老力憊，茲事體大，殊以爲懼耳。餘續報，不一。（《惜抱先生尺牘》卷六）

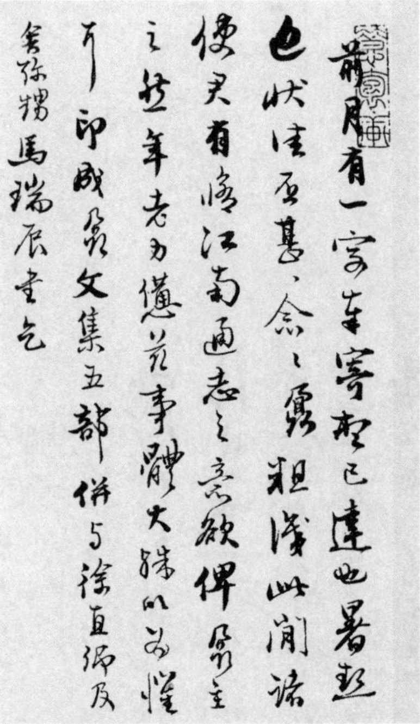

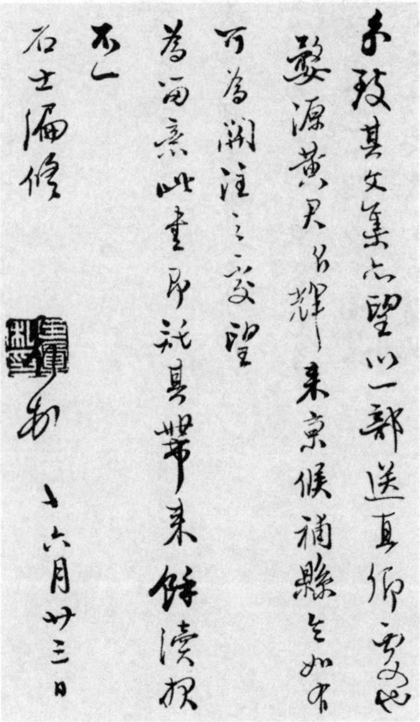

97-39 姚鼐《與陳碩士》

97–40

姚鼐

與陳碩士

連得數書，具悉近況爲慰。竟欲出京南來，吾固欣與石士相見，以解思憶之情矣。然爲石士計之，亦有難者。若只是一身携兩僕至此，則便於吾處住可矣，何必買屋？若携家而來，計家口不少，豈三百金之宅所能容耶？又不知石士此時已將分授産業已費去無一存耶，抑尚留少許，差足爲生計乎？此間住家，約須有二千金。買一田一宅，乃可粗爲常居之策。然度石士有二千金，亦當且留京以待丁卯，或得一差，不須急爲出京之謀。以此思之，須更熟議。不可造次，令進退難也。

吾則定居於此，今已買一田，供食米。明年衡兒携其婦來，且住書院，緩緩置屋。大抵買屋亦得千金乃彀耳。近狀大抵平安，略報，不具。（《惜抱先生尺牘》卷六）

97–40 姚鼐《與陳碩士》

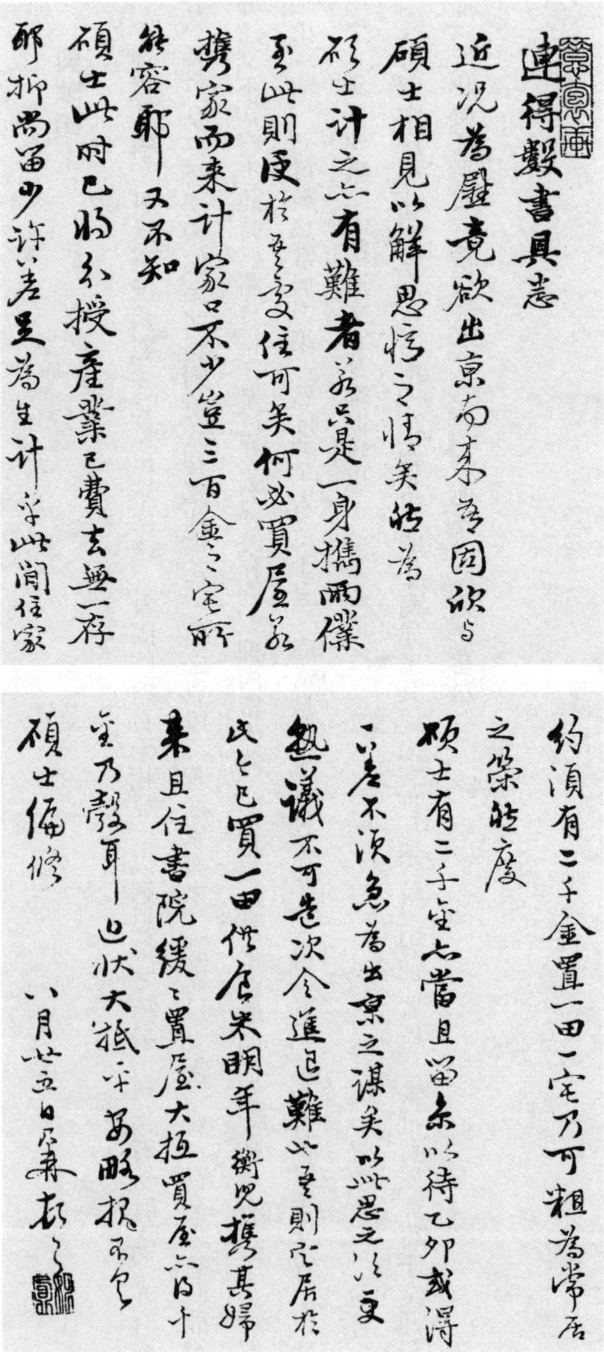
連得數書具悉
近況爲饑竟欲出京南來吾固欲與
碩士相見以解思憶之情矣然爲
碩士計之亦有難者蓋只是一身攜兩僕
至此則便於吾處住可矣何必買屋若欲
攜家而來計家口不少豈三百金之室所
能容耶又不知
碩士此時已將分授産業已費去無一存
耶抑尚留少許以若足爲生計乎此間住家
約須有二千金置一田一宅乃可粗爲常居
之策能度
碩士有二千金否當且留京以待乙卯試得
一第吾不須急爲出京之謀矣以此思之終更
熟議不可造次今進退難必至則只居於
此已買一田供居米明年衡兒攜其歸
來且住書院緩緩置屋大概買屋亦須十
金乃敷耳近狀大抵平安暇或可
碩士備悉
八月廿五日鼐頓首

姚鼐

與陳碩士

所寄來詩文，皆有可觀，文韵致好，但説到中間，忽有滯鈍處，此乃是讀古人文不熟。急讀以求其體勢，緩讀以求其神味。得彼之長，悟吾之短，自有進也。詩以五言爲佳，見寄三首，及爲陶意雲題圖之作，皆極善，此是興會到故也。七言嫌落俗套，無新警處。蓋石士天才，與此體不近，不必强之。大抵其才馳驟而炫燿者，宜七言；深婉而澹遠者，宜五言。雖不可盡以此論拘，而大概似之矣。

吴蘭雪前歲曾有一文字，鼐爲閲過，併有一書與之。其書係衡兒付曾運使，看來蘭雪似不曾接著也。此番所寄來之文，吾因石士與之至好，便同學徒文一例抹閲。亦孟子所云有『人之患』者矣，一笑。大抵作詩、古文，皆急須先辨雅俗，俗氣不除盡，則無由入門，况求妙絶之境乎？

此間作古文有荆溪吴仲倫，作詩有江寧管同，又梅總憲有一曾孫，忘其名，才廿一歲，似異日皆當有成就者，亦視其後來功力何如耳。吾時文尚未刻完，殆須至歲暮乃成，名《惜抱軒外稿》。鼐又拜。（《惜抱先生尺牘》卷六）

97-41 姚鼐《與陳碩士》

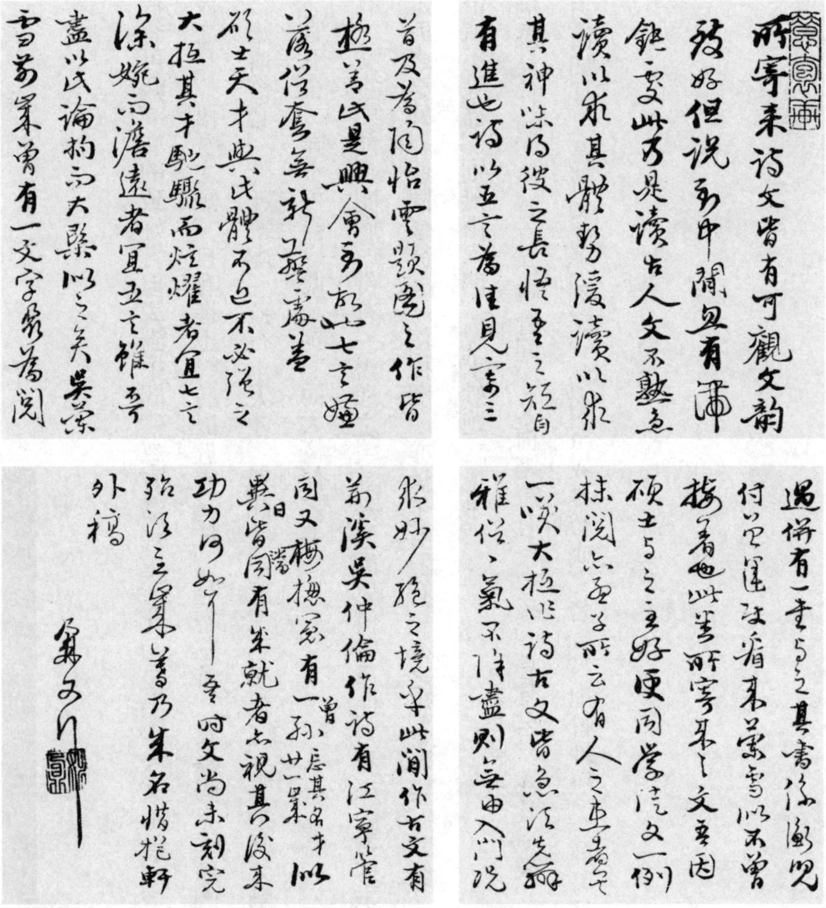
所寄來詩文皆有可觀文韻
頗好但說多平闊且有滯
鈍處此乃是讀古人文不熟急
讀以求其體勢浸讀以求
其神味乃彼之長悟至之境自
有進也詩以五言為佳見寄三
首及春園怡雲題閣之作皆
極善此是興會高妙七言嬀
隨俗套無新聲露善
碩士天才與此體不近不必強之
大抵其才馳驟而炫耀者宜七言
深婉而落遠者宜五言雖吾
盡以此論拘而大略以之矣吳崇
吾前某曾有一文字為閱
過俾有一書與之其書係鄉兄
付與渠孜看未嘗以不曾
擲去也此皆所寄來之文吾因
碩士與之至好便同嘗讀文一例
抹閱亦吾子所云有人之事者也
一笑大抵作詩古文皆急須先辨
雅俗之氣不俗盡則無由入門況
能妙之境乎此間作古文有
萬溪吳仲倫作詩有江寧管
同又梅櫰窗有一曾孫廿一歲
異日皆有成就者亦視其後來
功力何如耳至時文尚未研究
給諸之某著乃朱名惜抱軒
外稿
鼐又行

姚鼐

與陳碩士

前聞石士有出京南來之意，鼐以爲其計非是，故作書奉止。今亦竟不見南來，是其止決矣。然究不知在京如何住下也，甚念甚念。鼐在此平安。至修志之説，恐不免爲空言耳。此日有司窘乏，欲如顔原矣，何暇及此。而省志非各郡縣志悉成之後，不能爲也。陳君其松，良爲異才。其文筆殊不易見，深以數年之功，可以成一家數。以爲知縣，『賊夫人之子』矣。

鼐近來作文字甚少，終是有衰態。《時文》十一月當刻成，又刻《試帖詩》一小卷，年内併可奉寄耳。衡兒已回家，雉兒當來此伴度歲，尚未至。今正寂如僧房矣，既無人共語，亦不復能讀書，默坐終日。朝食則飯，晡食則粥，其脾衰亦似簡齋之暮年。正以無厚味之傷，故不似其常泄瀉耳。已寒，惟珍重。（《惜抱先生尺牘》卷六）

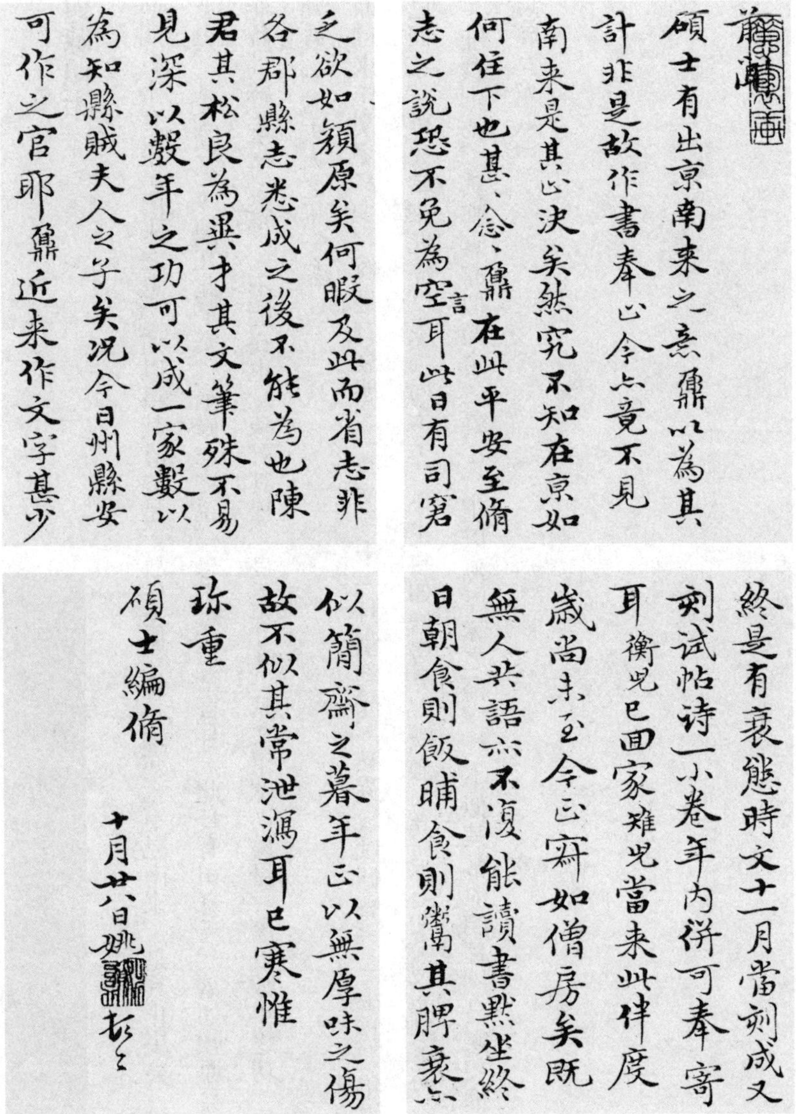

碩士有出京南来之意鼐以為其計非是故作書奉止今亦竟不見南来是其心決矣然究不知在京如何任下也甚念念鼐在此平安至脩志之說恐不免為空言耳此日有司窘之欲如穎原矣何暇及此而省志非各郡縣志悉成之後不能為也陳君其松良為異才其文筆殊不易見深以數年之功可以成一家數以為知縣賊夫人之子矣況今日州縣安可作之官耶鼐近来作文字甚少終是有衰態時文十一月當刻成又刻試帖詩一小卷年内併可奉寄耳衡兒已回家雉兒當来此伴度歲尚未至今正寓如僧房矣既無人共語亦不復能讀書默坐終日朝食則飯晡食則鬻其脾衰亦似簡齋之暮年正以無厚味之傷故不似其常泄瀉耳已寒惟珍重

碩士編脩

十月廿六日姚鼐頓首

97-42 姚鼐《與陳碩士》

與陳碩士

前月作一書，付陶世兄將以奉寄，未發而得九月廿六日寄書，乃知前奉寄之書，及閲過石士所爲文，及蘭雪之文，俱未接著。然今當必接著矣。頃寄《與小峴書》及《山木誌文書後》皆佳，然有未調適處，故爲竄改。昌黎云『詞不足不可以成文』，理是而詞未諧，故是病也。至進册頁之文，以爲翰林文字自可，但不能高古耳。須知真翰林之文，如《典引》《貞符》《滄州過闕上殿疏》，皆不易到也。

決意南來故佳，然閑居何以治生乎？必須求一書院。吾見今頃日求書院者之多，反不如在官之不争也。修志必不能開局，但空言耳。衡兒已抵家，雉兒已來。雉兒今年又生一子矣。吾此數日内，盡取所藏法書名畫賣之，欲得千金，於此購一宅也。今年南中寒蚤，京師或更冷耶？朝夕珍重，不具。（《惜抱先生尺牘》卷六）

前月作一書付陶世兄將以奉寄未發而
得九月廿六日寄書乃知前奉寄之書
及閱過
石士所為文及蘭雪之文俱未接着然亦
當必接着矣須寄与小峴書及山木誌
文書後皆佳然有未調適處故為竄改
昌黎云識不足不可以成文理是而詞未諧
故是病也至進冊頁之文以為翰林文字自
可但不能高古耳須知真翰林之文如典
引貞符瀘州過澗上殿疏皆不易到也

決意南來故佳然閑居何以治生乎必須
求一書院要見今須日求書院者之多此地
建尊經書院黃右軍甫居之而劉青垣
侍郎已告制軍欲據之矣然則反不如在
官之不爭也修志必不能開局但只之耳
衛兒已抵家雉兒已來雉兒今年又生一
子矣吾此數日內盡取所藏法書名畫賣
之欲得千金於此購一宅也今年南中寒早
京師或更冷耶 積多
珍重不具
石士編修　鼐頓首　十一月七日

97-43 姚鼐《與陳碩士》

與陳碩士

新歲想動定佳好，鼐亦略如故狀。但相别又增一年矣，可勝思耶？去冬兩書，由陶三哥處奉寄者，諒已至。臘底吾兩兒皆有事回家，書院中乃僅一孫與一堂侄相依度歲。固是岑寂，而清静亦可喜也。偶作《經説》兩篇，寄來閲之。南中冬春間異寒，北方恐更重。希加珍重，餘不具。①（《惜抱先生尺牘》卷六）

① 文末有小字注：『丙寅。』

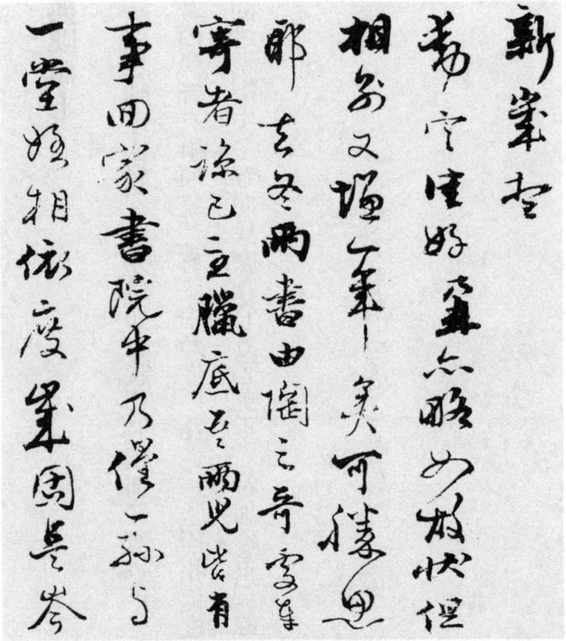

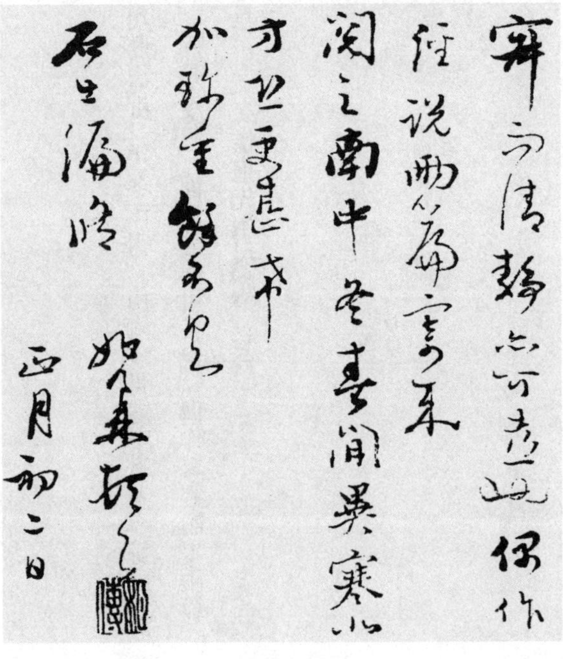

97–44 姚鼐《與陳碩士》

97-45

姚鼐

與陳碩士

得立春日書，具審近狀。入今歲來，體中得大健耶？甚念甚念。正月初，鼐有一書付廬江胡君稷奉寄。今聞彼乃逗留淮上，不知此書爲寄到否？

石士近所作文字，駿邁勝往時，誠是進也。更盡力爲之，自更有勝處。詩不必廢，但所重在此耳。鼐《時文》刻成，且寄兩部，諒索者必多，須後便可也。臧君所索文，俟少遲作得，併復其書。至修志事，茫然無期，恐不可冀矣。鼐居此平安，卜居之謀，亦尚未可定。餘不一一。（《惜抱先生尺牘》卷六）

97–45 姚鼐《與陳碩士》

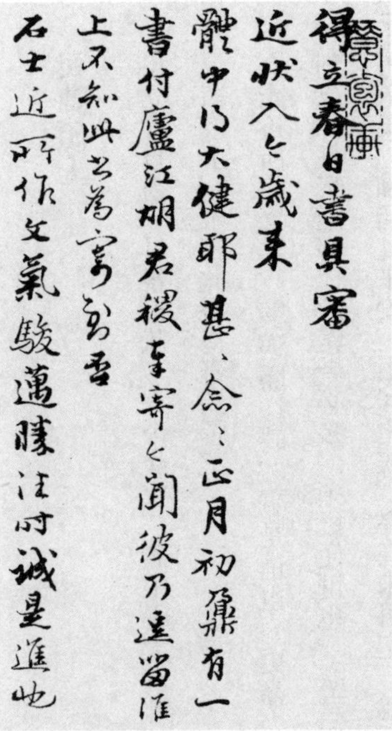
得立春日書，具審近狀。入〻歲來，體中乃大健耶？甚〻念〻。正月初鼐有一書付廬江胡君綬辛寄〻，聞彼乃遲留淮上，不知此書爲寄到否。石士近所作文氣駿邁，勝往時，誠是進也。

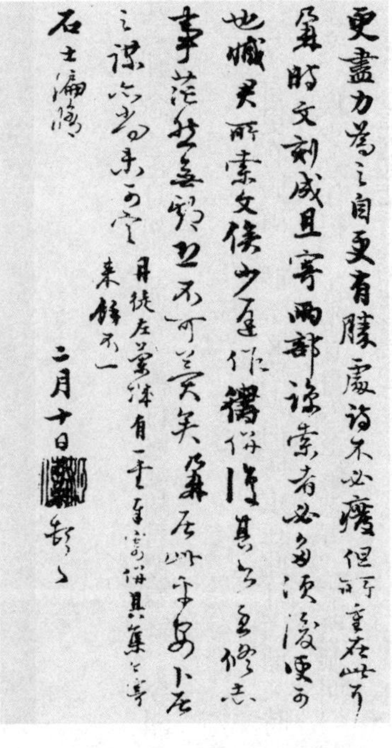
更盡力爲之，自更有勝處。請不必療，但所[illegible]存此可。鼐時文刻成，且寄兩部。請崇有必多須，復便可也。惜[illegible]所索文，僕少反作[illegible]，俗作[illegible]，其多多修志事茫然無端緒，不可[illegible]矣。鼐在此手岌，卜居之謀亦尚未可定。[illegible]來，餘不一。
石士編修
二月十日 鼐頓首

與陳碩士

漸入夏，想安好。前所寄《時文》兩部，當已至耶？鼐近平安。衡兒已就江浦一小書院，歲脩百金。至此間買屋事，尚未定也。與宣城張惺齋及吳舍親兩書，乞分致。珍重，餘不具。（《惜抱先生尺牘》卷六）

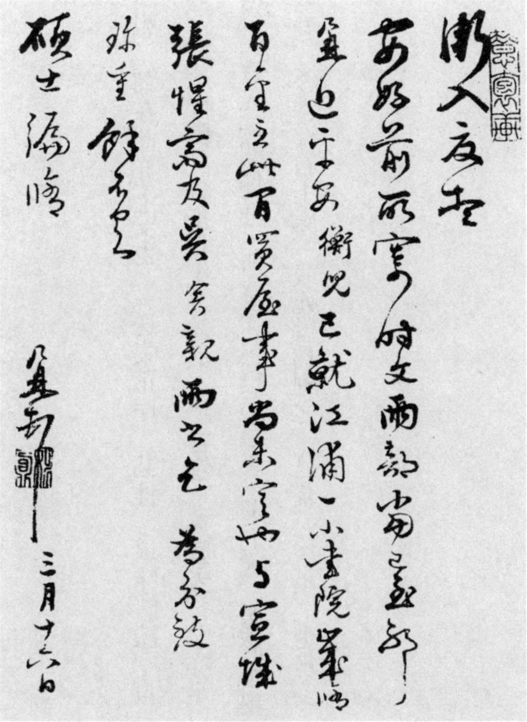
漸入夏，想
安好。前所寄時文兩部，當已至耶？
鼐近平安。衡兒已就江浦一小書院，歲脩
百金。至此間買屋事，尚未定也。與宣城
張惺齋及吳舍親兩書，乞分致。
珍重，餘不具。
碩士編脩
鼐頓首 三月十六日

97-46 姚鼐《與陳碩士》

與陳碩士

連得兩書，具知安好爲慰。鼐在此亦平安也。《送集正序》甚佳，風味疏淡，自是好處。從此做深，或更入古人奇妙之境。然不可强爲，反成虚驕。大抵石士之才與《學古録》爲類者，兹亦足以名於後世矣。

保送道長之事成否？其得失實無甚關係耳。所寄令叔行狀已至。鼐老憊，倦於筆墨。賢從兄弟未嘗來求，亦可不作矣。《經説》今增成十六卷，今寄存石士處，或死後爲刻之。已夏，珍重，不具。（《惜抱先生尺牘》卷六）

97–47

姚鼐

97–47 姚鼐《與陳碩士》

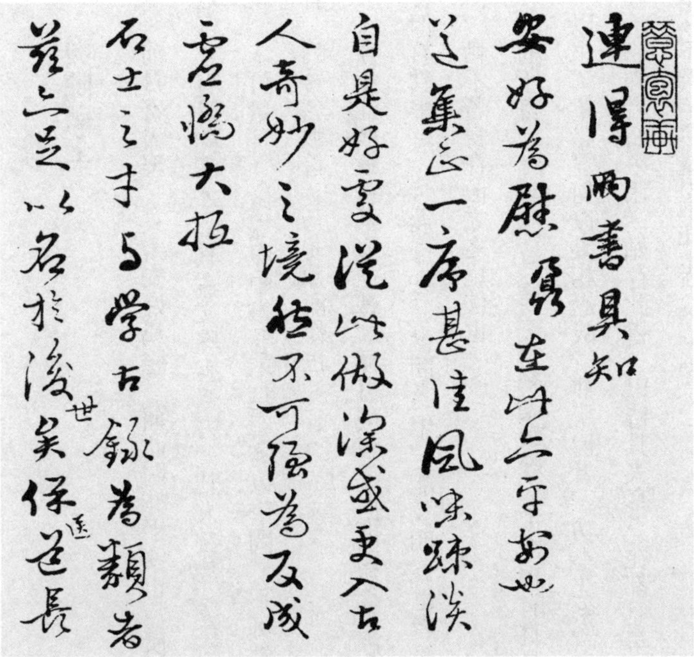

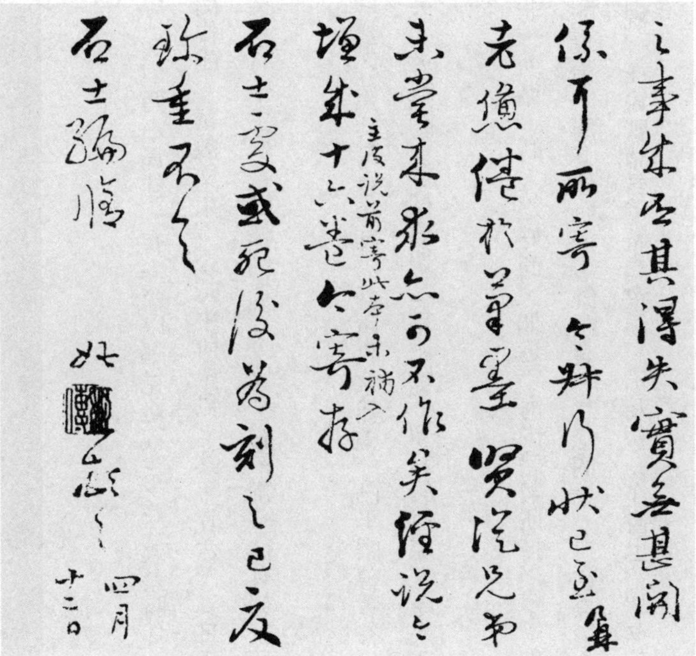

97-48

姚鼐

與陳碩士

前月寄書至，具審安好爲慰。鼐此間亦平安也。所寄之文，乃不爲佳。有一篇以鄙見略竄改之，或差勝耳。近江寧有管同秀才，其古文殊有筆力。其人貧甚，在河南作館。寄數文來，今時中所希見。其年廿六，異日成就，未可量耳。微覺腹中書卷不足，濟以學問，不可當矣。有李生取吾試帖刻之，今以一卷奉寄。往有刻試帖者，列吾名數首，乃非鼐所作也。

今年江西數省禾麥並豐，極可慶慰。但淮揚又苦淮溢昏墊，爲甚可哀愍耳。吾所收藏翰墨，已半歸曾賓谷。今但有其半矣，行亦斥去。世間蓄聚，能及四五世者鮮矣。近隨園、夢樓插架之軸，皆不知歸於何處，令人悲慨，轉不若身在散之之爲佳也。

前所寄《經説》，已達未？竊謂説經，古今自有真是非，勿循一時人之好尚。如近年海内諸賢所持漢學，與明以來講章諸君何以大相過哉？鼐所愧者，功不沈密，不能專治一經。然每於一經内有一二條的論，自當爲後之專治一經者所采用。姑存此書，以待其人耳。在都見秦小峴、汪鋭齋諸君，希爲致候，不及一一作書也。朝夕珍重，不具。（《惜抱先生尺牘》卷六）

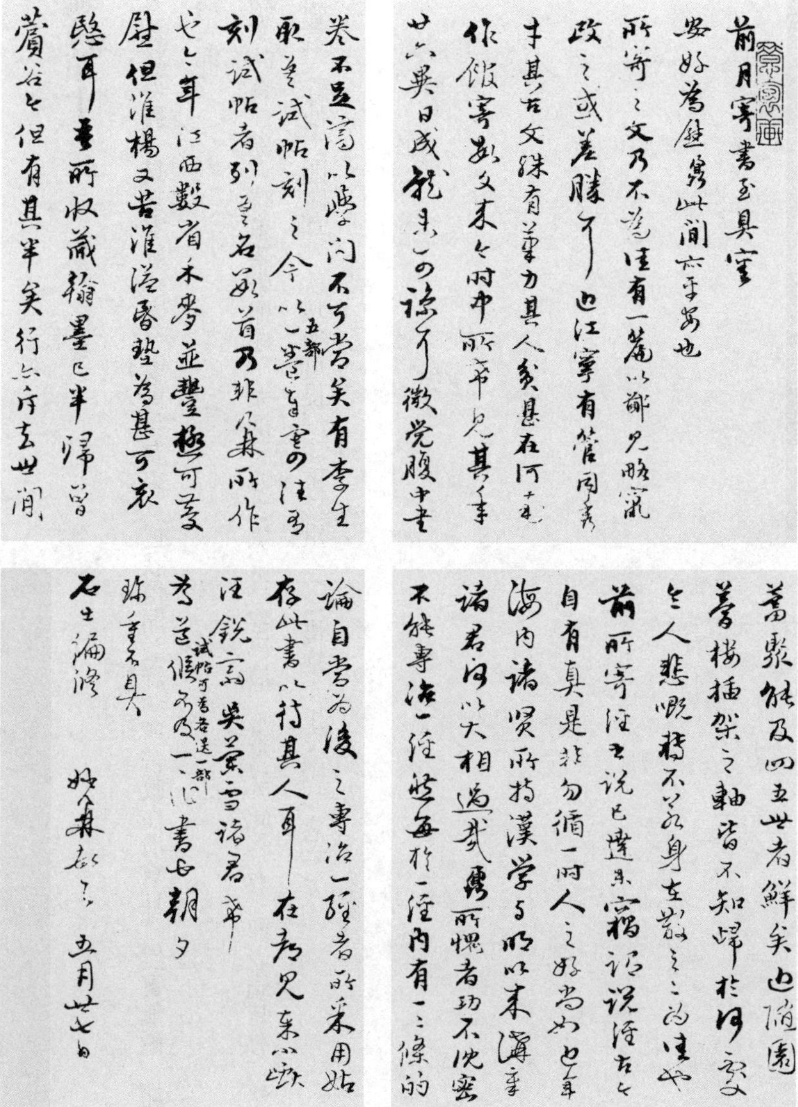
前月寄書並具
安好為慰寫此間亦平安也
所寄之文乃不為佳有一篇以辭見略竄
改之或差勝耳也江寧有管同者
年甚少文殊有筆力其人貧甚在河干教
作館寄數文來今附中所帝見其年
廿六異日成就足以諒耳微覺腹中書
卷不足言以學問不可當矣有李生
取其試帖刻之今以五部一部奉寄望注正
刻試帖者列其名銜首乃非鼐所作
也比年江西數省米麥並豐極可愛
惜但淮揚及淮徐昏墊為甚可哀
懸耳無所收藏翰墨已半歸曾
賓谷亦但有其半矣行亦將去世間
蓄聚能及四五世者鮮矣也隨園
藏書插架之軸皆不知歸於何處矣
之人悲慨將不得以身在彼之之為佳也
前所寄經書說已遺失稿記說經者今
自有真是非勿循一時人之好尚也近年
海內諸賢所持漢學者明以來深幸
諸君得以大相過我處所愧者功不深密
不能專治一經然每於一經內有一二條的
論自當為後之專治一經者所采用始
存此書以待其人耳在京見東小歟
汪銳齋吳蘭雪諸君乎
為道試帖可為各送一部候不及一一作書也朝夕
珍重不具
石士編修
姚鼐頓首 五月廿七日

97-48 姚鼐《與陳碩士》

97–49

姚鼐

與陳碩士

入夏頻得書，具知安好。頃令妻舅魯君來，近狀得聞益詳，所苦政在清貧耳。然實無術，節嗇而已，安能量出而爲入耶？

諸文時有佳處，時患語繁拖遝。大抵簡峻之氣，昌黎爲最，更當於此著力。鼐老病時有，然不至甚。寂寞無可與語者，殊使人悶悶耳。秋熱猶可畏，珍重珍重。（《惜抱先生尺牘》卷六）

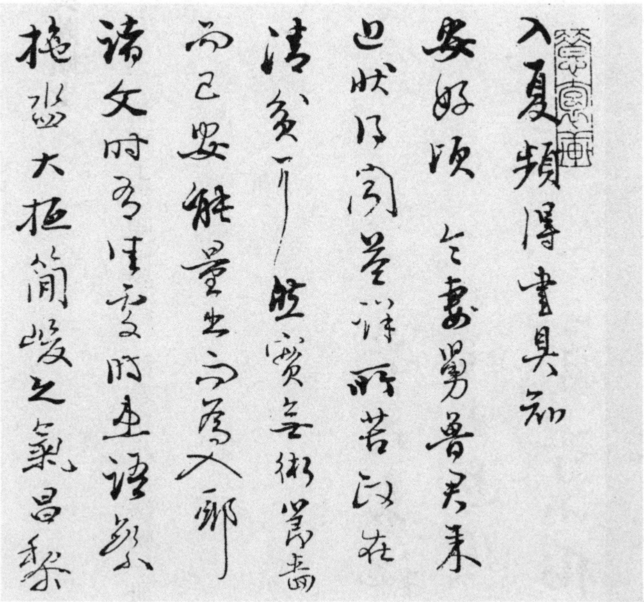

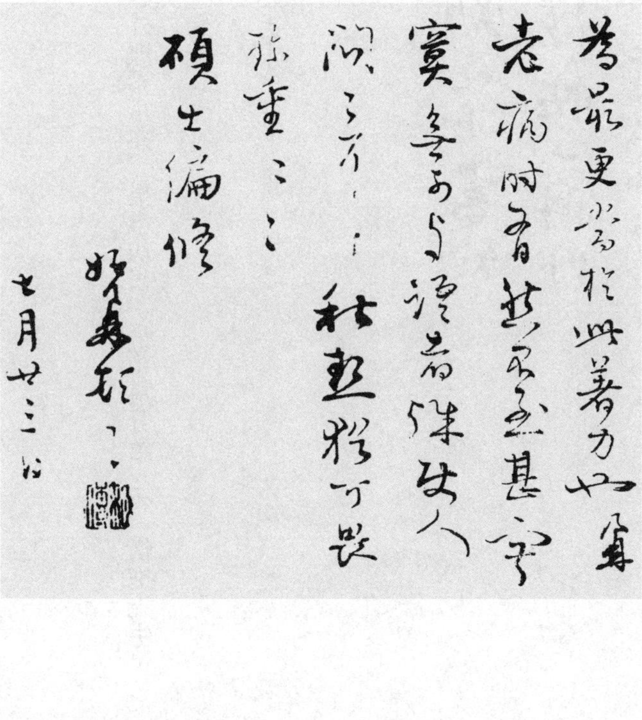

97–49 姚鼐《與陳碩士》

97–50 姚鼐

與陳碩士

魯君來，説碩士近頗勤學書，故奉寄小楷法帖一册。外與秦京兆、吴掌坊書，併希爲分致。（《惜抱先生尺牘》卷六）

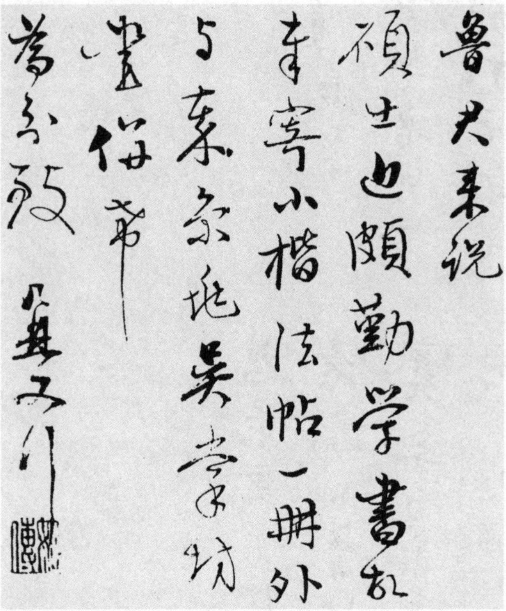

97–50 姚鼐《與陳碩士》

97–51

姚鼐

與陳碩士

八月内有一書，付康茂園方伯帶入都奉寄，已達覽未？今年寒至倍早，體中佳不？吾因畏此寒，遂輟歸計，俟明年七月乃回家耳。

頃見吴中王鐵夫集中有《跋惜抱集》一篇，此君乃未識面之人，而承其推許，使人有知己之感。其論鄙作所最許者序事之文，甚愛《朱竹君傳》，而不甚喜攷證之作。愚意謂以攷證累其文，則是弊耳；以考證助文之境，正有佳處，夫何病哉？鐵夫必欲去之，亦偏見耳。其文章不愧雅馴，亦今之奇士矣。

吾前作《禮親王傳》，有數事託吾鄉吴禮部爲考詢的確而未至，見時望爲一問之也。有信只寄江寧，不必寄桐城也。餘不具。（《惜抱先生尺牘》卷六）

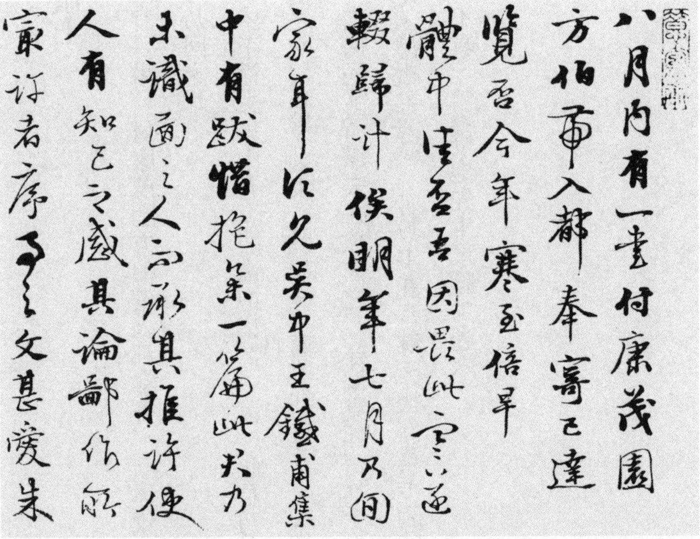

八月內有一書付康茂園
方伯軍入都奉寄已達
覽否今年寒至倍早
體中佳否吾因畏此寒以遂
輟歸計俟明年七月乃回
家耳行久矣吳中王鐵甫集
中有跋惜抱集一篇此君乃
未識面之人而極其推許使
人有知己之感其論鄙作能
窺許者序子之文甚愛朱

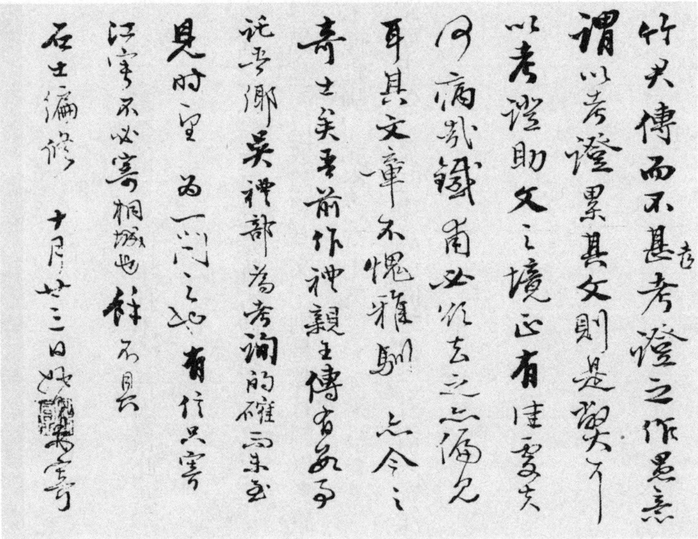

竹君傳而不甚喜考證之作恩意
謂以考證累其文則是殊不
以考證助文之境正有佳處夫
何病哉鐵甫必欲去之亦偏見
耳其文章不愧雅馴亦今之
奇士矣吾前作禮親王傳有疑予
託吾鄉吳禮部為考詢的確而未至
見時望為一問之如有便只寄
江寧不必寄桐城也鼐不具
石士編修 十月廿三日姚鼐寄

97-51 姚鼐《與陳碩士》

97–52

姚鼐

與陳碩士

十一月有一書奉寄，當已達。歲行盡，念石士近况佳不？歲事未至甚窘迫乎？殊念殊念。鼐近作《禮親王傳》，録一本與石士閲之，似尚可。《道園學古録》中文，以較韓、歐便覺遠在，况子長乎？然只可如此做去，若勉强作漢人，則反成明人之僞體矣。

又近刻試帖、題跋，鼐自謂所論書理，有勝前賢處。都中近日書家有誰？今寄四本，以聽石士之轉送也。鼐此間平安，買宅未可得。前月老妾來，便住書院耳。珍重，餘不具。（《惜抱先生尺牘》卷六）

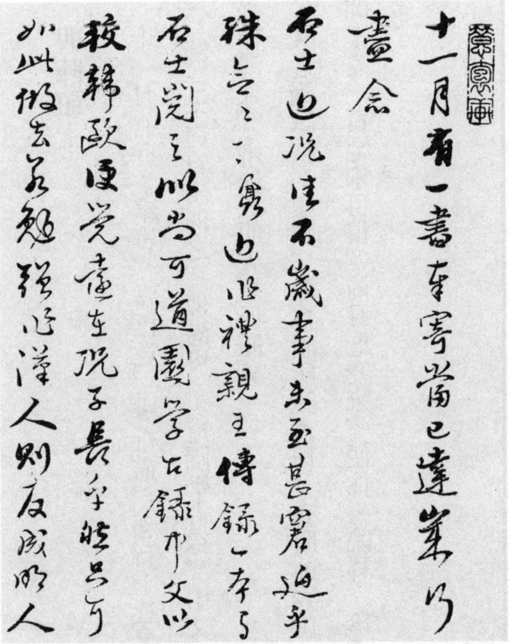

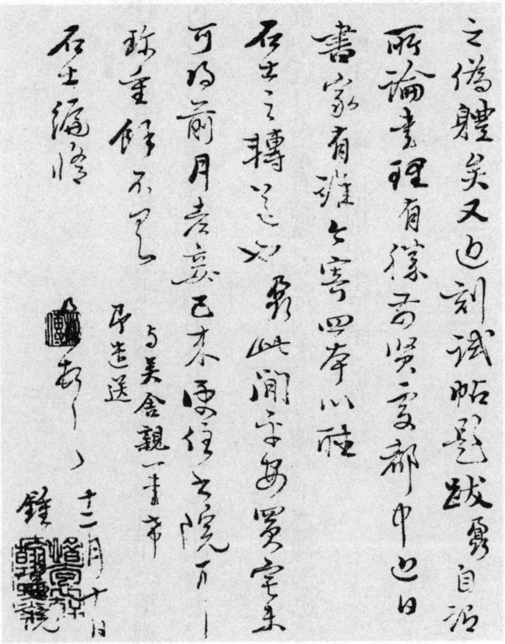

97–52 姚鼐《與陳碩士》

97-53

姚鼐

與陳碩士

春來連得兩書，具知佳勝。去冬長郎納婦禮成，欣賀欣賀。一二年間，可抱孫矣。鼐在此略如故狀。惟精神乏竭，至不宜看書，又無人與言，殊覺日寡味耳。衡兒已赴江浦館。覲兒在此，行迴家去，换雉兒來也。石士所寄來文字亦自可存，但非妙耳。此等題，文字本難以得妙也。祝先生《禮記注》妥當，但取古本，移其次總不是。魏文貞公之書不傳者，以其移古次而人不遵之也，况後學乎？《郊特牲》中之《昏義》乃《儀禮》後記，真是《禮記》矣。若《昏義》冠《燕義》諸篇，鼐疑是《后氏曲臺記》耳，非周人所記。今以此爲主，而反以周人之《禮記》附其後，豈爲當乎？陳集賢之注，誠未爲佳。然今匆匆爲一書便欲勝彼，恐尚未易言耳。又注書之體欲簡嚴，勿與人争辯。争辯是疏，非注矣。世有注《禮記》，義明了於陳而文少於陳者，斯乃不刊之書，而陳注乃可廢矣。

覃溪先生勸人讀宋儒書，真有識之言。夫漢儒之學非不佳也，而今之爲漢學乃不佳。偏徇而不論理之是非，瑣碎而不識事之大小，嘵嘵聒聒，道聽塗説，正使人厭惡耳。且讀書者，欲有益於吾身心也，程子以記史書爲玩物喪志。若今之爲漢學者，以搜殘舉碎、人所少見者爲功，其爲玩物不彌甚耶？黄石齋注經，鼐所未見，其學乃陽明之學也，恐其注亦只是此義耳。

吾今年邀方植之來課孫學文，書院中略可談者，惟此耳。劉明東館於望江師令處，不知其學得有成否也？徐直卿兄弟知已入都，石士見未？吾寄法帖、題跋於吴與之，彼當未接著也。餘寒，惟珍重。①（《惜抱先生尺牘》卷六）

① 文末有小字注：『丁卯。』

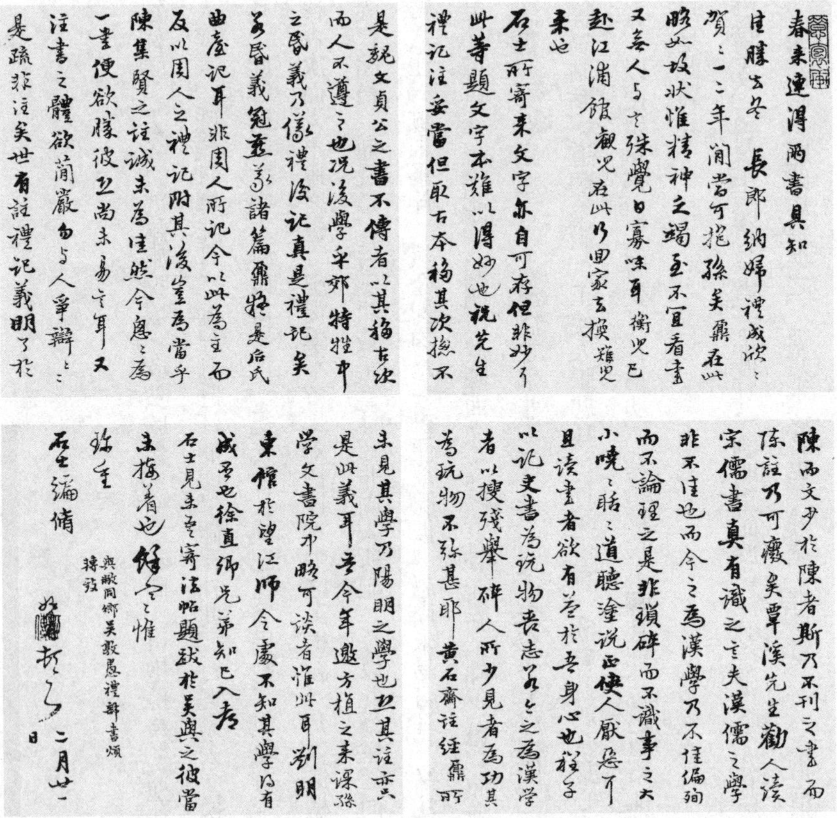
春來連得兩書具知
侄孫出冬 長郎納婦禮成欣欣
賀賀一二年間當可抱孫矣鼐在此
略如故狀惟精神之竭至不宜看書
又無人与言殊覺日寡味耳衡兒已
赴江浦館觀兒在此乃回家去換雞兒
來也
石士所寄來文字亦自可存但非妙耳
此等題文字本難以得妙也說先生
禮記注妥當但取古本稍其次總不
是魏文貞公之書不傳者以其稍古次
而人不遵之也況後學乎鄭特牲中
之昏義乃儀禮後記真是禮記矣
若昏義冠義等諸篇鼐疑是后氏
曲臺記耳非周人所記今以此為主而
反以周人之禮記附其後豈為當乎
陳集賢之註誠未為佳然今恩恩為
一書便欲勝彼且尚未易言耳又
注書之體欲簡嚴而与人爭辯辯
是疏非注矣世有註禮記義明了於
陳而文少於陳者斯乃不刊之書而
陳註乃可廢矣覃溪先生勸人讀
宋儒書真有識之言夫漢儒之學
非不佳也而今之為漢學乃不佳偏徇
而不論理之是非瑣碎而不識事之大
小嘵嘵聒聒道聽塗說正使人厭惡耳
且讀書者欲有益於吾身心也程子
以記史書為玩物喪志若今之為漢學
者以搜殘舉碎人所少見者為功其
為玩物不彌甚耶黃石齋註經鼐所
未見其學乃陽明之學也且其註亦只
是此義耳吾今年邀方植之來課孫
學文書院中略可談者惟此耳劉明
東館於望江師今處不知其學乃有
成否也徐直卿先弟知已入考
石士見未至寄法帖題跋於吳興之彼當
未梅著也餘容之惟
珍重
與嚴同鄉吳敬恩禮部書煩
轉致
石士編修 姚鼐頓首 二月廿一日

97-53 姚鼐《與陳碩士》

97–54

姚鼐

與陳碩士

接正月書，具知近狀清佳爲慰。吾去冬及今春兩次有奉寄書。内皆有鄙撰文字及與吾鄉吴禮部書，石士發書時，故未達，今已達耶？遠路書每苦滯，但又恐失脱耳。賓之不愧苦心力學，但不能大超越耳。久之功深，自有真得，今不可强也。其文已略爲評閲，今寄繳。

吾今年晝食夜眠，似無異去歲，而精神則大減矣。甚思對石士一談，不知天假之緣，石士便得江南一差否乎？今年方植之在此教吾長孫，此兒十六歲，亦開筆作文矣。植之頗苦善病，不能極力於學問，此天限之也。楊蓉裳駢麗之才，亦自可貴。住此稍近，時與晤言，但所尚故不同耳。小峴侍郎已居要職，知其好學，志必不頽，第恐無暇晷矣。都中更有新出英俊者乎？《惜抱軒稿》兩部奉寄。已熱矣，惟珍重，不具。（《惜抱先生尺牘》卷六）

97–54 姚鼐《與陳碩士》

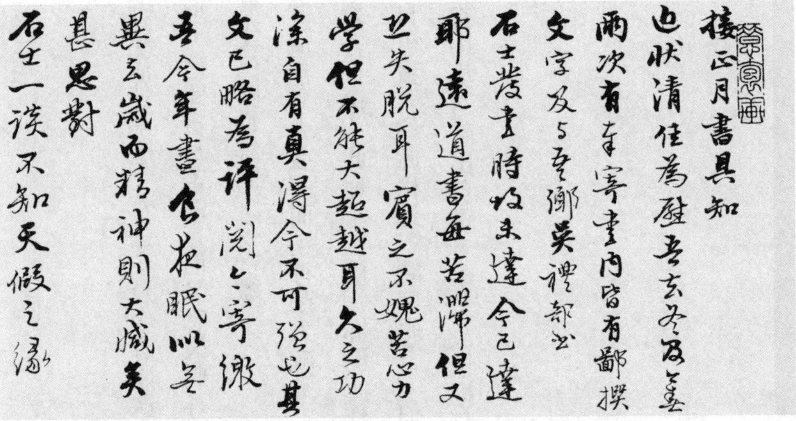

接正月書具知
近狀清佳為慰吾去冬及春
兩次有專寄書內皆有鄙撰
文字及与吾鄉吳禮部書
石士發書時均未達今已達
耶遠道書每若滯但文
亦失脫耳實之不媿苦心力
学但不能大超越耳久之功
深自有真得今不可強也其
文已略為評閱之寄繳
吾今年晝夜眠似差
異去歲而精神則大減矣
甚思對
石士一談不知天假之緣

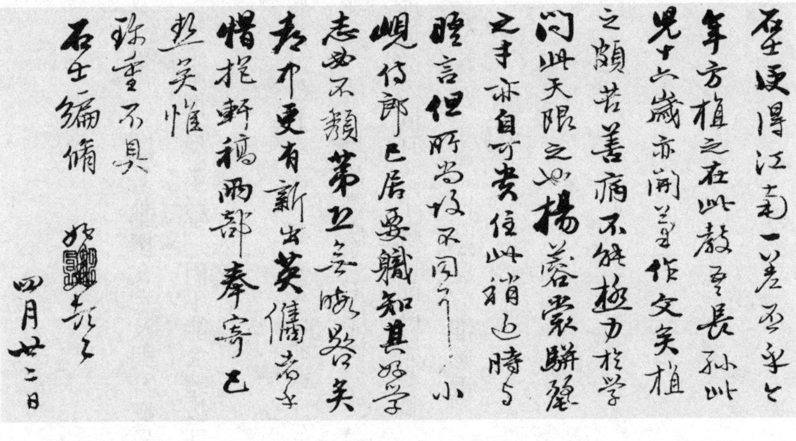

否更得江南一晤否乎今
年方植之在此教吾長孫此
兒十六歲亦開筆作文矣植
之頗苦善病不能極力於学
問此天限之也楊蓉裳聯璧
之才亦自可貴但此稍近時文
腔言但所為均不同……小
峴侍郎已居要職知其好学
志必不頹第亦無暇學矣
吾亦更有新出英儒亦字
惜抱軒稿兩部奉寄已
到矣惟
珍重不具
石士編脩　姚鼐頓首　四月廿二日

與陳碩士

作一書，求未得能爲寄至石士者，而得石士三月朔見寄之書，具知狀平安，欣忭欣忭。所寄文閱之，果勝于舊。氣加開爽，詞簡而達矣。《名位》一篇，乃未見佳。漢人之文，如《論衡》乃不足道。謂蔡伯喈秘其書，乃越中僞造之辭，伯喈何至貴是書？其言平者則陋，奇者乃悖，奈何欲擬之乎？名位俱聖人所輕，『不患無位』『莫己知』是也。於二者稍存優劣，理皆不足。

茅鹿門嘗言作文須占地步，如石士此論，所占地步不高矣。夫『四傑』誠不足貴，然亦其不幸耳。吾見世有器質輕躁而致位卿相且壽考者矣，天道詎必可知耶？吾此月脱一左車，餘如故。《惜抱軒稿》因紙厚，寄書者不能將，後寄，不具。（《惜抱先生尺牘》卷六）

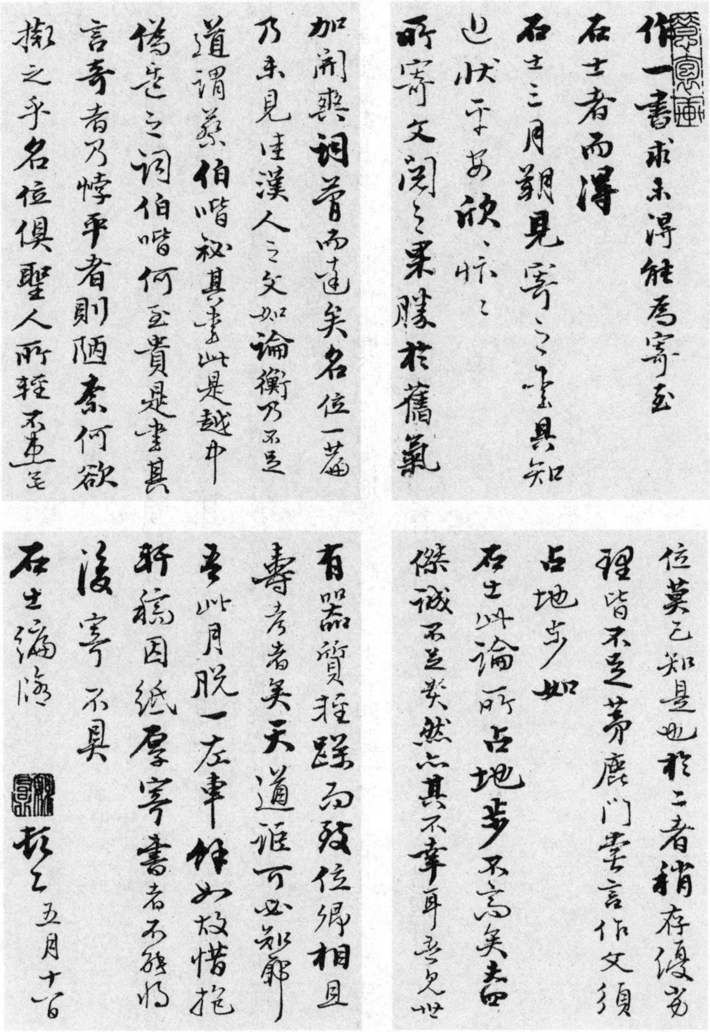

作一書求未得能為寄至
石士者而得
石士三月朔見寄之書具知
近狀平安欣欣慰慰
所寄文閱之果勝於舊氣
加潤與詞皆而進矣名位一節
乃未見佳漢人之文如論衡乃不足
道謂蔡伯喈秘其書此是越中
偽造之詞伯喈何至貴是書其
言奇者乃悖乎者則陋奈何欲
擬之乎名位俱聖人所輕不足
位莫已知是也於二者稍存復當
理皆不足萧廣门書言作文須
占地步如
石士此論所占地步不高矣吾
傑識不足異然亦其不幸耳吾見世
有器質狂躁而致位卿相且
壽考者矣天道誠可以欺耶
吾此月脫一左車牙如故惜抱
軒稿因紙厚寄書者不肯帶
後寄　不具
石士編修　鼐頓首　五月十日

97–55　姚鼐《與陳碩士》

97–56

姚鼐

與陳碩士

久未得消息，甚念甚念。秋涼來，想佳勝耶。所寄來文字無甚劣，亦非甚妙，蓋作文亦須題好。今石士所作之題內本無甚可說，文安得而不平也？歸震川能於不要緊之題，說不要緊之語，却自風韵疏淡，此乃是於太史公深有會處，此境又非石士所易到耳。文家有意佳處，可以著力；無意佳處，不可著力，功深聽其自至可也。

鼐秋間因酬對應試者之勞，遂病數日，今已愈，然嘆老翁不復堪事也。今年河道艱阻，京師百物必愈貴，居者愈難，石士不至甚憊耶？若便南歸，亦未易謀一安居之策。人生如浮舟江海，聽其所至，非智力所能與矣。已涼，惟珍重，餘不具。（《惜抱先生尺牘》卷六）

久未得消息，甚念甚念。秋涼，寓至佳適耶？所寄來文字無甚劣，亦非甚妙，蓋作文亦須題好。石士所作之題内本無甚可說，文安得而不平也。歸震川能於不要緊之題說不要緊之語，却自風韻疏淡，此乃是於太史公深有會處，此境又非石士所易到耳。文家有意佳處可以着力，無意佳處不可着力，功深聽其自至可也。鼐秋間因酬對應試者之勞，遂病數日，已愈。然歎老翁不復堪事也。今年河道艱阻，京師百物必愈貴，居者愈難。石士不至甚儳耶？若便南歸，亦未易謀一安居之策。人生如浮舟江海，聽其所至，非智力所能與矣。已涼，惟珍重千万。餘不具。

石士編脩

姚鼐

八月晦日

97–56 姚鼐《與陳碩士》

與陳碩士

前月得一書，陶意雲至，又得一書，具審秋來近狀佳好爲慰。此番寄來文字勝于已前所寄，足見功力精進也。字句微繁處，已爲節删。大抵作文，須見古人簡質、惜墨如金處也。近時文運極敝，天乃不使知文者當文衡。石士諸差不與，亦何怪乎？

鼐八月小有脾胃之病，今已愈矣。今年只在此過年，明年小留，至下半年擬辭去。買宅此間，計未易遂，不若歸没仍在故鄉矣。想石士春闈後必謀歸策，或便至此一晤耶？京居苦難於爲資，然歸後又何以爲計，此不可不思一長策。南京作居，殊不易言耳。承寄鹿筋、蘑菰俱至，謝謝。所寄《程長史集序》是鼐作，非僞也，但不爲妙耳。老年精神已憊，作文潔净而已，力量殊遜壯時，固其理也。墨二匣、硃二匣，共一包，寄充文案之用。已寒，珍重，不具。（《惜抱先生尺牘》卷六）

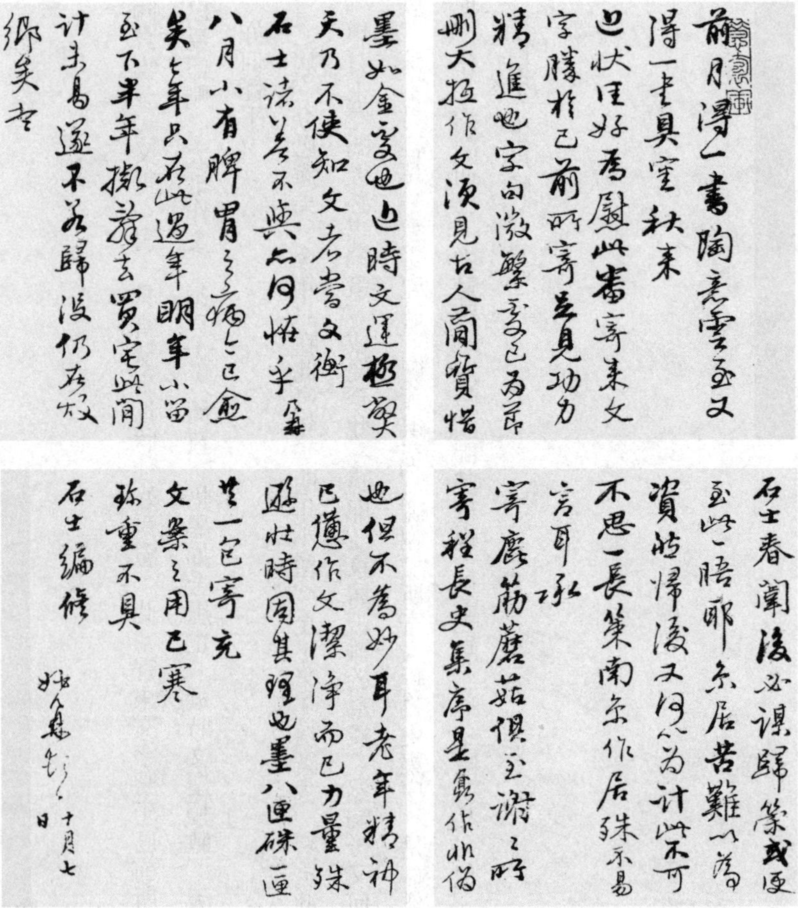

前月得一書，陶意雲至，又得一書，具審秋來近狀佳好，為慰。此番寄來文字勝於已前所寄，甚見功力精進也。字句微繁，處已為節刪。大抵作文須見古人簡質惜墨如金處也。近時文運極衰，天乃不使知文者當文衡，石士讀之，若不與太同悔乎。八月小有脾胃之病，今已愈矣。今年只在此過年，明年小留至下半年，擬移去。買宅此間，計未易遂，不能歸後仍在桐鄉矣也。

石士春闈後，必謀歸榮，或便至此一晤耶？來居甚難，以為資於歸後，又何以為計？此不可不思一長策。南來作居殊不易言耳。承寄鹿筋、蘑菇，俱至，謝謝。時寄程長史集序，是舊作此偽也，但不為妙耳。老年精神已憊，作文潔淨而已，力量殊遜壯時，固其理也。墨八匣，碟一匣，共一包，寄充文案之用。已寒，珍重。不具。

石士編修

姚鼐頓首 十月七日

97–57 姚鼐《與陳碩士》

與陳碩士

前月有一書，附緞標上奉寄，當已達也。南中冬乃甚暖，未知京中何如？想動定佳耳。鼐適作一同年墓志，頗自喜，今以稿寄老弟閱之。大抵作金石文字，本有正體，以其無可説，乃爲變體，始於昌黎作《殿中少監馬君誌》，因變而生奇趣。文家之境，以是廣矣。

聞明年開科之事已决，果爾，安知石士不南來奉差，與吾得一見乎？楊蓉裳已奉其太夫人柩歸無錫，云明年尚來此。鄙狀平安。日惟珍重，不具。（《惜抱先生尺牘》卷六）

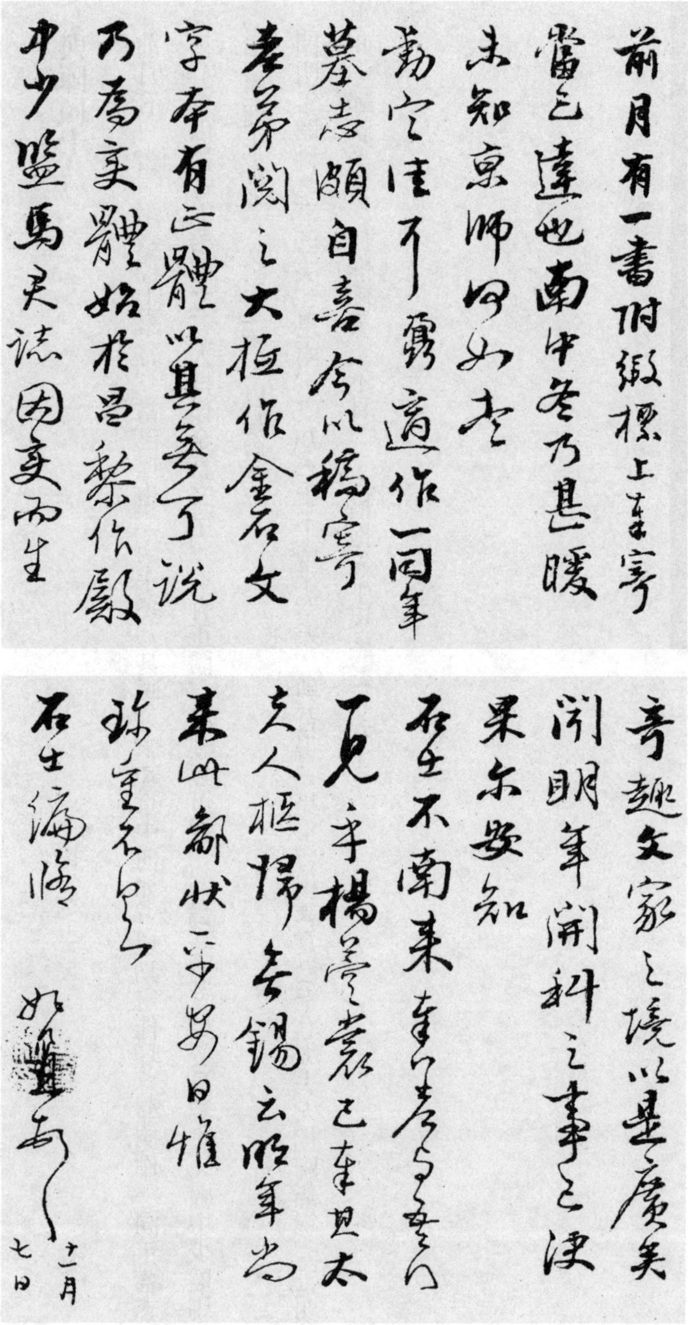

前月有一書附徽標上奉寄
當已達也南中冬乃甚暖
未知京師何如也
動定佳不竊適作一同年
墓志頗自喜今以稿寄
老弟閱之大抵作金石文
字本有正體以其無可說
乃為變體始於昌黎作殿
中少監馬君誌因變而生
奇趣文家之境以是廣矣
聞明年開科之事已決
果爾安知
石士不南來春行否無之
頃見秦楊營葬已奉旦太
夫人柩歸無錫云明年當
來此都狀平安日惟
珍重不宣
石士編修
姚鼐頓首
十一月七日

97–58 姚鼐《與陳碩士》

97-59

姚鼐

與陳碩士

前書所稱都中數賢，皆生平所未見。船山、蘭雪、伯申雖不識，而嘗見所著作。吴、顧、二陳，均未覩其所作。衰病欲盡之年，固樂聞海内之有賢俊耳。大抵所貴在有真逾人處，而不必其同途。詩佳則取詩，文佳則取文，經學、史學、天文、數算、地理、小學，即四六時文，皆可愛。但欲其精，不必其多。能兼者自佳，不能兼亦何害？

如伯申之小學實可貴，其餘藝或是弩末，亦可勿論矣。李安溪雖未是真道學，而所論義理自可取，而侈言文章，乃殊可笑。戴東原言考證豈不佳？而欲言義理以奪洛、閩之席，可謂愚妄不自量之甚矣。執此理以論前人，即以是裁斷今時名士，當亦不甚遠耳。吾無由盡見後來君子，聊爲石士一暢言之，想亦有取於鄙言耳。（《惜抱先生尺牘》卷六）

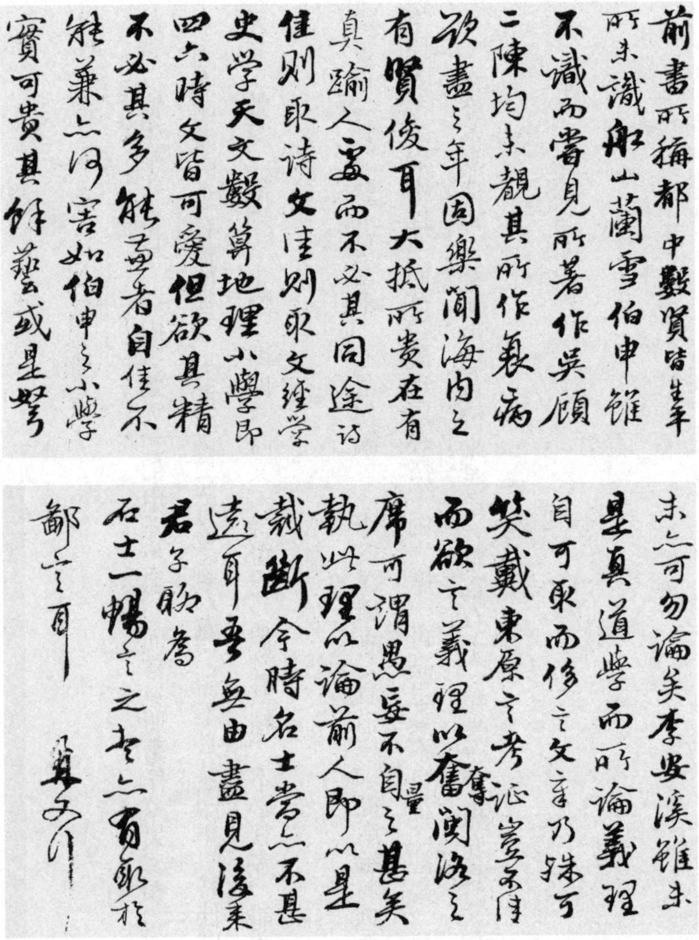
前書所稱都中數賢皆生平
所未識船山蘭雪伯申雖
不識而嘗見所著作吳顧
二陳均未覯其所作衰病
欲盡之年困樂聞海內之
有賢俊耳大抵所貴在有
真踰人處而不必其同途詩
佳則取詩文佳則取文經學
史學天文數算地理小學即
四六時文皆可愛但欲其精
不必其多能兼者自佳不
能兼亦何害如伯申之小學
實可貴其餘藝或是駑
未亦可勿論矣李安溪雖未
是真道學而所論義理
自可取而修之文章乃殊可
笑戴東原之考證豈不佳
而欲之義理以奪閩洛之
席可謂愚妄不自量之甚矣
執此理以論前人即以是
裁斷今時名士豈亦不甚
遠耳要無由盡見後來
君子聊為
石士一暢之之意亦有取於
鄙言耳　鼐頓首

97–59　姚鼐《與陳碩士》

姚鼐

與陳碩士

新年惟增福慶，陶三哥入京，寄一書，必已達。得十月石士寄書，知近貧甚，又當嫁女，無以爲策，痛損節而已。邢楚材書已寄去，未有回信。彼以田爲生，江南去秋大不收，恐不能相濟耳。鼐患脾疾，久不得愈，餘粗如故。一切近狀，衡兒至當詳言之。

所寄來文二篇，不及去歲所寄者，一是胸趣不暢時所爲，一是題本無文字可發揮也。作文尋題目，亦是要事。鼐衰老，學無進處，近頗收拾筆記，其成書之多寡，則以死之日爲斷耳。吾書略以經、史、子、集爲分。又先伯父薑塢先生，生平不爲論著，止是記所得於簡端，不能成書，欲併以入鼐筆記之内，覬可因以流傳也。衡兒此來，但欲其挑教職而歸，餘無所冀。若侄孫瑩，則尚能有志讀書，差可望其振厲耳。想必俱來見也。略報，餘不具。[1]（《惜抱先生尺牘》卷六）

① 文末有小字注：『戊辰。』

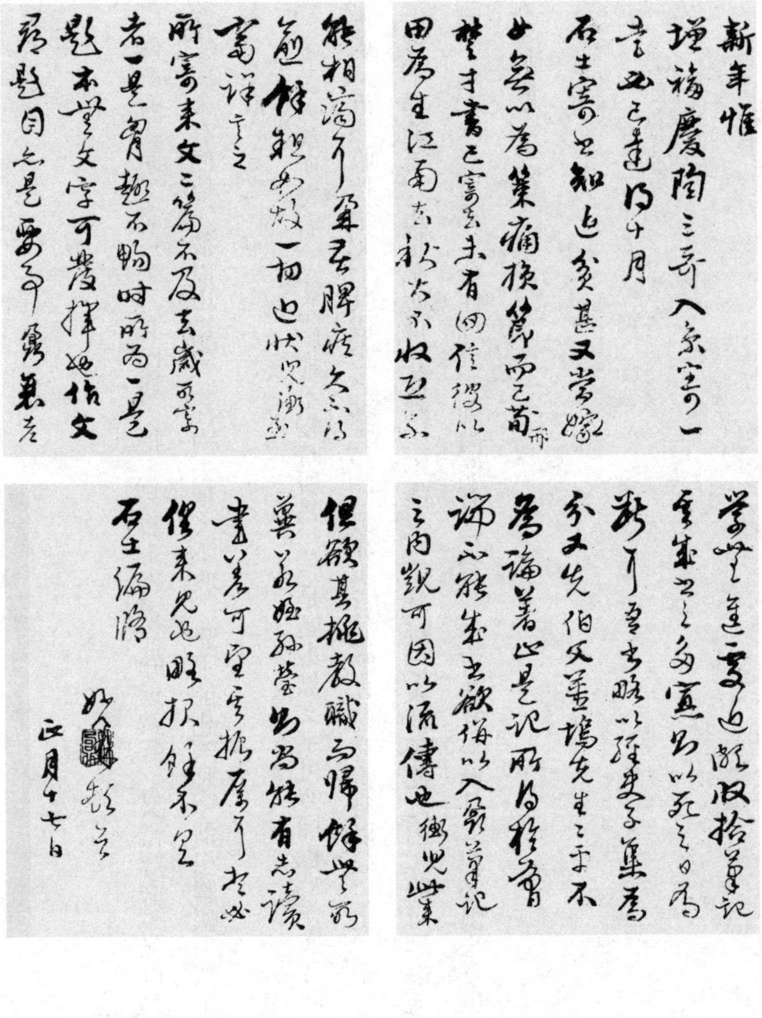

97-60 姚鼐《與陳碩士》

97–61

姚鼐

與陳碩士

得去臘書，知平安。又知鼐從陶意雲奉寄之書，尚未達也。鼐近亦平安，欲歸里便不出，但須賣去江浦所置之田以爲歸資，而今乃未得也。京師貧況，誠亦難處，然南來安能遂救貧哉？且淹留以待機會。今歲或得一差遣，以少解困憊也。

所寄來文字，大旨得之，而時有鈍筆不快人意處。大抵文字須熟乃妙，熟則利病自明。手之所至，隨意生態，常語滯意不遺而自去矣。數文鼐筆閲尚未竟，後寄來。今寄《惜抱軒外稿》兩部，可查收。惟珍重，不具。

四月朔。（《惜抱先生尺牘》卷六）

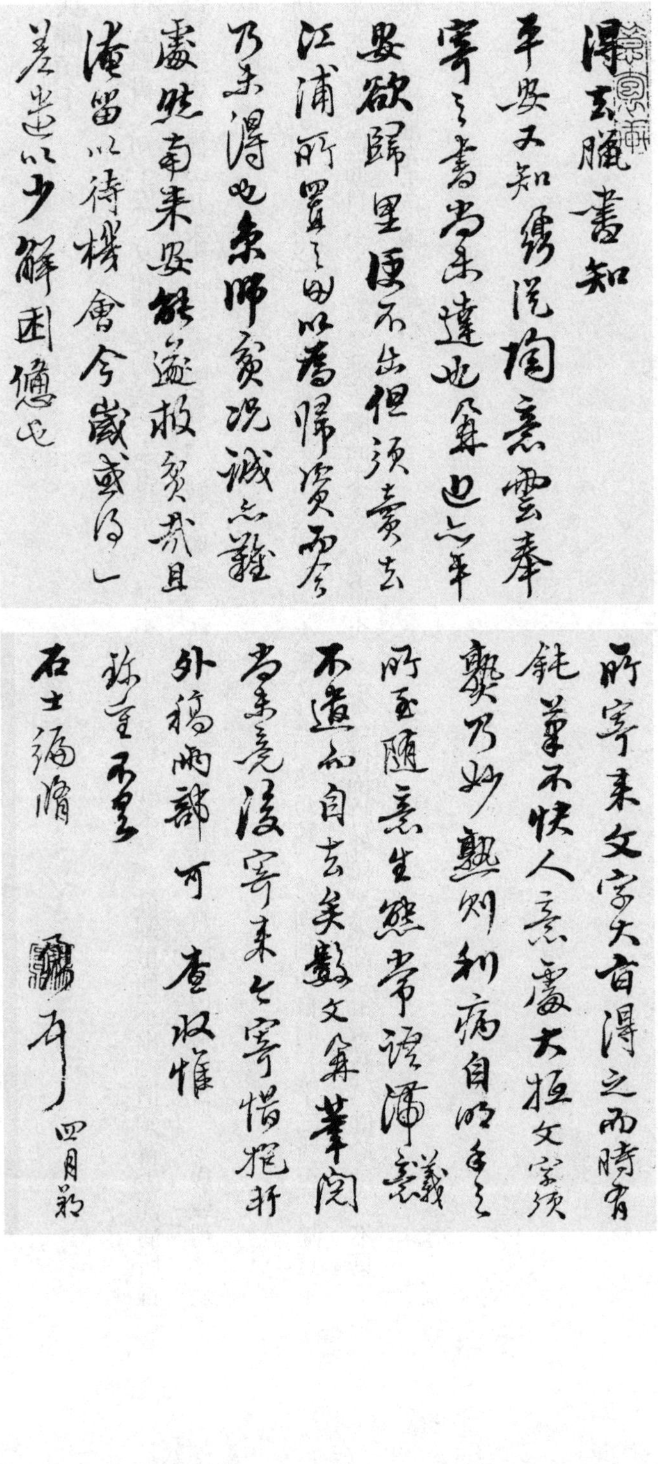
得去臘書知
平安又知與悅陶意雲奉
寄之書尚未達也鼐[illegible]之年
要欲歸里便不出但須賣去
江浦所置之田以為歸資而今
乃未得也京師貴說誠亦難
處然南來安能遽救貧哉且
淹留以待機會今歲或得一
差也以少解困憊也
所寄來文字大旨得之而時有
鈍筆不快人意處大抵文字須
熟乃妙熟則利病自明年之
所至隨意生態常語滯義
不遺而自去矣數文鼐草閱
尚未竟後寄來之寄惜抱軒
外稿兩部可查收惟
珍重不宣
石士編脩　鼐頓首　四月朔

97-61 姚鼐《與陳碩士》

姚鼐

與陳碩士

文二首已閱過，今寄。但加芟削爾，然似意足而味長矣。陳無已以曾子固刪其文得古文法，不知鼐差可以比子固乎？花木之英，雜於蕪草穢葉中，則其光不耀。夫文亦猶是耳。四月五日。（《惜抱先生尺牘》卷六）

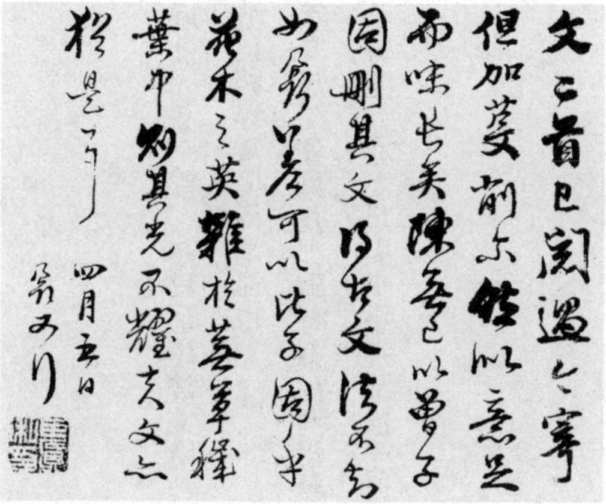
文二首已閱過，今寄。
但加芟削爾，然似意足
而味長矣。陳無已以曾子
固刪其文得古文法，不知鼐
差可以比子固乎？
花木之英，雜於蕪草穢
葉中，則其光不耀。夫文亦
猶是耳。
四月五日　鼐[illegible]

97–62　姚鼐《與陳碩士》

97-63

姚鼐

與陳碩士

陶意雲家送來二月十三日書，具悉近祉。文一首，亦只是尋常文境。文之出奇怪，惟功深以待其自至。却又須常將太史公、韓公境懸置胸中，則筆端自與尋常境界漸遠也。

九江之説，疑以荆、揚分域似是。然安知江分爲九，禹時不在荆州界乎？此事尚於經學不甚要，且姑兩存其説可耳。安溪於考證之學疏矣，其説誠不分明，亦不足與辯也。鼐次子已來，小子未返，亦正同在此耳。四月六日。（《惜抱先生尺牘》卷六）

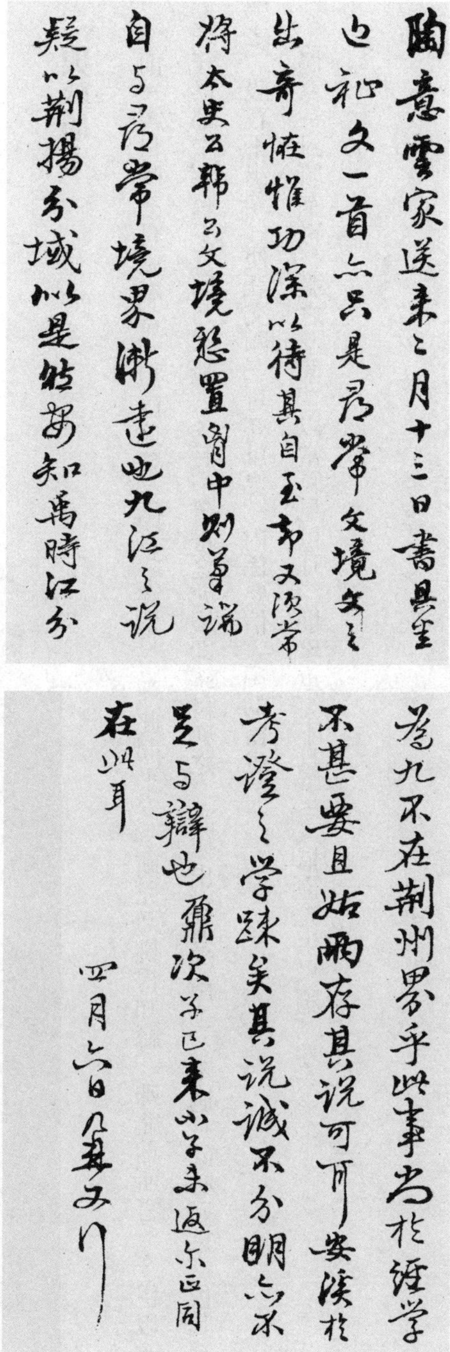

陶意雲家送來二月十三日書具悉
近祀文一首亦只是尋常文境文之
出奇惟在功深以待其自至耳又須常
將太史公韓公文境懸置胸中對筆端
自有尋常境界漸遠也九江之說
疑以荊揚分域以是故要知禹時江分
為九不在荊州界乎此事為於經學
不甚要且姑兩存其說可耳安溪於
考證之學疏矣其說誠不分明亦不
足與辯也鼐次子已來此子未返亦同
在此耳
四月六日鼐頓首

97-63 姚鼐《與陳碩士》

97-64

姚鼐

與陳碩士

前一書付陶三哥處奉寄，想已達覽。頃動定佳否？鼐此間平安。衡兒乃挑得知縣，殊非鼐所喜。今伊以改近須守候都中，查本省回乃掣籤。今有一書寄之，望即確付與之。設伊出京向河南去，不過月餘必回京，俟其至與之。設石士出差，便託交陶三哥亦可也。內係要信，須的當也。

偶寫一封聯奉寄，張之壁間，以當長見可耳。惟珍重，不具。（《惜抱先生尺牘》卷六）

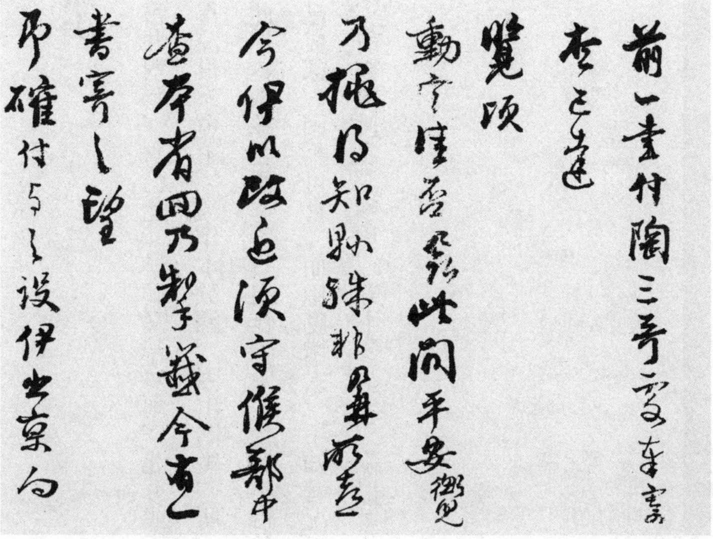

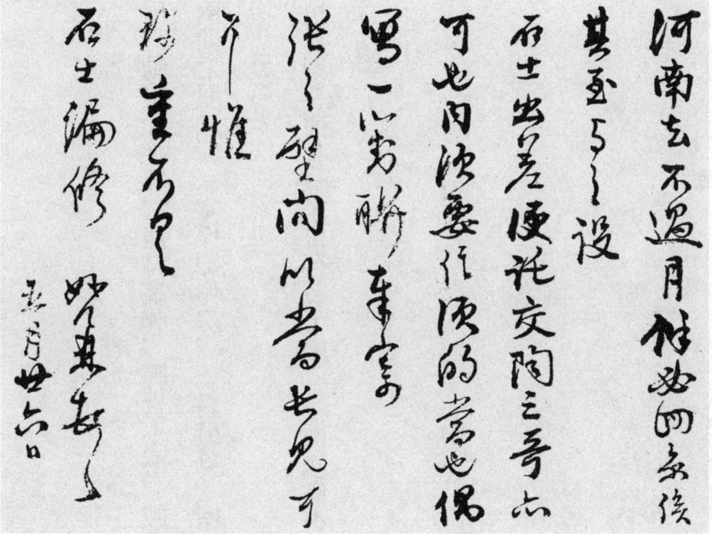

97–64 姚鼐《與陳碩士》

97-65

姚鼐

與陳碩士

前寄一書并對聯，當已達。暑候又苦多雨，北方或不爾？動定佳好耶？鼐自羸弊，脾胃不寧，減食，尤不宜看書，不知得凉後當愈不。今年本欲歸，因出門後，所住兩間之屋又與一堂侄婦作房，須爲另覓一屋與住，乃讓出與鼐。又此地置數畝之田，須賣出作歸資。今皆不得急切，恐尚未能回家也。

石士子已成家，固爲可喜。而用度增大，不知窘况近稍愈不？前有一家書存石士處，今衡兒擬不入都，遣一長隨李順來，前書望付之。珍重，餘不多及。（《惜抱先生尺牘》卷六）

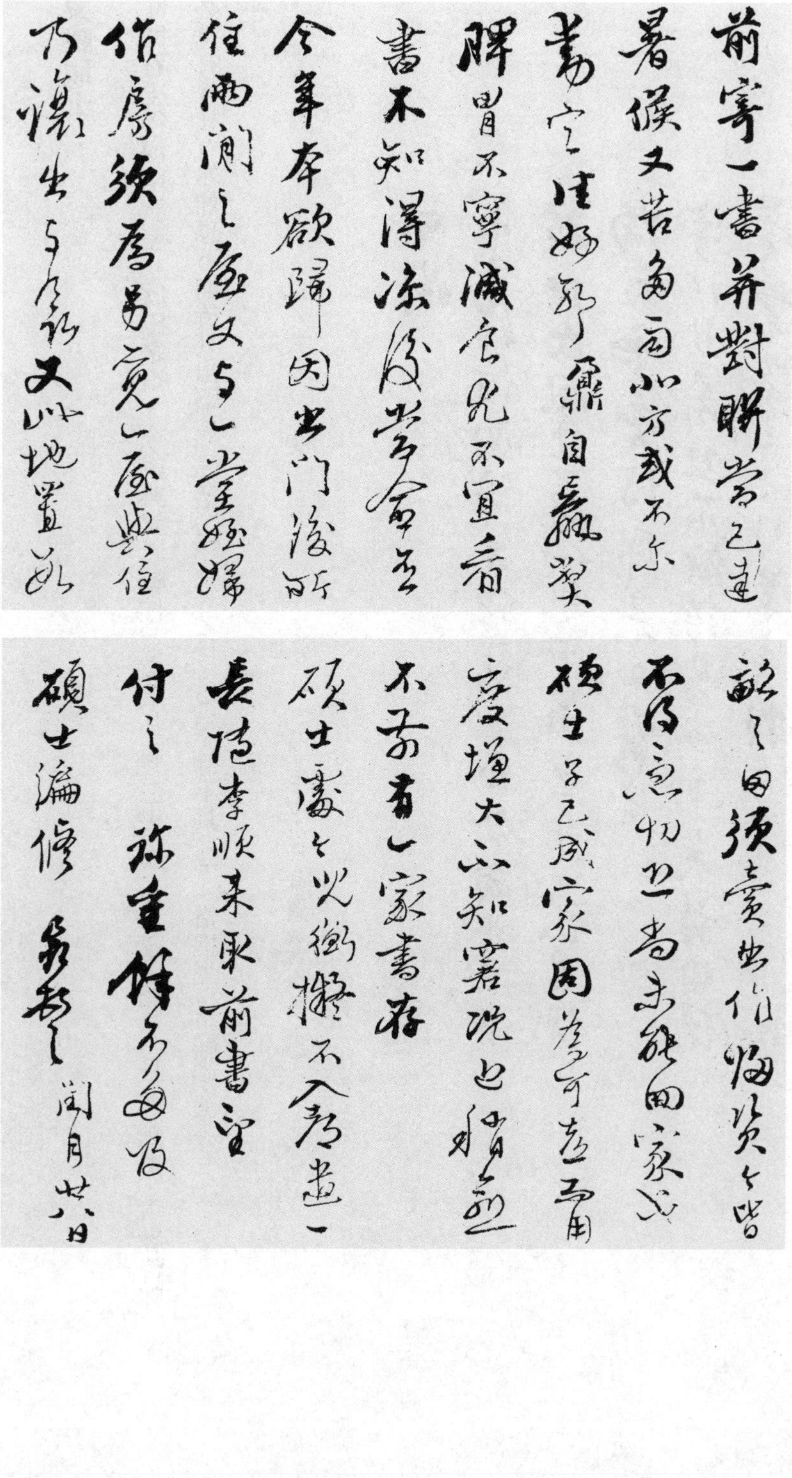

97-65 姚鼐《與陳碩士》

97—66
姚鼐

與陳碩士

昨聞石士得河南試差，欣慰之至。今歲典試者較佳，文風其將一正乎？鼐近平安，八月擬歸家。雪香侍郎來，必携有寄札，然鼐恐不能待其出闈矣。茲因楊蓉裳之行草寄，餘不具。（《惜抱先生尺牘》卷六）

97—66 姚鼐《與陳碩士》

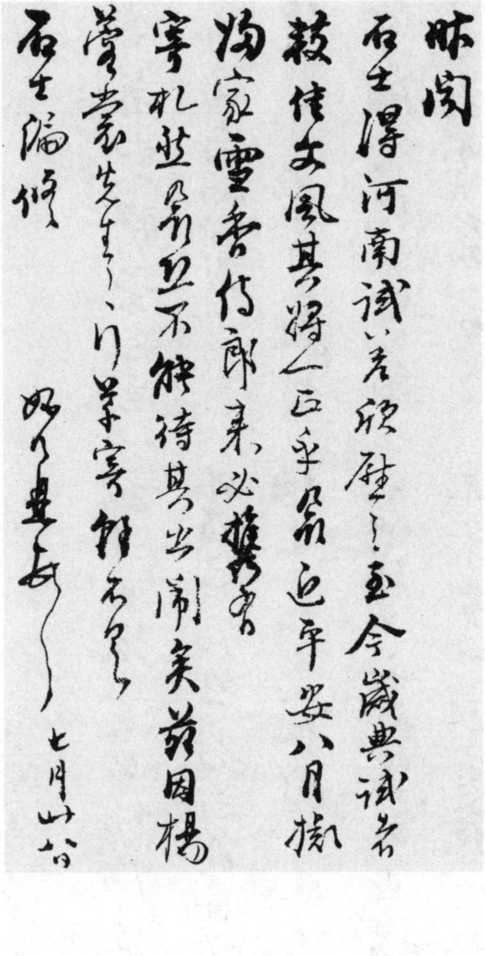
昨聞石士得河南試差，欣慰之至。今歲典試者較佳，文風其將一正乎？鼐近平安，八月擬歸家。雪香侍郎來，必携有寄札，然鼐恐不能待其出闈矣。茲因楊蓉裳先生之行草寄，餘不具。石士編修。姚鼐頓首。七月廿八

與陳碩士

前月楊蓉裳去，作一書。想石士出闈時，必見之矣。河南人士不易得，然亦必有異才，想精心求之，當有得人之快也。計九月底使車可返，雖云勞心，而所樂爲，精神宜加健耳。鼐於九月二日登舟回家，縱有再至之事，亦是明年。石士如有書見寄，付工部舍彌甥馬獻生，可達桐城也。

譚蘭楣所求碑文，已作與之，石士書中説有蘭楣自爲詩文，却未至也。石士誌文可用，微繁耳。必欲簡峻，莫若更讀荆公所爲，則筆間自有裁制矣。叙事之文，爲繁冗所累，則氣不能流行自在，此不可不知也。雪香侍郎當於九月底入都。鼐留此書，付楊藩臺交與之，諒必達。鼐近惟目較昏，晚食必粥乃消，餘尚如故。略報，不具。（《惜抱先生尺牘》卷六）

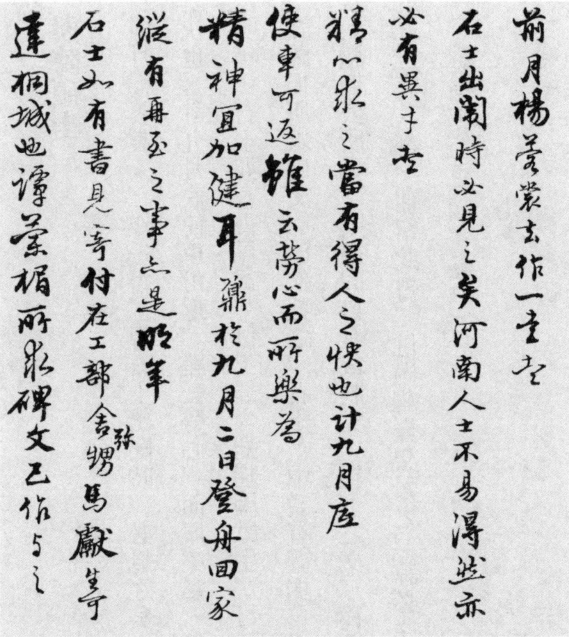
前月楊蓉裳去作一書
石士出閩時必見之矣河南人士不易得然亦
必有異才者
精心求之當有得人之快也計九月底
使車可返雖云勞心而所樂爲
精神宜加健耳鼐於九月二日登舟回家
從有再至之事亦是明年
石士如有書見寄付在工部舍甥張馬獻生手
達桐城也譚蓉裳所求碑文已作了之

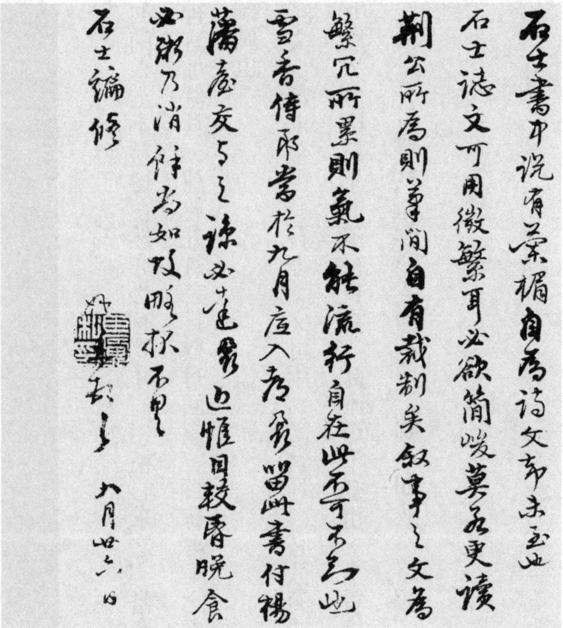
石士書中説有蓉裳自爲詩文希求正也
石士誌文可用微繁耳必欲簡峻莫如更讀
荆公所爲則筆間自有裁制矣敘事之文爲
繁冗所累則氣不能流行自在此不可不知也
雪香侍郎當於九月底入都或留此書付楊
藹庭交之錄必達彭近惟目較昏晚食
必粥乃消餘尚如故暇想不具
石士編修
鼐頓首 九月廿六日

97-67 姚鼐《與陳碩士》

97-68

姚鼐

與陳碩士

昨江寧楊方伯將石士六月二十七日託鍾溪侍郎携來書，寄至桐城，并所作文。石士意不滿所作文，是也。然文亦要好題發之，今只是壽序等題耳，固亦難得好文字矣。鍾溪竟不能相值，似亦是緣不應會耶？鼐於九月二日在江寧上船，十二日到家，今粗平安，可慰相念。惟目昏多泪，不宜看書。凡人不能静坐，須以讀書寫字自遣者，亦是心不寧貼，無胸中真樂故也。

鼐近深覺平生愛溺文章，於自己分事全乏工夫。今雖欲自勉，薄收桑榆之效，其可得乎？石士近喜《三國志》，此等史學固不可少。然須知文章、考證外，更大有事耳。鼐於《漢書》《後漢》舊略有筆記，今年爲蘇州王渭滙川取去，今尚未見還。還後，便寄石士矣。要之，此無甚關係。近時學者乃以此等爲絶大事，是不識輕重者耳。石士果便能歸不？鼐明歲或尚往鍾山，歸帆當相過晤耶？（《惜抱先生尺牘》卷六）

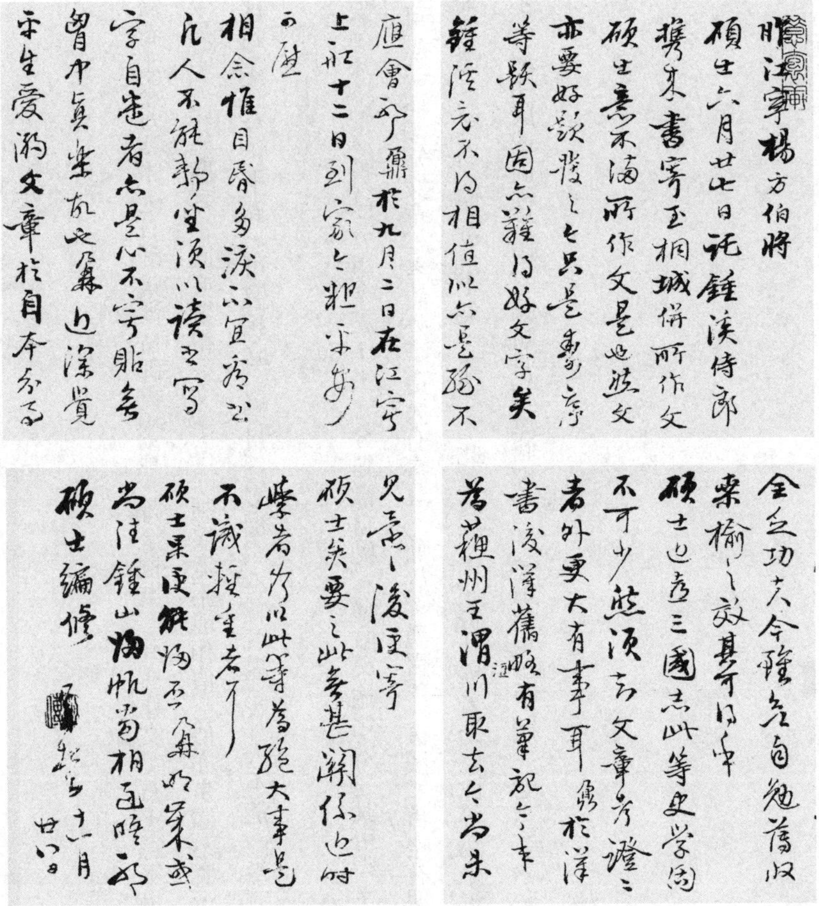

鼐江寧楊方伯將
碩士六月廿七日託鍾溪侍郎
攜來書寄至桐城併所作文
碩士意不滿所作文是也然文
亦要好歎發之之只是要勢處
等跌耳因亦難得好文字矣
鍾溪亦不得相值似亦是緣不
庭會鼐於九月二日在江寧
上船十二日到家々粗平安
可慰
相念惟目昏多淚亦宜省書
凡人不能靜坐須以讀書寫
字自遣看書是心不寧耳無
留中負案執之氣迫深覺
平生愛溺文章於自本分有
全之功夫今雖各自勉著收
桑榆之效其可得乎
碩士近看三國志此等史學固
不可少然須與文章兼證之
書外更大有事耳 愚於洋
書後洋篇涇頗有筆記六七本
為鍾州王渭川取去今尚未
見否々後便寄
碩士矣要之此意甚闊係近時
學者何以此等為絕大事邪
不識椒生者可
碩士果便能得西人所輯或
為注鍾山物帆蜀相函收邪
碩士編修
鼐頓首 十一月廿八日

97-68 姚鼐《與陳碩士》

97-69

姚鼐

與陳碩士

新正想動定多福，去十一月作書，欲奉寄，竟無便人。今故更作書也。鼐二月當復赴鍾山，計石士縱能決南歸之策，亦必在會試後矣。去秋衡兒將入京，有書與譚世兄及石士。後衡兒未行，而此書轉寄，已到不？其譚世兄行述，今尋得矣。寄來，煩轉付之。而鼐所作中丞碑文，反失底稿，望鈔一本見寄也。欲刻鼐《經說》者，婺源洪鈞。鈞去秋獲雋，此事且輟，想會試旋爲畢此功，可奉寄耳。近亦作數文字，然無甚佳者，蓋筆力至老益衰也。不能寫寄，須南來閲之耳。河南所得，有佳士可稱者不？盼望禮闈分校，更得賢矣。率寄，不具。（《惜抱先生尺牘》卷六）

97-70

姚鼐

與陳碩士

新歲惟增福慶。得去歲九月書及文四篇，又前寄文二篇，似皆無卓絶處，亦是無好題目也。所論《漢書》處甚是。大抵《漢書》惟宣帝以前之傳，可以肩隨子長，元、成以後，則彌劣矣。

鼐尚如故態，但内觀此心，終無了當處，真是枉活八十年也。願石士勉力脩心，文章猶是餘事耳。南中一冬苦寒，今日少和。略報，餘不具。（《惜抱先生尺牘》卷六）

97–71

姚鼐

與陳碩士

前一旬已作書奉寄，尚未發，而接得立春日手書，具悉一切。近想增多祉也。復法時帆書，轉達爲禱。其闈墨等件尚未至，接得再復。餘已詳前兩函，茲不具。（《惜抱先生尺牘》卷六）

97–72

姚鼐

與陳碩士

前日作一書未及發，齊庶常至，得書併文四首。此番文，較前兩次所寄者爲佳矣。頗爲竄改，碩士閱之，以爲何如耶？《江寧志》須新制軍到後乃定脩不。而鼐欲於今秋鹿鳴宴後回里，恐彼雖欲修，而吾不能任其事矣。近來目時出泪，精神固是衰敗，若以成一部書，終是難也。

聞石士次子亦已畢姻，今有幾孫乎？新城必常有家報，尊大人必增福慶，朝夕惟珍重。（《惜抱先生尺牘》卷六）

97–73

姚鼐

與陳碩士

今春已作兩書，一併付敝鄉徐孝廉奉寄，當已見也。馬獻生處，又寄到十一月八日見寄之書併銀三十兩。料石士身事尚未得清了，何遠念衰朽也，愧盛意之過矣。

所寄兩古文，命意極好。闈墨體裁正當，亦可略正風氣。若言大出類之才，自不可遇也。鼐於此月半前動身赴江寧，至江寧後，當再有書奉寄。頃劉明東自望江來，伊畢姻後甚妥帖，即於婦翁家坐館，可二百金，足以奉甘旨矣。方植之或同至鍾山也。率報，不具。（《惜抱先生尺牘》卷六）

97-74

姚鼐

與陳碩士

正月在里中連寄兩書，想俱達，今想佳適。鼐至江寧兩月矣，粗平安，不知石士今歲果能南來一相見乎？頃作《汪禮部誌文》，閱之以謂何如？煩更爲封好，轉付其子。《譚侍郎碑文》稿已覓得矣，不須鈔寄也。餘續報。（《惜抱先生尺牘》卷六）

97-75

姚鼐

與陳碩士

承三月二日見寄書及詩，詩大有風韵可誦味，因勉次韵，今寄。鼐正月尚有一書，從敝同鄉徐孝廉鰲處携致，復言收試墨銀事，想達在寫書來後耶？《譚公墓誌》謹收而忘其處，覓乃不得。近年時有此患，尋著便奉寄也。

舍侄長煦云雪香侍郎去秋曾惠書，然鼐未接著，欲奉答而不知所以爲詞，煩爲一問，其書付何處，欲從求取也。所須時文正在刷印，略後寄來。弓生佳士，成進士，甚可喜。吾鄉雋者有光生，殊有經學，其人曾來謁不？鼐近粗適，略報，不具。（《惜抱先生尺牘》卷六）

97-76
姚鼐

與陳碩士

來《惜抱軒筆記》四卷，奉寄閱之。鼐本欲以經、史、子、集分爲四部，而説史者較多，餘經部多已入《九經説》，子、集兩部却少，今故鈔史部四卷來也。

近時史學，無過錢辛楣，然吾有所辨論，殆足儷之。恨吾書彼不得見耳。四部要待身後合併刊刻，今不須多示人也。（《惜抱先生尺牘》卷六）

97-77
姚鼐

與陳碩士

四月底有一書，併詩、扇、史部筆記奉寄，必已至矣。動定安不何似？聞翰林將大考，想得進官，則不能得歸也。鼐近平安。乃有修府志之議，若事成，今冬亦不能去也。《課讀文》三部、《惜抱軒稿》三部、《外稿》一部，併奉寄查收。

其《漢書筆記》內，末一條説袴事，自覺其誤。今改定一條寄來，依此去舊一條可也。意謂凡説一事，欲使聞吾説者觸處更無窒礙乃佳，故求之不厭詳耳。暑極，珍重，不具。（《惜抱先生尺牘》卷六）

97-78

姚鼐

與陳碩士

五、六月俱有書奉寄，想必已達。近動定佳不？鼐時患肚腹不寧，亦時作止，不至困卧耳。文二首寄還。謝君文大體非是，不及細論矣。

玆有一書寄舍親冀寧道張曾獻，有便則直寄，無便以付吾同鄉庶常光君，令其轉寄可也。玆略報，不多及。（《惜抱先生尺牘》卷六）

97-79

姚鼐

與陳碩士

昨於史方伯處，連得七月内石士所寄兩書，具悉清祉。鼐於五月至七月，頻有書寄，評閲文字及《史漢筆記》《惜抱軒稿》之類皆在其内。而石士一未接得，不知八、九月間迺得耶？抑竟爲人遺失耶？遠路寄書固是難，此無可如何也。

王于一古文，鼐不甚喜，未可與侯、魏並，不待言矣，而宋編修時文乃佳甚。今文體極壞時，豈易有此耶？《五七言今體詩鈔》新刻本頗佳，今以一部奉寄。吾意以俗體詩之陋，鈔此爲學者正路耳。使學者誦之，縱不能盡上口，然必能及其半，乃可言學。故惟恐其多，不嫌其少，以謂此外絕無佳詩可增，此必無之理，亦不必求如此，欲使人知吾意所向耳。至若自宋後續添，雖至國朝可也，豈獨金、元哉？蘭雪所執，與吾稍有異同，此何害乎？

吾家眷已至此，逗留過冬，以待鹿鳴。若石士得閩浙、江南試差，皆可一會。若得廣東差，則歸軒過桐城，正吾在里時矣。近狀亦粗適，書此略報，餘不具。（《惜抱先生尺牘》卷六）

97–80

姚鼐

與陳石士兄弟

秋間傳聞尊大人弃養，鼐初謂未信也，屢見江西人來，詢之，乃知信矣。極懷悽惻。壬戌春杪，皖中一别，豈意遂爲永訣乎！不知石士都中奔回，何時抵家？辦理喪葬諸儀今已定不？賢兄弟大孝毁痛，甚望以禮自節，以慰幽慈。鼐遠隔江北，又復老病，不能趨赴一奠，惟作一輓詩，略抒悲咽，今附寄上。鼐今現在里中，明年當仍居敬敷書院也。特此寄唁，餘續聞，不具。（《惜抱先生尺牘補編》卷一）

97–81

姚鼐

與陳碩士

奉别之後，石士於何日到家，途間自一切平安？甚念甚念。大事固當悉定，已卜得佳城否？一切費用尚可支樘，不至大窘耶？所欲爲墓志，今已撰得，似於所當叙者略無遺漏矣。今鈔寄來，并一輓章，閱之以謂何如？鼐今歲重赴鹿鳴後，只可於此度歲，未能便謀歸去。明歲石士不能家居，大約亦只於江浙一帶作一書院，或當更一見耳。鼐此間一切如常，志局事尚無消息。《九經説》補刻本奉寄一部。珍重，餘不具。[1]（《惜抱先生尺牘》卷七）

① 文末有小字注：『庚午。』

97–82

姚鼐

與陳碩士

八月作書，無便奉寄。今付晴香先生家人，當必達。蘇州書院，已爲吴方伯俊所得矣。不知浙中尚有可謀耶？令郎所乞寫册葉聯幅，今併寄，可查收。餘不具。（《惜抱先生尺牘》卷七）

與陳碩士

昨使至，得正月廿六日手書爲慰。去歲程觀察處寄書已至，而汪均之處則未至也。聞尊大人佳城已定，甚善甚善。固須待令兄歸，舉大葬耳，諒在秋冬耶？

鼐此間平安。頃已承辦《江寧府志》，其奉五百耳。近來世事之難，有不可以昔日之理論者矣。《江南省志》亦有重修之議，聞京中修《一統志》，則省志誠應修。所需人甚多，若石士欲與此局，或託戴五先生與威勤勒公一書言之也。鼐《經説》與前寄鈔本少異者亦有，鼐意欲删去者亦有，就原刻者使易接合之故。其陶定申，即意雲子也。韋使在揚州所覓方姓，乃避不見，其銀殆不還矣。然石士今所處境乃甚窘，而鼐亦尚可自給，不須以銀相寄。

若尊公大事，亦但于禮無失可矣，不可徇俗人觀睹爲繁費也。姚春木之考一如方伯卒於蜀。去秋春木過此，留一訃帖，託寄石士，今覓未得。然不須寄，遇松江便，石士以一書唁之可也。方植之今亦在志局分纂，俸百五十。石士若到湖廣，更通信來。珍重，餘不具。[①]（《惜抱先生尺牘》卷七）

① 文末有小字注：『辛未。』

姚鼐

97–83

與陳碩士

前月韋价行後，汪均之始將石士去冬在湖廣所交銀、信寄至，謝謝。茲石士四月初五日書到，知再赴漢口，聊以自息，稍理舊學，固亦佳也。鼐於學儒、學佛，皆無所得，正坐工夫怠惰耳。却非謂所讀之書，有易入，有難解也。《安般守意經》，吾所未見。然佛經大抵相仿，能用功者，皆可入也。惟教義則須略問人。《世説》所謂『殷深源未解事數，遇一道人，問以所籤，便豁然』者也。此與禪悟事不同，而理亦通。但恐漢上求一義學沙門，亦不易得耳。

所作《南池文集序》，非不佳，亦非佳。其論學太涉門面氣。凡言理不能改舊，而出語必要翻新。佛氏之教，六朝人所説，皆陳陳耳。達摩一出，翻盡窠臼。然理豈有二哉？但更搬陳語，便了無意味。移此意以作文，便亦是妙文矣。

《通志》事已定於不辦，吾近但辦《江寧府志》，其脩金五百而已。此時財力消耗，不可奢望於世矣。石士於内外用度，須痛自節省。凡富家子初貧，以謂必不可省之費者，不知皆其未嘗不可省者也。相墓之事，非跋涉不可，徒看書無益。張宗道書易得，不必淮樹本也。選擇事吾所未解，今姑置之。所言舊卜之地，其佳不，固不可遥決。然觀《易象》『其墉，弗克攻，吉』之詞，則似不當用矣。《詩鈔》《詩集》各二部，《文集》《時文稿》各一部，奉寄。餘不具。（《惜抱先生尺牘》卷七）

97-85
姚鼐

與陳碩士

前得書，具知居楚中近狀，入秋想安善。所要鼐諸刻書，已付一馬君寄去，必已得。刻《老》《莊》果得成不？使成亦自佳。此間吕太尊將告歸，志書草草成之。僅五六個月之功，不能甚佳，亦無可如何矣。

鼐秋初病癉瘧，近雖愈，而身益弱。甚欲歸里，不欲終於客死也。苦無由再見，甚悵甚悵。兹因使回略報，不及多語。珍重珍重。（《惜抱先生尺牘》卷七）

97-86
姚鼐

與陳碩士

得七月廿九日書，具審近祉。云於八月杪當歸，然則今返新城矣。卜葬大是要事，然不須多看近人書。言巒頭，則疑龍，《撼龍入式歌》已盡之矣；言理氣，則如葉、蔣、范之書，皆不必看，徒煩人意。鼐故作《四格説》，欲人舍繁而取簡耳。奈何更取糾纏乎？《禮經》事，融貫先儒之説，最不易言。但用功久，自有見處耳。《莊子章義》，如鈔來本却不妥帖。蓋鼐本是隨意記於書上，未爲著書計，不欲草略矣。而石士又以己意所取者，雜入鼐記之間，則不成體例。如内有取先伯之説，載先伯名，此豈鼐書所當爾？或另作一書名，其書首勿書鼐名。而於每條取鼐説者，却提出名，與諸賢一例則妥矣。其圈點必不可入刻，刻是時文陋體也。但自於前序内云分章依鼐，此則爲説無病耳。

吾今冬必在此間，欲明年回去。秋間亦小病，近佳矣，而精神終是短也。與饒晴薌一書，乞轉付之。《安般守意經》，此是釋氏入中國未久之書。其言質，其後言轉侈，安得謂非華人增益之詞哉。漸寒，惟珍重，不具。

（《惜抱先生尺牘》卷七）

97-87

姚鼐

與陳碩士

得九月十二日在漢口見寄書，具悉平安。計今抵家久矣。鼐冬初奉寄一書，諒亦達矣。卜兆大事已定未？甚念甚念。明年乃他謀乎？抑仍往漢上也？鼐居此如常。衡兒尚不得署事，旅居蕭然。雉兒下血之證交冬必大發，以是愁心耳。寄文一本，愚意頗不甚喜之。石士力所能至，當不止此，須大事畢後，更進功耳。

夫文章一事，而其所以爲美之道非一端。命意立格，行氣遣辭，理充於中，聲振於外，數者一有不足，則文病矣。作者每意專於所求，而遺於所忽，故雖有志於學，而卒無以大過乎凡衆。故必用功勤而用心精密，兼收古人之具美，融合於胸中，無所凝滯，則下筆時自無得此遺彼之病也。江寧此數日内雪甚大，寒如燕中，老翁殊以爲苦。不知江西亦若此否？然明年麥秋則大可望矣。率寄，珍重，不具。（《惜抱先生尺牘》卷七）

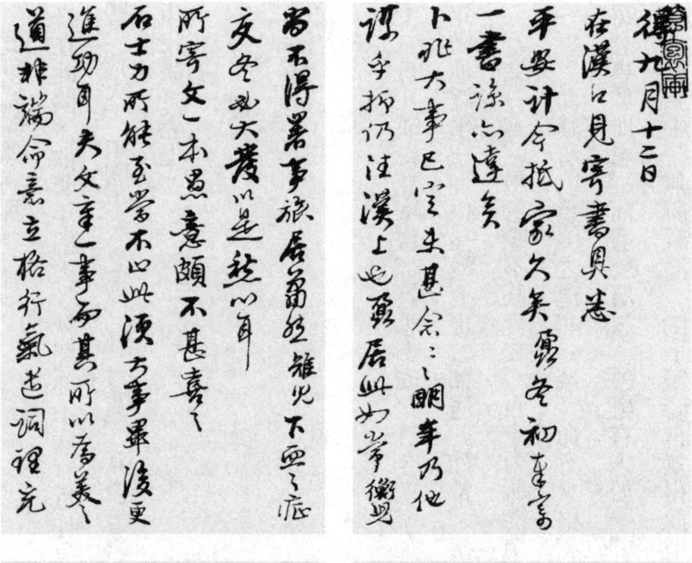

得九月十二日
在漢口見寄書具悉
平安計今抵家久矣 兩兒初冬寄
一書諒亦達矣
卜兆大事已定 未甚念念 明年乃他
謀乎 抑仍往漢上也 頤居此如常 衛兒
尚不得畢事 旅居爲然 雖兒不無之疵
交卷亦大費 以是艱以耳
所寄文亦未愚意 頗不甚喜之
而士力所能至 常不以此 須大事畢後更
進功耳 夫文章之事 而其所以爲美之
道 非端命意立格行氣造詞理充
於中 聲振於外 故亦一有不至則文病
矣 作者每意專於所求而遺於所忽 故
雖有志于學而卒無以大過乎凡衆
故必用功勤而用心精密 通收古人之長
融合於胸中 無所凝滯 則下筆時自
無得此遺彼之病也 江寧此數日內雪
甚大 寒如燕中 老病殊以爲苦 不知
江西亦若此否 然明年麦秋則大可望
矣 率寄
碩士 不具
石士編修
姚鼐頓首 臘月廿六日

97-87 姚鼐《與陳碩士》

97-88
姚鼐

與陳碩士

令叔至江寧，接兩手書，具審近祉。度石士於里中事摒擋一定，固當北行。便過江寧，想相對必在三月矣。企望企望。所商起文注明慈母，此似可不必。適子於撫養之庶母，奉之若母，然此是私情。若服制則有正禮，禮以義起，加厚亦不過功緦耳。功緦服之親，豈起文時所必叙明者乎？又聞大葬事，因起塋舊瘞藏之物變壞，故不用，固是。然又恐其山地非劣，而結塋處所定穴誤，則尚未可弃。此更須明眼決之耳。鼐近尚平安，但精神極短，不復能讀書矣。積雨數十旬，春寒猶厲，殊使人悶悶。江西或不似此耶？前數日韋管家過此，已寄一書。茲因令叔處歸足之便，更寄一信。相晤日近，不復多及。①（《惜抱先生尺牘》卷七）

①文末有小字注：『壬申。』按：此札後附《題鹿源地圖》一文，原文作：『得地乃是至難之事，不可不細心審定。如此圖形勢，夫豈不佳？所恐紙上、地上，有不盡合。又其間，有非畫圖所能著者。據圖看，本山似是木星，其落穴處，能坦開，窩鉗則是，斗峻則非矣。其明堂作排衙龍虎，其杪要有細脚交牙，使水流之玄，則是；無脚，則水牽直出，則非矣。其內堂係當面合襟放水，而外水橫攔。若內堂放水至橫攔處，一里以外，謂之「長放」；半里以內，謂之「短放」。長放須作辰戌、丑未向則是，作生旺向則非矣；短放則反是。可將此數者審定，果皆合法，則掘處土雖不佳，只是定穴誤而山不誤，再加審視，以求真穴可也。若此數條本不合法，則是昔日本是看錯，則弃之不足惜矣。』文末小字注云：『此條係用光壬申春杪至江寧，攜《鹿源地圖》，乞先生決其可用與否，並乞先生詳言之。先生乃爲書此。』

97–88　姚鼐《與陳碩士》

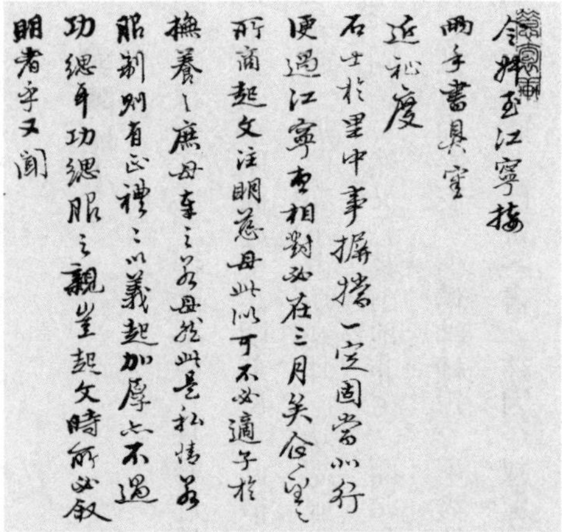

令弟至江寧接
兩手書具悉
近祉度
石士於里中事摒擋一定固當以行
便過江寧考相對必在三月矣今望之
所論起文注明慈母此似可不必適子於
撫養之庶母本之無母於此是私情若
服制則有正禮之以義起加厚亦不過
功緦耳功緦服之親豈起文時所必敘
明耆字又聞

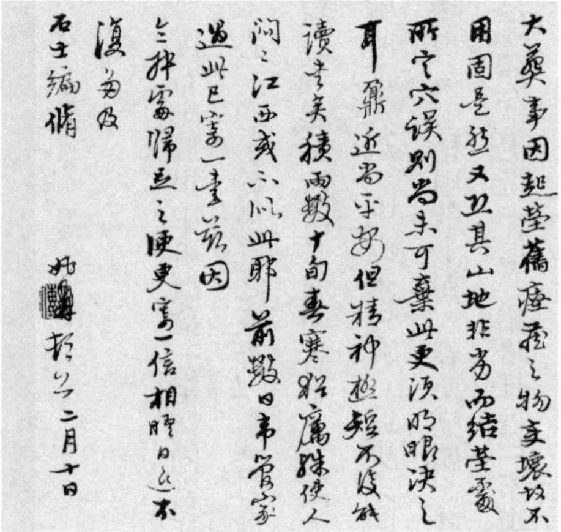

大葬事因起塋舊壙甚之物皆壞故不
用固是然又恐其山地非當而結塋處
所定穴誤則尚未可棄此更須明眼決之
耳鼐近尚平安但精神極短不復能
讀書矣積雨數十日甚寒殊屬殊使人
悶之江西或不似此耶前數日有管家
過此已寄一書茲因
之拜當歸並之便更寄一信相聞日亦不
復多及
石士編脩　鼐頓首　二月十日

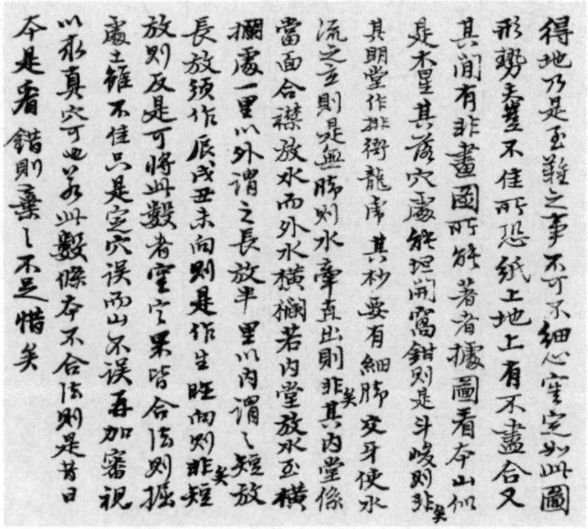

得地乃是至難之事不可不細心審究如此圖
形勢未甚不佳所恐紙上地上有不盡合又
其間有非畫圖所能著者據圖看本山加
是不呈其前穴處微開窩鉗則是斗峻則非矣
其明堂作排衙龍虎其妙要有細脈交牙使水
流之亦則是無脈則水牽直出則非矣其內堂係
當面合襟放水而外水橫攔若內堂放水至橫
攔處一里以外謂之長放半里以內謂之短放
長放須作辰戌丑未向則是作生旺向則非矣短
放則反是可將此數者審究果皆合法則擇
處立雖不佳只是定穴誤而山不誤再加審視
以求真穴可也若此數條本不合法則是昔日
本是看錯則棄之不足惜矣

97–89

姚鼐

與陳碩士

入冬兩得書，知石士緣路平安及入都定居，欣慰欣慰。兩郎婚事，今已畢耶？吉慶之事，而有經營摒擋之煩，人事如斯，亦何術能免哉？鼐粗平安，而體日疲敗，不及上年。今且住此度歲，來年再定行止。

文章之事，欲其言之多寡當然，不可增減。意如駢枝，辭如贅疣，則失爲文之義。前所云有所忽者在此，非言骨脉及聲色。然有此，則骨脉、聲色必皆病矣。大塘打綘移入議論，此豈易言？必如此言，則如《報任少卿書》，足以當之耳。韓理堂誠爲好手，其論宋太宗事，與常州惲敬旨同，而文勝惲。惲亦今一作手也。

吾冬來衰憊，不及上年。令五叔欲令其子及孫至此讀書，既遠且吾老，安能爲之益哉。甚辭之，而令叔意堅，吾甚恐負其意。翁覃溪先生如索鼐所著，石士或且以所携與之，吾後更寄補可也。聞其健甚，可喜；聞其貧甚，又可念也。冬寒珍重，餘不具。（《惜抱先生尺牘》卷七）

97–90

姚鼐

與陳碩士

作前書未發，巡司韓君至，又得寄書。欣知近況。書來云兩次寄韓理堂文，而僅至一次也。高文良所評地理，言皆的當不謬。然此事非可以言決，登山乃可言優劣耳。

魯君將刻本《莊子》送來，其款式及書内去取，俱不洽人意。然已成不可改矣。大抵刻古書必不可有圈點，又其雜取人說，要歸一路乃佳，糅雜則無謂矣。《九經說》與鼐集各一部奉寄。嚴寒，珍重，不具。（《惜抱先生尺牘》卷七）

97–91

姚鼐

與陳碩士

春寒想佳好。今日乃得去歲仲冬朔所寄書併兩文。其論廣仁莊事，理足而辭達，不求佳而自佳。朱子論昌黎《禘祫議》，謂『是世間真文章』，吾于石士此文，亦謂然矣。其所議誠無間然，想賢兄弟便從言乎，抑猶未耶？哀辭則平，大約此等處，不必爲文也。

《公羊通義》略閲一過，未及竟，真可謂好學深思者矣。其書足傳何疑。然是孔撝約自爲學之意，非吾義也。吾以爲諸家傳經，誠無不出於七十子。然聖門傳者，其説簡甚，及傳一師，則稍增其説，師多則説愈多。《左傳》之出最晚，歷師彌衆，故文愈繁。今世學者不悟，以謂皆聖人弟子口授之言已如是，而堅信之，安得不謂之過哉？且漢人各守師法，不肯相通，固已拘滯矣。然彼受業于先師不敢背，猶有説也。吾生于後世，兼讀各家之書，本非受一先生之言，而不欲兼以從是，而執一家之言爲斷，是辟之甚也。撝約此書，守《公羊》家之説太過，正吾昔所論，如所謂『吾家臣，不敢知國者』，此通人之蔽也。然博洽可取之論多矣，豈可不謂之豪俊哉？吾前已有兩書奉寄，從令兄方伯處，已達未？高文良所説地理不謬，然於學者不能大有開發。張宗道所言淺易，而開發較易，要之此事亦自有天焉，不可强求耳。吾天暖後疝痔皆稍差，似一二年得與石士相遇，尚可待也。孔書俟閲畢後與高書並寄。珍重，不具。[①]（《惜抱先生尺牘》卷七）

①文末有小字注：『癸酉。』

97–92

姚鼐

與陳碩士

昨得三月望日寄書，具悉近佳爲慰。所論『關雎之亂』大當。頃見劉端臨説，亦主合樂，而以『哀而不傷』爲《卷耳》言之，與石士見同也。《易》學自當以程朱爲主。若言兼采人長，則豈獨荀、虞？凡説《易》有一言之當，皆不可弃。若執漢學爲主，則大非矣。漢、魏、晋人言取象之理，寧無是處？然推之而不可通處極多。故朱子言聖人取象，必非無故，而非後儒所可知，故闕之不言，此理固無可易也。

夫漢儒所言《易》學推衍取象之故，非精心窮之，不能得其解也。班固所云『少窮一經，白首始能言』也，及能言，而却于聖人之旨未當。不若讀程朱之書，用功之勞同，而所得者大且多也。近世爲漢學者，初以人所鮮聞而吾知之，以該博自喜，及久入其中，自喜之甚而堅據之。以至迂謬紛糾，不能自解。即如孔撝約，豈可謂非通人？而所説《公羊》有甚無理者。祭仲、衛輒皆以謬説爲正論。至『滕侯褒稱』一條，乃絶可笑。無論魯侯未甚足言，即使文王復生，一子爵者朝之，亦未必當驟與進爵二等，且追贈及其父也。此豈若杜元凱以滕本侯爵，桓公時，時王降之之説爲明通哉？凡爲經學者，所貴此心閎通明澈，不受障蔽。近時爲漢學者，不深則不能入，深則障蔽生矣。如覃溪先生，不可謂非好學，然謂其中之閎通明澈，則未能許耳。岐陽乃渭北，陳倉乃渭南，安得以岐陽爲石鼓證乎？

今五叔及令弟侄俱未來，今已及夏，不能來矣。然吾今年亦昏憒惓怠，不能爲人講授，直不須來也。詩文及覃溪先生評及孔《公羊解》、高文良《撼龍經》俱寄還，外寄法帖、題跋兩部。近目昏甚，作字艱難。草草，不具。（《惜抱先生尺牘》卷七）

97–93

姚鼐

與陳碩士

昨有一書，付方葆巖折差奉寄，當已達。頃接四月廿九日寄書，具悉佳好。題舊園詩似後作，乃不逮前作也。詩人興會，隨所至耳，豈有一定之主意章法哉？沈孝廉置閏説，固明辨矣。然分節氣者，以授民時也。似用定氣於民時爲宜。即如今病者，損益輒應今節氣。置節以此，則置閏亦以此矣。豈必用古法乃爲是乎？吾未通曆法，姑妄言之，俟見沈君再問之。

令兄昨自家來，住藩署大佳，秋乃入京。令叔有書來，述其小郎應試於南昌，但寄數篇文來也。試差似多未嘗差之人，未知石士能得不？兒輩今俱在此，各如常。吾住去俟長孫試後定之。兹略報，不具。（《惜抱先生尺牘》卷七）

97-94

姚鼐

與陳碩士

得六月朔書，具悉佳好。見試差單都未得，恐須分房矣。京兆士所聚，得才或勝出差也，多作詩大佳。聽覃溪之論，須善擇之。吾以謂學詩，不經明李、何、王、李路入，終不深入。而近人爲紅豆老人所誤，隨聲詆明賢，乃是愚且妄耳。覃溪先生正有此病，不可信之也。令郎文略爲閱過，苟能取愚説，必將更有進步。詩、古文各要從聲音證入，不知聲音，總爲門外漢耳。

頃見《王述庵集》，論子瞻諸銘在昌黎上，此何其謬耶？以此嘆解人難得。時之爲詩文者，多亂道耳。今日王鐵夫來，得晤之，然未得細談。其天分當在覃溪上，但學不如，此不可以名位爲優劣也。常州有惲子居，文亦有可觀。聞淞江姚春木選國朝文，然此不過如《唐粹》《宋鑒》之類，備一朝之人才典章，不可以爲論文之極致。如鐵夫謂宋元人文各有可學，此只是門面話。如云體例有可采處，則凡有遇皆可采，不獨宋元也。如直求可當古文家數者，則南宋雖朱子不爲是，况元及明初諸賢乎？如宋金華直是外道，而朱竹君以爲妙絶，遂終身爲所

誤。此等非所見親切，安得無妄説也。與石士相見難，恐老死無解人，遂痛言之。勿與人見可耳。不具。（《惜抱先生尺牘》卷七）

97–95

姚鼐

與陳碩士

昨日兩主考出闈，始得石士六月末所寄之書，具審一切。鼐近亦平安，但岑寂無與語耳。凡學詩文之事，觀覽不可以不泛博。若其熟讀精思效法者，則欲其少，不欲其多。如漁洋《五言詩選》，吾猶覺其多耳。其選不及杜公，此是其自度才力不堪以爲大家，而天下士之堪學杜詩者亦罕見。故不以杜詩教人，此正其不敢自欺處耳。今若病其缺此大家，只當另選一杜詩，或益以昌黎，以待天下士才力雄健者之自取法可也。若此外別家，只有汎覽之詩，實無當熟讀效法之詩也。吾嘗謂，袁簡齋嘗云『人只可以名家自待，後世人或置吾於大家之中；切不可以大家自待，俾後世人併不數吾於名家之内』，此言最善。覃溪先生恐正犯簡齋所舉之弊，以之自誤，轉以誤人。其一生用功辛苦，實自過人，而于此理不明，轉爲可惜耳。此論極切，然願石士慎秘之，勿告人也。

聞石士保送御史，想明年可得耶？吾近鈔取所作古文未入集者，寄松江姚春木。春木欲爲吾刻爲續集，其得成與否不可知。大抵人入集之文，亦欲其少，不欲其多也。石士異日或爲吾任編集之事，當知此意耳。

江南榜發，吾族人無俊者，不知江西榜中，石士家何如耶？吾長子衡兒，今在河上差催糧艘，觀兒回里，惟小子雉兒在側。方植之在胡果泉中丞處作館。劉明東決意閉户一年，用功讀書，此其意可謂善矣。彼已刻詩一部，然吾嫌其早，此後或當更有進境耳。今年榜中，總不得名士，文運直復衰耶？鐵夫送其子來應試，略得多日聚晤便去。病目，就晴窗草此書便終紙，略當一談。餘續寄，不具。（《惜抱先生尺牘》卷七）

97-96

姚鼐

與陳碩士

秋冬連得數書，最後則九月晦日所寄書也。知近狀頗詳悉，貧特甚。當今時事艱難，士大夫惟有痛自刻苦而已。經學用功，誠爲要務。竊謂學者，以潛心玩索，令胸中有浸潤深厚之味，不須急急於著述，斯爲最善學也。至於作文、作詩，亦以此意通求之爲佳耳。葉芸潭，誠詩家美才也。恨吾昏憒日甚，執一卷書，略涉獵而已。未嘗自首至尾終讀一遍，尚恐未能盡見其佳處也。

吾今年只在此過臘，此間希得可與語之人，以静坐爲適而已。蓮舫常與相見，其經義殊佳，無近時邪惡之派，尚存前輩矩矱也。嘗嘆近時闈墨風氣之壞，殆與邪教相表裏乎？吾近聞家中生一曾孫，次孫譜子也，名之曰『瓛』，此爲差可喜之事。衡兒署江都，軍興日辦兵差，將來必有大累，亦無可如何，聽其所至而已。

此時石士已得御史未？方今人乏財匱，上下以文相承，無實心故無實政。慷慨建言，真有裨於國，此豈易言哉！如有所陳，大小深淺，自憑素所蘊蓄發之，非他人所能助也。鼐近都不復讀書，但有默坐。乘化待盡而無求焉，固吾今日事也。所爲古文未刻者，可二百首。姚春木取去，意欲爲刻續集，未知得成與不。能合舊集編一全集最佳，但其費較大，只刻續集差易。但春木家近亦稍窘矣，固恐未必得就耳。冬寒，惟珍重，不具。（《惜抱先生尺牘》卷七）

97–97

姚鼐

與陳碩士

書至，知石士改官御史，甚可喜。讀所陳奏意佳甚，而閲邸鈔，知聖人采取所言，著之詔命，此尤爲儒生之幸，爲喜尤無喻也。其一不見抄者，必詔示之軍前，此殆專閫者所不樂聞。然臣子陳言，爲國而已，餘亦曷足計哉！

鄙狀尚如曩昔。承寄參、紙，佳甚。紙已作書矣，參尚未服也。雪香侍郎昨有書來，明春必可見之。劉明東決意在家讀書，不肯就幕，此其志亦甚善矣。江南尚未得雪，想北方必嚴寒。惟珍重千萬，餘不具。（《惜抱先生尺牘》卷七）

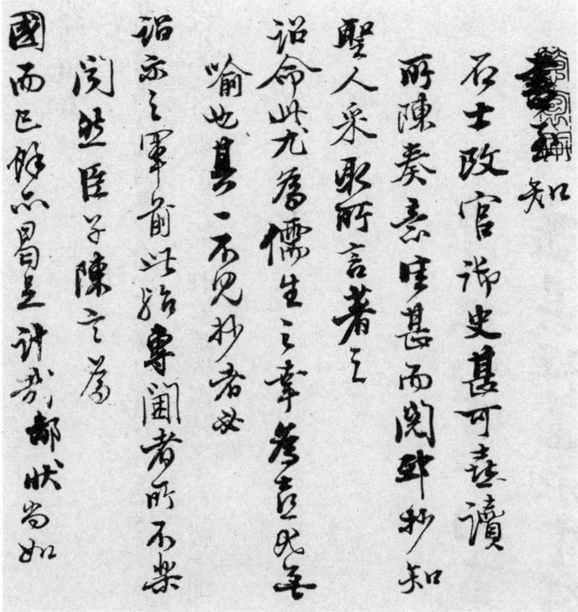

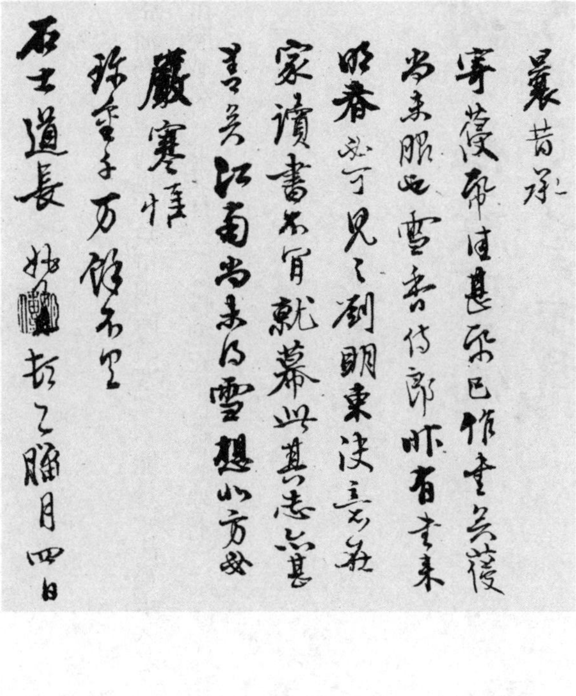

97–97 姚鼐《與陳碩士》

97–98
姚鼐

與陳碩士

方宮保北方水利事，詢之葆巖，亦不能盡其詳。至永定河乃無定河也，只可因時疏塞，不能爲一法爲永久之制。故余不詳其歲治之法，其奏疏皆因時之法，載之則不可勝載矣。鼐又拜。（《惜抱先生尺牘》卷七）

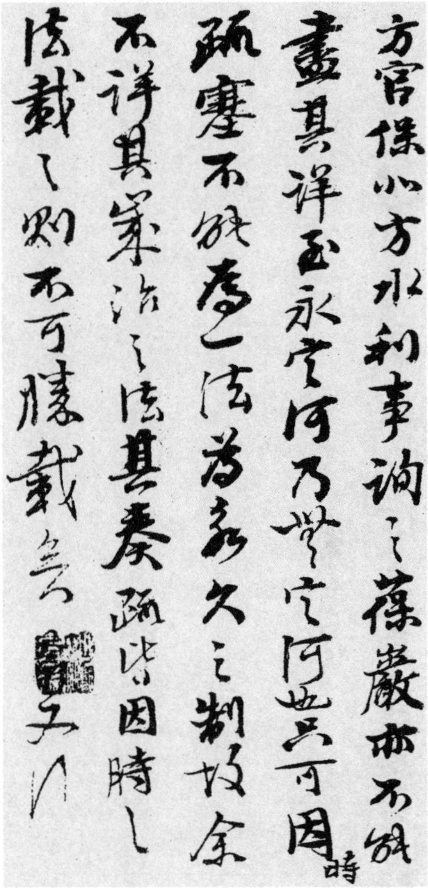
方宮保北方水利事詢之葆巖亦不能盡其詳至永定河乃無定河也只可因時疏塞不能爲一法爲永久之制故余不詳其歲治之法其奏疏皆因時之法載之則不可勝載矣鼐又拜

97–98 姚鼐《與陳碩士》

與陳碩士

新年惟動定多祉。去臘連得兩書，略知近狀。所作經藝及《與英煦齋書》，皆佳甚。前日，令侄赴都，吾小兒雉正病甚，不及作書。今其病雖未痊，而稍減矣。其餘事則皆平安。令侄目見，自詳説也。今歲有一小孫讀經於此，吾自課之，亦聊以自娱也。春闈或當分校。文風衰極，此士習人心之徵也，豈不可憂？能使反正，良爲佳耳。然恐闈中同心者，未易得也。

江南大雪，甚宜二麥。未知北方何如？軍旅之後，所冀豐年而已。今日晴霽，就窗日裁此書略報。珍重，不一。①

（《惜抱先生尺牘》卷七）

① 文末有小字注：『甲戌。』

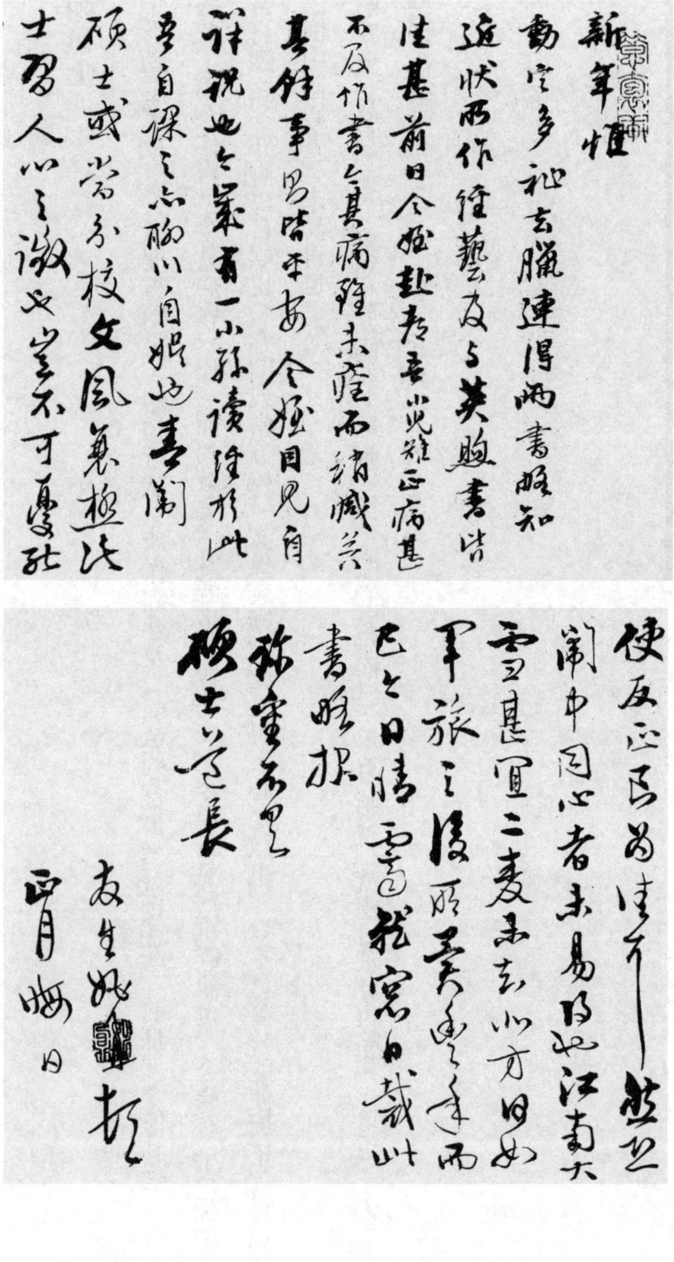

97–99 姚鼐《與陳碩士》

97–100

姚鼐

與陳碩士

前月一書付緞標奉寄，當已達也。近想佳好。鼐居此平安。雉兒得下血症，頗危矣。鼐偶閲一女科書，有云『山茱萸能固經』，乃用當歸、白芍入地黄湯内，重用萸肉，服之得效，今漸健矣。此殊可幸也。《疑年録》三部寄來，石士自留一部，其餘分寄鮑覺生及吾家伯昂，乞爲轉致，各有書也。江南大雪後，春寒甚厲，未知北方何如也。率候，不具。（《惜抱先生尺牘》卷七）

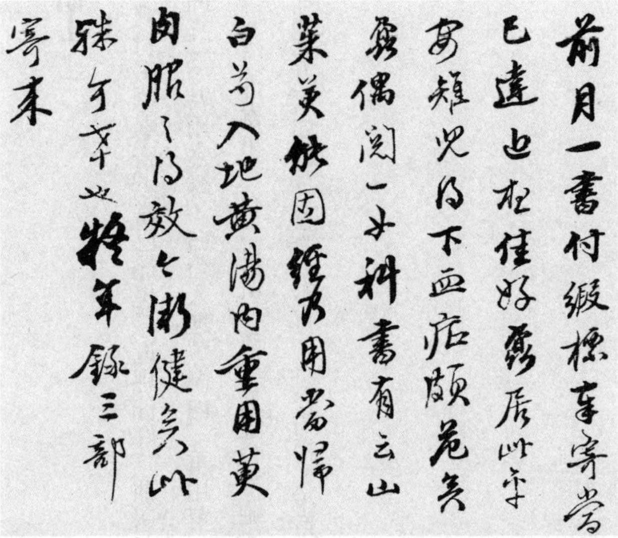

前月一書付綴標事寄當
已達也想佳好孫居此平
安耳難兒得下血症頗危矣
鼐偶閱一女科書有云山
茱萸能固經水用當歸
白芍入地黃湯內重用萸
肉服之得效之漸健矣此
殊可幸也姚年錄三部
寄來

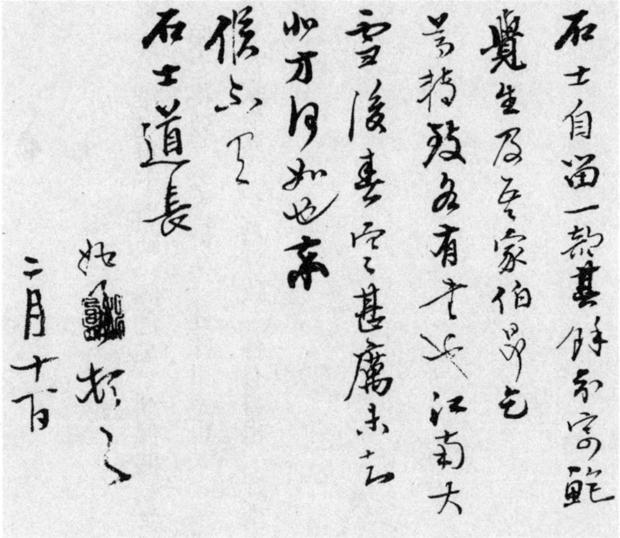

石士自留一部其餘分寄館
覺生及吾家伯昂也
吾將致書有老友江南大
雪後春寒甚厲未知
此方何如也泰
候不具
石士道長
姚鼐頓首
二月十日

97–100 姚鼐《與陳碩士》

97-101

姚鼐

與陳碩士

前月一書併《疑年録》奉寄，當已達。去歲十一月承寄書，並賈農部書，今乃至，遠路沈閣如此。今復其書，煩轉付。魯賓之來會試不？復其書，亦煩轉寄新城也。耄老荒忽，閲人文字，草略舛謬，望兩君之見諒耳。起居近想佳勝。陳言切至，如獲用，不亦善乎？此地孫淵如摹刻宋版《古文苑》，今以一部奉寄。春寒，珍重，不一。（《惜抱先生尺牘》卷七）

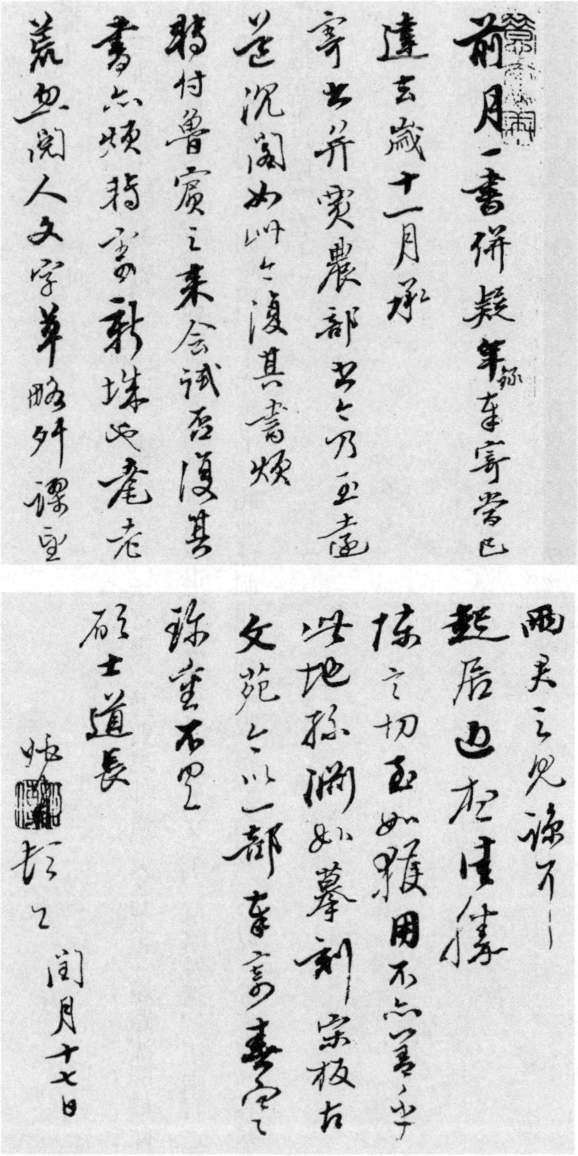

前月一書併疑年錄奉寄,當已
達。去歲十一月承
寄書并貴農部書,久乃至達。
並況閣如此,此復其書煩
轉付魯賓之來會試否?復其
書亦煩轉寄新城也。庵老
荒無閱人文字,草略外課,至
兩夫之兒,諒不一一
甚居也,於佳構
依之切至,如雅用不忘曩事。
此地孫淵如摹刻宋板古
文苑,亦以一部奉寄,書寄
孫堂不宣
碩士道長
姚鼐頓首 閏月十七日

97-101 姚鼐《與陳碩士》

姚鼐

與陳碩士

屢得書，具審佳勝。知分校禮闈，想必得佳士也。天下非無可爲之善策，而得爲之者難。讀所寄道園文，使人嘆息，石士亦姑存此嘉猷，以俟爲之者可耳。雪香侍郎内任，吾遂不能與一見，似相遇有數存，兹可悵也。今託璧其謙柬，稍遲作書候之也。

近人才衰耗，吾鄉張阮林，好學之士而不壽，真可惜也。夫爲學不可執漢、宋疆城之見，但須擇善而從。此心澄空，自得恬適。鼐時以此語學者，亦頗有信向吾説者。但其人才力不能宏大，又多以境遇艱窘，不能專肆力於學，故人才不見振起，兹爲可悵耳。所寄古文、時文皆足存，而興會皆不能極妙。漸熱，珍重，不備。（《惜抱先生尺牘》卷七）

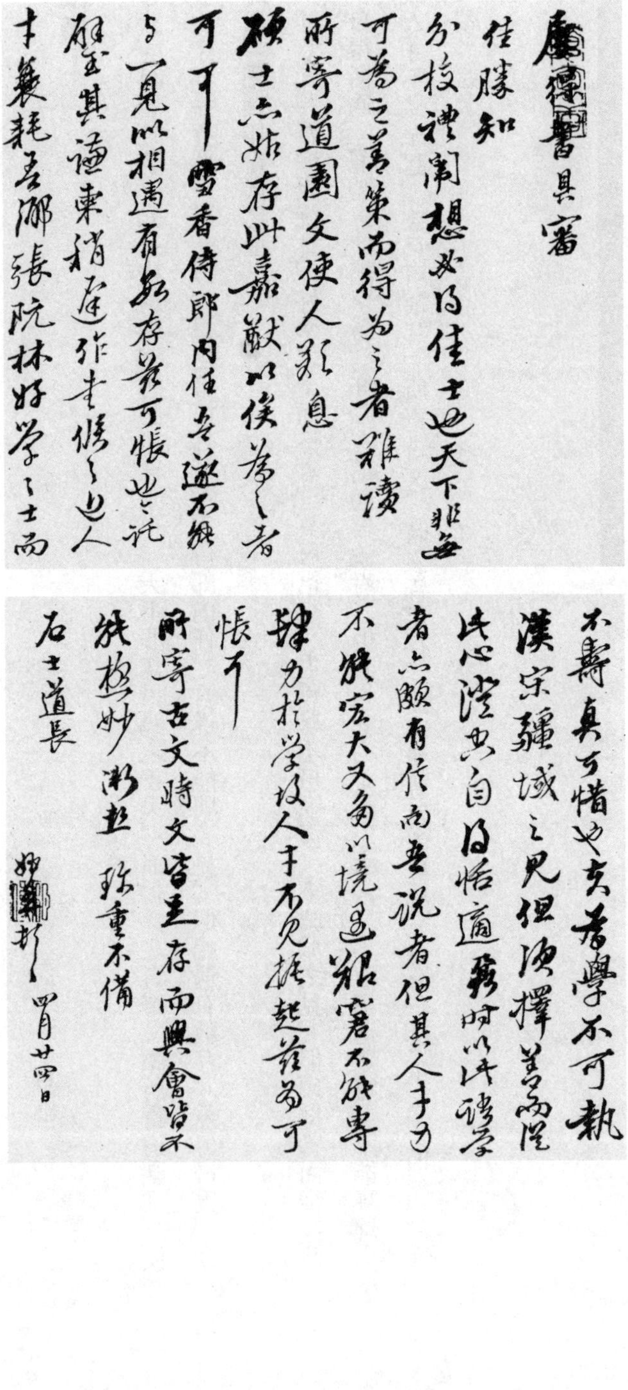
廣德書具審
佳勝知
分校禮闈想必得佳士也天下非無
可爲之才策而得爲之者難讀
所寄道園文使人歎息
碩士亦姑存此嘉猷以俟爲之者
可耳 雪香侍郎内任甚遂不能
與一見以相遇有數存焉可悵也託
懋其通來稍存述作者纔一過人
才襲耗甚 鄉張阮林好學之士而
不壽真可惜也吾看學不可執
漢宋疆域之見但須擇善而從
然心得其自得恰適處時以此語學
者亦頗有信而去説者但其人才力
不能宏大又多以境遇艱窘不能專
肆力於學故人才不見振起甚爲可
悵耳
所寄古文時文皆甚存而興會皆不
能極妙 珍重不備
石士道長 姚鼐頓首 四月廿四日

97–102 姚鼐《與陳碩士》

97－103

姚鼐

與陳碩士

作前書待便未發，得閏三月十一日手書，具審安好。送楊、童兩序皆佳，與集正書亦切於事。言自貴有益於事耳，豈徒爲文章之美哉！近世所重祇考證、詞章之事，無有精求義理者。言尚遠之，而况行乎？

吾在此勸諸生看朱子《或問》《語類》，而坊間書賈至無此書，意欲俟少寇按臨時，勸其鐫版頒學。惜其内任去此，此後殆未可語此事。若石士在京中，遇相知出爲學政者，勖以此事，或尚可也。虞伯生文去震川甚遠，其才識皆不逮歸，但詩字雜藝勝之。又是元前於明人，故翰墨家重之耳。宋拓《廟堂碑》，夢想欲見之物也，未見而爲跋，固不可也。不知此生尚與此帖有一見之緣乎？南中缺雨，田禾可慮，而糧艘不可行，此亦今時之憂也。率報，不具。（《惜抱先生尺牘》卷七）

97-103 姚鼐《與陳碩士》

昨前書待便未發，得閏二月十一日
手書，具審
安好。所選楊、童兩序皆佳，所集正書亦切
於事，亦自貴有益於世耳，豈徒為文
章之美哉？近世所重，祇考證詞章之
事，無有精求義理者，亦尚遠之，而況行
事？吾在此勸諸生看朱子或問語類，而
坊間書賈至無此書。去冬託侯少魁撫
惟時勸其鐫板頒學，惜其內任去此，此
後殆未可語此事矣。

石士在京中遇相知出為學政者，最
以此事或尚可也。虞伯生文去震川
甚遠，其才識皆不逮歸，但詩字雜藝
勝之，又是元前於明人，故翰墨家重之。
又宋搨廟堂碑，吾夢想欲見之物
也，未見而為跋，固不可也。不知此生尚能
此帖有見之緣乎？南中缺雨，田禾
可慮，而糧艘不可行，此亦一時之憂也。
率報不具。
石士侍御　四月廿八日姚鼐頓首

與陳碩士

目昏，甚畏作字，故久不奉書也。石士近想佳好。聞京師此夏疾疫，宅中俱安嘉耶？春闈得有佳士可稱者不？雪香入都，得免迴避乎？鼐交秋瘧痢併作，幸旋愈，精神殊不健。江南自三月至今不得雨，早遲禾俱無收，極可憂慮。吾本欲今年還家，值此旱荒，將無以爲策，故且逗留耳。

鼐近年已艱於作文，偶有筆記。於他書所論不足言，獨于《尚書》似實有發明處。今將《尚書》一卷奉寄，皆補《九經説》所未及者。石士存覽之。相知中亦有留心經學，可共論者乎？今日微凉，病後略草寄，餘不具。

（《惜抱先生尺牘》卷七）

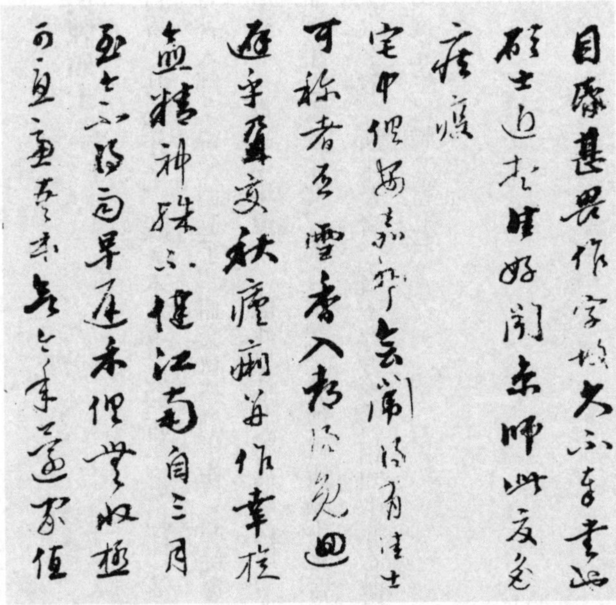

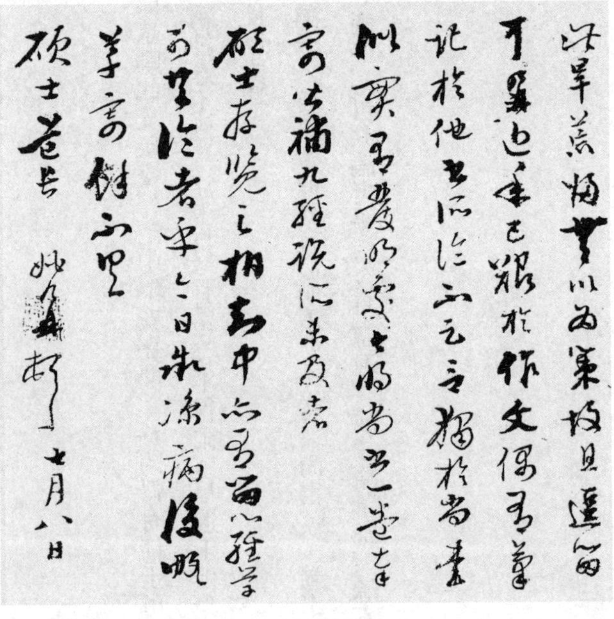

97–104 姚鼐《與陳碩士》

97–105

姚鼐

與陳碩士

連日兩得手書：一爲石士出闈時所寄，併伯昂畫扇後題詩二首，風格佳甚，此一事遂爲藝林佳話，老翁得之，可謂至寶矣；一爲七月初十日寄書，所言徐君湘潭尚未至。鼐近況平安。中秋夜三子得一孫，此差可喜。今歲江南奇荒，故欲歸而不得。至此間主人，但非至契耳，而禮貌尚不失。吾自思歸，本非因彼之故，此傳之者失實也。

今年江蘇、安徽被灾甚重，而辦殊無策。蓋藩庫既不充，不能官振，必求之於富家，而世之甘毁家紓難者，能有幾人？其間官吏及民，各有情弊，千端萬緒。又其甚者，乃有絶不報灾，不請放免徵税，則其爲害於生民，有不知所底者已，此其最可悲嘆者也。昨日此間始得一雨，或可種麥，此差可喜。草此略報，餘不具。（《惜抱先生尺牘》卷七）

97–105 姚鼐《與陳碩士》

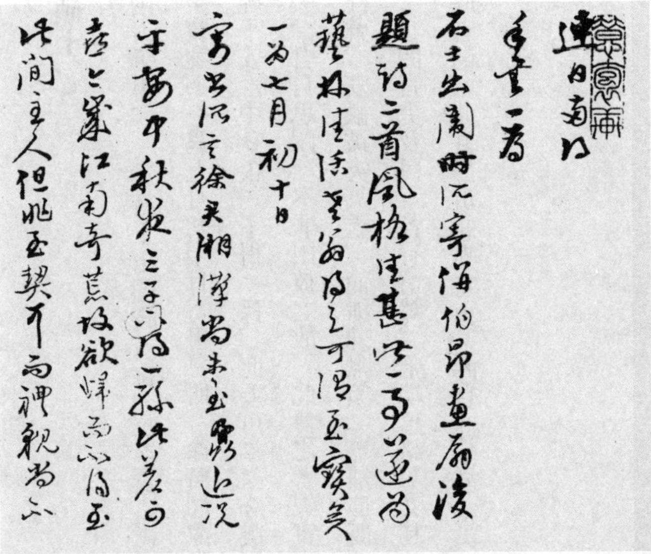

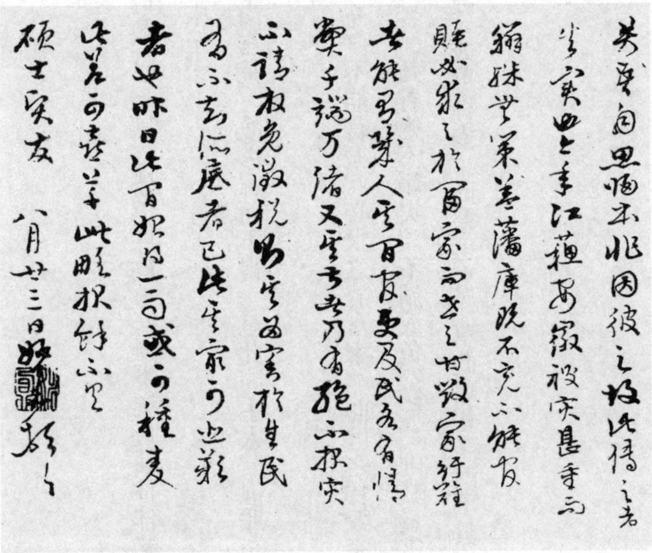

97–106

姚鼐

與陳碩士

作前書未發，徐東松至，乃得七月初十日手書。東松又述近況甚詳，欣慰欣慰。東松居此一宵，略閲其文，誠有才氣，亦佳士也。其年三十二，甚可用功，將來成就未可限，安知不突過吾輩乎？石士於應務紛冗中，嘗使此心澄空，甚佳甚佳。久久純熟，古賢何不可到也？前所寄古文，今閲畢寄還。大抵正有餘而奇不足。此不必勉爲奇，只益求其醇厚，即自貴耳。古人不云善用其短乎？

南中旱荒，當此財匱之時，尤難展布而吏之才能，而實心憂民者亦希見其人。群黎之瘁，彌可傷耳。餘續報，不一。（《惜抱先生尺牘》卷七）

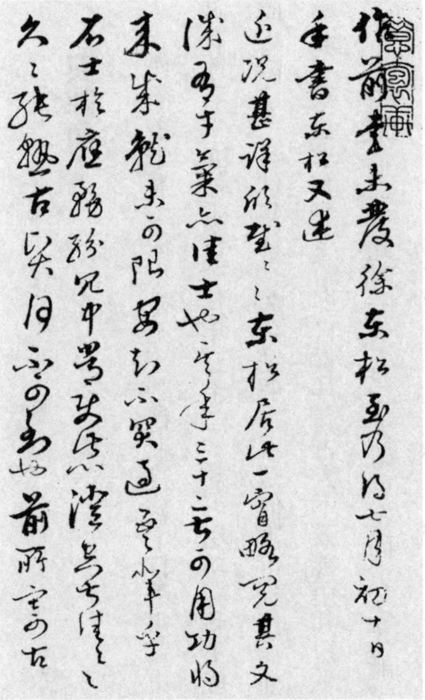

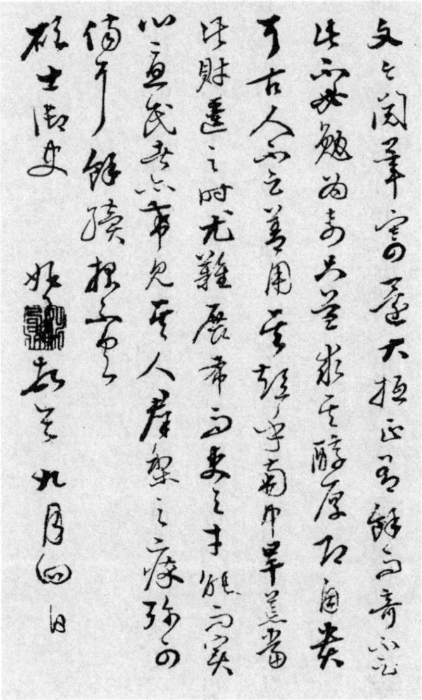

97–106 姚鼐《與陳碩士》

與陳碩士

得去歲十月兩書，具悉佳勝。新年當增福也。御史改翰林，於舊制不可謂降官。而石士得此，但以自訟，毫無怨尤，真君子之用心也，吾何間然？是冬之寒最甚，耄年殊不能堪。今目加昏矣，餘尚如舊。去冬十月得一曾孫，此差可喜。衡兒題補泰興，今尚未赴任，亦不知其堪勝不耳。

去歲寄《筆記尚書》一卷，想收到。今將《詩》一卷寄來，可同裝一册。所言未必盡當，但使石士知吾耄不敢廢學耳。江南飢饉之後，民生殊不佳，不知今年天心轉移何如也。令祖外集刻成，誠所願讀。至於仁人用意之至，後得永繼而無失，此固亦未易言耳。略報，惟珍重，不具。[1]（《惜抱先生尺牘》卷七）

[1] 文末有小字注：『乙亥。』

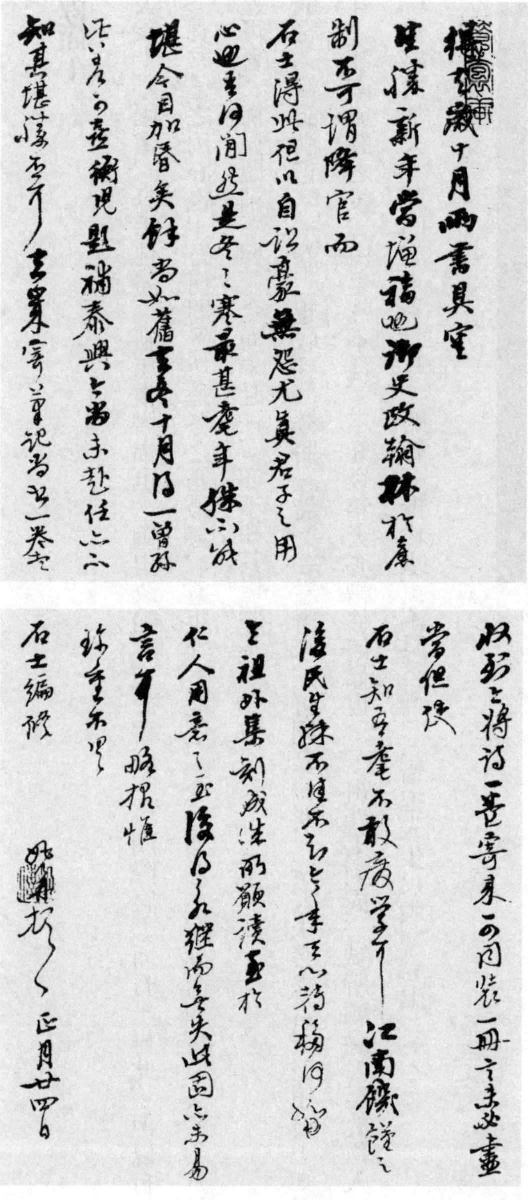

接去歲十月兩書具悉
足下新年當遷福地，御史改翰林，於康
制不可謂降官，而
石士得此，但以自認豪無惡，尤真君子之用
心也。吾自河間返，是冬之寒最甚，衰年殊不
堪，今日加昏矣，餘尚如舊。去年十月得一曾孫
汪小香之孟衡，見題補泰興之缺，未赴任，亦不
知其堪勝否耳。去冬來寄之筆記，尚存一卷也，
收到之，將詩一並寄來，一回裝一冊，亦未必盡
當，但從
石士知吾毫不敢廢學耳。江南鄉試之
後，民生殊不佳，不知今年吾心猶楊何如？
其祖外集刻成，深所願讀，望於
他人用意之甚，後乃不繼，而竟失此，固亦未易
言耳。 臨楮悵
怅，新年不具。
石士編修
姚鼐頓首 正月廿四日

姚鼐《與陳碩士》 97–107

97–108
姚鼐

與陳碩士

五月二日所寄至，併得所作之詩及韓理堂文，讀之甚可喜。知處近況，極善自遣，此最佳。人生悠悠，了不容以私意擬度也。詩作寄伯昂者爲最善。五言詩每欲押强韵，輒不能妙。此處唯涪翁爲獨勝。此天賦，不可强學也。理堂果深於理境，文筆則苦有區牖，無縱横超妙處，此亦是天限之，第賢於他人之猥陋耳。胡侍御真讀書人，其言謹質，知必君子。南北如此人，未易見也。

夫説經有數條之善，足補前賢所未逮，則易；專講一經，首尾無可憾，則甚難。胡侍御今所爲者，古今所難也。竊謂生朱子後，朱子已注之經，但當爲之疏。而朱子誤處，不妨正之，用范甯注《穀梁》之法。如此，則體謹小而意閎大，賢於自注一書也。其餘如陳澔、蔡九峰之書，有大力者，直可另注廢之耳。蓋彼之足自存者實少也。暑熱，略報，餘不具。[1]（《惜抱先生尺牘》卷七）

①文末有小字注：『此七月六日書，及八月而先生病矣。』

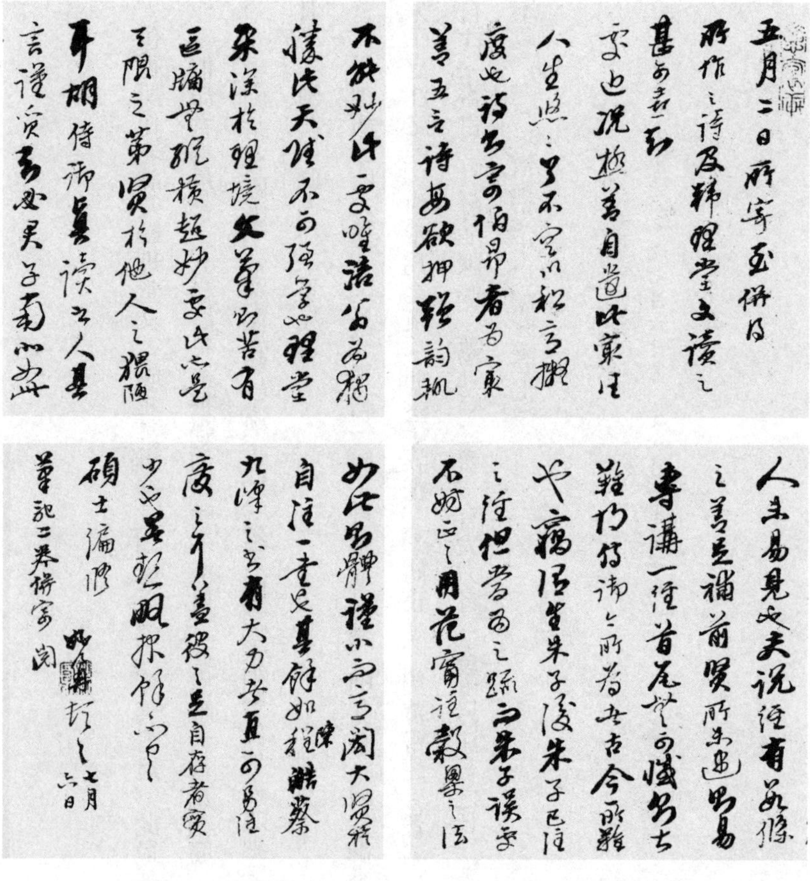
五月二日所寄至併得
所作之詩及韓程堂文讀之
甚為喜躍
要也況極善自當此家往
人生悠悠只不寓以翰墨擬
度也詩要宗旨伯昂者為家
善五言詩要欲押韻執
不然則此一字喔諾為獨
樣此天球不可陳於學也程堂
柔深於理境文筆亦甚有
直追曾超妙要此之是
至限之第賢於他人之限隨
耳胡侍御真讀書人甚
言謹實可爲吳子蔚亦然
人未易見此夫說經有考條
之善足補前賢所未遇昭易
專講一經首尾貫而後能知古
難得諸儒之所為古今所難
也竊謂當朱子後朱子已注
之經但當為之疏而朱子誤處
不妨正之用范甯注穀梁之法
如此爲是謹以奉商閱大學
自注一書足甚有如程陳蔡
九經之書有大力者直可為注
疏之作盡發之足自存者多
少也甚艱雖探討可至
碩士編修
姚鼐頓首 七月六日
筆記二卷併寄閱

97–108 姚鼐《與陳碩士》

寄姚先生書

自乙卯之冬拜辭里第，曠違顏色兩載於兹。去歲擬重作南遊，及秋復思爲歸計，輒緣牽係，事皆中止，延及于今，行止靡定。以此遂未能常修稟函上問起居，而懷思明德，未嘗不矯首南望，自悵其事與願左也。

顧嘗念先生之所期於用光者，學以致夫道。自古師弟子之相授受，固貴乎親炙，而其傳之能習與否，必視其人之自力。苟終日侍側而志氣不從，則如其未侍焉爾已，用光曩者在江寧時是也；苟千里阻隔而服膺師説而弗懈，則如其日侍焉爾已，而用光今者乃不能。然晝作夕休，與物營營，悲年歲之不與，悼壯志之無成，今年已三十矣，自視此心，蓋不免于旦晝之梏。前兩辱書以治心見勖，用光不敏，請從事于斯焉，不敢復蹈於自欺之蔽也。

去歲與盧南石學使往還，頗論及正嘉前輩作文之旨，觀其自著，亦足相副。因思用光沈埋於科舉之學久矣，欲悉屏去正嘉以後作者勿觀，而專力於歸、唐諸子，由是以治古文，亦無他歧之雜。庶昔人所謂絶利一源、用師十倍者。苦所作不能多，僅得三數藝，而自視究未能工，因抄録之，並附他作學爲科舉之體者，呈請鈞誨。俾得有所遵守，伏冀先生詳爲之訓示焉。

用光世父嘗造園一所於居室之東，頗足登眺。家大人遷祖廟於園之東而建樓於園中，以貯大父藏書。及大人自太平歸，而園已非舊觀矣。樓故面西，其西有亭，亭則既毁爲居室，而樓之前耳目壅塞。大人易爲東向，而懼後之人或將並其樓而弃之，乃摹大父之像而泐諸石，將祀像於樓中，使後人不敢議遷毁。既自爲叙其緣起，且欲得先生爲之記以示久遠，今並畫像奉寄，且命用光詳書以請于先生。伏冀從其請而惠賜以文。（《太乙舟文集》卷五）

97–110

陳用光

寄姚先生書

向嘗承論管子天下才，後世求其人不可得，若東坡、介甫，皆非宰相才之説。比讀《荀子》，益信。因竊以爲荀子之才不及孟子，然苟使其得位行道，其所成就當不在夷吾之下。賈生、陸相才幾近之，而不能及其深也。以此意求古賢之才略之遠近，未知其有當否？至『人心之危，道心之微』二語，《荀子》已引用之，而以爲道書之説。竊意道書者，三代相傳舊説，古聖之説也。僞古文者竊取之，以爲堯之語舜，則不必然矣，而理則當也。程朱諸儒取之，以爲歷聖相傳之心法，以理斷之，未爲不可也。書缺有間矣。二帝三王之微言，容有錯出於各家之傳記者，别白而標舉之，是即無異於尊經。由是以推周子《太極圖説》，固無嫌其得之於道家矣。今之爲漢學者辨其授受之源，而以爲非《河圖》《洛書》之所有，昧其所自得而斤斤於同異之間，豈獨其心之不公耶？抑亦其考之未審矣！愚意如是，伏乞裁示。（《太乙舟文集》卷五）

97–111

陳用光

復姚先生書

得正月二十二日手書，具審體中安適。於仲春之杪當往江寧，計今當已達彼。用光曩承舅氏緒論，求所以誠其身者，聞先生之説，益以自信。事先生今十年矣，學未成而懼行之隳，文未進而懼業之廢。夙夜之矢，將終身焉。中間涉歷世故，搖惑萬端，恐負謗於師門，累更迷復。然於出處大節，固十餘年守之而不敢渝。《易》稱『即鹿無虞』，《詩》美『卬須我友』，用光於此，有不勝其怵惕者。

方今仕進惟科舉一途，既連辱於有司，妄欲改試京兆。念石君先生海内所稱君子人也，用光雖嘗以通家子得謁於皖城。今此北行將謀繼見，庶幾磨厲所業，以期有用于世，故前乞先生書以爲介紹。而先生過爲推許，其於汲引之意則厚矣，懼用光之不足以副之也。既拜賜之辱，且自明其慚恧之誠，伏惟鑒察。

用光今歲筮得《大過》二爻，沈潛乎卦義，反復乎爻辭，驗之于身世之故，而察之于動静之間。其剛也，其過也，涉乎世者嘗有吝矣，不敢不悔也；勵乎行者嘗不及矣，不敢不勉也。能充之，則有以爲酬酢萬事之具；不能充之，則且使其身傀焉如不終日。斯言也，用光雖未能踐焉，固將終身誦之矣。行期屢易，淹留至今。孟夏決當首塗，侍教未知何日。山川間阻，南望神馳，爲學之方，從政之要，尚冀提撕時及，俾得以時警發。兹有蘇州便人，囑其持書投至江寧。有示，付之携還可也。（《太乙舟文集》卷五）

97–112

陳用光

與姚先生書

三月之末附書於南歸者，計今當已達。用光遂於首夏趨塗，今居京師月餘矣。南來客少，未奉手書，眷懷眠食，引領增憶。

用光比爲《論語義疏》，汎濫於諸經傳説，益知朱子之學誠爲己耳，非有爲乎人也。今之爲漢學者誠爲人耳，非有爲乎己也。胡氏之傳《春秋》，前乎朱子者也；蔡氏之注《尚書》，後乎朱子者也。二子者，論議之迂，名物之略，誠有過焉，而攻朱子者，叢擊之不遺餘力，曰：吾漢學也。《春秋》每月書王，以爲孔子之筆，此服虔説也，而胡氏因之；其不書王，以治桓、賈逵説也，而胡氏取之。曰服、賈而黨之，曰胡、蔡而伐之，黨乎其所異而不知，固伐乎其所同，曾是以爲愈乎？人心之相勝，至無已時也。不顧義理之安而攻乎名之所難犯，以爲己名。夫胡、蔡其蒿矢也，生心作事之害，非獨儒生之論議而已。然則先生倡宋儒之學以爲世道人心之防，豈得已乎？

京師雨後，風氣益涼，今溽暑時也，然袷衣未嘗去體。用光治經之暇，惟事舉業，閉門讀讀，寂若深山。出處之節，自守之閑，曩所聞於先生者未嘗踰越也。石君尚書昨已謁見，辱教誨之甚至。用光不爲海内君子之所擯，固當益繕治其學行，以無重爲知我者詬病矣。屬有南下者，附書問安，所欲請誨，具於別紙，冀賜書惠及。

（《太乙舟文集》卷五）

97–113

陳用光

寄姚先生書

壬戌冬詣桐城，癸亥秋過皖城，皆未獲侍杖屨。雖屢訊問，起居安吉，精神愈健，而數載暌隔，曠燕居側坐之私，虚執經請益之願，事阻而迹違，意存而身縶。今此居北，南望愈遠，又自去秋來未奉一書，懷慕之思，益不能已。

用光去年過泰安，得聶君《泰山道里記》，乃有先生一序，爲用光向所未嘗見者。意其爲少作，不入集，或以其迹之未化而故去之？然愚以其文乃神似子長，近時執筆者無能彷佛其萬一也。以是推先生往時裁取之過嚴，蓋有文若是而不存焉者多矣。用光嗣是當留意訪求，而先録此文寄覽。其當入集，固宜存之；其或可去，亦望示其所以然，俾用光得藉以研求乎文事也。

用光曩時閲《梅崖集》，以爲不可及，比乃覺其氣少懈而骨格未堅。譬之樂，鮮純繹之音；譬之木，鮮密栗之致。二者望溪似猶未至焉，梅崖於望溪乃彌不能及已。近時王鐵夫爲文不可一世，用光去年得見其十二三，誠有過於梅崖者。然其於沖淡自然之詣，亦似未之有得。夫昌黎變排比之習而以疏勝，昌黎不獨以疏勝也。歐陽、曾、王氏取其疏而得其所以爲疏者，故能各獨成其體。後之人無其學，而徒爲冗散汗漫，使不可合於尺度，固宜其見詬病於世也。然司馬子長所以勝孟堅者，曷嘗必以縝密爲貴乎！先生謂歐公能取異已者之長而時濟之，非獨濟之以密也。先生謂曾公能避所短而不犯，其所長在於疏，固非冗散汗漫而不可合于尺度也。先生往昔之論，用光今者乃恍惚乎似有見焉。書以質之夫子，冀有以指示之。所懷千萬，書難悉達。（《太乙舟文集》卷五）

97–114

陳用光

與姚先生書

陶意雲處寄來十月二十八日、十月七日兩書，具審道履沖和爲慰。前此所寄書及爲用光、蘭雪評定文字俱收到矣。第去歲秋間從鄧同年廷楨處曾寄書，及以先履堂叔行狀呈政求爲作先叔墓誌者，不知此曾達否？王竹嶼南旋，復有雜文及書託寄，度於今正可達耳。

用光非不知慕古者，顧官京師數年，學未能盡而職未能稱，外不能效世俗取聲勢、得美仕，而内不能具甘旨，終年侍衰親之側，與俗汩没，志嗟跎而無成，年荏苒以增齒。嘗自念古人之學富矣，欲跂而及之，宜加其學焉。用光竊聞先生長者緒論，既知其途矣，而人事之牽綴，性情嗜好之不得所制，中寤而思，既悔而旋迷者屢矣。既無所得於此，遂欲解俗之弢以求吾所謂志者，是以去年有南歸就先生之説。顧家累既重，舟車之資未易具，官京師饘粥之資，其親友資助之者，每歲須得千餘金。若遽爾言旋，無以對親友，且婚嫁之事又至矣。微先生言得館之難，今固且隱忍於此，而未能行也。古之人未有不以行道爲志者，用光幸居館中治文字，無政事之責，然求其所謂禄養者而不可得也。五、六月間當求得御史以爲乞外郡之地，此於古人之義遠矣，然今之居館中者大都如是。道之可行也，與吾學未有以稱之，用光固惟此之爲策耳。承先生爲籌出處之道，故敢述其近狀。（《太乙舟文集》卷五）

97–115

陳用光

寄姚先生書

敬啓者，既作前書將發，而陶意雲持十月廿三日手書至，讀之，知今歲不返桐城。計前所發信，比當次第收到矣。

本朝之有考據，誠百世不可廢之學也。然爲其學者輒病於碎小，其見能及乎大矣，而所著録又患其不辭。用光嘗服膺明儒之尊信宋儒，而病其語録之不辭也。先生獨舉義理、文章、考據三者並重之説以誨示人，而所自著復既博且精，奄有三者之長，獨闢一家之境。用光嘗謂唐宋諸賢至夫子而集其成焉。蓋天地間文字相嬗至今，而必不能不有此境，獨非得其正且至者無以發之。然則論文章於今日，先生功邁於震川矣。鐵甫見未及此，固宜以其考據爲病也。鐵甫嘗自言：生平所較，勝於人者，東京六朝之功頗深也，而深恨未識先生。使得見先生，聞先生之議論，其學當必有進。鐵甫嘗爲用光言：宜留意兼采左史班固之茂密。夫以東京六朝入西漢，是綴狐白以羔裘也。其兼采左、班之茂密，譬列鷄彝龍勺而不廢敦卣，意其言固猶有可采者乎？乞夫子爲明示之。

用光向頗不喜惠定宇《明堂大道録》，比見翁覃溪先生與胡雒君書，亦以此爲畔道之作，所當辭而闢之者。覃溪先生又言：『與其過信漢儒，毋寧過信宋儒。』此非近日諸儒所能爲之言也。用光頗悔與覃溪先生踪迹之疏矣。用光比閱近儒陳啓源《毛詩稽古編》，其説專與朱子爲難，而其考訂名物頗有是者。用光向嘗辨其據小序以難朱子者數條，今欲盡成其説，俟其成，當以質之夫子耳。

用光欲擬明人之集震川尺牘而爲夫子集書札，其抄所自得者成帙矣，他處蒐羅亦積日頗有所得。今抄往在里第所得四札不知姓氏者，乞夫子爲標示之。因思魚門、莘楣、覃溪諸君子往日必有與夫子往來之札，未審能檢出並寄借抄否？若以附於夫子尺牘之後，他日並夫子筆記及薑塢先生各書筆記，刻爲别集以傳，此則歐、曾諸集之所未有也。

胡雒君《豫章沿革考》未審能託其家尋取寄示否？山木門人吴君喜，用光之啓蒙師，亦作《新城沿革考》，此皆聞先生之風而起者，用光亦思以次學爲之。用光爲十月中娶婦事煩，俗不可耐，今幸了却矣。居京師中，乃經年無伏案之功，今頗愧悔，欲自臘月初爲始，每日排比作經史功課。前所云《黄石齋禮記》，其書總名《石齋九種》，今日再求不可得，南中如有是書，乞先生代購求之。其《易》學似頗别具奥解也。八月書已得，兹寄吴禮部復書一函、《禮府家傳》一册，乞查收。又用光寄楊蓉裳一書，乞爲轉致之。近作古文有副本者，亦望寄示。（《太乙舟文集》卷五）

97–116

陳用光

寄姚先生書

去冬陶意雲至，得手書，具審杖履安適。今開歲又逾月矣，意雲之弟北來，當必復有書見示，而今尚未至。用光比泛濫經傳，每有所疑，質之以夫子之説，則融洽精核，必有所折衷。舉昔人執單辭偏據之失而一空之，此誠爲經生之鉅製。用光自信爲『污不至阿其所好』之公論也，而於《説九江》，據《漢志》之文則有不能無疑者。《漢志》得目驗之實，固非後人所可並論矣。朱子以湖名易江名，固似有改《易經》文之失矣。然經文固言治荆州之水也，鄙意言尋陽以下之江，固統括于『江漢朝宗於海』句内。其言『九江』，與沱、潛、雲夢之辭相屬，則朱子以洞庭當九江似未爲失。洞庭當堯時未必無泛溢之患，禹功施於揚州之震澤，未必不施於荆州之洞庭。洞庭受湘、沅，雖未入江，似亦可名之曰江也。且言雲夢，而洞庭似不宜略也。禹時名之以九江，而後人名之以洞庭，猶震澤、具區、太湖之異其名也。則朱子固未嘗改《易經》文也，班氏之目驗豈敢臆議其非？而以經文方域之所繫、辭意之相屬求之，用光不能無疑，謹效直而勿有之義，請益于左右，惟夫子誨示之爲幸。李安溪以彭蠡爲巢湖，與夫子同而其説微異，今録數段寄質，亦望有以誨之焉。

用光比讀王遵巖文，覺其辭繁而不能成音，震川則雖常語而亦可成誦，以此知震川之不可及也。近日經史及唐宋人文所蓄疑者甚多，亟欲依侍講席以待剖决。若果得差南行，固幸矣。不然，七、八月間終當籌南歸之策耳。外文一篇呈誨。（《太乙舟文集》卷五）

97–117

陳用光

寄姚先生書

三月來未奉手書。頃乃得端午日所賜書並詩文六種，所以誨用光者諄諄詳盡，忻忭警惕，不能已已。用光居此數月，藉得收拾身心，温理舊業，於經史大端似略有所得，而治形家言則苦其轇轕，無與决其疑而歸於一者。又執卷終日，不能目驗山川形勢，雖使果有所得，亦趙括之言兵而已。近日形家書以葉九升爲善本，而蔣子鴻、范宜賓則攻之。朱雀源於生氣，葉氏以爲水法是已，而蔣氏以屬大元空、五行減；龍則穴歸于右，而葉氏以爲歸於左；納甲之説，寅戌申辰似未可屬坎離也，而葉氏以屬之。鄙意漢儒言名物制度有確當者矣，而舛誤者亦復不少。若蔣氏之流，不啻龍溪、卓吾之言『汪洋』『徜徉』而不得所據，彼象山、陽明説雖少過，而固有使人可據守者，焉如彼？其書用光未得見之也。用光比讀鄭康成《禮記注》，厭孔氏之繁冗，思通驛於鄭朱，以破世之宗漢攻宋、專己守殘之習。力小而思舉重任，未知其能成此志否也。夫子水法四格比始得其端緒，而未能旁推交通以證其説，今略就日夕所讀書雜舉其一二端，以求折衷於夫子，惟冀有以詳示之爲幸。

用光比于此刊行《莊子章義》。其字句須訓釋者，用光據陸氏、盧氏附入，兹以副本寄覽。其所爲《禮記》，亦大略似此，而疏義則另附於經後，然此則須遲之十年以後矣。外寄同鄉鄧氏所刻老、佛五種書，其箋注不必佳，而《安般守意經》在内。鄙意此書所言與《參同契》可相表裏，夫子覽之，以爲是否？用光比有説經文字數篇，匆促未能抄寄，當俟明年携質也。（《太乙舟文集》卷五）

97-118

陳用光

寄姚先生書

到京後發書五六通，並以韓理堂古文、孔撝約《公羊通義》、高文良所評《撼龍》《疑龍》兩書，及用光自作文兩篇陸續奉寄，未知俱得到否？數月來未奉一書，殊深馳戀。家兄在江寧，計寄書當更易達而反遲滯，意家兄勤于公事未能數往竭候起居耶？

用光頃數謁覃溪先生，諄諄以古義相勖，因述曩與夫子詩酒過從，又嘗作古文會，令人想見前輩風流，今則爲古文者無其人矣。又夫子當日文筆業已成家，今用光齒過夫子居京師之時，而窺尋緒論，其所自作曾不能挈李翱、皇甫湜于萬一，其可愧恧，寧有量耶！覃溪先生窮經以博綜漢學，而歸於勿背程朱爲主，其識自非近人所及。然其論夫子《經説》謂不當自立議論，説經文字不可以作古文，則用光不敢謂然。歐陽子曰：『經非一世之書也。』前人成説，有可以爲左證者，有不可以爲左證者。儒者學古，以其自得義理兼所目驗事實，參互考訂，歸于一是。必欲于前人成説一字不敢移易，是今人所嗤爲『應聲蟲』者也。雖依附鄭、孔，安能免門户之見哉！

朱子之學所以上接洙泗者，固其躬行心得，非諸儒所能幾及，而其窮經之餘又精通文律，故其詁經文義十得七八。用光嘗謂東漢人拙於文辭，雖邠卿、康成亦然。凡其說之難通者，皆其拙于文辭所致也。文辭之在人，乃天地精華所發。周秦人無不能文者，諸經雖不可以文論，然固文也。不知文、不能文者，則不可以通經。今人讀孔、賈疏，未終卷輒思臥，其爲說轇葛繚繞，不能啓發學者志意，非疏於文事之過耶？然則說經而以古文行之，其有益于後人豈獨文字之間而已哉！韓昌黎所注《論語》，惜後世無傳本，使其傳于世，朱子必亟稱之矣。用光恐覃溪先生之說貽悮于後學，敢私質其說于夫子。（《太乙舟文集》卷五）

97–119

陳用光

寄姚先生書

幾及一年未奉手書，懸念起居，見之夢寐。頃家兄遣人來，收到三書，乃知去冬固有二札，家兄今始同寄，接讀之餘，喜慰無已。然用光今年亦曾三寄書，其兩次皆由家兄轉達。來書未提及，豈尚未收到耶？昨一書乃從江寧王舍人鼎文託緞行轉寄，則固須此月下浣方可到耳。

所寄《經說》《詩文集》皆收到。用光去年固以所存《經說》一部送與覃溪先生矣，用光嫌其下筆處塗乙未當，僅于蘇齋匆匆一閱，而未與用光携歸，則此次固不必再送去矣。用光意先生于古文無所得，其治經亦似纖細處多而下筆苦于繚繞不休，其論詩亦似有晦澀之病，有喜人同己之意。其於夫子《經說》，以所論『梓材』『康誥』爲不然，而以『絲衣』説『吴憮，音近假借字』爲極當，但惜其無他左證。用光意《投壺禮》文固既左證矣。如先生論石鼓文斷其爲成王時事，以《左傳》成有『岐陽之蒐』爲據，外此亦未有他左證也。頃有論荀虞《易》一條，抄録呈覽。用光比與兒輩講《關雎》之亂，查《朱子語類》，三條皆與注中『樂之卒章』意同而似皆未明了。張稷若以《儀禮》合樂詁『亂』字似甚確，合樂有六詩，而曰『關雎之亂』猶『學而』『爲政』以首章標題也。合樂在正歌告備之時即可曰『卒章』，不必别有他卒章也。因思夫子言《關雎》、言『樂而不淫，哀而不傷』，似亦因合樂所奏而感及其德。『哀而不傷』似指《卷耳》説之，爲當求淑女而不得不至于哀也。嗟懷人而置『卷耳』于『周行』，則哀而不傷矣。然無左證，惟朱子曾云：『此詩意文王居羑里時作，而惜其時不可考。』朱子之慎如此。用光意以此言哀，似較專，以《關雎》一詩言之者爲更合。未知前人已有言之者否？

兹以所爲《師摯之始》一節文及《與舍侄書》一篇呈覽，前所與家中兄弟書稿如尚存几席，乞爲檢寄。又《法帖題跋》刻本亦望寄一二部。頃尋得夫子所爲《孟通議先世墓表》一篇，查存稿中未有，今以寄覽，似當補入也。五家叔已來金陵否？舍弟、舍侄得依侍經席，真三生之幸！其學雖淺，未能有受教之地，然坐春風、沐化雨即後生之福也。（《太乙舟文集》卷五）

97–120

陳用光

寄姚先生書

用光今校刊先大父外集，兹先將第一卷寄覽。先大父於鄉黨之間，能調和貧富而成善舉也。如此舍間諸兄弟輩能守此意，魯氏斷無前年之訟矣。今訟尚未了，未知將來如何結局也，爲之三嘆。處事之法，不本于學問，則動必得咎。用光于指揮署被盜事，若持之以鎮静詳審，則盜可獲而事亦就辦。乃惑于總憲之言，不能無希世取容之意，而適以獲咎。雖聖主特與優换，而用光自反則實以自訟也。平日之所學者何事，乃明知告密者之妄言而顧欲捕賊以自效，此之謂失其本心矣。

用光於去年十月十二得御史，今年十月十二歸翰林，此似亦前定之數。人或以斷翰林前俸爲用光惜，用光則謂此無庸計也。欲接俸者爲易於開坊也，用光謂此即願乎？其外之思，惟一日居翰林，則當盡一日之職，肆力於學而委心任運，此用光之所當自力者。（《太乙舟文集》卷五）

附：

喜陳碩士至舍有詩見貽答之四十韵

姚鼐

初冬言趨家，霜風隕門柳。仲冬櫂槁柯，倚門時出首。望子逾彭蠡，計日當至否？遠惟古聖籍，義富若淵藪。鯫生非宏知，鑽研百代後。譬如物有十，或取一遺九。雖然竊自欣，千金享家帚。執裾時語人，充耳莫爲取。獨子甚見阿，戒車屢載糗。就我金陵館，居我西序牖。往復意屬厭，忘餐嘗及酉。懷此三改歲，述别自癸丑。今夏寄書説，定當訪衰叟。起帆盱江曲，款户龍眠口。季冬霜雪霽，薄暮客造霤。蠟梅紅燭下，膽瓶燦金釦。竟得展一笑，共此篘新酒。人生樂莫樂，久别還執手。况日迫桑榆，小聚那易有？呼我稚孫前，俾子問名某。俯仰人間世，感嘆及賢舅。我出銘墓文，爾讀目泫瀏。新詩情邃切，見貽媿瓊玖。弸中子多文，昃離吾鼓缶。敢謂横海鱗，制以寡婦笱。頻年洪州試，似不辨稂莠。升牒名九十，子璞乃未剖。所貴士豪傑，千祀期尚友。威鳳登絳霄，奚較瓔企醜。本心如日輪，遭蝕情欲誘。始謂微掩缺，繼昏晝見斗。願子念没世，崇樹三不朽。遷義如轉圜，而内堅所守。文章非小技，古哲逮今壽。超越彼粗糲，固在頻投臼。海内諒多賢，苟于老夫厚。區區相望心，豈在金懸肘？北瞻宛丘道，嚴君今衆母。樂哉子行逮，升堂奉萱滫。别離未須恤，雅志幸勿負！（《惜抱軒詩集》卷四）

碩士約過舍久俟不至余將渡江留書與之成六十六韻

姚鼐

敦牂歲三月，桃李群飛花。東望鍾阜雲，風帆待江涯。欲發不能決，撟首背負髽。吾堂子昔登，寒梅照檐牙。子去歲幾何？三見青草芽。俄聞子將來，笑口成喎斜。望子翔雁初，祓禊今鳴笳。敝廬長掩闔，不聞扣馬撾。豈以積雨多，樧舍限泥塗？抑或戀厠牏，日侍欣清嘉？戒徒久易期，卒未成巾車。吾行不可留，子來日猶賒。間闊終不逢，顧念深咨嗟。聞子官舍中，弦管謝嘔呀。夜誦或鳴鷄，晝披逮昏鴉。裁爲五色文，爛若開晨葩。元年求孝廉，詔紙頒南衙。郡舉尚遺賢，有才爲兔罝。孑孑處士中，燦燦金居沙。射宫萬辟易，一矢行拔皼。我老又多疾，析若枯蒼葭。兀爾默終日，短榻支僧跏。食案廢脱作，毛羽哀刳剄。嚶聞求友聲，一一皆頻伽。唯有文字習，癢不禁搔爬。仰惟聖有作，豈以文矜夸？奇麗光至今，乃逾初日茄。其中矩蠖存，已足範奇衺。後賢但有述，敢擬作者姱。譬若鏤之而，畫繪鳥獸蛇。巧工弃常度，拙工藝反加。一失外形體，豈復中精華。在昔明中葉，才傑蹈高遐。比擬誠太過，未失詩人葩。蒙叟好異論，舌端騁鏌鎁。抑人爲己名，所惡成創痂。衆士遭豐沛，皎月淪昏蟆。我朝王新城，稍辨造漢槎。才力未極閎，要足裁淫哇。豈意群兒愚，乃敢横疵瑕。我觀士腹中，一俗乃癥瘕。束書都不觀，恣口如鬧蛙。公安及竟陵，齒冷誠非佳。古今一丘貉，詎可爲擇差。所貴士卓識，不受衆紛拏。朗然秉獨鑒，豈必蓬生麻。我雖辨正塗，才弱非騏驊。願子因吾説，巨若瓞引瓜。吾舍倚龍眠，青嵐壓闉闍。中有太傅墳，昔是公麟家。子來我雖去，風景猶可誇。試停行道驂，拄策探嶔岈。誦我前日詩，酌彼新焙茶。清嘯發岩中，大勝諧箏琶。吾曩遊南昌，鉅邑觀閎奢。顯慶帝子閣，西山明列娃。去之四十年，題字行涎蝸。子家有舊園，吾迹荒蔓遮。子往定憶吾，北望天垂霞。吾非山斗倫，不詆排釋迦。頗與同好奇，結友宜仝义。秀句成見寄，豈不珍朋蚆。日月兩馳輪，形骸一栖苴。何暇競一世，口大身如椰。卮言聊一放，閉口終毗耶。耿耿遺子志，毋嫌吾道洿。（《惜抱軒詩集》卷五）

姚鼐

次韻答陳石士二首

懿子垂纓鼓篋年，遺經勇紹昔儒傳。一登雲閣親藜火，十見春城改禁烟。遠夢江湖浮桂檝，舊居池館積苔錢。蕭疎黄髮鍾陵下，鎮有相思望日邊。

隱矣何須復著書，百年清暇惜三餘。劣如老馬知文事，敢比猶龍在物初。祕苑待君勤校理，荒亭無客問玄虛。難期敷衽論心會，且託天涯尺素魚。（《惜抱軒詩後集》）

姚鼐

次韻答陳石士又二首

闌將春盡惜徂年，已和清詩使未傳。案上耽淫蟳食字，人間散落麝流烟。久判老病辭醫藥，遠愧貧交輟俸錢。

料得燕山須想見，江東啼鳥緑陰邊。

發德誅姦作一書，名山思貯殺青餘。竟終茅舍賫前志，空見明堂建太初。箋若衆星真小説，學乎舊吏似憑虚。不妨筆記傳吾黨，磊落寧嫌釋鳥魚。（《惜抱軒詩後集》）

陳用光

過桐城謁惜抱師敬呈二律

四載經帷别，三千客路長。言尋萊子養，重過鄭公鄉。山色醒塵夢，詩懷入草堂。昔年陪賞處，列岫倚清蒼。戊午歲，曾隨師遊龍眠山。

傳習窮經業，名家愧未成。所期過十載，此志自三生。才以知難竭，心從望古傾。來年重請益，會訂皖公城。

（《太乙舟詩集》卷六）

陳用光

奉懷惜抱夫子七律二首

不侍經帷遂十年，年年書札隔江傳。昨宵夢載元亭酒，幾日春生白下烟。流寓欲題招隱句，卜鄰未就買山錢。龍江一棹何時放，心在鍾山帶草邊。

卅年前寄海峰書，老輩淵源著録餘。事業儘饒脩史外，襟期想見挂冠初。鶯花滿眼春無價，猿鶴譍門夢未疏。欲步後塵公若許，菜根風味勝鱸魚。（《太乙舟詩集》卷八）

陳用光

喜得惜抱先生書

鍾陵回首碧雲邊，小别春風又一年。尺鯉久遲江上寄，寸心難向夢中傳。杜詩韓筆平生事，北馬南船住世緣。第一得知眠食健，喜開笑眼讀花前。

西清東觀夢如何？長者空煩記憶多。未葬服除慚古誼，勞生心苦寄行窩。銘幽已表林宗墓，授法還傳《穆護歌》。何日瀧阡真慰願，牛眠指贈未應過。先生教以堪輿法。（《太乙舟詩集》卷八）

陳用光

寄哭惜抱夫子五十韻

孔夢徵高密，韓雲下大荒。儒林爭雪涕，碩果竟凋霜。分切高山仰，慚深弟子行。枉憑都講席，未得獨居場。燕樹迴春色，吴雲黯翣墻。空聞歸素旐，莫與撫黄腸。憶昔依函丈，擔簦卸遠裝。誠原通夢謁，用光未見先生時，有夢謁先生詩。學欲問津梁。善誘初承誨，更端不厭詳。南榮書萬卷，西序日三商。絢采分霞佩，幽懷證蕙纕。檠弓期奠體，舉策戒忘羊。暑夕颸生樹，凉宵月轉廊。名言誰共契，寄迹兩相忘。所愧前塵慕，仍令仄徑妨。語之雖不惰，簡也未裁狂。咒有摩登攝，針辭初祖吭。烝砂難作飯，易畝祗名稂。敷坐纔生法，離亭旋送航。幾年爲遠别，本志覬終償。珂里重携笈，鍾山再裹糧。鵜膏教淬劍，嶰竹許偕凰。鴻爪更番認，魚箋遠道將。《易》因傳孟喜，《詩》爲溯毛萇。世士矜奇服，先生守舊章。程朱資禦侮，許鄭賴箴肓。文自追楊馬，詩應合宋唐。緒言珠貫串，約步鷺飛搶。妄欲窮蠡測，因之發篋藏。瞻前雖恍惚，鞭後肯徬徨。詎意書紳願，偏乘撤瑟傷。騎箕神渺渺，哭寢影悵悵。述行心餘痛，維公道本昌。冥鴻非避弋，翽鳳早鳴岡。天付名山業，官辭執戟郎。朝猶尊叚木，鄉自祝庚桑。年逮安車迓，恩光賜秩揚。東南誰一老，館閣此三長。自論歸無異，門生痛未央。身餘懷禄愧，舟阻隔江杭。天柱峰迴薄，龍眠氣鬱蒼。佳城遲吉卜，幽壙閟元堂。念我先君殯，猶依丙舍傍。幾時營下窆，歸里得封防。老友如相遇，乘雲亦共翔。可能憐稚子，一爲解青囊。會葬期猶遠，鮮民痛可量。唁孤辭惻愴，感舊淚淋浪。著録孫張責，傳衣籍湜當。生芻遥致奠，引義執心喪。（《太乙舟詩集》卷七）

陳用光

己卯禮闈追憶惜抱先生

龍眠山色碧相參，負笈前遊憶共探。校士命宣空冀北，傳經人去夢江南。士龍仍占西頭屋，彌勒誰同上界龕。不信年華彈指過，霜痕已點鬢藍鬖。（《太乙舟詩集》卷八）

陳用光

惜抱先生諱日詣鍾山書院愴述

都講堂非問字來，入門一步一徘徊。香焚諱日心尤痛，座隔春風夢亦哀。永憶遺言期待漏，前時贈尺許量才。先生遺命以所蓄趙文敏書王黄州《待漏院記》墨迹寄贈用光，又嘗以周尺見贈。灑將帶草邊旁泪，翻羨明東侍夜臺。

（《太乙舟詩集》卷八）

陳用光

姚姬傳先生七十壽序

昔夫子以四教而文居其首。弟子之以文學稱者，有遊、夏諸子，而叔孫穆子論『三不朽』，其一則『立言』

是也。夫文者，學之始事也。及其言既立，則宣暢義理，啓牖後世，遂爲學之終事焉。天地有自然之文，日月星辰、風雨露雷、山川雲物皆是也。人效能於天地，亦必有其自然之文。故善爲文者，讀其文，如與天地之情狀相寓；其不善者，天地之氣不降於其心而堙鬱闇昧，其文乃無由其著。蓋涵泳聖涯而禔躬純粹，乃能由其心得，而推衍聖賢先得之理者，載道之原也；研究文事而鏗鏘陶冶，乃能得其中聲，而發見天地自然之文者，修辭之要也。自兩漢至唐宋諸君子，其所爲文，千餘年尊之如一日者，胥是道也。

自明以來，惟歸震川氏足當不朽之目。及我朝，而方望溪、劉海峰接踵而興，二先生皆桐城人也。姬傳先生爲二先生同鄉後輩，而海峰於先生爲父執，居鄉時過從論文至熟也。先生又承其世父薑塢先生之傳，推而大之，所以盡載道章身之事者，其功既周而賅焉。故望溪、海峰没後，而先生遂海内之鉅望者數十年。望溪理勝於辭，海峰辭勝於理，若先生理於辭兼勝，以視震川猶有過焉。海峰既稱之，使望溪得見先生之文，其所推服當何如？惜乎其不及見也。且當望溪時，士猶尊宋學，雖有一二聰明才辨之士，或以宋儒爲詬病，然其流猶未盛。訖今日，而出主入奴，顯相排斥，迺逸迺諺，標漢學以相誇者，不啻晋人之清言矣。先生獨推尊宋儒以相救正，雖海内學者未必盡相信從，然宋儒之所以有功於聖門者，賴先生而益明，則先生之説雖不顯於今日，亦必盛於他時。使望溪生于今日，推闡『文以載道』之旨，有不以先生爲中流之砥柱者乎？

用光從先生，所以期之者甚至，顧才力淺薄，乃毫未有以稱也。昔曾子固、蘇子瞻爲歐陽文忠之門人，而非其素常受業者；李翱、張籍雖受文於昌黎，而以視曾、蘇之歐陽，其業則不逮矣。先生今之韓子、歐陽子也，用光雖嘗慕曾、蘇之遺風，而以視習之、文昌之所業，自顧猶多惶恧焉。

今年爲先生七十初度，用光以事拘綴陳州，未能親詣桐城登堂奉一觴以相祝，輒述其素所聞於先生之論文旨者如此。先生如不以用光之辭爲務張乎其外，其必有以許之矣。（《太乙舟文集》卷七）

姚先生行狀

陳用光

曾祖士基，康熙壬子科舉人，湖北羅田縣知縣。祖孔鋏，邑增生，贈翰林院編修。父淑，贈禮部儀制司員外郎。先生諱鼐，字姬傳，一字夢穀。嘗顔其所居曰「惜抱軒」，學者稱之曰「惜抱先生」。先世自餘姚遷桐城，遂世爲桐城人。自明以來，代有名德。入國朝，刑部尚書端恪公文然，先生之高祖也。

先生以乾隆庚午舉於鄉，癸未成進士，改庶吉士。丁父憂歸，服闋，散館改兵部主事。年餘，移補禮部儀制司。戊子，爲山東鄉試副考官。還，擢儀制司員外、記名御史。庚寅，爲湖南鄉試副考官。辛卯，爲會試同考官，擢刑部廣東司郎中。四庫全書館啓，以大臣薦，徵爲纂修官。年餘，乞病歸。自是主講於江南，爲梅花、紫陽、敬敷、鍾山書院山長者四十餘年。嘉慶庚午，以督撫奏重赴鹿鳴宴，詔加四品銜。乙亥九月十三日，以疾卒於鍾山書院，距生於雍正九年十二月二十日，享年八十有五。

自康熙年間方侍郎以經學、古文名天下，同邑劉海峰繼之，天下言古文者咸稱桐城矣。先生世父薑塢編修與海峰故友善也，先生涵揉見聞，益以自得，刊落枝葉，獨見本根。其論學以程朱爲宗，其爲文與司馬、韓、歐諸君子有相遇以天者。自其官京師時，有所作必歸於扶樹道教，講明正學，若集中《贈錢獻之序》是也。及既歸，益務治經，所著《經説》，發揮義理，輔以攷證，而一行以古文法。居揚州時，與歙吴殿麟定同居梅花書院，嘗以所作視殿麟。殿麟以爲不可，即竄易至數四，必得當乃止。殿麟，海峰弟子也。殿麟嘗語用光曰：『先生虛懷善取，雖才不已若者，苟其言當，必從之。於爲文尚如是，於爲學可知也。』故退居四十餘年，學日以盛，望日以重。其初學者尚未知信從，及既老而依慕之者彌衆，咸以爲詞邁於望溪而理深於海峰，蓋天下之公言，非從遊者阿好之私言也。先生色夷而氣清，接人極和藹，無貴賤，皆樂與盡歡，而義所不可，則確乎不能易其所守。當纂修四庫書時，于文襄聞先生名，欲招致之門下，卒謝不往。及既歸，猶使人諷起之，終不行，集中《復張君書》是也。當居鍾山書院時，袁簡齋以詩號召後進，先生與異趨而往來無間。簡齋嘗以其門人某屬先生，爲許以執贄居門下，先生堅辭之。及簡齋歿，人多毀之者。或且規先生謂不當爲作誌，先生曰：『設余康熙間爲朱錫鬯、毛大可作誌，君許之乎？』曰：『是固宜也。』先生曰：『隨園正朱、毛一例耳。其文彩風流有可取，亦何害於作誌乎？』蓋先生存心之厚多如此。先生既歲主講書院，所得束脩及門生羔雁，故舊贈遺，以資宗族、知交之貧者，隨手輒盡，毫髮不爲私蓄計。及晚歲，始以千金購田於江浦，蓋欲爲移居江寧計也，然終亦斥去。迨既卒，乃無以爲歸資也。先生當疾革時，遺書示兒子云：『人生必死，吾年八十有五，死何憾哉？吾棺不得過七十金，綿不得過十六斤。凡親友來助喪事者，便飯而已，不得用鼓樂諸事稱此。汝兄弟不得以財帛之事而生芥蒂，毋忘孝友。』嗚呼！觀先生此書，其不數鄭康成之戒子益恩矣！

先生論學既兼治漢、宋，而一以程朱爲宗。其誨示學者懇切周至，不憚繁舉。嘗謂：『說經古今自有真是非，勿循一時人之好尚。如近年海內諸賢所持漢學，與明以來講章諸君何以大相過哉。夫漢儒之學非不佳也，而今之爲漢學乃不佳。偏徇而不論理之是非，瑣碎而不識事之大小，嘵嘵聒聒，道聽塗說，正使人厭惡耳。且讀書者欲有益於吾身心也，程子以記史書爲玩物喪志，若今之爲漢學者，以捜殘舉碎、人所少見者爲功，其爲玩物不彌甚耶！』又曰：『凡爲經學者，所貴此心閎通明澈，不受障蔽。爲漢學者不深則不能入，深則障蔽生矣。』嗚呼！以先生之論合觀於先生之制行，其於義利之辨可謂審之明而守之篤矣！

先生論文舉海峰之説而更詳著之，嘗編次論説爲《古文辭類篹》。其類十三，曰：論辨類、序跋類、奏疏類、書説類、贈序類、詔令類、傳狀類、碑志類、雜記類、箴銘類、頌贊類、辭賦類、哀祭類。一類内而爲用不同者，别之爲上、下編。曰：『凡文之體類十三，而所以爲文者八：神、理、氣、味、格、律、聲、色。神、理、氣、味者，文之精也；格、律、聲、色者，文之粗也。然苟舍其粗，則精者亦胡以寓焉？學者之於古人，必始而遇其粗，中而遇其精，終則御其精而遺其粗。文士之效法古人莫善於退之，盡變古人形貌，雖有摹擬，不可尋而得其迹。其他雖工於學古，而迹不能忘。揚子雲、柳子厚於斯尤甚焉，以其形貌之過於似古人也。而遽擯之，謂不足於文章之事，則過矣；然遂謂非學者之一病，則不可也。』其論詩以爲如漁洋之《詩鈔》，可謂當人心之公者也。然其論止古體而不及今體，至今日而爲今體者紛紜岐出，多趨僞謬，風雅之道日衰，因取唐以來詩人之作迄於南宋，采録用之，爲《五七言今體詩鈔》二集十八卷，已刊行。其《古文辭類篹》卷帙多，尚未刊行。然自明以來言古文者，莫詳於先生云。

先生始娶張孺人，前卒，生一女，適張元輯，前卒。繼娶張宜人，生子二：景衡，壬子舉人，戊辰大挑知縣，今補泰興縣；師古，監生。女二：長適張通理，次適潘玉。側室梁氏生子一：雉，業儒。孫四：晟、芳賜，景衡出；誦，師古出；楢，雉出。女孫三。曾孫一：聲；曾女孫一，俱幼。

用光自庚戌歲謁先生於鍾山書院，及癸丑受業於鍾山者八閱月。自後歲以書問請業，辱先生所以期望之者甚至，而迄今無所成就。今聞先生之喪，蓋失所依歸，有甚於他門弟子者矣。先生居家孝友睦姻任恤之詳，用光所不及知者，致書與景衡兄弟，俟其詳列而編次之。玆先以先生平日爲學爲文之大旨，所習聞而略知之者，論次之如右，以待國史之采擇。嘉慶乙亥嘉平月，受業新城陳用光謹狀。（《太乙舟文集》卷三）

惜抱軒尺牘序

陳用光

余編輯《惜抱先生尺牘》凡八卷，既屬山西門人郭汝驄付之梓，迺爲之序曰：韓、柳文集無所謂尺牘也，有之自歐陽公始。後人編輯者，遂於書、記外列尺牘一類。用光嘗問其體於惜抱先生，先生曰：『是雖不足言文，然必取材于梁《昭明文選》及東晋人諸帖，則其詞雅馴矣。』然先生自定其文極嚴，尋常應酬之作，雖他文皆弃去，其尺牘皆無存焉者。用光自侍函丈以來，二十餘年中，凡與用光者皆藏弆而潢治之，爲十册。因更訪求之與先生有交遊之誼者，寫録成帙。而先生幼子雉及門人管同復各有録本，余皆録得之，乃成此八卷。先生《經説》《詩文》前後集及《筆記》，雖皆已付梓，然各自爲部。而所修《四庫書題識》一册，先生以早退，當時修書者不列入《題要》，故今不入之集中。余嘗欲他日總輯先生全集，以《四庫書題識》入之題跋類，而尺牘則附之書簡後焉。

昔孫覿聞宣卿侍郎以所蓄東坡詩文、雜言、長短句、殘章斷稿、尺牘、遊戲之作，櫝藏焉而爲之記，乃作詩美之。彼生不同時，猶護惜之若是，况用光之受業函丈者乎？用光又嘗慨，編《陸清獻公全集》者，于所題跋

《白鹿洞條規》《東林會約》諸編，乃使人不可讀，不知當時何以舛誤若是。用光於先生已刻《筆記》外，續有訪得，並取所題識於各書簡端者彙録之，將以附於《筆記》之末。今尚未卒業，乃先識之於此。蓋以明余之護惜先生文字不啻宣卿，而又以警余：他日之編先生全集，勿爲編《陸清獻集》者之續也。

時道光三年，歲次癸未正月初三日，新城陳用光謹序。（《太乙舟文集》卷六）

98 蔣因培

蔣因培（1768—1838），字伯生，號松如，常熟（今江蘇常熟市）人。乾隆四十九年（1784）舉人，嘉慶間歷官泰安、齊河知縣。道光元年（1821）以事被革職發軍臺效力贖罪，後蒙恩釋回。遂杜門不出，放懷山水。生平所作詩悉隨手散佚，晚年拾掇殘稿，釐爲《烏目山房詩略》八卷。

98-1 復蔣松如書

姚鼐

久處閭里，不獲與海内賢士相見，耳目爲之瞶霿。冬間，舍侄浣江寄至先生大作數篇，展而讀之，若麒麟鳳皇之驟接於目，欣忭不能自已！聊識其意於行間，顧猶恐頌嘆盛美之有弗盡，而其頗有所引繩者，將懼得罪於高明，而被庸妄專輒之罪也。乃旋獲惠賜手書，引義甚謙，而反以愚見所論爲喜。於是鼐益俯而自慚，而又以知君子之衷，虚懷善誘、樂取人善之至於斯也。鼐與先生雖未及相見，而蒙知愛之誼如此，得不附於左右，而自謂草木臭味之不遠者乎？『心乎愛矣，何不謂矣。』尚有所欲陳説於前者，願卒盡其愚焉。

自秦漢以來，諸儒説經者多矣，其合與離固非一途。逮宋程朱出，實於古人精深之旨，所得爲多，而其審求文辭往復之情，亦更爲曲當，非如古儒者之拙滯而不協於情也，而其生平修己立德，又實足以踐行其所言，而爲後世之所嚮慕。故元明以來，皆以其學取士。利禄之途一開，爲其學者以爲進趨富貴而已，其言有失，猶奉而不敢稍違之，其得亦不知其所以爲得也，斯固數百年以來學者之陋習也。

然今世學者，乃思一切矯之，以專宗漢學爲至，以攻駁程朱爲能，倡於一二專己好名之人，而相率而效者，因大爲學術之害。夫漢人之爲言，非無有善於宋而當從者也。然苟大小之不分，精粗之弗別，是則今之爲學者之陋，且有勝於往者爲時文之士守一先生之説而失於隘者矣。博聞强識，以助宋君子之所遺則可也，以將跨越宋君子則不可也。鼐往昔在都中，與戴東原輩往復，嘗論此事，作《送錢獻之序》發明此旨。非不自度其力小而孤，而義不可以默焉耳。先生胸中，似猶有漢學之意存焉，而未能豁然决去之者，故復爲極論之。『木鐸』之義，蘇氏説，《集注》固取之矣，然不以爲正解者，以其對『何患於喪』意少遠也。至盆成見殺之集注，義甚精當，先生曷爲駁之哉？朱子説誠亦有誤者，而此條恐未誤也，望更思之！

鼐於蓉庵先生爲後輩，相去甚遠，於潁州乃同年耳。先生謂潁州曰兄，固於鼐同一輩行，而過於謙，非所宜也。客中惟保重，時賜教言爲冀！愚陋率達臆見，幸終宥之！（《惜抱軒文集》卷六）

99 許宗彦

許宗彦（1768—1818），原名慶宗，字積卿，一字固卿，號周生，德清（今浙江德清縣）人。嘉慶四年（1799）己未科進士，官至兵部車駕司主事，居官僅兩月，即以親老辭歸。寓居杭州，閉門讀書、著述，與阮元、段玉裁等人往來切磋。治學相容漢、宋，精天文、曆算，用西洋推步法自製渾金球，探求地球公轉、自轉規律，曾觀測到天王星。好藏書，『藏書三十六櫥，類多精善』。工詩能文，著有《鑒止水齋集》《古春軒詩鈔》等。

99-1

姚鼐

與許孝廉慶宗書

正月行過敝邑，幸得見温然君子之容，心竊異其非恒士矣。車馬發後，取所著《世室攷》讀之，何其博洽辨達也。三月，鼐來江寧，携入行笥重繹，執卷敬嘆纍日。士牽於俗學，略能留意古箋注者，了不易得，況精思若此者乎！年二十許，所進已踰世耆宿，進而不止，至耆宿之年，絶出尚可量哉？何時當復見，當復更有示教者不？

至於審辨所説當不，必學有精博踰足下，或與足下比者，乃可決之。僕淺學蓋不任此，僕粗識文句之末而已。《曾子問》篇『當七廟、五廟無虛主』，足下欲伸己説，以『當七廟』爲句，此非愚見所安。大抵古今之隔遠矣，議禮者非特漢以後不可合，雖周人之言，亦或舛互，必欲衷於一是，故難也。又内載朱子說，不應書名。二者幸更酌之！原本附還，千萬自愛，不具。（《惜抱軒文集》卷六）

99–2 姚鼐

與許周生

承賜書，具審近祉，所患肺疾得全愈不？鼐久以文學之事不能大有益於身心之實用，反求於内，略見石火電光之明。一涉人事，仍爲無明所障，了不見得力處。讀來示所自訟，乃即如直攻吾短也。鼐雖在將盡之年，猶願少有進步，而閣下前路方長，濟以勇猛之力，豈衰罷所敢望哉？會晤未期，企想而已。（《惜抱先生尺牘補編》卷一）

99–3 姚鼐

與許周生

近欲遷居金陵。……僕生平故人零落殆盡，思得晤言以慰岑寂。……

按：許宗彥《輓姚姬傳先生二首》其二末句，注言及姚鼐所寄書信云云。

附：

輓姚姬傳先生

許宗彦

巍然江左兩靈光，姚筆梁書各擅場。膝疾成侯遂不起，瘧侵吏部又云亡。西風江水輸清泪，北斗文昌掩曙芒。大令早跋段懋堂先生徵士謈歙孝廉方正程易田先生，驚心耆舊盡凋傷。

遊踪憶過樅陽日，宅相相招謁起居。一見遽蒙稱國士，年來頻得奉魚書。栖霞宿約直成負，鍾阜移家定不虚。恨未韓門受師法，便同哭寢轉慚余。先生書來云：『近欲遷居金陵。』又云：『僕生平故人零落殆盡，思得晤言以慰岑寂。』宗彦擬爲栖霞之遊，便道上謁，而未果也。（《鑒止水齋集》卷八）

100 葉紹本

葉紹本（1768—1841），字立人，又字仁甫，號筠潭（又作芸潭），歸安（今浙江湖州市）人。嘉慶六年（1801）進士，改庶吉士，授編修，歷官福建學政、山西布政使，降鴻臚寺卿。符保森《國朝正雅集》稱其詩詞『直抒性情，不趨險奥，如見桓榮之安車駟馬、叔子之緩帶輕裘』。著有《白鶴山房詩鈔》二十卷、《白鶴山房詞鈔》二卷等。

100-1

姚鼐

復葉芸潭

前承寄示尊大人方伯公集及閣下自著詩集，奉讀欣躍，已不啻『百朋之錫』矣。旋得惠書，過蒙見推之重，執禮之謙，見之彌增悚赧也。閣下清才敏學，詩有天然之秀色，有攬古之備美，宜爲詩人之傑。昏耄如鼐，正當遠避，豈特讓出一頭地之謂哉。以欽愛賢哲之忱，加以平生群紀之誼，固願一瞻清光。而耄耋之齡，三千里之隔，何可得親？幸聞建立功名，聲稱遠邇，以增快慰而已。目昏作書甚艱，草草奉復，惟慎護，不具。（《惜抱先生尺牘》卷二）

101　姚景衡

姚景衡（1770—1845），原名烺，字根重，號庚甫，桐城（今安徽桐城市）人。姚鼐長子。乾隆五十三年（1788）補郡庠生，乾隆五十七年（1792）中江南鄉試，後於嘉慶十四年（1809）任儀征知縣，嘉慶十八年（1813）任江都知縣，嘉慶二十年（1815）任泰興知縣。姚景衡在泰興任，不堪兵差之擾，以致虧累，被削職查辦，籍没家産，身陷牢獄，後遇赦得出，寓居江寧等地。景衡幼承庭訓，長於經史，又從方績受古文法。著有《思復堂文存》一卷、《詩存》一卷等。

101-1　姚鼐

與衡兒觀兒

衡、觀兒同覽：自三十日風雨後便不甚熱，想家中亦如此耶。廿六日發信，併爲方冰壺雇脚子，送銀一百，彦容有三十金，七姑爺、蓉哥併有數金。到未？甚記念也。魯朱署廬江廣文，確否？兼士有信否？衡兒想與有科舉人同行耶？可併將仇十洲《宦女》携來重裱。陳方伯邀吾往蘇，或於八月便去也。今寄來氈條一床、車鰲兩包，水泡，洗净其糞，煮湯佳。家中七、九娘可分之。五姐兒蘇枕一個，可查收。又馬于野銀、信，可即送去。我在此平安。葉四爺處試資銀已送來耶？先生想已動身。雉兒望照舊念書。甫申説觀兒夏天長不自在，今交秋健旺耶？聞吴延平已回家，六姑爺歸來未？汝五母舅此刻尚未到，何其濡滯學臺？初八日如動身來，要亦不誤耳。五姐兒宜努力念佛，豈可不如章淮樹家兩女君耶？彼終日殆無空時，奇人也。……（《姚惜抱先生家書》）

101–2

姚鼐

與衡兒觀兒

衡、觀兒覽：植之來得字，知平安。我此間平安。瘡肉剩餘腫耳，不足患也。碩士携家由蘇杭回新城，於此復一晤，殊慰人意。今訂延植之訓其子，同行向江西，歲俸百廿金。植之但耽閣一場耳，然賓主相宜，無過於此。吾決勸其行，當不爲謬也。兼士有信附朱道臺寄至，臘月廿四在里慶府。併元寶一個寄家，伊已隨勒總統赴陝西，匆匆之……（《姚惜抱先生家書》）

101–3

姚鼐

寄衡兒

衡兒覽：得汝八月、九月兩字，俱悉。吾此間平安。雉兒滿月後又來郡，觀兒乃不能爽健，未得赴此，殊令人憂懸耳。伊服十全大補湯須肉桂，都中相識有可乞取者耶？汝已詣通州未，其書院可得否？吾作《祭何季甄文》，汝可爲辦一席將之，亦不須寫幛也。吾前爲治三太夫人作壽文，内有舛誤，今更正抄一本來，汝以視治三可也……（《姚惜抱先生家書》）

姚鼐

寄衡兒

吾大病後，今已全愈。但身體軟弱，每日吃飯只能一碗，略加猪肉，鮮者尚不能吃。此時人參，遼東者固皆假矣，而高麗亦復不真。人情僞薄如此，吾故不敢服藥而專服燕窩。燕窩易認，人參難認也。今雉兒母及九奶奶皆病瘧，皆服馬亦軒之藥有效，不可不謂今時之高手矣。其人不受人銀幣之謝，汝但作書謝之，寄以食物可也。吾尚不能出門，恐十月不能歸去，更待明春暖矣。汝前後寄銀皆至，但秤多不足。甘家一項，十月不可不還之也。汝努力做官，不可懈惰耽酒。吾此後萬事不問，消遥自適而已。九月初六日。（《惜抱先生尺牘》卷八）

102 董桂敷

董桂敷（1772—1829），字宗邵，又字小楂，號小槎、復廬，婺源（今江西婺源縣）人。嘉慶五年（1800）鄉試中式，嘉慶十年（1805）進士，任翰林院編修、教習、庶吉士，充國史方略館纂修官，辛未會試、癸酉順天鄉試同考官。嘉慶二十四年（1819）以疾歸，主講豫章書院。後任紫陽書院山長，輯有《漢口紫陽書院志略》八卷。道光元年（1821）至二年，任旌德洋川毓文書院山長。因病歸，旋歿。董氏爲學恪宗程朱，躬行實踐。著有《十三經管見》《書序蔡傳後説》《周官辨非解》《夏小正箋注》等書。

102–1 姚鼐 與董筱槎①

前歲駕過江寧，幸得一晤，倏三年矣。衰病之夫，不足以論學問之事。老先生方以英姿壯氣，又篤志於學，必足以導率後進，方駕古人。竊所屬望，豈有涯量？

聞時取鼐所爲《古文辭類篹》觀之，管子取老馬之識塗，僕庶幾可比於此乎？新正惟動定多福。齊庶常至，得示書，所論『讀書多，義理明，充養其氣，慎擇其辭』，此數言本末兼該，足盡文章之理。雖古之爲學善論文者，蔑以加此矣。鄙見亦何以更益之哉？願勉副其言，功之深而志不懈者，必能矯然獨立于千載矣。無由再覿，臨書企想，惟珍重，不具。（《惜抱先生尺牘》卷二）

① 其後有注：『桂敷。』

103 方東樹

方東樹（1772—1851），字植之，別號副墨子，桐城（今安徽桐城市）人。方氏屢試不中，五十歲以後遂不復應舉。後輾轉四方，或依人佐幕，或主講執教，先後主講於韶陽書院、廬陽書院、泖湖書院、松滋書院。方東樹幼承家範，博覽經史百家。乾隆五十八年（1793）至江寧鍾山書院，受業於姚鼐，爲『姚門四傑』之一。方氏工文辭，精研義理，一宗朱子，排斥漢學益力。著《漢學商兑》四卷，糾駁漢學之失；又有《考槃集文録》十二卷、《儀衛軒文集》十二卷、《儀衛軒詩集》六卷、《昭昧詹言》十卷等。

103-1

姚鼐

與方植之

春間想佳好。離去中田非足下之願，而石士兩有書來，盛言欲攀留之意，而彼此皆不獲如願。此人事舛誤，殆各有數使之然也。尊公今年意興甚佳，鼐亦如故。石士字來，云二月必入都矣。拙集去秋補刻甫竣，今以一部奉寄。《五七言今體詩》選定後乃更有删評，其批本不及奉寄，須後相見出之。鼐於此二十四日携觀兒、雉兒俱來江寧，今秋鄉試，文駕必來邪，抑尚遲疑邪？（《惜抱先生尺牘補編》卷二）

103–2

姚鼐

與方植之

兩得手書，具審一切。託居六安，固非久局。今不知定當何往，能得南行一相見乎？鼐自六安歸後，病半月，今已愈。然猶虚怯，擬廿日赴郡也。體中今大愈不？授徒之暇，能略自用功不？兹因女婿潘北奇赴豫過六安，草數字，其餘可俱問之。（《惜抱先生尺牘補編》卷二）

103–3

姚鼐

與方植之

惠書至，略知近狀。又須更覓館地矣，使人悶悶。不知今已抵家不？吾此番來江寧，相去遠，兹後會面甚難矣。悵悵。寄示之詩，乃未見大進於往日。良由與俗人唱和，覺其易勝，便不復追古人，此何由得自卓立有成就可觀乎？大抵學古人必始而迷悶，苦毫無似處，久而能似之，又久而自得，不復似之。若初不知有迷悶難似之境，則其人必終身無望矣。爲學非難非易，只在肯用功耳。（《惜抱先生尺牘補編》卷二）

103-4

姚鼐

與方植之

得前月見寄書，具知佳好。授徒之暇，想必進功勤懇也。鼐入夏來，殊不能佳，故是老病日臻，其奈之何？令徒索書，不知其字，姑寄一單款字與之，並《課徒草》一部，其《課讀文》尚未印出也。衡兒下第後亦有信，恐其往濟南覓館處也。若不得，則必歸矣。鼐在書院皆平安，學政來考，大概七、八月間事。足下想臘底回家邪，抑便在館度歲邪？吾前月往小龍，稼門云正月乃接吾書，此固其推辭矣，然□君亦不□安也。（《惜抱先生尺牘補編》卷二）

103-5

姚鼐

與方植之

屢得手書，具審在館佳適甚慰。所願努力進功，亦須愛嗇精神，令此身無病，乃堪著力苦勵也。大概每日定養此心，令一念不起，如此常自强，久當有自得處耳。所示文雖不甚劣，然於成化乃無一毫近處。觀足下乃是以才氣見長者，只可學啓、禎人作文，切勿躐等，致有壽陵孺子之誚耳。若必欲知成弘人文，但熟讀深思秦漢人文，真有見處，則知此亦不難。但此事如李安溪之類，便爲門外漢，滿口亂道，欲令時人解悟，亦豈易言哉？又吾嘗論成弘文自是成弘集之題，故吾取文必兼取後賢者，正以題有宜也。來文四篇，而三篇割截題，雖真成弘人

爲之，豈能見其妙哉？（《惜抱先生尺牘補編》卷二）

附：

又寄方植之一首

姚鼐

草青雲碧接孱顔，一徑深林記共攀。步屧只如前兩歲，停舟仍在上三山。岩空松響含風急，春盡花枝著雨殷。寄語閉門千帙畔，夢魂曾否到江關？（《惜抱軒詩集》卷十）

奉寄姬傳先生

方東樹

當年杞梓遍龍門，高弟傳經業並尊。再世彭宣同入室，衆中王粲倍銜恩。黼編盡付風前業，步屧曾偕江上邨。十載豫章猶不辨，漫看樗散自乾坤。（《王餘集》卷一）

書惜抱先生墓誌後

方東樹

先生之葬也，其家僅埋石誌生卒姓氏而已。樹慨先生名在海内，而當時名卿學士無銘詞，於事義爲闕，屢欲表其墓，輒以愚陋，不足以盡知先生之所至，嫌於僭而自止。道光十三年來常州，見先生從孫瑩所作行狀及先生門人新城陳用光、宜興吴德旋、寶山毛嶽生並武進李君兆洛各所爲誌傳文，其於先生志業行事揚摧發明，燦然無遺，於是始喟然嘆曰：『乃今而後可掇筆矣。』而瑩及毛君固謂：『樹子終必爲一文以卒子之志。』樹曰：『然。』昔虞道園有言，子程子歿，叔子爲行狀；張子歿，吕與叔爲行狀。表伯子之墓者文潞公，表張子之墓者吕閣下也。是皆大臣，一言以定國，是非常人之詞。而吕公曰：『不敢讓知，知則不敢讓也。知有所未盡，安得不讓乎！』朱子作《延平行狀》，而延平之墓銘無聞；黄直卿、李方子作《朱子行狀》，而朱子墓銘未見。豈非門人之言足以盡其師之道而無待於他人乎！竊援斯義，乃敢舉愚意所欲言者，系而書於後。

曰：古今學術之傳有衆箸於天下人之公論者，有獨具於一二人之私識者。私識之中又有其深且切者，則各以其所見言之，以繼夫不傳之緒而已。夫唐以前無專爲古文之學者，宋以前無專揭古文爲號者。蓋文無古今，隨事以適當時之用而已。然其至者，乃並載道與德以出之，三代、秦漢之書可見也。顧其始也，判精粗於事與道；其末也，乃區美惡於體與詞；又其降也，乃辨是非於義與法。噫！論文而及於體與詞、義與法，抑末矣。而後世至且執爲絶業專家，曠百年而不一覯其人焉。豈非以其義法之是非、詞體之美惡，即爲事與道顯晦之所寄，而不可昧而雜、冒而託邪！文章者，道之器；體與詞者，文章之質。范其質，使肥瘠修短合度，欲有妍而無媸也，則存乎義與法。自明臨海朱右伯賢定選唐宋韓、柳、歐、曾、蘇、王六家文，其後茅氏坤析蘇氏而三之，號曰『八家』。五百年來海内學者奉爲準繩，無敢異論。往往以奇才異資，窮畢生之功，極精敏勤苦，踴躍萬方，冀得繼於其後，而卒莫能與之並，蓋其難也。近世論者謂八家後於明推歸太僕震川，於國朝推方侍郎望溪、劉學博海峰以及先生而三焉。夫以唐宋到今數百年之遠，其間以古文名者何止數十百人，而區區獨舉八家，已爲隘矣。而於八家後又獨舉桐城三人焉，非惟取世譏笑惡怒，抑真似鄰於陋且妄者。然而有可信而不惑者，則所謂衆箸於天下人之公論也。侍郎之文静重博厚，極天下之物賾而無不持載，泰山岩岩，魯邦所瞻，擬諸形容象地之德焉。是深於學者也。學博之文日麗春敷，風雲變態，言盡矣，而觀者猶若浩浩然不可窮，擬諸形容象太空之無際焉。是優於才者也。先生之文紆餘卓犖，樽節檃括，託於筆墨者净潔而精微，譬如道人德士，接對之久，使人自深。是皆能各以其面目自見於天下後世，於以追配乎古作者而無忝也。學博論文主品藻，侍郎論文主義法，要之不知品藻，則其講於義法也慤；不解義法，則其貌夫品藻也滑耀而浮。先生後出，尤以識勝，知有以取其長、濟其偏、止其敝，此所以配爲三家，如鼎足之不可廢一。凡若此者，皆學者所共見，所謂天下之公言也。

雖然，天下之學其名既著，固久而愈耀遠而不磨，要其甘苦微妙之心，則與其人俱亡焉。此斲輪者所以亟悟夫齊桓也。今東南學者多好言古文，而盛推桐城三家。於三家之中又喜偁姚氏，有非姚氏之説莫之從。嗚呼！可謂盛矣。而吾獨以爲人知姚氏之文之美，猶未有能得其微妙深苦之心也。不得其心，則其於知也終未盡。夫學者欲學古人之文，必先在精誦沈潛，反覆諷玩之深且久，闇通其氣於運思置詞、迎拒措注之會，然後其自爲之以成其詞也，自然嚴而法、達而臧。不則心與古不相習，則往往高下短長齟齬而不合，此雖致功淺末之務，非爲文之本。然古人所以名當世而垂爲後世法，其畢生得力深苦微妙而不能以語人者實在於此。今爲文者多而精誦者少，以輕心掉之，以外鑠速化期之，無惑乎其不逮古人也。諸君誌傳所以論先生之文者至矣，樹特以其私識者淺言之，俾學者時省觀焉，以助開其所入云。自記云：『先生爲先曾大父門人，先子及樹從遊最久，講授無異師弟，而生前實未正師生之偁。恐後人疑之，附識之於此。』毛生甫曰：『中有微言，自足不朽。』（《考槃集文録》卷五）

祭姚姬傳先生文

嗚呼！惟古之時，道出於一。德行文學，並曰儒術。四科既判，其流遂歧。匪惟儒蔽，亦見文枝。立之標準，漢差近之。而道不明，徒存其詞。繼周八代，紐芽於唐。韓徒始作，宋乃大昌。茫茫晦迹，如日中天。凡有血氣，畢被昭宣。惟文於道，其用相輔。有昌其運，同復於古。在唐韓柳，在宋歐蘇。曾王翕奏，如笙管竽。譬濟滄海，必浮河江。如登泰岱，曷舍魯邦。有或越是，斯悖斯龐。昔吾先祖，奉是以教。先生受之，益宏其覺。近世俗士，黨崇漢學。醜詆紫陽，門户是角。搜抉細碎，違離道本。苟肆其心，譁衆取寵。遂及文章，群喙沸騰。土苴韓歐，放言云憎。孟某好辨，懲是淩暴。洪水猛獸，處士同悼。先生之學，先生自深。用力之久，益精於心。郁郁其文，播是雅言。近維俗敝，遠繫道根。四方之士，既止其門。如何不信，有聞不尊。或進不至，短垣自藩。或牽異説，中道改轅。緊維賤子，函丈夙依。二十年來，不遠以違。食我誨我，除舍分衣。閔兹孱弱，長貧兼病。先生顧之，憂心怲怲。歲在乙亥，梁木其萎。遠承凶問，日冽風凄。中丞之幕，用權吾寢。餘哀不忘，有泪在枕。追維平昔，無善以報。庶廣微言，以覺詔告。嗚呼！嫒嫒妹妹，陋士之羞。先生之守，實惟道周。後有夫儒，旦暮相求。論世攷言，知非謬悠。奠醑陳詞，敢質諸幽。尚饗！（《考槃集文録》卷十）

104 齊彥槐

齊彥槐（1774—1841），字夢樹，號梅麓，又號蔭三，婺源（今江西婺源縣）人。嘉慶十三年（1808）召試舉人，明年（1809）成進士，改翰林院庶吉士。散館授江蘇金匱縣知縣，後遷蘇州同知，保擢知府。彥槐早年從姚鼐受古文法，尤長駢體律賦，其詩出入韓、蘇。又兼擅書法，精於鑒藏。著有《梅麓詩文集》二十六卷、《海運南漕叢議》一卷、《北極星緯度分表》四卷、《天球淺説》一卷、《中星儀説》一卷等。

104-1

姚鼐

與齊梅麓

奉别倏逾半載，想動定佳好。散館改令，此未足深悵惜。士貴有建立，亦何處不可自見乎？得缺當何時？南來更晤，則所望耳。去歲所託字卷，今並寫寄，殊不能佳，但欲以千里面目常對故人也。（《惜抱先生尺牘補編》卷一）

104-2

姚鼐

與齊梅麓

自世兄赴金匱後，傳聞官聲甚好，不愧讀書人從政也。張廣文至，得書，具審近祉。又承寄五十金，銘謝銘謝。

鼐七、八月病瘧三十餘日，自分必死，而幸得生。今身體尚軟弱，所須寫屏幅，尚未能書，須後月書寄。其米書不佳，俗弱略無米家超俊之氣。文中於藝祖及徽宗皆不提，行款内稱『臣』，尤可怪。朝臣惟奉詔選文乃用『臣』字，對詔書言也，焉有於宗室稱『臣』之理？米老雖寡學，安得如此不通耶？聞世兄已就京官，尚於金匱過年不？率復並候，不具。（《惜抱先生尺牘》卷二）

附：

題齊梅麓梅麓圖即送其歸里

姚鼐

西清初入復思家，泛棹晴江水暖沙。春到深山須一月，君歸繞舍正梅花。碧潭清照香猶冷，修竹陰遮影忽斜。早暮一樽珍重看，明正風雪又京華。（《惜抱軒詩後集》）

105　胡承珙

胡承珙（1776—1832），字景孟，號墨莊，涇縣（今安徽宣城市）人。嘉慶十年（1805）進士，改庶吉士，授編修。嘉慶十五年（1810）充廣東鄉試副考官，後遷御史，轉刑科給事中。嘉慶二十四年（1819），授福建分巡延建邵道。道光元年（1821），以按察使銜分巡臺灣兵備道。在臺三年，乞假歸里。胡承珙早年致力於詞章之學，後究心經學，專精《毛詩》，亦長於小學。著有《毛詩後箋》三十卷、《儀禮古今文疏義》十七卷、《求是堂詩文集》三十一卷等。

105-1

寄姚姬傳先生書

胡承珙

姬傳先生閣下，南北暌隔，就正無由。昨晤陳碩士編修，以先生札見示，始知編修曾以拙著《毛詩後箋》中數事録呈左右，猥蒙先生許可，有真讀書人之目，且感且慚。又云説經者專講一經首尾無可憾則大難，旨哉言乎！甘苦之味，非深嘗者，不能道也。竊謂説經之法，義理非訓詁則不明，訓詁非義理則不當。故義理必求其是，而訓詁則宜求其古。義理之是者，無古今一也，如其不安，則雖古訓猶宜擇焉。每見著述家所造不一，類有數端：或捃摭細碎，非閎意渺旨之所存；或務爲新奇可喜之論，求勝於前人，而不必規於不易；或貴遐而賤邇，擇其最古者而堅持之，徇過遂非，悍然不顧。三者於義皆無當也。

伏讀先生《經説》，縣解冥悟，得諸自然，時復援據，動出意表，雖多撮舉最凡，而大含細入，融會貫通，非僅如尊札所云『數條之善，足補前賢所未逮』者。即如《關雎》一詩，《毛傳》實以淑女指后妃，而孔《疏》

必欲强毛以同鄭。先生之説，明辨晰矣。至《傳》云：『窈窕，幽閑也。』又云：『是幽閑貞專之善女。』『貞專』之訓，同于薛君『幽閑』之稱，蓋言德容，自屈原、李斯、杜欽、劉酺、班固、邊讓諸所稱『窈窕』者，大抵原本毛公，並不以爲居處。『深宮』之説，增自鄭《箋》，而孔《疏》亦傳之《毛傳》，誤也。尊説又據《無逸》有『受命中身』之語，《大明》有『初載作合』之文，因以大姒來嬪文王年蓋五十。謹案：許白雲已有此説明。鄒忠嗣遂以《大明》之纘女維莘爲繼室，此雖未敢質言，然如文王初載，毛訓爲『識』，疏謂『幼小始有知識』。因據《大戴禮》『文王十三生伯邑考』以爲大姒少於文王一二歲，則僅年十一二而生子矣。若『文定厥祥』疏既引孫毓之言以爲有理，而又曲伸箋説，以爲此詩歌之《大雅》主於文王之身，不復繫之父母遷就之詞，何所不可？案《白虎通·嫁娶篇》云：『人君及宗子無父母自定娶者，卑不主尊，賤不主貴，故自定之也。』《昏禮經》曰：『親皆没，己躬命之。』《詩》云：『文定厥祥，親迎于渭。』《白虎通》多用《魯詩》。此當亦《魯詩》之説。然則初載當爲文王即位之初年，漢人已有此誼矣。若『造舟爲梁』，《傳》《箋》未明何水，嚴華谷以爲渡渭；陳長發則謂岐周與莘皆在渭北，親迎于渭當是循渭而行，嚴説非是。先生又謂造舟當在洛上，竊意川流迂曲循岸者，亦非可盡徑直而行，況自周至莘約六七百里，中間豈無山陵國邑之隔？或須取道渭南，始能至彼。造舟而濟，勢亦有之。況親迎而繫以于渭，于渭即繼以造舟，文義明白，故《傳》《箋》不復言。若洛水，經文所無，此則淺學所未敢遽信也。

外附拙文二首，儻不弃，而更進教之，幸甚幸甚。（《求是堂文集》卷二）

106 王鳳生

王鳳生（1776—1834），字振軒，號竹璵，婺源（今江西婺源縣）人。屢試不中，嘉慶十年（1805）援例納貲，往浙江任試用通判，並攝知縣事。後任嘉興府通判、知府，河南歸德知府，彰衛懷道、兩淮鹽運使。王鳳生尤諳治水、鹽政，篤好圖志，先後撰寫成《浙西水利備考》《歸德府一州七縣水道圖説册》《江淮河及南北運道全圖》等。

106—1

姚鼐

與王竹璵

奉别倏五六年，鼐今夏再至鍾山，而駕已先入都，以不及晤爲悵。承手示，具稔近祉。就銓吏部，或驥足之騁即自此啓塗，或天尚使稍留以待下科之首俊，皆未可知，但多一塗路，故自佳耳。尊大人令德名賢，承以銘幽之文付之譾薄，愧赧之至。今輒以陋筆粗已構成，録本寄閲，不知果堪用否？鼐近狀粗如故態，復有卜居此間之意，與足下更增鄉里情矣。前荷厚貺，謝謝！

冬寒，惟珍重千萬，不具。竹璵三兄，弟姚鼐頓首。（《香書軒秘藏名人書翰》）

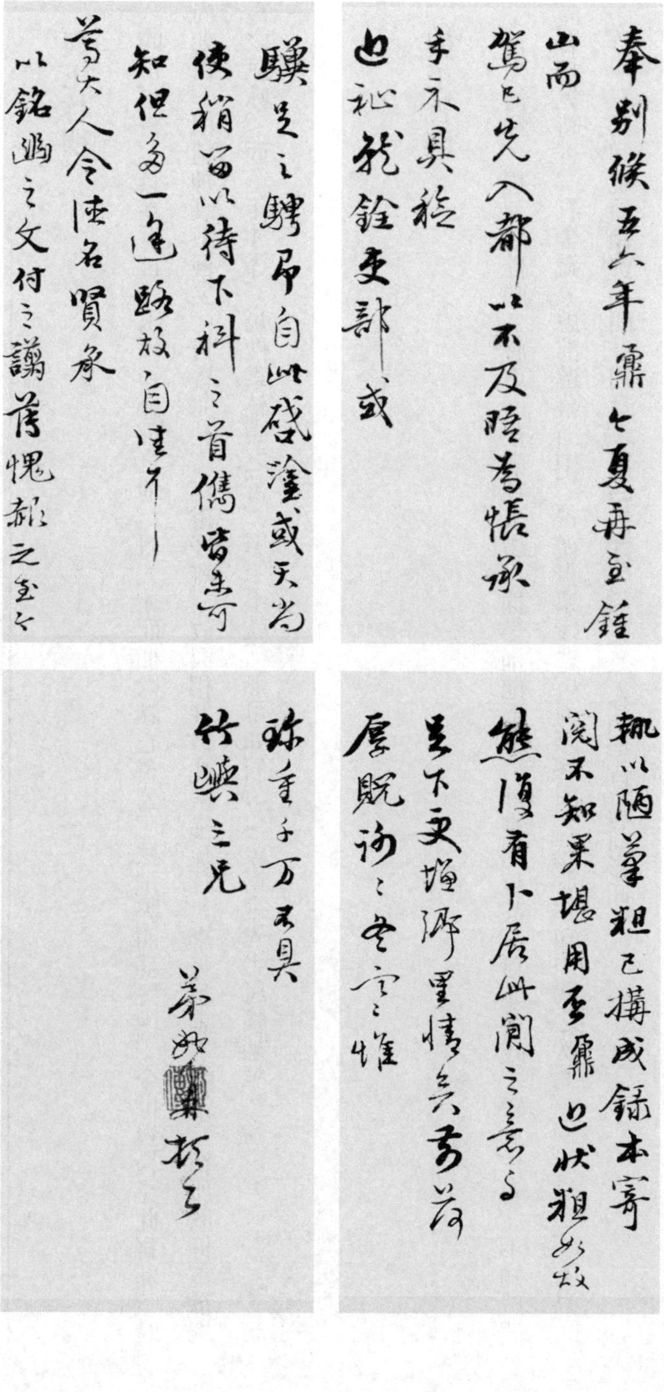
奉別殆五六年鼐乙夏再至鍾
山而
駕已先入都以不及晤爲悵承
手示具稔
也祉就銓吏部或
驥足之騁即自此發達或天尚
使稍留以待下科之首儁皆未可
知但爲一逸路故自佳耳
尊大人令德名賢衆
以銘墓之文付之譾薄愧赧之至之
執以陋筆粗已搆成錄本寄
閱不知果堪用否鼐也狀殊粗劣
無復有卜居此閒之意今
年下更擬鄉里情實何爲
屢既詩之未定之惟
珍重千万不具
竹璵之兄
弟姚鼐頓首

106-1 姚鼐《與王竹璵》

106-2 姚鼐

與王竹璵

昨得惠書，具審近祉。玉環乃難理之地，得大才而加以誠心爲公，祛積弊而蘇民困，今世豈易見此官邪？賤狀尚如舊，但精神衰敝極矣。目昏尤甚，作書極難，故與相好書札素稀疏耳。李督軍忠勇大節，宿所欣仰，欲竭思爲之賦咏，而耄年才盡，爲搜索枯腸之苦，舉筆不就，無可如何？（《惜抱先生尺牘補編》卷一）

106-3 姚鼐

與王竹璵

首夏清和，想起居佳勝。旌車所莅尚在玉環，抑榮補他郡耶？鼐衰罷日甚，目尤昏眊，艱於作書，不知於閣下尚有相見時否？有舍親吴恩淮遊幕浙中，曾辦書稟錢穀，尚無謬誤，乞於相知中賜之吹薦。率候併懇，不具。竹嶼三兄，姚鼐頓首。四月朔日。（中貿聖佳二〇二一春拍，見書前彩插）

106-4 姚鼐

與王竹璵

兩得手書，具審佳勝，而公事勤勞，不能少暇，則賢者處間固其宜爾也。鼐尚如故□□，表侄程舍人所須文字已□□之，但不能佳耳。今歲最可喜者秋望豐甚，米價日減，貧家易以爲生，想浙中亦爾耶。嘗見山舟先生否？尚不甚憊乎？兹涼初肅候，惟珍重千萬，餘不具。

竹嶼三哥，弟姚鼐頓首。九月八日。（中貿聖佳二〇二一春拍，見書前彩插）

附：

中議大夫通政司副使婺源王君墓誌銘並序

姚鼐

君諱友亮，字景南。王氏自宋祕書少監炎居婺源，其子孫皆家焉。國初居婺源之漳溪者曰承裕，生贈中憲大夫啓仁，啓仁生候選縣丞贈中憲大夫士鏡，士鏡生平陽府同知贈中憲大夫文德。平陽之子三：長順德知府廷言，次工部虞衡員外郎廷亨，次即君。君十歲能詩，稍長文名大著，以貢生中乾隆三十年順天鄉試舉人。三十四年會試，取爲中書舍人。四十六年成進士，授刑部主事。歷員外郎，擢山東道監察御史，轉禮科、兵科給事中。嘉慶初，累擢通政司參議、太僕寺少卿、通政司副使。嘉慶二年五月十二日卒，年五十六。

君少以孝弟稱於家。及在官，恪敬吏事，在中書嘗值軍機處，在刑部總辦秋審，皆躬任勞苦，不急求人知，所建議皆當理。及居科道，奏議多可稱。奉命巡視南城，屢監鄉、會試，於事皆辦。其暮年承命巡視南漕，尤有績。善撫恤運丁，寬嚴有體，於是漕船之行倍速於往年。純皇帝甚嘉之，故君未及復命而再遷卿職，將遂更大用之也。而君入京師，居通政甫半年卒，天下是以惜其才之不盡也。

君於乾隆丁未科會試、癸丑科武會試，皆爲同考官，號爲得士。其生平邃於文章之事，中年自號蒔亭，所著古文曰《蒔亭集》六卷，議論正大，敘事有法。近時爲古文之善者，推歙編修程魚門，而君頗似之。當乾隆之季，京師士大夫奉廣惠寺僧爲師，君惡之，作一篇曰《正師》。其後僧與奉之者皆得罪，而君之名益彰。其詩爲《雙佩齋集》六卷，又《金陵雜咏》百餘首，新警有韵，皆可誦也。余在京師時，君官中書，將與相知未及而君以事歸江南，使程魚門致意於余。余爲題其《觀雲圖》，及君入而余已歸。余之江寧書院，至君家，而君仕京師，以至没不得見，見君文筆誦嘆而已。

夫人潘氏生子三：太學生行恕、貢生麟生、候選府通判鳳生；女六。側室李氏生女一。始君考平陽公自婺源僑居江寧生君，故君少爲上元學生，以是入仕。既仕，乃復請改歸籍婺源。及喪歸，以婺源山水峻遠，難以還柩，君子乃葬君於江寧之□□，而請鼐爲之銘。銘曰：

君度委蛇，而正妄邪。著緒有嘉，年近才多。未竟厥爲，卷有遺文。悠哉雅馴，卓出俗群。貌不識君，藹焉如親。山水清善，秣陵之坂。故鄉雖遠，子孫式衍，式居式展。（《惜抱軒文後集》卷七）

王母潘恭人墓誌銘並序

姚鼐

潘恭人者，通政司副使王公友亮之配也。通政家本婺源而居江寧，故娶於江寧潘氏贈武德騎尉安慶衛守備朝士之女。年十八歸於通政，事公姑能恭以承意，事夫能任家事之煩，俾通政得專力以成其學行。

當通政仕於京師時，通政母林太夫人在堂，恭人侍之於家，代通政之孝養。既而林太夫人就養於都，而恭人以子女衆多，婚嫁未畢，尚留里中。王氏故富室也，及通政仕而家已落，官愈進則貧益甚，然人猶以富家觖望之，惟賴恭人摒擋經營，以供京師及里中之用，其所任有甚難者。通政於乾隆六十年以給事中巡視南漕至揚州，恭人乃一往揚州。蓋夫婦不相見者十八年矣，於是始一遇，而逾二年，通政卒於官矣。

恭人三子，時長者行恕既喪。次麟生，終父喪旋亦喪。恭人撫兩嫠婦及季子、諸女，悲哀勞苦，整理其家，常如一日。自奉極薄，而與人惟恐不厚，年既老而早暮治事如少時。凡姻親中外見之者，未有不嘆其賢而愍其瘁也。又後將十年，季子鳳生乃仕爲浙江通判，三署府同知，恭人從之官所。於嘉慶十四年十一月八日卒於杭州，年六十九。

恭人事佛甚謹，而慈仁恭儉，出於天性。喜言人善，聞有言人過者，必正色止之，雖婢僕未嘗重詈也。六女皆適士族，其季庶出也，恭人愛之甚，以亡而慟，故病遂至亟。有孫一，世林。孫女四。曾孫二。當通政之亡，鼐爲之銘墓矣，嘉慶十□年□月□日，其家將以恭人合祔，復請銘焉。其家世已詳於通政銘内者，茲不復具云。銘曰：

賢者勞，智者憂。男外勤，女内修。懿恭人，敬有謀。視室中，有與不。厲黽勉，靡安媮。昌厥家，貽多休。惟母德，不可酬。銘厥藏，慰明幽。（《惜抱軒文後集》卷九）

107 姚元之

姚元之（1776—1852），字伯昂，號㬅卿，晚號竹葉亭生、五不翁，桐城（今安徽桐城市）人。姚元之出身書香門第，曾問學於族祖姚鼐。嘉慶五年（1800）庚申科直隸鄉試爲張問陶所取，嘉慶十年（1805）中進士，選庶吉士，散館後授編修。道光十三年（1833）升工部右侍郎，後擢左都御史。道光二十三年（1843），以年老請休歸里。著有《竹葉亭雜記》八卷、《薦青詩文集》等。

107-1 與伯昂從侄孫

姚鼐

書至，具悉近祉。承以對聯見寄，八分殊妙。吾見未能楷書學八分者，終不佳。伯昂惟本善楷書，故進爲八分，極有筆力也。所作詩則不能佳，蓋緣初入手即染邪氣，不能洗脱。雖天分好處偶亦發露，然亦希矣。必欲學此事，非取古大家正矩潛心一番，不能有所成就。近體只用吾選本，其間各家，門逕不同。隨其天資所近，先取一家之詩，熟讀精思，必有所見。然後又及一家，知其所以異，又知其所以同。同者必歸於雅正，不著纖毫俗氣。起復轉摺，必有法度，不可苟且牽率，致不成章。至其神妙之境，又須于無意中忽然遇之，非可力探。然非功力之深，終身必不遇此境也。古體伯昂尤有魔氣，就其才所近，可先讀阮亭所選古詩内昌黎詩讀之，然後上溯子美，下及子瞻，庶不至如遊騎之無歸耳。所跋岐亭詩刻，山尊已寄來一本。然吾書實不佳，伯昂譽之過矣。寄來《九經説》五部，望分送鮑雙五一部，其餘酌留併待取者。朝夕珍重，不具。（《惜抱先生尺牘》卷八，見書前彩插）

107-2

姚鼐

與伯昂從侄孫

得三月見寄書，具審佳勝。吾正月有奉寄之書，係付徐孝廉鰲。乃作書時，尚未達，何耶？今禮闈邑中雋者亦盛矣，惜吾家諸從皆被放耳。鳳凰尊者請病果否？吾居此仍主書院，志書事不能成也。亦粗安適。世綸援例事已成，聞其回鄱陽省侍，無書來也。聞頃將大考，更望顯晋，不具。（《惜抱先生尺牘》卷八，見書前彩插）

107-3

姚鼐

與伯昂從侄孫

來書云欲於古人詩中尋究有得，然後作詩，此意極是。近人每云作詩不可摹擬，此似高而實欺人之言也。學詩文不摹擬，何由得入？須專摹擬一家，已得似後，再易一家。如是數番之後，自能鎔鑄古人，自成一體。若初學未能逼似，先求脱化，必全無成就。譬如學字而不臨帖，可乎？（《惜抱先生尺牘》卷八，見書前彩插）

107–4

姚鼐

與伯昂從侄孫

新年想佳好，得十一月二十日書，知奉使諸事妥適，甚慰懷。聞今年大考在近，覬從此優擢，庶光門左矣。寄來《西平碑》甚佳，謝謝。族中事向來辦理頗不當人意，頃已歸之五，其群心洽矣。但愚爲此任怨耳。

吳山尊所刻拙書尚未見，自嫌筆力軟弱特甚，那可上石？雅意又欲繼山尊所爲，是重暴其短矣。自朱石君先生閱文不辨佳惡，只要人用書，成一種鈔撮之陋習，而夾帶之病彌深。今須救其弊，必限以盡不用書，固亦不可，但當以筆意識趣爲主。若用書籍，則以貫穿《五經》《史》《漢》者爲上。專用一書者，雖佳亦必斥，此所以防夾帶也。衡文當又在即，故以斯告，想高識亦同此耶？此數日間，當又赴江寧。先作此書奉寄，後或再于鍾山作寄書耳。（《惜抱先生尺牘》卷八）

107–5

姚鼐

與伯昂從侄孫

秋冬連得書，具審佳好。惟貧窘則只可耐之而已。學差不得，前書所云，固吳興所未有。天乃不使伯昂一爲破天荒人耶，茲無可如何也。吾今年未得歸去，近事紛紛擾擾，愈有欲定住江寧之意，而買宅之資不可得也。承寄杏仁佳甚，謝謝。

所查純皇帝駐蹕江寧日月併御製詩，詳悉之至。若志局事成，乃大有裨益之處，然今無暇議及此矣。吾家今秋南榜雖無人，而北榜得寧遠之孫獲雋，猶可喜也。第又恐會試迴避耳。術家言吾家大凹口，乃下元山向，故入下元，科第差盛。其説殆可信耶？今年十月，吾得一曾孫。八十而有曾孫兩人，佳惡誠不可知，聊于目前慰意而已。館上事想總未定，即如前者芸臺先生所定，豈必遽允公論乎？冬寒惟珍重，餘不具。（《惜抱先生尺牘》卷八）

107-6

姚鼐

與伯昂從侄孫

新歲惟動定佳好，昨得令尊吴中信，甚佳勝也。鼐固衰耄，然粗平安。衡兒暫署江都，未謝事而已有身累矣。雉兒得血證，幾危而安，茲可喜耳。事寧兵息，天下大慶。江南雨雪應時，可喜。但河決復爲可憂耳。《疑年録》一部，頗足資考古之用，今奉寄。會闈近矣，若得分校，佳事也。而不免迴避，不能兩全，其若之何？奉候，不具。（《惜抱先生尺牘》卷八）

107-7 姚鼐

與伯昂從侄孫

書至，具悉佳勝。又知前有一書付三山本家，乃爲其浮沈，竟未得見也。知於散館前得先授職，今科當得一差矣。若得閩、浙兩省，可遂省覲之私，則尤善耳。禮闈不知能與上科繼迹不？鼐在此平安。作字一聯一横幅，聊慰相憶之情，豈論佳惡也。南中春寒殊厲，都中不知然不？惟珍重千萬。（《惜抱先生尺牘》卷八）

107-8 姚鼐

與伯昂從侄孫

累月無書，具想安勝。暫輟内侍，諒當於來歲大考一騰趠耳。又聞雅意取鄙書刻石，遂不爲魏公藏拙，可謂過矣。然望更以拓本見寄。世綸掣得何省？今當出京矣。鼐今年居此過冬，以待鹿鳴。近亦粗適。新刻出所選《今體詩鈔》，雕手頗佳，今奉寄一部。寒初，惟珍重，不一。（《惜抱先生尺牘》卷八）

107-9

姚鼐

與伯昂從侄孫

得二月手書，具審近祉。以衰朽生日，遠致祝儀，謝謝。若書中云，去夏有一札見寄，則未達，不知何處浮沈矣。修纂《儒林》《文苑》傳，此真史官職分，良宜盡心。吾舊作《海峰傳》一首，今寄閱。若薑塢先生生平著書未成，但細書於所讀書上。吾欲以經、史、子、集爲編輯未就，但於《九經説》内載其四論，然足見其學矣。詩集五卷，名《援鶉齋集》，亦未刻行，或附傳於海峰後可乎？與館中商之。（《惜抱先生尺牘》卷八）

107-10

姚鼐

與伯昂從侄孫

《儒林》《文苑》傳，館中想係分辦。吾鄉如錢田間，於二者何列？其《易學》《詩學》兩書，似《四庫書目》中已有，《田間集》，不知入不？方氏則無可自入《文苑》。[①]南堂、息翁，但有詩集，此例亦可入也。汪梅湖詩頗佳，而其集未刻，吾爲之序，曾見不？今更鈔一本奉寄。薑塢先生書，皆苦未成。近瑩欲刻之於廣州，然亦少。大抵館中必欲已刻行之書爲據也，此著書者所以貴早刻耳。想昔在四庫館人陸耳山、程魚門、任幼植之倫，皆可入《文苑》矣。魚門詩文集外，有《左傳補疏》，幼植事則具吾爲墓志中。鼐又拜。（《惜抱先生尺牘》卷八）

① 此句後有小字注：『此句有脱誤。』

107–11 姚鼐

與伯昂從侄孫

久未得書，近想佳勝也。鼐近平安，所辦《江寧府志》畢事矣。今冬却尚留此處過年，欲來歲歸去也。此月生一曾孫，亦差可喜。略報，餘不具。（《惜抱先生尺牘》卷八）

107–12 姚鼐

與伯昂從侄孫

前承寄書及贈詩，謝謝。續見邸鈔，賢從以大考一等擢侍講，大慰老懷，實爲門慶。自此事業偉崇，文章彪炳，吾雖桑榆之年，猶庶幾拭目見之矣。吾今年尚如故態，擬便住金陵，而未辦買宅，固亦無可如何，且姑俟之。

賢從寄來之詩，七律大有進境，便以鄙見評其利病。此後但就愚《今體詩鈔》，更追求古人佳處，時以己作與相比較，自日見增長。大抵作詩平易，則苦無味；求奇，則患不穩。去此兩病，乃可言佳。至古體詩，須先讀昌黎，然後上溯杜公，下采東坡，于此三家得門逕尋入，於中貫通變化，又係各人天分。一時如古今體不能并進，只專心今體可耳。

所查南巡月日事實，詳審之至。而此番修志，主人全不解著書事體，只要速成。于去秋催趲畢事，于鄙意不安處多。如此等事，須待增入者猶不少。更得一番重修，約有半年之功，成書則甚足觀矣。奉寄朝珠一篋、硯一方，聊以爲賀。外與英煦齋先生書，煩轉致之。珍重，餘不備。（《惜抱先生尺牘》卷八，見書前彩插）

107–13

姚鼐

與伯昂從侄孫

久未得問，想佳好也。吾近亦粗適，今在江寧度歲也。前所查乾隆年間南巡月日内，於乾隆三年至江寧諸事不詳其日，望再爲查寄也。阮林近住教習館，抑在城外同住耶？不及更書致意問之。冬寒惟珍重，不具。[①]（《惜抱先生尺牘》卷八）

① 文末有小字注：『壬申。』

107–14

姚鼐

與伯昂從侄孫

去歲有兩書併一函奉寄，想已達。入春來，想佳勝。今年望賢從得一閩、浙之差，就便省侍。想未免稍稍温理經義也。吾衰病日甚，目昏體重。書中注文小字，都不能看。此生未知與賢從復有相見日不？柏菊溪尚書大有修《江南志》之意。然籌款未定，故未奏陳。設奏，則辦成矣。往承查南巡日月寄來，而郡志已刻，不及入。若省志修，則必入矣。所託補查一條，務寄來也。族中今年應試者十三人，不知内有得雋者否？衰敝，尤望英少之繼起耳。餘不具。（《惜抱先生尺牘》卷八）

附：

得惜翁族祖書聞將卜居白門作詩呈答

姚元之

自著華陽烏角巾，金貂早謝建章春。次宗客盡羅豪傑，吏部文能泣鬼神。萬古江流趨大海，六朝山色近西鄰。燕關昨日書初到，珍重烟霞百代身。（《薦青集》）

108 姚椿

姚椿（1777—1853），字子壽、春木，自號蹇道人、樗寮病叟、東畬老民，婁縣（今上海市松江區）人。其父姚令儀任四川布政使，家富藏書。道光元年（1821），姚椿被薦舉爲孝廉方正，辭謝不就。先後主講河南彝山（或作夷山）書院、湖北荆南書院、松江景賢書院，以實學勉勵諸生，頗多造就。姚椿師從姚鼐，其論文繼承桐城派但有所變化。著有《通藝閣詩録》八卷、《灑雪詞》三卷、《晚學齋文録》十二卷等，輯有《國朝文録》八十二卷等。

108-1 姚鼐

復姚春木書

姚鼐頓首，春木足下：鼐今世一庸才耳！足下乃以宋元以來學問、文章之統相屬，見推崇重，甚愧甚愧！素無交遊之緣，不遠千里，遺書求益，謙懷樂善。足下之志則美矣，顧鼐不足尸之耳。夫求學之道，牖於聞見及所嗜好者，每患其偏；平心廣采，則病其不精。愚見嘗欲持平，固視偏溺者差異矣。然嘗自恐不精，此所望海内賢士君子有以教益之。至於求勝之心，則誠未敢也。

足下所欲爲紀載之編，此一代史學也，所志甚大。昔退之少有成唐一經之志，及後身爲史官，乃反不敢仞其事，可謂惑矣。然鼐謂此亦有天數焉。夫生而富貴及死而聲名，其得失大小，皆天所與也。紀載者，人名聲所由得之所託也。故天欲其成乃成，天欲其傳乃傳，不然則廢。足下姑亦爲之，以聽天意可耳。

鼐舊作《九經説》，已有刻本，今寄上。其有增益及他書未刻者，則未能寫寄。賜寄《湖海詩傳》乃未至，不知於何處浮沉？述庵先生想尚健，其《文傳》成書未耶？先伯薑塢先生無成書，平生讀書，好以所得細書記於簡端。鼐欲爲集成筆記，然以其太碎細難輯，故不能就，私心所最憾。僅采數條，以意次叙入鼐《九經説》而已。至敝鄉密之先生撰述，飲光、海峰、南堂、息翁詩文集，皆有刻本，而此間卒未可得。若江、金書，則具在歙也。

鼐頃自皖移來金陵，主鍾山書院，衰老絶不能作大字。所命爲楹對字，又犯鼐家諱，故不可爲也。胡雒君所欲爲書皆未成，而於去年已病喪矣，甚可傷。敝邑如此子者，亦未易多得也。茲因便上復，安得一見面言？希時通消息。不具。（《惜抱軒文後集》卷三）

108-2

姚鼐

與姚春木

頃得七月廿八日寄書，具審平善爲慰。又聞尊大人卜吉已定，十一月可竟大事，此尤足慰意也。鼐七月病瘴瘧，今瘧愈矣，而手脚心猶時發熱，飲食減少，久而不能復舊，恐便不支。故今頗思回桐城，若今年不果，明春當去矣。不知尚得與足下一晤不？《古文辭類篹》與毛君寄書，俱收到。不及復毛君書，以《經説》《三傳補注》寄贈之。伊現治經，想尚足以發其意耳。『庾公還揚州，白馬牽旒旐』，此見《世説新語·傷逝》注内，聯略用其意。病後心氣耗竭，草草不多及。（《惜抱先生尺牘補編》卷一）

108-3

姚鼐

與姚春木

久不得接晤，消息亦難達。賢昆仲近佳好邪？鼐尚如故態，欲定居金陵而未得成，欲歸桐城亦尚未得也。賢昆仲近作何功夫？學古之餘，當亦不免少習時文以待試邪。聞王述庵有《湖海文傳》，想未刻，足下見其鈔本不？其文集當已刻。吾昔爲作序寄之，然竟未得其刻本，幸覓一部見寄，《詩傳》則吾已得矣。（《惜抱先生尺牘補編》卷一）

108-4

姚鼐

與姚春木

姜、王二君至，得手書，知近祉，慰甚。入志局亦佳，各郡舊志，平生未曾寓目，其佳惡無由知。前年修《江寧府志》，親在局中。主人俗甚，以五個月迫成一書，苟簡之甚。吾甚以爲嫌矣。《春融堂集》得觀，極荷。鼐昔作《述庵文序》，今其集中乃不載，豈述庵以序内稱譽之猶不至而不録邪，抑其後人擇取而遺之邪？此不可解也。『茗』字平讀，似唐人詩有之，今不能記。永平詔即用班固《典引序》内小黄門傳語。漢時皇帝言率稱『詔』，不必須書詔也。録國朝文，佳事。今以拙集及陽湖惲令君集一部奉寄，以備采取，不多及。（《惜抱先生尺牘補編》卷一）

附：

贈惜抱先生三首

姚椿

前聖有述作，磊落垂千春。日月光中天，微茫衆星陳。終古相代嬗，理氣無非新。豈有越範圍，而與作者親。龍眠山峨峨，瀠水波粼粼。自從本朝來，一氣歸清淳。代興發遐嘆，吾將思古人。

東漢風俗厚，驗之節義間。黄河走東海，横出砥柱山。歲寒青松枝，一笑桃李顔。清風萬萬古，峻絶不可攀。中間和氣滋，養物安且閑。無用以爲用，庶幾激懦頑。

惜哉史遷亡，文章絶高手。豈無良史才，體例亦復苟。何論作僞書，事詞兼紕繆。安能發懲創，一洗千古垢。特書一二端，大節炳衆口。悠悠彼何人，骨在名已朽。（《通藝閣詩録》卷六）

寄懷惜抱先生二首

姚椿

龍蟠虎踞大江東，無數青山一寓公。隻手狂瀾留獨障，六朝餘習掃全空。鵑啼遠道嗟天上，松影名園落夢中。明歲更當陪杖履，最高峰首聽長風。

人物三朝見已遲，劇談前事鬢連絲。六經晚抱先儒懼，一飯生慚國士知。西上素魚勞遠訊，南飛孤鶴道相思。曲江許附燕公譜，恐辱他年小友期。（《通藝閣詩録》卷八）

哭惜抱先生三十六韻

國有斯文重，天何一老遺。重來成訣絶，後死益淒其。學自諸家匯，才從曠代窺。讀書窮窔奧，制行戒夸毗。未盡經綸藴，空瞻翰墨奇。獨居恒太息，對客亦累噫。少日聲華盛，群公譽望推。玉堂稱上選，郎署嘆仙姿。知豈昔爲貴，賢寧習可移。掃門時相遠，延榻要人辭。物論歸儒行，天心倚翼爲。兩生居國久，四皓出山遲。薦士平生願，懷賢往昔資。擇交天下俊，寬作衆人師。後學宗劉向，時流附退之。切磋懷直諒，委曲盡箴規。六籍文三古，千鈞髮一絲。勤勤耽著述，浩浩溯津涯。鼠鬬紛朝訟，羊亡大道歧。本來通軌轍，何苦設藩籬。白日昏遭蔀，元珠冥索離。曩賢雖不作，來哲詎容欺。屢歲頒書問，今來訊屢綦。讖成憂鵩鳥，談尚却熊羆。感激親燈火，纏綿把酒卮。笑開求仲徑，命訪習家池。返席期何速，披帷感獨滋。殘書遲論定，遺命早修治。清節生平最，高懷若箇知。飲冰真刻苦，舉火讀恩慈。齒冷扶風帳，心傷魯國葵。猶辭問字酒，肯顧買山貲。杓斗空昭漢，狂瀾更倚誰。眼枯寢門日，泪灑禮堂時。啓體曾參孝，招魂宋玉悲。如公真不朽，顧我獨泪洏。（《通藝閣詩續録》卷一）

109 管同

管同（1780—1831），字異之，上元（今江蘇南京市）人。道光五年（1825）中舉，入安徽巡撫鄧廷楨幕。管同與方東樹、梅曾亮、劉開皆爲姚鼐弟子，論學爲文一遵姚氏軌轍，史稱『鼐門下著籍者衆，惟同傳法最早』。姚鼐稱其『得古人雄直氣』，並期以『勉力績學，成就爲國一人物也……智過於師，乃堪傳法，須立志跨越老夫，乃爲豪傑耳』。管同論文主張『得於己，當於道』，强調有感而發。所爲文雄深浩大，剛健清新。著有《孟子年譜》一卷、《七經紀聞》四卷、《因寄軒文集》十六卷等。

109-1

姚鼐

與管異之①

前月得寄書併詩文，快慰不可勝。相别三年，賢乃如此進耶！古文已免俗氣，然尚未造古人妙處。若詩，則竟有古人妙處，稱此爲之，當爲數十年中所見才俊之冠矣。老夫放一頭地，豈待言哉！

吾向教後學學詩，只用王阮亭《五七言古詩鈔》，今以加于賢，却猶未當。蓋阮亭詩法，五古只以謝宣城爲宗，七古只以東坡爲宗。賢今所宗，正當以李杜耳，越過阮亭一層。然王所選，亦不可不看，以廣其趣。《崆峒集》亦正爲子先導，紅豆老人謬説，勿聽之也。古文若更欲學，試更讀韓、歐，然將來成就，終不逮詩。詩文皆已評閲，兹寄還，以三隅反，賢必能之矣。年誼疏而師生重，以後書札，勿以年誼稱也。吾所著未刻者難鈔寄，已刻而賢未得者，可指明，以便覓寄。餘不具。（《惜抱先生尺牘》卷四）

① 其後有注：『同。』

109–2

姚鼐

與管異之

昨得寄書併見贈詩，極知相憶之情。然今歲已暮，固無由相見矣。客中願且自遣，雖不適意，而無傷和豫之氣，乃所望也。

《古文尚書》之僞，此已是天下定論。望溪雖學者，而其人敦厚而識滯，又似未見閻百詩之《古文疏證》，故執其誤而不知返。大抵在前儒不敢輕弃古文，乃慎重遺經，其理非謬。若生此時，經閻百詩及鼐等考論大明之後，仍尊古文者，乃愚而謬矣。賢所見自是，然亦未見閻書，故所言猶多舛失。大抵年少讀書之時，非著書時耳。此更須面悉，不具。（《惜抱先生尺牘》卷四）

109–3

姚鼐

與管異之

得四月十六日書，知近況平安，但貧甚耳。不知頃更得館不？鮑學使處吾已作書，屬爲吹薦，若道近便，或一往謁之。

寄來文十篇，閱之極令人欣快。若以才氣論，此時殆未有出賢右者。勉力績學，成就爲國一人物也。賢今歲必是專於文大用功，故文進而詩退。有文若此，何必能詩哉？況後尚未可量耶。諸文體格已成就，足發其才，所望學充力厚，則光焰十倍矣。智過於師，乃堪傳法，須立志跨越老夫，乃爲豪傑耳。《尚書序》但以其出在西漢前，豈謂無可議哉？吾嘗謂劉歆云『孔子序書』，若揚子雲但云『昔之説書者序以百』，不云孔子作，此即是揚識高於劉處。然雖非出孔子，而是真古書自可貴，非如僞書乃可惡也。又古人措語，自與後世不同，不可以後世人用字輕重之法疑及古人。如『賄肅慎』，此等用字無害。吾嘗謂表記辭欲巧，巧即《易傳》所云『修辭』耳。不可以巧言佞色，便譏其失。《荀子》『化性起僞』之『僞』，非詐僞也。必以今人用字之法上衡古人，則覺其不當者多矣。

賢有名而無字，吾意欲爲命字曰『異之』。君子之道，同乎人而已。同乎人者，人之所以爲人也，非同乎流俗、合乎污世也，故曰『君子以同而異』。《孟子》曰：『君子所以異於人者，以其存心也。』以仁以禮存心，達之於天下，是爲同而已。若以此字，頗覺有義，賢見以爲然否？甚思一見，若此時急切未得館，或暫歸來亦自佳。行止酌之。吾今年來平安，但精神彌短耳。略報《經説》數篇，併寄閲之。已熱，珍重千萬，不具。（《惜抱先生尺牘》卷四）

109–4

姚鼐

與管異之

前月得寄書併詩，詩句格近老成，此是進步。然於古人神氣超絶、轉換變化處未得也。陸放翁云：『我昔學詩未有得，殘餘未免從人乞。』異之此時，正在此界内。凡初學皆不能免此，然於此關不能跳過，則終是庸才矣。所望勉力而已。《今體詩》揚州尚未刻出。至古體，阮亭不取『四傑』，此是阮亭識力正處，異之豈可議之？必欲補其所少，其惟長吉一人乎？若玉川則不足録矣。須知長吉、子瞻皆出太白，而全變其面貌。異之得此理，乃能善學太白矣。（《惜抱先生尺牘補編》卷一）

109–5

姚鼐

與管異之

東漢、六朝之誌銘，唐人作贈序，乃時文也，昌黎爲之，則古文矣；明時經藝、壽序，時文也，熙甫爲之，則古文矣。作古文者，生熙甫後，若不解經藝，便是缺陷。本朝如李安溪，所見不出時文，其評論熙甫，可謂滿口亂道也。望溪則勝之矣，然於古文、時文界限，猶有未清處。

大抵從時文家逆追經藝、古文之理甚難，若本解古文，直取以爲經義之體，則爲功甚易，不過數月内可成也。賢既作古文，須知經義一體；又應科訓徒，不得弃時文。然此兩處畫開，用功亦兩不相礙。今將吾内外兩稿寄閲，於此兩層，皆各有裨益處，穎悟必能解之。（《惜抱先生尺牘》卷四）

109-6 姚鼐

與管異之

前作寄書未兩月而復函至，甚可喜。秋涼，想佳適。今年既未能去此館，明年又是場期須歸，若主人留過上半年，亦無取更動矣。吾侄浣江已來，其書不必寄去，內係吾詩文集，異之可拆取，亦不必寄回來矣。

今人詩文不能追企古人，亦是天資遜之，亦是塗轍誤而用功不深也。若塗轍既正，用功深久，於古人最上一等文字諒不可到，其中下之作，非不可到也。昌黎不云『其用功深者，其收名遠』乎？近世人習聞錢受之偏論，輕譏明人之摹倣。文不經摹倣，亦安能脫化？觀古人之學前古，摹倣而渾妙者，自可法；摹倣鈍滯者，自可弃。雖揚子雲亦當以此義裁之，豈但明賢哉？客中惟慎重，不具。（《惜抱先生尺牘》卷四）

109-7 姚鼐

與管異之

去冬得田令君書，託爲奉邀時望，異之歸甚急，又不知所在，無處奉寄。待至今正，鼐乃以書復之，適得異之之書，乃知在德州也。所謂『人生聚散，有數存者』，其信然乎？

獲依於淵如先生，亦殊佳勝。想六月必歸赴鄉試，吾在此尚可以一晤，鹿鳴宴後，吾亦歸里矣。淵如先生能即以謝書付雕否？甚望甚望。八十老翁獲一讀此，亦不枉一久活也。田公處自已延師，然其意頗厚，今將其書寄

來閱之。吾痴頑之狀尚不減，異之今年想不免稍尋舉業，希作詩矣。客中珍重，一切面悉，玆不具。（《惜抱先生尺牘》卷四）

附：

公祭姚姬傳先生文

管同

嗚乎！人之名字，死而弗彰，縱邁期頤，豈曰修長？獨公生則爲師於一時，死則爲師於百世，是身没而常不朽，而誰謂公亡？蓋公之於學，幼而已嗜，耄而靡忘。上究孔孟，旁參老莊。百氏之書，諸家之作，皆内咀含其精蘊，而外沉浸其辭章。是以詮經注子，纂言述事，刻峭簡切，和適齋莊。澹泊乎若玄酒之藴，希夷乎若古琴之抑揚。瀏然而來，若幽泉之出於深澗；摽然而逝，若輕雲之漾於大荒。近代文士，曰劉曰方，及公自桐城再起，遂乃軼二子而繼韓、歐陽。

嗚乎！當公年少筮仕，官至部郎。歷資以進，當得御史，而道且大行。會有權要欲薦公，令出我門下。公以故毅然弃官以去，而四十餘年依山澤以徜徉。蓋寧使吾才韜晦不見，而不使吾身被污玷以毫芒。然則公之惡人，蓋幾乎視若將浼，而縶馬千駟，不顧得伯夷、伊尹之遺芳。使天下皆如公，難進易退，則貪廉懦立，世且平康。惜乎一退不起，不獲以其身陶風範俗。今之人遂第以文辭相重，而百世以下，又孰能得公之藴藏？然海内無賢不肖，當公之存，考道問業，猶知所歸；一旦公逝，士於何望？竊恐夫畸説間正，詖言汩真，而他日之後生小子，瞀瞀乎無復知文章之奥、道德之光。

嗚乎！公於死生，視若晝夜。雖某等辱知深厚，亦豈敢過悲以怛化，而撫棺號慟慘戚而不能自已者，念老成之凋零殆盡，而内有餘傷。嗚乎哀哉！尚饗！（《因寄軒文初集》卷十）

跋惜抱先生手札

管同

右惜抱先生與同手札六通，自丙子迄己卯，題額及跋尾者計六人。當爾時，先生已没，而六君子者皆健無恙。今歲紀甲申，重裝爲卷，則先生没踰十年，題額跋尾者孫督糧淵如、蔡太常生甫、陳侍御玉方三君子者皆下世。嗟乎！人生易盡固如此。惟具仰負師訓，前不逮古人，後無以收名於來世，撫斯卷也，其尤可慨也夫！道光四年秋八月，門人管同敬跋。（《因寄軒文二集》卷二）

吳孫珽

吳孫珽（1782—1822），字子方，一字伯搢，桐城（今安徽桐城市）人。師事鮑桂星，受古文法。爲文雋曠，遠出塵俗，兼通六書。與姚瑩、劉開、張阮林、光聰諧、左朝第、徐璈等遊，以『文章道義相與磨礪』，爲姚瑩等所謂『吾黨之盛』代表人物之一。吳子山嘉慶十三年（1808）亡，後六年張阮林亡，又八年吳子方亡。故定吳子方亡於道光二年（1822）。又，據《桐城縣誌》，吳孫珽『卒年僅四十一』，則可知吳孫珽生於乾隆四十七年（1782）。姚瑩《吳子方遺文序》、劉開《贈吳子方序》記其生平及爲文。著有《不知不愠齋集》《小桃源詩話》等。

110-1

姚鼐

與吳子方①

承惠書千餘言，意甚深美，而辭蔚然。此天下之才，豈僅吾鄉之彥哉。顧衰敝鄙陋，無以稱後來才俊之求，玆爲愧耳。

書内言鼒闢漢，此差失鼒意。鄙見惡近世言漢學者多淺狹，以道聽塗説爲學，非學之正，故非之耳，而非有闢於漢也。夫言學，何時代之别？『多聞，擇善而從』，此孔子法也。『善』豈以時代定乎？博聞强識，而用心寬平，不自矜尚，斯爲善學。守一家之言則狹，專執己見則陋，鄙意第若此而已。子方以謂當乎不耶？心氣耗竭，目復昏眊，奉答不能詳備，惟達其大旨，諒其不逮。暑熱珍重，尊大人前道候，餘不具。（《惜抱先生尺牘》卷三）

①其後有注：『孫珽。』

附：

哭姚惜抱先生

吴孫珽

光風入座物皆春，浩渺江天又隔塵。碩望東南摧一老，斯文中外屬何人？太丘風軌瞻先路，永叔文章悟後身。千里書來成絶筆，不堪掩泪對霜旻。（《桐舊集》卷十四）

一一一 張聰咸

張聰咸（1783—1814），字阮林，一字小阮，號傳巖，文端公張英之五世孫，桐城（今安徽桐城市）人。嘉慶十五年（1810）舉人，得覺羅官學教習，留京師，因咯血卒。張聰咸年少有才，以著作自任，師事姚鼐受古文法。姚鼐謂充其學力，能直追古人。尤耽説杜詩，能會其音節，兼喜考證。因早卒，著書數十種多未成。遺著有《傳巖詩集》四卷、《左傳杜注辨證》十二卷、《經史質疑録》一卷。

一一一-1 姚鼐

與張阮林

所示詩，筆力才氣，在今日里中，無與敵者。古今體俱有獨造處：中如惠鄙人律，語格是杜，而起尤横絶；《贈戴君詩》極似太白；至《除夕得家書》四章，斯爲真杜。能於開合操縱、章法脉絡中更大肆工力，始終不懈，必卓然爲海内詩人。老夫放一頭矣。續報，不具。[①]（《惜抱先生尺牘》卷三）

①文末有小字注：『甲子。』

一一一-2 姚鼐

與張阮林

鼐頓首，阮林世講足下：承寄見贈詩及諸舊作，俱有奇傑之氣，可謂異才矣。夫天之生才甚難，才之生於間里，而俾吾親見之，尤其難也。今既遇矣，欣喜豈有量哉！以足下之年富，而又精心勵志，其成就必大有可觀矣。夫惟愛之深者，則惟恐其不成。夫有才而卒不成者，志不高而功不繼也。如足下宜無慮此。然以予相愛之誠，安得不更勖乎？

文章之事，能運其法者才也，而極其才者法也。古人文有一定之法，有無定之法。有定者，所以爲嚴整也；無定者，所以爲縱横變化也。二者相濟而不相妨，故善用法者，非以窘吾才，乃所以達吾才也。非思之深、功之至者，必不能見古人縱横變化中所以爲嚴整之理，思深功至而見之矣。而操筆而使吾手與吾所見之相副，尚非一日事也。鼐衰老矣，猶願及吾未死而早見足下之有成而已。『中人以上，可以語上』，鼐所言者，所以達最上之材，非中材以下所可聞。足下奇士也，吾以言之，諒不爲失言哉。嚴寒，諸惟珍重，不具。[1]（《惜抱先生尺牘》卷三）

① 文末有小字注：『乙丑。』

111-3

姚鼐

與張阮林

得七月所寄書，具審佳勝。獲讀大著刻本，欣忭欣忭。用功如此，誠不虛捐日月矣。更望精心勤力，常有多聞闕疑之美，所入當愈深耳。汪梅湖詩，吾此間無全本，汪鋭齋欲刻之，故吾爲作序。今刻既未成，須俟異日。

館中所定，何必遽足爲天下後世定論乎？鼐衰弊日甚，絕不能讀書，目昏極苦作字，爲將去之陳人，所企望惟斯世之英少而已。冬寒，惟珍重千萬，不具。（《惜抱先生尺牘補編》卷二）

111-4

姚鼐

與張阮林

奉别倏三月，秋捷大可喜。非特鵲起以嗣家聲，且從此免繫心於考試，可以專力古學，必大有成就矣。所著作，鄙論已具前札。今奉寄《三傳補注》，想可取閱，以助撰述。北上諒必待明春，或過江寧不耶？冬寒珍重，不具。①（《惜抱先生尺牘》卷三）

111-5

姚鼐

與張阮林

前得書，知佳好。近作何工夫，想增新得也。昌黎云『能自樹立，不隨流俗』，此所望於足下矣。邑中聞年歲甚不佳，殊增旅人之愁。餘具與伯昂字中，不具。②（《惜抱先生尺牘》卷三）

① 文末有小字注：『庚午。』

② 文末有小字注：『壬申。』

111-6

姚鼐

與張阮林

去歲得寄書，久未復，老病目昏，作字殊難故也。入新年，想佳勝。用功勤勵，以張吾鄉前輩之緒，甚所屬望也。補《後漢》亦是佳事，然愚以謂此等學問，用功勞而實得處少，第近世人尚此耳，實不如沈潛於正經、正史也。惠定宇有《後漢書補注》，其書正與足下同意，可取以相證佐。

所言近人文集務多，此最爲可笑事，其間不足録而録入者幾半。然久之世自有定論，一時之好尚何足憑？且文集多，亦自難於傳播，王元美《四部稿》，人家得觀者稀矣，此亦其多之爲害矣。表揚幽潛，誠吾曹所當爲之事。至其人之顯晦，亦自有數存焉，非可以口舌争也。往時汪鋭齋欲刻汪梅湖詩，吾聞之亟爲作序，然竟未刻成。要之梅湖詩自足傳後，必有成之者耳。春寒甚厲，不知京師何似？珍重千萬，略報，餘不具。[1]（《惜抱先生尺牘》卷三）

① 文末有小字注：「先生有與阮林論大别山書，未見。俟問管異之。」

111-7

姚鼐

與張阮林

舟行於何日抵家？途間想佳勝也。詩存爲披閲一過，已見精心學古處矣。而不能大有超詣，但用功不閑，忽遇勝境，亦不須急迫求也。《左傳》亦大有功力。鼐近得程魚門《左傳翼疏》三十卷，其書亦甚詳密，其用意亦與足下相似。凡異於杜注者，皆采録之。然吾意此是近時學者習氣，苟以謂世所推之書，吾必欲攻其短而已，却未嘗衡度是非、必求允當也。杜注誠有未當處，然其是處甚多，若見一異説則急采之，祇是好異，非爲學矣。如『鞶厲』，杜説自當，若如康成以爲佩囊，則是左右佩用之事，非禮服之重，安得云『昭其數』乎？古人身有素帶、練帶之屬謂之帶，革帶之屬謂之『鞶』。對文則别，散文則通，故此處上云『帶裳』，又云『鞶厲』耳。又杜云『紞』是纓自下而上者，纓本自上而下，今自下而上則非纓矣。然不用『纓』字，則語意何由得明？此本無病，而足下皆駁之，反自爲意之滯也。

至於『大别』一條，雖本地志，然地志此處説最不可通，必不可從。鼐《九經説》已論之矣。楚北境連山障蔽，其通行道路，西則義陽三關，即《左傳》之城口大隧、直轅、冥阸也；東則必至吾鄉之北峽關，乃可通行。若三關之東、北峽之西，山高嶂疊，鳥路艱險，南北用兵不能取徑，惟元之伐宋，一出於麻城木陵關耳。若泱水所出，則又在麻城之東。若吴從此路，必須行今羅田、黄州界内，山高路迂，是自敝也。且濟漢而陳，自小别至於大别，如足下説則其陳牽連一千餘里，此其説尚可通乎？其餘諸説，鼐精神衰憊，不能盡爲尋考，但更自究心耳。大抵著一好書，非數十年之功不能成，不可倉卒也。魚門書是鈔本，無人爲刊刻，若刻亦須得一大讀書人稍爲芟節之，此豈易言也。（《惜抱先生尺牘補編》卷二）

111-8

張聰咸

復姚姬傳夫子論大别書

承以『論大别』一條見視，咸既讀之，不能無惑焉。竊以楚之北竟，據今地攷之：商城之南有長嶺關，東南有松子關，俱接湖廣羅田縣竟者也。光州之西南有陰山關，接湖廣麻城縣竟者也。麻城之西北有木陵關，又北有黄土關，接河南光州縣境者也。光州之西南又有北沙、土門、斗木、修善諸關，亦接麻城界。諸關詳《九域志》及《明一統志》。尊視乃以爲義陽三關之東、吾鄉北、峽關以西，山高嶂疊，無通行道路，殆偶有不照也。且柏舉在麻城東，若如尊説，則吴將舍商城以南諸隘，徑趨漢南而不行，必西行之信陽，然後繞道以趨于柏舉邪？且决水即出于霍邱之大别，尊示乃以爲吴從决水來，必須行今羅田、黄州界内。决水僅發源霍邱之西北，注于淮而已，而欲訂其入江，豈可得乎？尊所云者，蓋巴水，非决水也。黄州以東，江皋平衍，尊又以爲山高路迂，亦未之審。

《左傳》小别，亦當在今商城以東、大别以西，此地勢之可證者。李吉甫既誤以漢川之甑山當之，無庸置辨。若仍取其説，是楚師誠牽連其陳一千餘里，有是事乎？更請視之。（《經史質疑録》）

附：

張聰咸

都門三十初度咏懷一百韵奉寄姬傳先生兼呈阮閣部

駒齒何年落？龍媒早歲馳。馬遷探禹穴，江總眺昆池。淮海文章士，幽并任俠兒。青門容吏隱，白屋自人師。日月珠庭會，河渠玉牘移。乘時安所濟，撫壯欲悉爲。便述蘭臺史，誰欣虀臼碑。鴛鸞宜左墄，烏鵲本南枝。修路思懷橘，蒙山感席蓍。三加裁醮字，初度更成詩。少小吟獹鶻，纖微辨鳥龜。問多任嘏學，書愛祖瑩持。幽壑通人籟，懸匏惜鳳吹。偶因餐桂葉，便爾謁桓芝。手掇銀題旨，神遊火正司。兩分丹室策，五練赤明尸。德薄徒懷絹，文成肯畫脂。山川尋欲賦，弧矢竟何之。宇宙青織履，風塵白接䍦。東津初發軫，北固已臨岐。四藉孫陵草，三張扈瀆簞。海潮寒植髮，江雪凍皴皮。暮雨專諸巷，春潮伍子祠。得歸元亮徑，將葺稚川籬。膽虐三秋厲，腸湔百日饑。晨風飄寓聚，開歲渡苻離。計吏紛相遂，貧交動輒隨。淮禽愁化質，冀馬弭雄姿。九緯黃圖啓，三成紫宇摛。承華填赤轂，搢笏上澹墀。東學懷鉛日，西都講藝時。不無徵士詔，藉表後生儀。月米分梁漢，宮衣出度支。攀麟憐褐索，附影怯纓緌。近市荆軻酒，空囊劇孟資。俸錢徒雇直，佩玦轉嫌疑。天下歡顏被，群公禮數宜。飛騰俱用羽，進退孰伸眉。仁聖矜徽墨，神君下翠旗。鶴留朝會議，蟻應日當期。况喜鯨魚出，無勞鵩鳥悲。石田肥洛水，蒿裏塞萊夷。厲蜚新殘翮，陰蟲舊食胔。曾聞遼海闊，每恤薀年危。寰寓歸王土，將軍限期垂。主恩憐乏絕，民力荷温慈。貝闕榮光出，和門勝氣麾。桃華常轉石，竹箭且成基。七萃躬擐甲，千夫壯倉麇。陣圖將集鳳，陵寢正豐犧。宿衛懸寬法，刑書索隱疵。即行三讓罰，誰拾九衢遺。廷尉洵明察，春卿貴選推。野多徐孺子，國讓魏無知。覆刺風仍古，賫函士已卑。衷誠金石在，令服艾縎遲。絶俗輕千里，興賢待四維。早應勤礪砥，安得辯雄雌。章句蒙瑩羽，春秋下講帷。鄭劉俱冥滅，賈服既參差。自執征南誤，容勝景伯思。余撰有《左傳杜注辨證》。殺青書晦義，彫素録微辭。咸近撰《集漢魏晋宋二十四家逸史》。十典成難得，三家異莫追。徐爰、孫嚴、王智深三家《宋書》，今世所存最少。漢存華馬善，《文心雕龍》推《後漢書》諸家，以司馬紹、統華、叔駿爲最。晋釋謝王訾。唐太宗《晋書》議王隱書多碎雜，謝靈運書非專家。落筆形容勝，緣情妥帖施。庸音飛綺縠，淺意播芳蕤。抱景沈瀾鳥，奔蹏越秀騏。愜心文律細，逸氣武功綏。會使居東觀，方因御北輜。麟臺恒著作，蠹册不停披。白首華譚薦，黄初薛夏奇。芙蓉初濯羽，鱣鮪欲揚鬐。刻意修皇覽，逢辰戀燕私。肉盤今苜蓿，醴餞昔酴醾。鶯實紅含楔，龍孫緑滿埤。陸機違故國，蕭育去通逵。取捨將焉共，行藏豈在兹。交遊謝鄉曲，微賤愧雍熙。每憶魚横岍，猶歌獺在湄。截流投大竹，進饌哺甘飴。驥首陳思驁，荆根景式怡。長懷分禄俸，一别異肥羸。捐瘠難償責，勞筋鬱蔽虧。觴須雙膳舉，年數二毛衰。病室求方藥，神天授拙醫。憐余踈腠理，經歲結心脾。貧乏充無石，才愚翟感絲。繁蒿當早剪，新穀歲曾炊。深識蠲憂患，勤供極味滋。歸雲起歡緒，延閣望請涯。粲匹雖工賦，彪文詎就羈。紫離雄躡影，元扈遠歸嬉。瓠子清三日，桑林沛四陲。横經鳴舍鼓，投紱葺林茨。插劍通犀露，評璋畫狗媸。榆錢飛客席，槐莢舞檐楣。保艾頭終黑，趨塵涅不緇。（《傳巖詩集》卷四）

112 劉開

劉開（1784—1824），字明東，一字孟塗，又字方來，桐城（今安徽桐城市）人。諸生。曾入兩粵總督蔣攸銛幕，與張維屏等遊。劉開師事姚鼐，得詩、古文法，爲『姚門四傑』之一，又與方東樹、戴鈞衡、姚瑩有『小方、戴、劉、姚』之説。劉開論文主張必須『本之以《六經》』，能詩善文，不得志而終。著有《孟塗文集》四十四卷等。

112-1 姚鼐 復劉明東書

師令君差至，得寄書並詩，欣慰欣慰！以賢主人爲依歸，可謂得所矣。處幕中以謙慎韜晦爲要，自與默默用功不相礙也。

見贈五言排律，句格頗雄，此是長進處。但於杜公排律布置局格、開闔起伏變化而整齊處，未有得也。大約橫空而來，意盡而止，而千形萬態，隨處溢出，此他人詩中所無有，惟韓文時有之，與子美詩同耳。李玉溪、白太傅及朱竹垞，皆刻意作排律之人，而不得此妙，吾豈敢便以責之明東哉？然作詩，心之所向，必須在此，否則止是常境耳。

又明東所用故事，都不精切，止是隨手填入。姑摘其一聯：『誌公謂徐陵，天上石麒麟。』豈可易石爲玉？又陵官非學士，學士唐乃有此官耳。公孫弘與陵，於鄙人絶不似。止十字中，而病痛已四五矣。

前所論在詩境大處，勤心深求，忽然悟入，或半年便得，或一年乃得，又或終身不得。後所論在詩律細處，精意讀書，可以必得，然非數年之深功不能。前所論文章之虚，故可速而不可必；後所論乃學問之實，故可必而不能速。如近時顧亭林，非有得於詩家之妙，而其事却精切之至。渠是學問人，故能於此見長耳。此兩層俱能功到，方是卓然成家之作。二者得一，亦可謂佳，但非其至。二無一得，便是今日草頭名士之詩，吾恐明東陷入其中，故須爲詳言之耳。

吾於下一月必回家去，料明東歲末亦必歸家，必過城中，得一晤也。漸寒，珍重千萬！（《惜抱軒文後集》卷三）

112-2

姚鼐

與劉明東

得書，知明東獲古愚先生及諸太守招于幕中閲試卷，甚佳。想必于江西過夏秋矣。此後行止，更望寄使聞也。承爲鼐生日作壽序，甚愧厚誼。所言于微薄殊不敢當，然命意遣辭俱善。世不可無此議論，亦不可無此文，盡力如此作去，吾鄉古文一脉庶不至斷絶矣，豈第鼐一人之幸也哉？

吾近有一書與古愚，付王匯川携去，明東至古愚處，當必見之也。居人幕中，務須韜晦静默，勿與衆争名，立身成遠大之業，此其要節。即處世得安恬之福，亦此爲召致也。吾近尚平安，但不知今冬得歸里與明東相見不？臨書悵悵。（《惜抱先生尺牘》卷四）

與劉明東

得前月書，知佳好。不欲就館，閉户勤學，計無善于此者。專精《周禮》亦佳。凡書少時未讀，中年閲之，便恐難記，必須隨手鈔纂。退之『記事』提要、『纂言』鈎玄，固古今爲學之定法也。但此等只爲求記之方，一人所爲，于他人無用。後人往往刊行，等於著述，乃是謬也。

地理乃史學中之一端，須足行多所歷，方能了了。或覓得一當今之全圖有百里方格者，時懸於前，其間雖有小誤，大體不失。若止于史志上，終不能分明也。張阮林辨吾『論大别』，謂『南北通道，淮南江北甚多，豈可但云北峽關及信陽三關』，却不思此通道雖多，而山高徑迂，不便行軍。其可通車轍、易餉運者，只吾邑及信陽耳。吾已以書告之，而彼執不回，且以所辨刊本。吾昔論秦三十六郡無象郡等四郡，錢莘楣謂其不然，吾更不與辨。謂此等是非，于身心家國初無關涉，嘵嘵致辨，夫亦何爲？故今於阮林更不復論，以待讀書明地理者，自能悉其説耳。想明東在縣，已見阮林所刻，于此一條，能豁然乎？時事紛紜，未知清了之早莫，吾輩亦爲所得爲者而已。寒已深矣，珍重千萬，不具。（《惜抱先生尺牘》卷四）

附：

劉開

奉懷姚姬傳先生三十四韻

海内誰知己？名山有達尊。一星臨楚越，萬水祖崑崙。碧漢雲英在，丹霄月斧存。銅龍承帝子，金馬薄公孫。筆挾江濤轉，箋隨石雨翻。五音窮正始，萬籟鼓朝元。上相方推轂，西曹且叩轅。青春辭漢闕，白首卧梁園。每惜微言絶，新聞異學喧。有誰探義窟，獨力闢詞源。障海迴狂浪，披雲出曉暄。高文流上國，大雅起中原。士盡歸羊陟，人争謁謝琨。斗南雲四集，天外鳥孤騫。美璧登元圃，名駒出大宛。不才甘短褐，自昔賦高軒。倚篋無長劍，開筵有巨盆。幾年求鳳藻，一夕造龍門。已倒中郎屣，曾傾北海樽。枯林承露澤，寒谷轉春温。皖口人文地，瑶壇雅頌塤。追隨窺奥府，汲引荷高言。共説師韓愈，何能作李渾。錦筐收木屑，金錯劈雲根。寵惜空群驥，咨嗟失水鯤。親真同骨肉，誨不問晨昏。豈料元戎幕，遥馳建業幡。時鐵制府延主鍾山書院。書來桐子國，人去謝公墩。日月無常處，乾坤入舊垣。靈光猶在魯，趙臺久思袁。雲路終蕭瑟，儒關尚討論。自慚非絶足，何以報明恩。采鳳猶思附，潛蛟出莫援。側身瞻泰嶽，感戴倍何蕃。（《孟塗前集》卷八）

劉開

再呈姬傳先生二十二韻

浩蕩終何極，千秋繫一身。斯文信寥落，此意未沉淪。老去文章在，歸來林壑親。鏡猶懸白日，斗已挂蒼旻。並轡無前哲，登龍盡後塵。天心留碩果，物望屬斯人。好古空彝鼎，憐才辨玉珉。十年求駿馬，一顧得真麟。太息黃香少，深悲仲憲貧。門高容立雪，海闊許登垠。强欲攀千仞，何能舉百鈞。名山聞絕響，近代睹先民。聚散時難必，關山月又新。短衣雷水北，孤棹楚江濱。得句疑風雨，高歌對鬼神。鳴鸞心不展，野鶴性難馴。逝景悲西陸，危樓近北辰。可堪非故里，况乃阻青春。天外宫墻遠，雲中車馬頻。一經虚授受，三楚各昏晨。曠世才何異，空群識自真。長江千派水，終幸出西岷。（《孟塗前集》卷八）

劉開

哭姬傳先生

靈光海内慟無存，多士同聲哭達尊。星日至今懸鳳藻，東南從此失龍門。神歸寥闃關天意，福占名山亦主恩。漫説九州多岳瀆，眼中何處睹崑崙。

早年染翰重西清，壯歲辭榮出上京。時某相國柄政，欲保升侍御史，先生竟以此辭歸。淵府竟從滄海拓，景星長近故鄉明。百家陶鑄歸宗匠，一代人文屬老成。今日風前多少泪，傷情不獨爲師生。

筆頭風雨泣無端，卷裏龍蛇欝怒盤。身後集教千載定，斗南天爲一人寒。平生學與時賢别，垂老躬逢曠典難。謂重宴鹿鳴。回首三冬長立處，當年積雪未曾乾。

歐門賓客筆如椽，玉局深蒙永叔憐。四海論才偏我獨，開幼以書謁先生，謬蒙嘆賞，有『國士無雙』之稱。一生知己更誰先？别來夢斷金陵月，哭罷秋殘皖口烟。譜得水仙新操就，海天無路覓成連。（《孟塗後集》卷十）

姬傳先生八十壽序

劉開

天下風氣之變，其勢及於數十百年，而其始則起於一人之定向。方其習之未變，舉世安於固陋而不知振，有明道者爲之抉其蒙而發其聵，而大義之微者以昭。及其弊之既成，舉世習知爲非而不能正，有明道者爲之挽其頹而矯其失，而流俗之靡者以興。故夫人才之盛衰、學術之明晦，悉視其人之一身，而其身之存，天且默相之以繫世運。

往者明季之衰，士大夫以議論相高而略於稽古。言道學則拾講章之末，言文章則襲語録之遺，其弊也疎而不博、陋而不文。至國初諸君子出，始以宏通淵雅爲宗，考名物必極其精，証經史以補其闕，而聰明奇傑之士翕然從之，學各成乎專家，語必參乎古訓，其淹貫該洽固遠軼乎前代矣。然相習日久，矯枉弊生。善者既有以見其長，而誕者反有以恣其妄。立説争鳴，求異自見。攘古人之善而以爲多聞，訓一字之微而以爲典要。而其甚者則又希合世風，詆排先哲，居心已乖乎正，豈獨立論之偏？而一唱百和，浸尋於顛倒而莫可止也！夫是以天地民物之理存而不明，修己治人之方置而不問，設使顧、閻諸君子生於今日，亦必嘆其流弊之甚而思有以救之者也。

惜抱先生卓起波靡之中，力持正議以詔後學，以古誼爲必可循，以俗論爲不可惑。其窮理也，不强其説之所歸而務得其是；其誨人也，各從其性之所近而必要其成。本之以經術，發之以文辭，證之以事故，而實之以性情、心術以道其真慮。夫天下習義理者之遊心高遠而薄視典物，矜考據者之專心制度而不通理宜，其勢必至於相争而不已也，故兼取古人之長，使之相反而可相資。而必義理爲主以正其原，考證爲輔以致其確，不似調停漢宋者之漫無重輕之序，而又必先反之於躬行實踐以植其基，而後可底於成也。蓋聖賢之道散之在天地民物，行之在修己治人，微與造化通其源，廣與萬物共爲體。惟程朱實能會之於心而體之身。漢唐諸儒雖云掇拾先典，表章遺經，而及此者蓋鮮。降至近日，衆説紛行，微先生力伸此論，而士幾不知有真學矣。然先生退居講學，不與世儒一争異同，而天下之以名義自愛不阿習俗者皆倚以爲重。即至衆論隨俗、行各趨異，而聞先生之名及語以立身學古之事，未嘗不咨嗟太息以爲不可幾也。非天相之以繫世運而能若是乎！然則享大年、逢曠典，上荷朝廷之殊恩而下播士林之詩歌者，非一身之榮，乃天下斯文之幸也。

開久辱門下，愧不能有所成立。竊見先生以一身爲人才學術之攸賴，而即所以壽天下後世於無窮也。爰書以爲獻。（《孟塗文集》卷六）

劉開

祭姬傳夫子文

嗚呼，天下有人力所不争而又不能遂忘情者，死生之常孰是？一身可以無憾而四海盡爲悲傷，如吾夫子之立行植節，繩直矩方，既明且慎，秉德温良，修之於闇，聲聞八荒，令名壽考，鳳瑞麟祥。其所以定不朽之基者，蓋千古之業而不係乎一日之存亡。惟是大雅既喪，典型難忘。從遊之士，無以發其疑難；好古之儒，無以測其汪洋。而凡朝野之士大夫與夫耆德君子，莫不致慨於太山之高、江水之長，以爲斯人不作，云誰之望。然其精爽英魄，盤礴頡頏，不泄爲雲錦之色，必欝爲星精之芒。靈之所在，與天低昂。不見夫卓而爲石，噴而爲波，怒而爲奇禽駭獸，逸而爲孤琴浮磬，幽而爲窈谷深林者，皆其發見之文章。蓋惟積於中者獨厚，故形諸容貌，措諸實行，既以從容乎道義，而充於言辭、流於文字者，沛乎其莫能禦，淵乎其無盡藏。此固造詣之有素，而得於天者亦强。當先生之官刑曹，值時相之攬政綱。却彼推轂，浩然返鄉，其出處之大節，已炳烈乎風霜。至其掄才取士，則九方皋之相馬，而不具識於牝牡驪黃。退居講學數十餘載，以其身爲人才學術之仰賴者，如漢之有伏勝，宋之有歐陽。嗚呼！能如是，是亦足矣，奚用致恨於穹蒼！

開昔年幼，於古人之道蓋有志也，學則未逞。而先生一見，目之爲異才，待之以國士，不啻王粲之受知中郎。自侍教以後，矜憐期望，極知遇之厚，方愧無以報稱，而梁木忽壞，視天茫茫！不獨開親炙無自，天下亦失其瞻仰而徬徨。嗚呼！先生從此不可見矣，而開所抱憾於晨夕，以遠隔白下而不得親問疾於几杖之旁。知己之感，西州之慟，此自古皆然，而況今日之逝者爲吾黨之先達、海内之靈光。尚饗！（《孟塗文集》卷十）

113 姚瑩

姚瑩（1785—1853），字石甫，號明叔，晚號展和，因以『十幸』名齋，又自號幸翁，桐城（今安徽桐城市）人。從從祖姚鼐問學。姚瑩於嘉慶十二年（1807）中舉，次年爲進士。此後曾遊幕廣東，在福建、江蘇等任州縣地方官。姚瑩將『經濟』一途引入桐城派，在文章、政事上皆有建樹。道光元年（1821），因故貶至噶瑪蘭（今宜蘭縣）任通判，他將從臺南一路前往噶瑪蘭就任旅途之見聞，記述成《臺北道里記》一書。道光二十五年（1845），姚瑩在對西康、西藏等地進行實地考察的基礎上，寫成《康輶紀行》十六卷。又著有《東溟文集》六卷、《後湘詩集》九卷、《東溟奏稿》四卷、《寸陰叢録》四卷、《識小録》八卷等。

113-1

姚鼐

與石甫侄孫①

昨得汝秋間書，知汝父子在廣平安。明歲館想仍舊耶？吾近平安，然精神終是乏竭。八十老翁辛苦執筆，以養一家之人，常苦不給，豈不可傷耶？汝所論吾文字，大體得之。汝所自爲詩文，但是寫得出耳，精實則未。然此不可急求，深讀久爲，自有悟入。若只是如此，却只在尋常境界。夫道德之精微，而觀聖人者，不出動容周旋、中禮之事；文章之精妙，不出字句、聲色之間。舍此便無可窺尋矣。聞汝欲刻編修公詩，廣州刻價稍易，得成最佳。其餘所著散碎，非大爲編輯，未易叙次，此非旦夕事矣。吾今日連作數書，覺氣耗。略報，餘汝兄字詳之。（《惜抱先生尺牘》卷八）

① 其後有小字注：『瑩。』

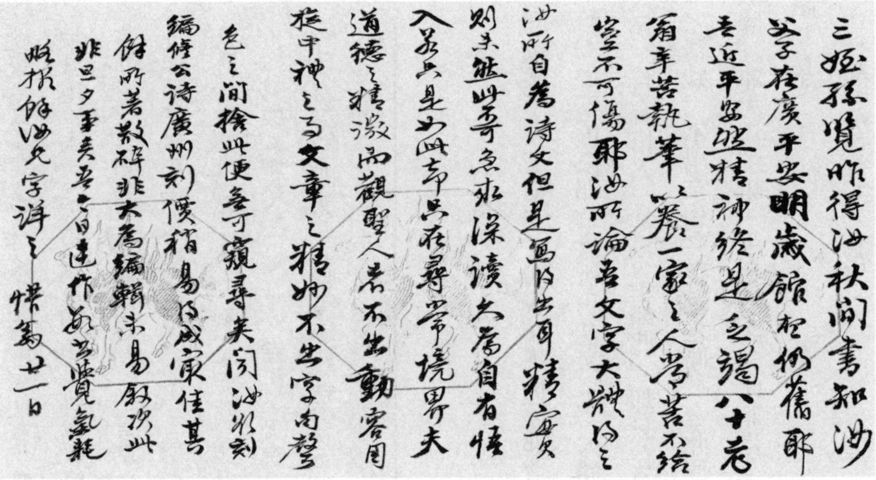

三姪孫覽：昨得汝秋間書，知汝父子在廣平安，明歲館尚仍舊耶？吾近平安，然精神終是衰竭，八十老翁辛苦執筆以養一家之人，其苦不給，豈不可傷耶？汝所論古文字大體得之。汝所自為詩文，但是寫得出耳，精實則未能。此事急求深讀，久當自有悟入。若只是如此，亦只在尋常境界。夫道德之精微而觀聖人者，不出動容周旋中；神之為文章之精妙，不出字句聲色之間。捨此便無可窺尋矣。聞汝欲刻編修公詩，廣州刻價稍易，乃成家佳甚。併所著散碎，非大為編輯，未易敘次，此非旦夕事矣。吾今日遠作書，頗覺氣耗，略報，餘汝兄字詳之。惜翁 廿一日

113-1 姚鼐《與石甫侄孫》

與石甫侄孫

汝在香山，近想平安。吾在鍾山書院度歲，今與觀兒、雉兒居此，俱平安也。去歲三芝庵山爲守僧盜樹，經訟換僧結案，今妥定矣。家中曾寄汝知不？子孫遠出，家中人少，此可念也。衡兒一署儀徵，已受交代之累，實補無期。彼就知縣，甚違吾意，極可恨也。彦容東家張道臺，已改爲員外。閏三月當入京，與家眷同去。彦容又須另謀館矣。

吾今年眼覺昏眊，精神較減，衰憊固理宜耳，但恨諸兒不能樘門户也。汝可努力自勉。雖作山長，亦須認真。毋苟且，毋作失人品事也。現今有辦《江寧志》之議，然總不定局。吾思冬初回去，不知得不？外與汝父一字，可附寄去。汝去歲過海東不？（《惜抱先生尺牘》卷八）

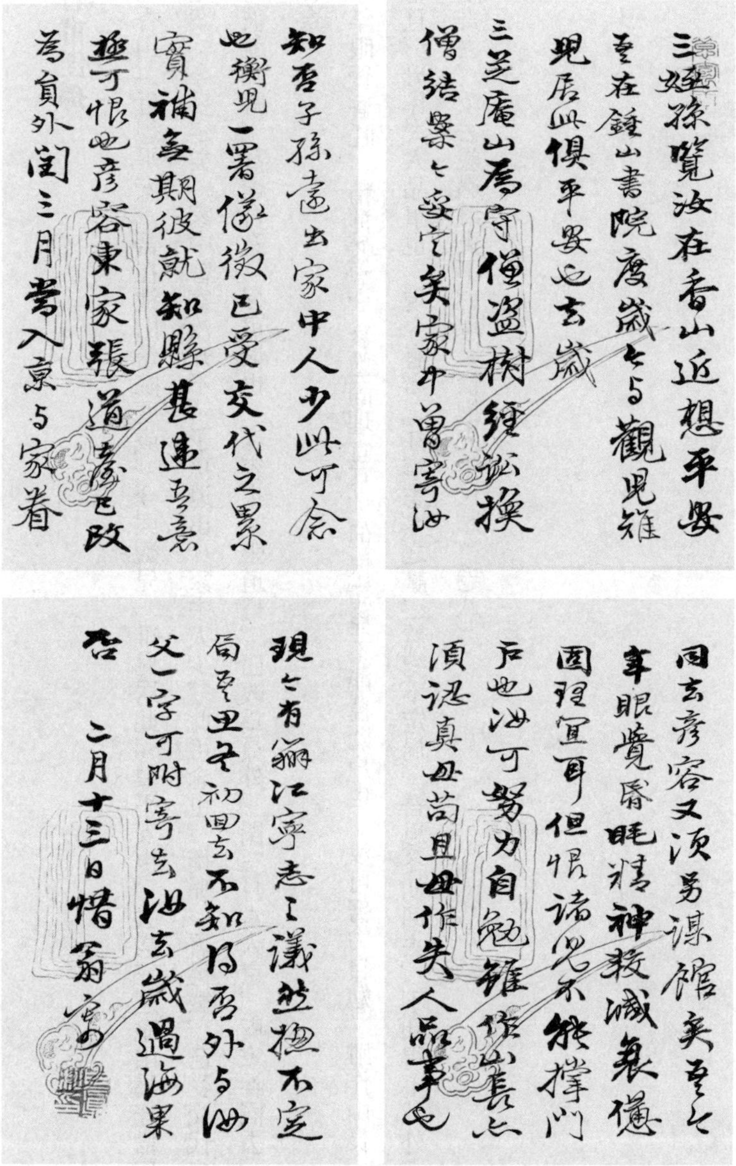

三姪孫覽：汝在香山近想平安。
至在鍾山書院度歲〻〻觀兒雖
現居此，俱平安也。去歲
三元庵山爲守僧盜樹，經訟換
僧，結案〻妥〻矣。家中曾寄汝
知否？子孫遠出，家中人少，此可念
也。衡兒一署徽缺，已受交代之累，
實補無期，彼就知縣甚遠，吾意
極可恨也。彥容東家張道甫已改
爲員外，聞三月當入京〻，家眷
同去，彥容又須另謀館矣。至〻
年眼覺昏眊，精神較減衰憊，
固理宜耳，但恨諸兒不能撐門
戶也。汝可努力自勉，雖作山長亦
須認真，毋苟且，毋作失人品事也。
現〻有編江寧志之議，然極不定
局，至四月初四去，不知得否。外与汝
父一字，可附寄去。汝去歲過海果
否？　二月十三日　惜翁字

113-2　姚鼐《與石甫侄孫》

113-3

姚鼐

與石甫侄孫

知汝父與汝俱於廣州得館，甚可喜。路遠，年底想俱不能歸家也。客中想皆安好。吾在南京平安。已與鹿鳴宴，然仍留此過年。以衡兒未得缺，吾不能便閑居耳。里中中式七人，而吾家無雋者，此亦莫可如何矣。吾《九經説》補刻成，今寄汝二部。嶺南或遇一真讀書人，可與之，東坡云『要使此意留遐荒』也。吾近起疝氣，頗以爲苦。醫亦不效，吾今亦不醫。委化歸盡，固當無所置念也。餘不悉。（《惜抱先生尺牘》卷八，見書前彩插）

113-4

姚鼐

與石甫侄孫

得汝秋間字，知平安。今冬想不能歸也。吾在此亦平安，今年不回去矣。觀兒在儀徵回來，今又薦往江浦去，或可長也。汝刻《援鶉堂集》，甚好。應改錯字，別紙詳之。吾本意自著一筆記，以《援鶉堂筆記》合之。今吾書不成本，分經、史、子、集四部：經部已大抵入《九經説》内矣；史部尚成得八九卷可觀；而子、集不成能書。八十之年，倦於筆墨，姑置之矣。所鈔《援鶉堂筆記》，略有款識，今以寄汝。蓋從書頭鈔所記，若但鈔而已，不能成一條説者頗多。其間必須自考論，略有增添，使其説周密乃佳，不可草草。所取欲少而精，不欲多而蕪。如吾《九經説》内所載三條，則義精而詞備矣。汝可以日久緩緩成之。後序妥，前序非子侄所爲，吾已作《長嶺阡表》，異日或併刻之亦可也。

汝詩文流暢能達，是其佳處，而盤鬱沈厚之力、澹遠高妙之韵、瓌麗奇偉之觀，則皆所不能。故長篇尚可，短章則無味矣。更久爲之，當有進步耳。海内日下人才極乏，後來或有起者，人自勉之。光武云：『安知非僕耶？』（《惜抱先生尺牘》卷八）

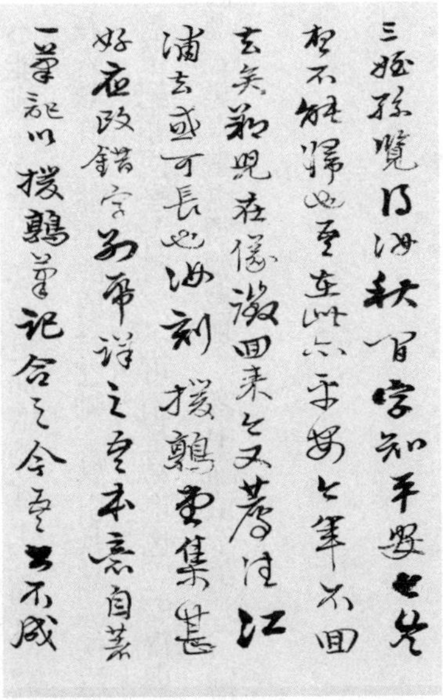

三姪孫覽：乃得秋間字，知平安也。先
想不能歸也，至此亦平安之，年不回
去矣。莉兒在儀徵，因來之，又為往江
浦去，或可長也。此刻援鶉堂集甚
好，在改錯字，為帶詳之，至本意自慕
一筆記以援鶉堂筆記合之，今至亦不成

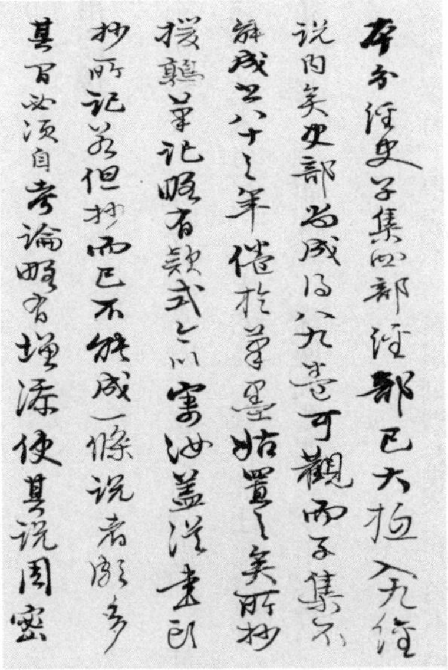

本分經史子集四部，經部已大抵八九，經
說內矣；史部尚成得八九，甚可觀；而子集不
能成其八十之年，借於筆墨，姑置之矣。所抄
援鶉堂筆記，頗有歎式之以寓此，蓋從來所
抄所記者，但抄而已，不能成一條說者頗多，
其間必須自考論，頗有增添，使其說周密，

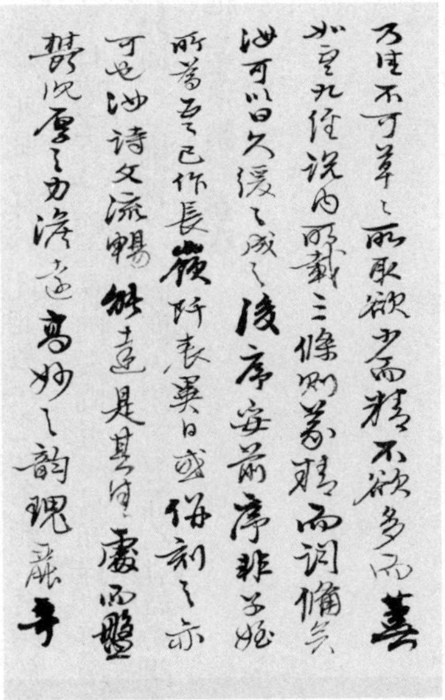

乃佳，不可草草，而取欲少而精，不欲多而蕪。
此至九經說內所載三條，則尤精而詞備矣。
此可以日久從之成之。後序安前序非子姪
所為，至已作長嶺，所表異日或俟刻之亦
可也。此詩文流暢，然意是其佳處，而鬱
勢況厚之力，濟之以高妙之韻，現在乎

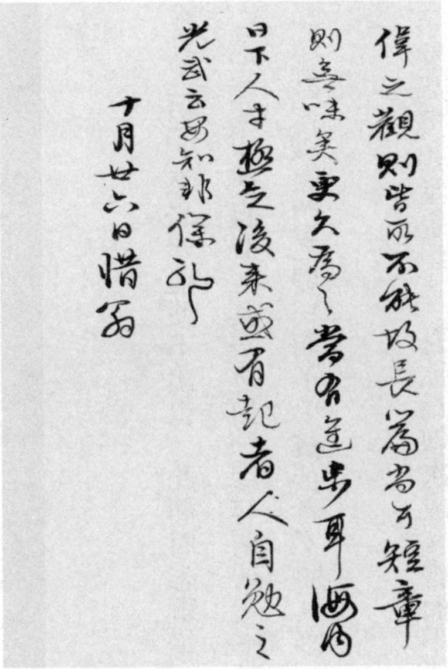

偉之觀，則皆所不能。收長篇當有短章，
則無味矣，更欠為之，當有進步耳。海內
日下人才極乏，後來無有記者，人自勉之。
光武云：安知非僕？記之。

十月廿六日　惜翁

113–4　姚鼐《與石甫侄孫》

113-5

與石甫侄孫

姚鼐

今年來想汝平安，吾在此亦平安。念汝何時得歸。吾擬今秋一返，然恐未能便不出也。此間府志事畢，省志事有欲修之説，然未可定。八十老翁，豈宜常任此筆墨之勞，然家累未能自脱，其奈之何！彦容閑居幾一年，汝兄至此，亦半年矣。圖館甚難，殊使人悶悶。今年大考，伯昂超升，誠家門之慶，而子弟貧苦者不勝其多，何處安頓耶？

汝刻《援鶉齋詩》得成不？廣州刻價差賤，此尚不爲難。惟《援鶉堂筆記》，吾欲爲叙次成一書而不能。蓋書頭所寫，不能成一次序。必須更加增删詮序，如吾《九經説》所載乃佳。此非數年之功不能。吾頃於吾《筆記》中，亦叙入數條。然不能成一卷軸，姑引其端，俟汝等異日成之耳。顧亭林因人問近《日知録》更增幾條，便嗤其謬。蓋筆記亦便是著書，不可謂是易事也。安得與汝見面，一細論之？昨聞人説，吏部乙丑尚未開選，計汝選期亦尚遲，無事當更須讀書耳。客中謹慎千萬。（《惜抱先生尺牘》卷八）

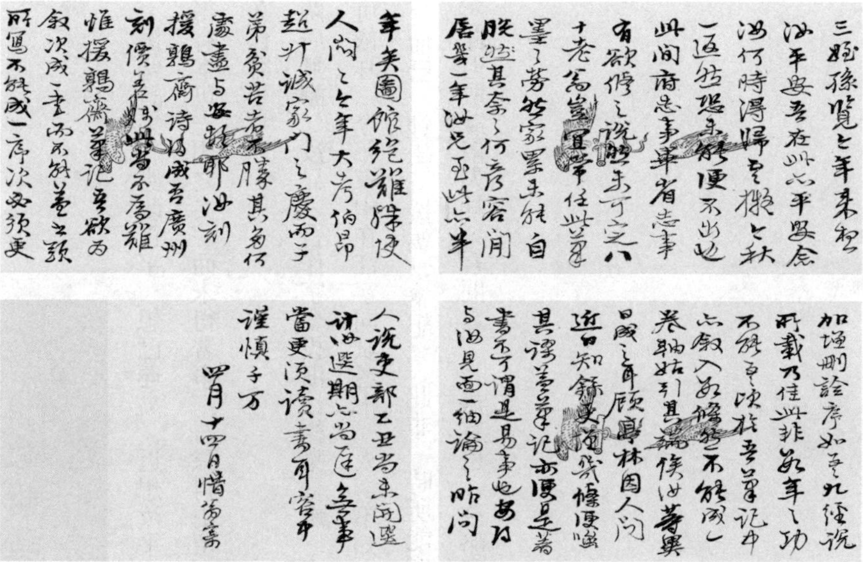

三姪孫覽：七年來想
汝平安，吾在此亦平安。念
汝何時得歸，吾擬今秋
一返，然恐未能便，不出此
此間府志事畢，省志事
有欲修之說，然未可定。八
十老翁，豈宜常任世筆
墨之勞，然家累未能自
脫，然其奈之何！彥容閒
居無一事，汝兄亦此半
年矣。圖館纔罷，辭使
人閒之七年。大考伯昂
超升誠家門之慶，而子
弟貧苦者不勝其多，何
處盡與？所好耶，汝刻
援鶉齋詩，得成否？廣州
刻價當在此，尚不為難。
惟援鶉齋筆記，吾欲為
敘次成一書，而不能盡之，頗
所遇不能成一序次，必須更
加增刪詮序，如吾九經說
所載乃佳。此非數年之功
不能。吾欲於吾筆記中
亦敘入，然條條不能成一
卷，輒姑引其端，俟汝著異
日成之耳。顧亭林因人問
近日知錄，更以數條便謂
其讀書筆記，亦便是著
書，不可謂是易事也。前乃
與汝見面一細論之。昨聞
人說吏部乙丑當來開選，
請汝選期亦當在今年，
當更須讀書耳。容甫
謹慎千万
四月十四日惜翁字

113–5 姚鼐《與石甫侄孫》

113-6

姚鼐

與石甫侄孫

前寄一書併《援鶉詩集》應改正字，想已達矣。近想汝平安，今年想未得回家也。吾始意衡兒得一印署，便回家去，今伊獨得有本班先用之奏，而未得署事，吾只得更留一年。身子衰憊，目昏腿亦軟，但尚能行耳。八十三四之人，豈當久作客乎？

彥容尚在此閑居無館。汝兄，吾作字令投浙江楊臬臺處，求薦一小館。今去尚無回信，不知已得館未？計其親家在彼，或亦可依耳。今年家中在江寧同試者十一人，不知内有雋者不？試後人散，書院中亦自岑寂，吾近亦難於看書，常默坐而已。鈔輯《援鶉堂筆記》，此非一時所能成就。細心爲之，欲精不欲速，不欲多也。近時人著書，以多爲貴，此但取欺俗人耳。吾閲之，乃無有也。兹略寄，不多及也。（《惜抱先生尺牘》卷八）

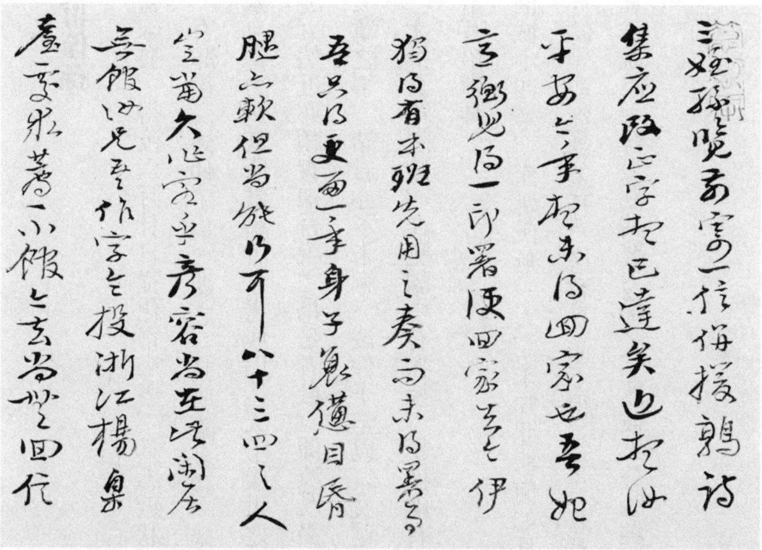

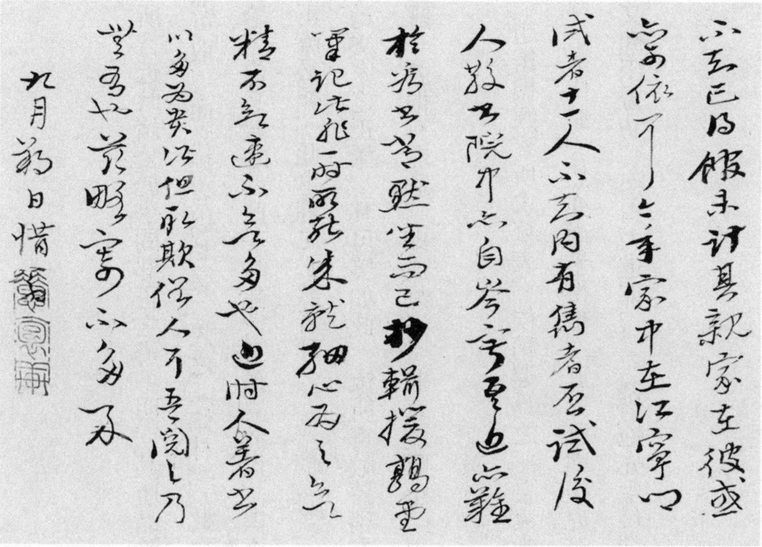

113-6 姚鼐《與石甫侄孫》

113-7

姚鼐

與石甫侄孫

作前書未發，得汝六月廿日從化寄來書，具悉近狀。所言近時諸公於學問邪正之辨不明，其所品論，殊非公當，誠然。吾昨得《淩仲子集》閲之，其所論多謬，漫無可取，而當局者以私交，入之《儒林》，此寧足以信後世哉。吾家自當力爲其所當爲者，書成以待天下後世之公論，何必競之於此一時哉？吾孤立於世，與今日所云漢學諸賢異趣，然近亦頗有知吾説之爲是者矣。渾潦既盡，正流必顯，此事理之必然者耳。

至於文章之事，諸君亦了未解。淩仲子至以《文選》爲文家之正派，其可笑如此。汝所寄較舊稍有進步，然不能大愈。大抵文章之妙，在馳驟中有頓挫，頓挫處有馳驟。若但有馳驟，即成剽滑，非真馳驟也。更精心於古人求之，當有悟處耳。

今科桐城中四舉，而姚氏無一人，未知北榜何如耳。趙笛樓觀察所求墓表，俟稍暹爲之。吾衰敝，作文頗難。精神佳時，或復執筆耳。彦容覓館不得，今只好爲薦一徵比館，然亦尚未得也。五兒已與復兒等同船回家去，此行真是孟浪。吾力勸其努力學字，然彼天分既鈍，又懶用苦功，何由大進耶？（《惜抱先生尺牘》卷八）

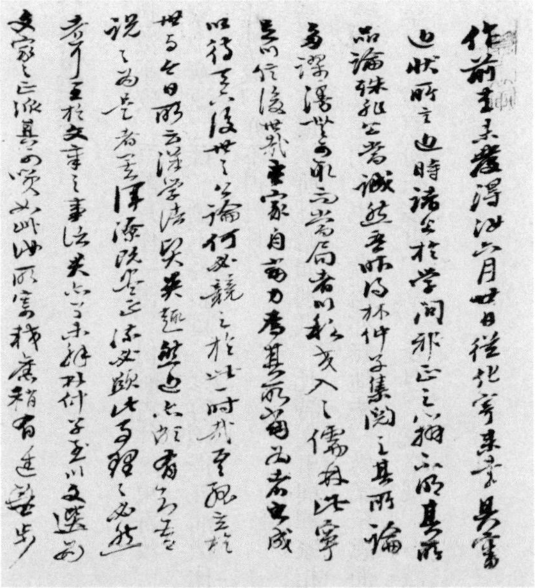

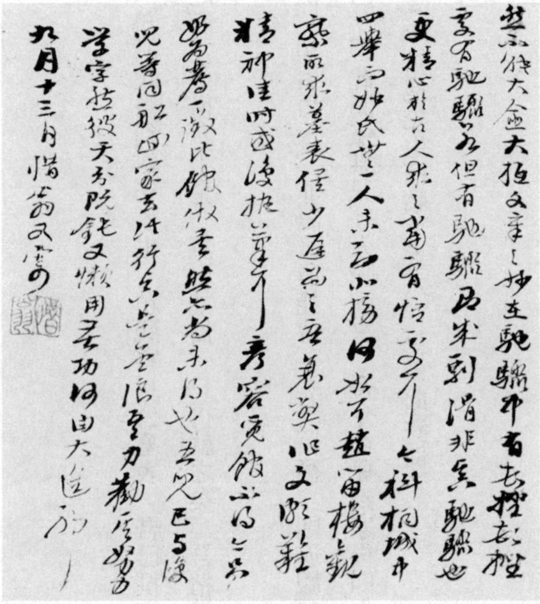

113-7 姚鼐《與石甫侄孫》

113-8

姚鼐

與石甫侄孫

近想汝平安，吾前月作一書，付師古往廣東寄汝，不知與此書到孰先後也。趙觀察封公墓表，吾已撰寄之。秋闈吾家中寧遠之孫，猶不爲寂寞。彥容頃得江浦徵比之館，歲僅六十金，無可如何，只得就之矣。吾精神殊不佳，留此度歲，亦不得已耳。

汝詩文今寄還，所評略如別紙。凡詩文事與禪家相似，須由悟入，非語言所能傳。然既悟後，則返觀昔人所論文章之事，極是明了也。欲悟亦無他法，熟讀精思而已。吾此間僅雉兒一人隨朝夕，吾令復兒到家後即來此，想亦將至矣。中原紛紜多事，令人憂怛。兹略報，不盡。（《惜抱先生尺牘》卷八，見書前彩插）

113-9

姚鼐

與石甫侄孫

新年想汝平安。得去年十月寄書，略知消息。吾在此粗適。彥容得江浦教讀館，歲脩百四十金，今暫回家省覲。景衡署江都兩月餘，已謝事，而反有數千金之身累，蓋此邑兑漕例須賠累。而彼署事，又值兵差也。近日州縣，豈易爲之官哉。笛樓太翁墓表，去冬已寄去，併有書復之。想從兼士處送去，當已達矣。

汝所論近時人爲學之弊，極是。然反其弊而實有所得，此未易言也。人各任其力量，功候成就，大小純駁，不可早定。得失之故，有人事，亦若有天道焉。惟孜孜勉焉，以俟其至可耳。

所選吾詩，大抵取正而不取變。然觀人之才，須正變兼論之，得其真境乃善。夫文章之事，欲能開新境，專於正者，其境易窮，而佳處易爲古人所掩。近人不知詩有正體，但讀後人集，體格卑卑。務求新而入纖俗，斯固可憎厭；而守正不知變者，則亦不免於隘也。《登科記文》，著筆嫌其太重。凡作古文，須知古人用意沖澹處，忌濃重。譬如舉萬鈞之鼎如一鴻毛，乃文之佳境。有竭力之狀，則入俗矣。大抵古文深入難于詩，故古今作者少於詩人。然又有能文而不能詩者，此亦自由天分耳。劉明東閉户讀書，今年決不出坐館，可謂有志。此間亦有一二欲讀書人，才皆不逮明東，然亦視其後來究竟何如，今不能定也。餘須面見乃得盡其詳。兹略報，不具。（《惜抱先生尺牘》卷八）

113-9 姚鼐《與石甫侄孫》(局部)

附：

朝議大夫刑部郎中加四品銜從祖惜抱先生行狀

姚瑩

曾祖諱士基，康熙舉人，湖北羅田縣知縣。祖諱孔鋏，皇贈文林郎，翰林院編修，晉贈朝議大夫。考諱淑，皇贈朝議大夫，禮部員外郎。

嘉慶二十年九月，惜抱先生卒於江寧鍾山書院，從孫瑩在京師聞之，哀愴涕泣。戚友咸唁，乃卜日設奠於都城之西，爲之主而哭之。越日，先生之門人、前江南道監察御史、翰林院編修陳君用光語瑩曰：『吾師以德行文章爲後學師表者四十餘年，所當上之史館，其生平出處、言行之大，綴而狀之，弟子之責也。子於先生屬最親，曷條其略？』瑩無似不能有所譔述，以表先生副侍御之屬，謹以所知對。

先生名鼐，字姬傳，世爲桐城姚氏，先刑部尚書端恪公之玄孫也。先生少時家貧，體弱多病，而嗜學，澹榮利，有超然之志。先曾祖編修薑塢府君，先生世父也。博聞强識，誦法先儒，與同里方苧川、葉蕚南、劉海峰諸先生友善，諸子中獨愛先生，每談必令侍。方先生論學宗朱子，先生少受業焉，尤喜親海峰，客退，輒肖其衣冠，談笑爲戲。編修公嘗問其志，曰：『義理、考證、文章，殆闕一不可。』編修公大悦，卒以經學授先生，而別受古文法于海峰。

乾隆十五年舉於鄉，會試罷歸，學益力，疏食或不給，意泊如也。二十五年，丁贈朝議公艱。越三年，中禮部試殿試二甲進士，授庶吉士。散館改禮部儀制司主事。三十三年，充山東副考官，還，擢員外郎。逾年，再充湖南副考官。明年，充恩科會試同考官，改擢刑部廣東司郎中。四庫館啓，選一時翰林宿學爲纂修官，諸城劉文正公、大興朱竹君學士咸薦先生以所守官入局。時非翰林爲纂修者八人，先生及程魚門、任幼植尤稱善。金壇于文襄公雅重先生，欲一出其門，竟不往。書竣，當議遷官，文正公以御史薦，已記名矣，未授而公薨。先生乃決意去，遂乞養歸里，乾隆三十九年也。

先是，館局之啓，由大興朱竹君學士見翰林院貯《永樂大典》中多古書，爲世所未見，告之於文襄，奏請開局重修，欲嘉惠學者。既而奉旨搜求，天下藏書畢出。於是纂修者競尚新奇，厭薄宋元以來儒者以爲空疏，掊擊訕笑之不遺餘力。先生往復辨論，諸公雖無以難，而莫能助也。將歸，大興翁覃溪學士爲叙送之，亦知先生不再出矣。臨行乞言，先生曰：『諸君皆欲讀人未見之書，某則願讀人所常見書耳。』梁堦平相國屬所親語先生曰：『若出，吾當特薦。』先生婉謝之，集中所爲《復張君書》也。

先生以爲國家方盛時，書籍之富，遠軼前代，而先儒洛閩以來，義理之學尤爲維持世道人心之大，不可誣也。顧學不博不可以述古，言無文不足以行遠。世之孤生徒抱俗儒講説，舉漢唐以來傳注屏弃不觀，斯固可厭。陋而矯之者，乃專以考訂訓詁制度爲實學，於身心性命之説則斥爲空疏無據。其文章之士，又喜逞才氣，放蔑禮法，以講學爲迂拙。是皆不免於偏蔽，思所以正之，則必破門户，敦實踐，倡明道義，維持雅正。乃著《九經説》以通義理、考訂之郵，選《古文辭類篹》以盡古今文體之變，選《五七言詩》以明振雅祛邪之旨。嘉定錢獻之以考證名，尤精小學。先生贈之序，曰：『孔子没而大道微。漢儒承秦滅學之後，始立專門，各抱一經，師弟傳受，儕偶怨怒嫉妒，不相通曉。其於聖人之道，猶築墻垣而塞門巷也。久之，通儒漸出，貫穿群經，左右證明，擇其長説。及其蔽也，雜之以讖緯，亂之以怪僻猥碎，世又譏之。蓋魏晋之間，空虛之談興，以清言爲高，以章句爲塵垢，放誕頹壞，迄亡天下。然世或愛其説辭，不忍廢也。自是南北乖分，學術異尚五百餘年。唐一天下，兼採南北之長，定爲義疏，明示統貫。而所取或是或非，未有折衷。宋之時，真儒乃得聖人之旨，群經略有定説。元明守之，著爲功令。當明，佚君亂政屢作，士大夫維持綱紀，明守節義，使明久而後亡，其宋儒論學之效哉！且夫天地之運，久則必變，是故夏尚忠、商尚質、周尚文，學者之變也。有大儒操其本而齊其蔽，則所尚也賢於其故，否則不及其故，自漢以來皆然矣。明末至今日，學者頗厭功令所載爲習聞，又惡陋儒不考古而蔽於近，於是專求古人名物制度、訓詁書數，以博爲量，以闚隙攻難爲功。其甚者欲盡舍朱程而宗漢之士，枝之獵而去其根，細之蒐而遺其鉅，夫寧非蔽歟？』

又與魯賓之論文曰：『《易》曰：「吉人之辭寡。」夫内充而後發者，其言理得而情當。理得而情當，千萬言不可廢，猶之其寡矣。氣充而静者，其聲閎而不蕩；志章以檢者，其色耀而不浮。邃而通者，義理也；雜以辨者，典章、名物。凡天地之所有也。閔閔乎！聚之於錙銖，夷懌以善虛志，若嬰兒之柔。若鷄伏卵，其專於一，内候其節，而時發焉。夫天地之間莫非文也，故文之至者，通於造化之自然，然而驟以幾乎合之則愈離。今足下爲學之要，在於涵養而已！聲華榮利之事，曾不得以奸乎其中，而寬以期乎歲月之久，其必有以異乎今而達乎古也。』

既還江南，遼東朱子潁爲兩淮運使，延先生主講梅花書院。久之，書紱庭尚書總督兩江，延主鍾山書院。自是，揚州則梅花，徽州則紫陽，安慶則敬敷，主講席者四十年。所至，士以受業先生爲幸。或越千里從學，四方賢雋自達官以至學人士，過先生所在，必求見焉。錢唐袁子才詞章盛一時，晚居江寧，先生故有舊，數與往還。子才好毁宋儒，先生與之書曰：『儒者生程朱之後，得程朱而明孔孟之旨，程朱猶吾父師也。然程朱言或有失，吾豈必曲從之哉？程朱亦豈不欲後人爲論而正之哉？正之可也，正之而詆毁之、訕笑之，是詆毁父師也。且其人生平不能爲程朱之所行，而其意乃欲與程朱争名，安得不爲天之所惡乎？』

先生貌清而癯，而神采秀越，風儀閑遠。與人言，終日不忤，而不可以鄙私干。自少及耄，未嘗廢學。雖宴處，常静坐終日，無惰容。有來問，則竭意告之。喜導人善，汲引才俊，如恐不及，以是人益樂就而悦服。雖學術與先生異趣者，見之必親。南康謝藴山方伯見先生，退而嘆曰：『姚先生如醴泉芝草，使人見之，塵俗都盡。』青浦王蘭泉侍郎晚歲家居，集海内人詩，至先生曰：『姬傳藹然孝弟，踐履純篤，有儒者氣象。』其見重如此。禮恭親王薨，遺教：『必得姚某爲家傳。』德化陳東浦方伯未卒前一歲，屬先生曰：『某死，必得先生文以誌吾墓。』新城魯絜非以文章名江右，始學於閩中朱梅崖先生。梅崖於當世文少所推許，獨心折先生，以爲不及。魯乃度江就訪，使諸甥受業。

自康熙朝方望溪侍郎以文章稱海内，上接震川，爲文章正軌。劉海峰繼之益振，天下無異詞矣。先生親問法於海峰，海峰贈序盛許之。然先生自以所得爲文，又不盡用海峰法。故世謂望溪文質，恒以理勝。海峰以才勝，學或不及。先生乃理文兼至。方、劉，皆桐城人也。故世言『文章者，稱桐城』云。

嘉慶十一年，復主鍾山書院。十五年，值鄉試，與陽湖趙甌北兵備重赴鹿鳴宴，詔加四品銜。先生年八十矣，神明如五六十時，行不撰杖。兵備年亦八十二。觀者以爲盛。先是，先生居江寧久，喜登攝山，嘗有卜居意，未決，遷延不果歸。二十年七月微疾，九月一夕卒於院中，年八十五。門人共治其喪。

生平所修四庫書及《廬州府志》《江寧府志》《六安州志》官書别刻外，自著《九經説》十九卷、《三傳補注》三卷、《老子章義》一卷、《莊子章義》十卷、《惜抱軒文集》十六卷、《文後集》十二卷、《詩集》十卷、《書録》四卷、《法帖題跋》一卷、《筆記》十卷、《古文辭類纂》四十八卷、《五七言今體詩鈔》十六卷，門人爲鏤版行世。

先生兩主鄉試，一爲會試同考官，所得士爲多。涪州周興岱、昆明錢御史澧、曲阜孔檢討廣森，其最也。門人守其經學，爲詩、古文者十數輩，皆知名。尤愛潔行潛志之士。上元汪兆虹志高而行芳，學必以程朱爲法，年二十六卒。先生深惜之，爲誌其墓，謂真能希古賢人而異乎世之學者，生也。先生之受經學於編修薑塢府君也，編修之學以博爲量，而取義必精，於書無所不窺，論辨條記甚多而不肯譔述。編修公已没，先生欲修輯遺説，編纂成書而不就，仿《日知録》例，成經、史各一卷，曰《援鶉堂筆記》，以授瑩，使卒其業。且戒之曰：『纂輯筆記，此即著書，不可苟作。大約欲少而精，不欲多而蕪。近人著書以多爲貴，此但取欺俗人耳。吾閲之，乃無有也。』瑩受教，未及成書，而先生殁矣。

先生原配張宜人，故黄州府同知諱某公女，生一女而卒。繼娶宜人之從妹，故四川屏山縣知縣諱曾敏公女，生二子二女。長景衡，乾隆五十七年舉人，江蘇泰興縣知縣。次師古。長女嫁張元輯，次嫁張通理，三適潘玉。側室梁氏，生一子執雉，以執雉後從兄羲輪，乾隆十八年舉人，廣西南寧府同知，編修仲子也。

十一月，從孫瑩謹狀。（《東溟文集》卷六）

惜抱先生自書詩跋尾

姚瑩

此家惜抱先生贈同里胡屺堂先生作也。是時爲乾隆二十三年戊寅，惜抱先生年未三十。蓋自庚午鄉舉後，數會試未第，故有『已成散木吾何希』之語。屺堂先生名業宏，以乾隆戊子鄉試中試，又在此詩後十年，故云『未沽奇璧君須待』。兩先生當時相重如此。其後，惜抱先生仕不十年即告歸；屺堂先生爲趙城令，不一歲亦引退，兩先生恬於仕進略同。吾桐先輩高風，海内所共仰也。今道光戊申，距作此詩九十年，瑩亦引疾。然瑩年已六十四，數遭顛躓，去兩先生抑何遠哉！屺堂先生從孫虎文以惜抱先生自書此詩示瑩，展讀鐙下，感愧不已。謹考兩先生出處及未遇情事識之，以還虎文。後有覽者，嘆息又當何如耶！道光二十八年三月。（《東溟文後集》卷十）

惜抱先生與管異之書跋

姚瑩

惜抱先生與管異之書六通，皆在鍾山日，異之客山左所得者。中言詩、古文法甚精，蓋深喜異之所爲而言之。逾數年，先生亡，不及見異之後來進境。今所傳《因寄軒集》，豈不勝於秦、晁之在蘇門耶？當時，異之與梅伯言、方植之、劉孟塗，稱『姚門四傑』。然孟塗、異之皆蚤卒，植之著述雖富而窮老不遇，言不出鄉里。獨伯言爲户部郎官二十餘年，植品甚高，詩、古文功力無與抗衡者，以其所得爲好古文者倡導，和者益衆，于是先生之説益大明。今異之往矣，地下有知，能無愉快乎？伯言之道既大行，告歸江寧，先生之風於是乎在。而異之有子小異能世其業，方極困窮，有以重價欲購此卷者，笑而不答，可謂有守矣。道光二十九年十月侄孫瑩謹跋于江寧博山園。（《東溟文後集》卷十）

114 汪喜孫

汪喜孫（1786—1847），字孟慈，號荀叔。晚年因避九世祖諱，改名爲喜荀，甘泉（今江蘇邗江縣）人。汪中之子。嘉慶十二年（1807）舉人，以入貲爲官，卒於河南懷慶府知府任内。爲官清廉盡責，指陳弊病，規畫興利，頗受官民首肯。一生以發揚汪中之學爲任。喜孫精於經學、史學，爲揚州學派重要人物。著有《容甫先生年譜》一卷等。

114-1

復汪孟慈書

姚鼐

七月朔，姚鼐頓首，孟慈孝廉足下：惠書知舊疴新愈，欣喜欣喜！云欲就受業，聞之愧悚不寧。謭陋何足師？況以加高明卓絶如足下者哉！遇事激昂，欲以『躬自厚而薄責於人』爲勖，則足下所自處者善矣！鼐安能加一言耶？承示文册，展誦攬見該博，非恒士所有；而昏耄畏久尋文字，深玩究論，則力所不逮矣！謹繳納。夫天下爲學之事，不可勝窮也。有睿哲之姿，有强果之力，包括古今，探索幽渺，經歷數十年之勤苦。然遂謂於學盡得，而無一失焉，此殆必無之事也。是故學不可不擇所用心，擇而得其大者要者，而終弗自多焉，斯善學矣。

今世天下相率爲漢學者，搜求瑣屑，徵引猥雜，無研尋義理之味，多矜高自滿之氣。愚鄙竊不以爲安。自顧行能無可稱，年過學落，不能導率英少。第有相望之意，不敢不忠。嘗以是語人，今故亦舉爲足下告也。或蒙採

納否？（《惜抱軒文後集》卷三）

附：

授經圖爲汪孟慈題

姚鼐

僕昔遨遊翰墨場，逢君先子在維揚。精勤力遍紬金匱，毀敗書終隔禮堂。英跱百年埋馬鬣，清標兩世見鸞翔。偉將繼業名當代，欲盡頹齡尚一望。（《惜抱軒詩後集》）

115 朱爾賡額

朱友桂，生卒年不詳，字述堂，號白泉，後改名爲朱爾賡額，朱倫瀚孫，朱孝純長子，漢軍正紅旗人。捐貲得兵部工事，歷官軍機章京，署廣東督糧道。嘉慶十四年（1809），百齡爲兩廣總督，疏請調朱爾賡額往廣東，擢高廉道，署督糧道，剿匪事一以倚之。嘉慶十六年（1811），調任江南巡鹽道，署江寧布政使，協助百齡治理河工，整頓葦蕩事務，設蕩兵、蕩官。次年，因被劾虚糜錢糧，苦累樵兵，遣戍伊犁。作《獄中上百朱二公書》以辯己冤，事爲《嘯亭雜録》所載。在戍六年乃還。

115-1

姚鼐

與朱白泉

前一書知已達，昨接惠函，具審近祉。嘉謨之經畫，宣力之勤勞，賢臣報國之心，必有以大爲民生之福者矣。所望竣工之速，可以快相見耳。兩大人照已題，但愧陋辭發揚盛美不能寫盡，聊盡傾仰之心而已。（《惜抱先生尺牘補編》卷一）

115-2

姚鼐

與朱白泉

十二日，鼐爲友人邀游城西，至暮始返。駕來書院，遂失迎迓。次日知行速，亦不及走送，罪歉罪歉。連日暑濕，台候想佳好。淮上能不以水多爲患乎？承命記題先照，已擬得一文，其間尚有數處須問，如長君之號爲何？見任係山東黄縣不？今將原稿寄來，懇爲填寫空字，仍寄還照以登卷。記内如別有舛誤須改者，祈示知也。《長江萬里圖》甚不佳，鼐平生不曾見鄒小山之畫，然料其筆墨必尚有佳處，若此稚弱，則不足言矣。當是僞迹也。衡兒在徐已久，審案已多，恐有錯謬，爲公事之害，能令還省，或備差使於督轅則佳矣。（《惜抱先生尺牘補編》卷一）

115-3

姚鼐

與朱白泉

昨聞淮上來信，令人駭愕，繼以悲愴。世故紛紜，難以論矣。伏願自守定慧，譬如皎日當空，下之陰晦晴明，皆無與吾事，此乃是本分實在受用處也。兹後復起與不，悉置勿論。獨有平生於瞿曇家風會得幾分，一番提起，真是衣中如意珠也。鼐無能而又貧老，於白泉今日情事，雖欲助而無由，惟作此言。俗人以爲可笑，智者聞之當有會心處耳。（《惜抱先生尺牘補編》卷一）

116　陳　斌

陳斌（？—1823），字陶臨，又字白雲，德清（今浙江德清縣）人。陳斌『學詩四年，學古文四五年，而其潛心尤經世之學也。前後爲館師者且二十年』（宋咸熙《白雲先生傳》）。嘉慶四年（1799）進士，嘉慶十一年（1806）選青陽，嘉慶十六年（1811）署懷寧二邑。『至始遷鳳潁同知，攝寧國守事，卒以涇縣獄疑誤，被謫免歸。歸而賃居德清北郭外，蕭然如昔。不一二年，以疾卒。』（宋咸熙《白雲先生傳》）著有《白雲文集》五卷、《白雲詩集》二卷等。

116-1　姚鼐

與陳白雲

去秋幸得瞻接，今經歲矣。想道體佳適。以風雅之韵，宰山水之間，勝情固不妨於政事。鼐衰老甚矣，安得策杖九華，併再承麈教乎？前蒙諭寫册頁及素卷書成，苦無便奉寄。今以交王慕韓司庫，當可達耳。（《惜抱先生尺牘補編》卷一）

117 熊象階

熊象階，生卒年不詳，字松樵，潛山（今安徽潛山縣）人。嘉慶三年（1798）任濬縣知縣，嘉慶八年任河内知縣，並署汝州知州，歷官河南彰德、衛輝並江西袁州知府。《（光緒）重修安徽通志》載：『潛山拔貢……在河南三十餘年，辦兵籌荒政，清廉率屬，有循良第一之目。』著有《濬縣金石録》二卷，編撰《濬縣志》二十四卷。

117-1

姚鼐

與熊子升

累年得聞政聲，有古賢羔羊之風，嗣家德箕裘之盛，欣頌於懷者久矣。頃者，太翁自江寧西來，即以治方兼隆色養，此生人之大慶，亦封内所同歡也。來書頗有解組之思，雖彌適於私門，而頗違於公望，豈其宜哉？鼐衰憊，在此久麈講席，蒙譽愧甚。（《惜抱先生尺牘補編》卷一）

118 陳希頤

陳希頤，生卒年不詳，字蓮舫，新城（今江西黎川縣）人。事迹不詳。

118–1 與陳蓮舫①

姚鼐

書至敬悉。劉生前有欲在家讀書一年之志，不知伊肯就此館不？鼐自作書問之。其字乃明東也。關聘却可遲步寄去。尊照兩手卷已題，繳上，但不能佳耳。邸鈔併繳，餘明日奉造面悉，不具。（《惜抱先生尺牘》卷五）

① 其後有陳用光小字注：『希頤，鍾溪從弟，四先兄觀長子。』

119 陳松

陳松，生卒年不詳，號秋麓，鄱陽（今江西鄱陽縣）人。陳氏善詩詞，曾作《題金陵管異之〈寒燈課讀圖〉》一闋。其子陳方海、陳字爲文私淑桐城，與劉開、姚瑩等友善，陳方海曾作《劉孟塗傳》。

119-1 姚鼐

與陳秋麓

姚鼐頓首，秋麓大兄足下：曩得見於江寧，又遇杭州塗中，仰覩丰采卓越，固心以謂必非恒士矣。其後鼐歸安慶，絕不得見。承足下以書及詩垂寄，又失不達。今石士編修録以予鼐，乃獲讀之，然後知足下果異人也。書辭才氣沛然，有決河奔驥之勢，使人喜愕，反復誦不能已。其論旨高大，與古君子通立言之要，顧鼐淺薄不足以副所言耳，然豈可謂足下以內外辯爲文是非之說，非天下至言哉？詩於文差有不逮，然其高致尚非今時作詩者所逮也。才人者，天下之公器也。以足下敻望高步，欲繼永叔、魯直，招四海而掩一世之俊，其才將可以濟其所志。此天下之士，非江西之士矣。鼐德業無稱，文章褊陋，加頃年耄疾，何足有進於足下？雖然，承足下殷勤下問，而闃然弗答，不敢也。今夫楩梓豫章，幽生深谷，則無人知其美。積歲月之久，上枝干雲霓，下幹蔽列騆，卒爲天下巨材。生道塗之近則易見取於人，而摧折之患亦至。今者足下已至京師，名列吏部，其才美見知於人易矣，而卒求所以養成其材者，必待歲久而後大。竊有愚願，願無急於人知，厚培其本，勿受世之摧折而已。冬寒，珍重千萬。庶幾早晚得近闕，南來一見，以慰衰暮之思。不具，姚鼐頓首。（《惜抱軒手札》）

姚鼐頓首
秋麓大兄足下曩得見於江寧又遇杭州塗中仰覩
丰采卓越固心以謂必非恒士矣其後鼐歸安慶絕不
得見承
足下以書及詩垂寄又失不達今石士編脩錄以予鼐乃獲
讀之然後知
足下果異人也書辭才氣沛然有決河奔驥之勢使人喜
愕反覆誦不能已其論首高大與古君子論立言之要顧鼐
淺薄不足以副所言耳然豈可謂
足下以內外辯為文是非之說非天下至言哉詩於文差有
不逮然其高致尚非今時作詩者所逮也才人者天下之公
器也以
足下負望高步欲淩轢齊魯直招四海而掩一世之俊其才
將可以濟其所志此天下之士非江西之士矣鼐德業無稱文
章稿陋加頃年耄疲何足有進於
足下雖然承
足下殷勤下問而澗然弗答不敢也今夫楩梓豫章幽生
深谷則無人知其美積歲月之久上枝干雲霓下蔭蔽列駟
卒為天下巨材生道塗之近則易見取於人而摧折之患亦
至今者
足下已至京師名列吏部其才美見知於人易矣而卒求
所以養成其材者必待歲久而後大穩有愚願願無急於人
知厚培其本勿受世之摧折而已冬寒
珍重千万庶幾早晚得近聞南來一見以慰衰暮之思
不具 鼐頓首

120 張元輅

張元輅，生卒年不詳，字虯御，號石綺，桐城（今安徽桐城市）人。少有名譽，從舅氏姚鼐學爲詩，工篆書行草。久困場屋，嘉慶時選授廣西吏目。會巡撫謝啓昆修《廣西通志》，元輅充纂修，分輯沿革，考據最稱精確。書法雄古奇縱，全得晋唐人筆法。著有《六書正訛補》五卷。

120-1 姚鼐 與張虯御

今春在江寧作一書，封於衡兒信内寄吾甥。因衡兒出京，將書者遂併持返，良可惋也。然所言欲甥定婚事，今知已畢姻矣，大可喜也，伫望熊兆耳。堂上近安好，諸女皆得良奥矣。賀賀。晴牧覓地，雖目力未必逾人，然頗能勤苦，此亦自其佳處。果如此不懈，要必有得，天真不負苦心人也。聞甥將南歸，甚善。然恐秋有恩科，則必輟行矣。頃新城陳石士爲吾刻《時文》，今寄甥一部。吾所選《五言今體詩》，失其本，望鈔一本見寄也。

（《惜抱先生尺牘補編》卷二）

120-2 姚鼐 與張虯御

在金陵得吾甥書，具知近况佳好。所尤望者，熊羆之夢，不知早晚可冀邪？愚於十月還家，將前婦葬於竹園窠，來春却葬亡弟於鐵門，以了吾身之事而已。晴牧於此可謂能勞心苦力矣，而未得一妥貼地方，以畢心願。此事固是難耳。今秋冠海自家向江陰去，過金陵共聚兩夜，似其意於尋地亦懈矣。良可慨也。吾所撰《九經説》，有旌德朱生允爲雕板，明年或便可成矣。詩、古文尚未能議及耳。今將《陳夫人墓誌》《敬敷書院課讀文》奉寄，甚思一夕面談，明年能一歸乎？戊午則又當應試矣。在北方交遊中見佳士不？幕務之餘作何功課邪？（《惜抱先生尺牘補編》卷二）

120–3 姚鼐

與張虯御

觀兒到江寧，具知吾甥近狀安好，所患臀疾漸愈可行矣。兹爲慰也。覓地事有可就不？甚念。墓誌已爲撰就，似可用，只待填寫地名耳。鼐尚如故態。《法帖題跋》，外間見者多以攷證見推，然吾意實以論書法處爲重，惟虯御能深解此耳。（《惜抱先生尺牘補編》卷二）

120–4 姚鼐

與張虯御

新正惟動定佳勝，宅中極平安。鼐家亦平安，衡兒於此初十日由旱路入京矣。係獨行無伴，以一轎兩扛車也。鼐與周茨山互易書院，各免涉江濤。約二月半至皖中。邑中諸戚友都無恙，而大勢彌就艱窘。米價貴至升幾三十錢。初九日得快雨，乃稍定耳。甥署事卸未？小郎頑健可喜，已斷乳未？吾舊歲在江寧作兩書，不知何時乃達桂林，見寄書時，知尚未見也。（《惜抱先生尺牘補編》卷二）

120-5

姚鼐

與張蚪御

春初一書想已達。近當佳好。現署何缺，不至空閑邪？小郎想更頑健，伊有得弟信乎？鼐與諸親友大抵皆如舊狀。此間時見雨耕，伊以家事之壞敝，時爲鬱鬱矣，然精神尚可。此九月内，雉兒娶婦，然吾留此須十一月歸去，畏家中地偪而人鬧也。有新選平樂府昭平令羅奎章者，係戊子通家。其人已至粤未，其光景如何？望爲一詢之。晴牧痔殊未痊，吾爲起庸人擾之之嘆矣。（《惜抱先生尺牘補編》卷二）

121 張聰思

張聰思，生卒年不詳，字兼士，桐城（今安徽桐城市）人。姚鼐外甥，事繼母，孝聞鄉里。嘉慶元年（1796）以廩生就職赴苗疆軍營，有功授官，旋以剿捕出力保舉知縣，歷任四川蒲江、廣東歸善等縣。

121–1

姚鼐

與兼士大甥

兼士大甥覽：夏間得書，知佳好爲慰。嶺外吏難爲，而此處近山遠海，固爲差勝，切戒求調繁也。吾此間平安，八月回家，然恐不能竟從此安居里中，明年須仍一來耳。衡兒改近何省尚未定，今居此待之，却不更入都也。井樓平安，功力不能甚到，誠然矣。然得失亦自有命，固非可前決矣。秋凉珍重。外一書與佩玖，望付之。餘不具。七月廿七日，惜翁。（《國朝名賢尺牘》）

121–2

姚鼐

與張兼士

得去歲書，知佳好。入今年來當彌勝也。小邑事少易爲，又不通孔道，免差務之繁，此吾所最爲甥快者。若求調繁，乃是苦耳。井樓能來下場不？若今未動身，則是不來邪？吾在此平安，去臘未歸。雉兒與其生母俱在此矣，衡兒携其妾在江浦。吾擬今秋暫回家，明冬乃辭館去，不得早休，良由老翁命苦故耳。至於南京買屋之計，則輟止矣。大遥在此妥貼平安，署印則今年殆猶未可望也。（《惜抱先生尺牘補編》卷二）

121-3

姚鼐

與張兼士

久未得消息，甚念甚念。在官想佳適，新年當增勝也。去臘師古赴粤至署未？今當動身北歸矣。吾此間平安。九、十兩息婦俱來居於此。自課櫺孫讀書，固不寂寞矣。衡兒十月署江都，臘月卸事。此缺近爲累缺，加以兵差，遂令身有未完矣，且挪扯度歲耳。吾今歲必回里矣。八十四五之人，豈應尚作館哉？中原兵事已靖，江南制軍明日歸署矣。衡兒今日往江浦去接之也。大遥何以不來補官，署中須其照料邪？若又開新班則相礙矣。吾近目昏，作字較艱。疝氣間發，然不甚也。彦容得江浦館，蒖生得餘杭館，潘藴輝得沭陽館，餘皆粗遣。粤中通書極難，兹附劉大哥處，想可達耳。珍重千萬，餘不具。（《惜抱先生尺牘補編》卷二）

122　談　泰

談泰，生卒年不詳，字階平，一字星符，上元（今江蘇南京市）人。乾隆五十一年（1786）舉人，大挑選授山陽縣學教諭，轉南匯縣學訓導。淹通經史，專志撰述，不爲世俗之學。凡音律算數，無不精通，尤長援引考證，嘗從學於錢大昕。撰有算術書三十餘種，僅存《井里演算法解》數種，又有考證經史之作《觀書雜識》二十卷。

122-1

復談孝廉書

姚鼐

某頓首，星符先生足下：前辱以辛楣先生説秦三十六郡事，與僕二郡説異，示以相較，甚喜！比未及詳答，今更考尋，知少詹言亦未審也。按《秦始皇紀》『分天下爲三十六郡』，在其二十六年；迄三十三年，略取陸梁地爲桂林、象郡、南海，是已爲三十九郡；至秦亡時，或更有分合，不知凡若干郡也。子駿、孟堅蓋已不能詳知，姑舉其初，曰：『本秦京師爲内史，分天下作三十六郡。』下遂及『漢興』云云。其説實有未備，不可拘守也。

僕考秦、楚間郡名，得四十餘。《漢·地志》郡、國其有注云『秦置』者，凡三十六。少詹所舉，謂始皇所分三十六郡即是也，而桂林三郡在其中。其外，《史記》紀秦昭襄王置黔中郡矣。《陳涉世家》云『比至陳，陳守、令皆不在』，則知有陳郡矣。『丁疾等圍東海守慶于郯』，則知有東海郡矣。《項羽紀》『趙將司馬卬定河内，故立爲殷王，王河内』，蓋秦有河内郡也。『田安下濟北數城』，《留侯世家》『孺子見我濟北』，是濟北亦秦郡，故曹參定濟北郡也。至於鄣、東陽、膠東、膠西、博陽、城陽、衡山諸郡，皆名見楚、漢之交者。此或秦置耶，或楚、漢置耶？舉未可知。將以推始皇二十六年分三十六郡之數，惟南海、桂林、象郡必不當數之，少詹誤耳。其餘四十餘郡，不能定其決爲後置者何郡也。裴駰所舉三十六郡，與少詹互有短長。僕作《二郡沿革攷》時，姑因六朝人説，以鄣爲秦郡。究之秦初，郡必不可指數，謂有鄣者未必非，亦未必是也。『多聞闕疑』，庶得之耳。

尊著《斗建考》甚精當，然猶覺文太繁。減其大半乃善。餘當相見論之，不具。（《惜抱軒文集》卷六）

123 程　南

程南，生卒年不詳，字聖可，號庸庵，休寧（今安徽休寧縣）人，一作績溪人。早歲爲諸生，遊淮浦門下，多知名士。以親老歸，閉門著述。精通理學，又善書法。晚年遊心林壑，寓意岐黃。著有《詩經録要》《性理纂要》《類方秘録》《脉症應繩録》等。

123–1 復休寧程南書

姚鼐

虙羲氏受《河圖》而畫八卦，禹得《洛書》而陳九疇，是其説本出劉歆，世儒或疑歆言不足憑。吾謂《莊子》有九、洛之事，其言出歆前矣。歆説必有受，未可非也。宋儒所得《河圖》《洛書》，傳自道家。夫禮失求之野，亦不得謂道家所傳必非古聖之遺。故如歸熙甫輩，肆訾宋儒之非者，吾未敢以爲然也。然吾謂有聖人之智，然後能見《圖》《書》而得卦、疇之理；苟非聖人，而推測言之，固未必當矣。就邵、朱之書，而決其必合於古聖人歟否歟？斯非聖人不能定矣，非吾末學所敢論也。

且聖人之得於天者，有道焉，有機焉。道則列聖同其傳，機則聖各異其所取。虙羲與禹，所見者道也，而所由悟者機也。夫《易》者，言道之書也，而聖人作《易》詞取象，則亦各因其時之機焉。文王所由取，周公或未及知；周公所由取，孔子或未及知。解《易》而强言其象之所由，皆不知道可明而機不可明之故。朱子《本義》，置象不言，此朱子識之最卓，非漢以來諸儒所可及者。然則邵、朱所傳之《圖》《書》，即誠與虙羲、禹所見者纖毫無失焉？吾亦存之不言可也。

彼聖人與天契者，有機焉，作《易》以教天下之理，天下所必當知也；作《易》始發之機，天下所不必知，亦不可知也。食肉不食馬肝，未爲不知味。吾尊奉朱子而不言《圖》《書》，意蓋如此。今足下所著《易》，尤以言《圖》《書》爲事，此僕平生所不能解者，雖承下問而無以對焉。（《惜抱軒文集》卷六）

124　張　炯

張炯，生卒年不詳，字惺齋，一字季如，宣城（今安徽宣城市）人。汝霖子，燾弟，監生。乾隆五十一年（1786）舉人，嘉慶元年（1796）舉孝廉方正，議叙直隸州州同。姚鼐《贈燾詩》云：『宣城自古詩人地，張氏才多奕世聞。』謂燾與炯也。與袁枚、姚鼐、翁方綱、吳錫麒有詩文交往。《隨園詩話補遺》載：『張惺齋炯題云：「蟬翻一葉墜空林，路指桃花尚可尋。莫怪世人交誼淺，此潭非復舊時深。」惺齋乃詩人稻園汝霖司馬之子，落筆綽有家風。』著有《達孝通經論》《池上草堂詩集》等。

124–1

與張惺齋①

姚鼐

奉別不謂遂及如許年。鼐重詣金陵，迴憶昔者相對，彌增懷想。得去臘手書，具審嘉勝。以銀鈎鐵畫之妙迹，上繼中郎太學之遺軌，真人間一大佳事，聞之可勝快耶！大作揄揚盛美，不愧卿雲之儔，讀之忭躍而已，便留此與後輩作楷式耳。

修志之說，頃頗難就，今年固不能開局，恐來年亦未可必也。雒君之歿，良爲可傷。其著作率有志未就，而後賢無繼，尤可悲嘆，其若之何？鼐衰疲，然尚能步履，但精神不能讀書矣。率候，不具。（《惜抱先生尺牘》卷二）

① 其後有注：『炯。』

附：

姚鼐

張惺齋見示先贈侍讀公西阪草堂集輒題一首

數卷清風迥出群，正如縹緲敬亭雲。宣城古是詩人地，張氏才多奕世聞。踰嶺奇遊蘇玉局，登樓傷别杜司勛。通家獨恨升堂闕，聊比中郎誌郭君。（《惜抱軒詩集》卷十）

125 **張德鳳**

張德鳳（?—1835），字子韶，号梧岡，江寧（今江蘇南京市）人。周際華大令曾請張梧岡執教於百泉，其《和張梧岡太史重遊百泉》注曰：『丙戌冬君來，遊泉上，愛其山水清曠，適余重建共城書院，延以主講』。（《（道光）輝縣志》卷十九）張梧岡『謁選得仁化邑』，梅宗亮作《送張梧岡序》以送之。

125-1

姚鼐

與張梧岡①

去歲得書，知在都佳安。有志爲古文，甚善。鼐有《古文辭類篹》，石士編修處有鈔本，借閱之，便可知門逕。若夫超然自得，不從門入，此非言説可喻，存乎妙悟矣。珍重，不宣。（《惜抱先生尺牘》卷二）

①其後有注：『德鳳。』

126 徐 穎

徐穎，生卒年不詳，常州（今江蘇常州市）人，徐頲之弟。事迹不詳。

126–1 姚鼐 答徐季雅

林仲騫至，得書並大著一册，承推譽過重，所不敢任。足下年甚少，而所能如此，其志氣又如此，異日成就，寧可意量？但願爲之勿倦，自有深入之境。此本非他人所能力助者，况如鼐夙昔所得者既淺，加復衰耄，豈足爲英少先導？但以垂暮之年，得見吴中近日賢俊奮起，足以追繼貴鄉諸前輩，兹足爲快耳。

夫文章之事，有可言喻者，有不可言喻者。不可言喻者，要必自可言喻者而入之。韓昌黎、柳子厚、歐、蘇所言論文之旨，彼固無欺人語。後之論文者，豈能更有以踰之哉？若夫其不可言喻者，則在乎久爲之自得而已。震川閲本《史記》，於學文者最爲有益，圈點啓發人意，有愈於解説者矣。可借一部臨之熟讀，必覺有大勝處。鼐衰病未必尚能適吴，足下或有西來時，不知當有相逢日不？草復，珍重，不具。（《惜抱先生尺牘》卷二）

127 林衍源

林衍源，生卒年不詳，字仲騫，號愼齋，元和（今江蘇常熟市）人。諸生。與陳貞白、顧燕謀、少卿兄弟友善，以古文相切磋。論文不尚摹擬，並謂：『古文之學，非特義法求合古人，必性情能追古人而從之，然後有所自得。』於學無所不窺，研求宋儒學術，於朱子之書尤深思篤好。其爲文平正通達，清夷簡質，確與桐城相近（劉聲木《桐城文學淵源考》）。著有《毛詩箋》二卷、《本草補述》十二卷、《愼齋存稿》十六卷等。

127–1 復林仲騫書

姚鼐

姚鼐頓首，林君足下：前月承惠書及寄近作文十首，展讀欣慰之至。當今才俊有意學古文者極少，學古文而有雄駿之氣、清遠之思，如足下能自發其文者，又加少也。足下當勉以第一流人自待。顧如鼐何足數，乃見推之過，欲以爲師表，此豈所敢當，徒增其愧耳。

夫鼐所云學有三塗，以義理爲其一塗者，謂講明而辨説之，猶是文字中之事，未及於躬行爲己也。躬行爲己，乃士所以自立於世根本所在，無與之並者，安得同列而爲三乎？雖然，言義理雖未逮於躬行，而終於躬行爲近。若文章、考證之事，舉其極亦未必無益於躬行也，然而以視義理之學，則又遠矣。子曰：『學之不講，吾憂也。』非義理之謂乎？若古文之學，須兼三者之用，然後爲至。夫論學之旨，或分或合，所從言之者殊，會其趣則一也。

足下所寄之文，其佳者極可愛，然亦有蕪平未越俗轍者，俱妄爲評定，其意有欲竄定者便奮筆爲之，不復自嫌，以相望之心誠切也。幸能諒之。吴中人家當有歸太僕黄、朱筆閲本《史記》，尊處如有則熟觀之，無則當求一本臨過。欲知文家之要，舍此不得其塗也。鼐近狀如故。盛暑珍重千萬，奉復略晚，勿罪。去歲詢知尊字，衰耄忘之，乞再示。餘不具。

六月廿七日，鼐頓首。（安徽省博物院藏手稿，見書前彩插）

128 孔廣廉

孔廣廉，孔繼涑子。孔繼涑（1727—1792），字體實，號信夫、穀園，曲阜（今山東曲阜市）人，孔子後裔，爲孔廣森叔父。乾隆三十三年（1768），姚鼐主山東鄉試，得孔信夫及孔廣森。孔信夫善書法，精鑒別，工詩文。著有《穀園論書》一卷、《玉虹樓詩詞》四卷。據《孔信夫墓誌銘並序》載，孔繼涑無子，『以户部少子廣廉嗣』。

128-1 與孔某①

姚鼐

去歲秋間，承尊大人來江寧，聚居兩日，略慰數十年相憶之情，不謂自此遂成永訣。頃來江寧，見世兄訃告，及尊大人遺書，讀之沈痛内結，老泪不禁。回思往昔相對，都如夢寐，悲哉悲哉！

鼐今歲二月始獲安葬先人，故至此最遲。展閲來書，才數日耳，而遣足來取復書，計欲爲尊大人撰一文字，不可倉卒便就，而此足亦不能留待，今先遣之奉復。其行略已摘鈔留本，其元本謹以寄還。俟鼐所作文字得成，當覓便另寄。朝夕之間，孝履惟節哀慎護，勿忘先志。謹此唁慰，餘不備及。（《惜抱先生尺牘》卷四）

①其後有注：『信夫之子。』

附：

孔信夫舍人自揚州挐舟見訪將自此適蘇州章淮樹觀察邀與共觀家伎因作此送信夫

姚鼐

櫻笋成時燕入堂，當軒陰重草初長。共扶白髮三千丈，來看金釵十二行。灧座玉船傾若下，指塗蒲席向吳閶。明朝萍迹都成憶，耳識仍增記繞梁。（《惜抱軒詩集》卷九）

哭孔信夫次去歲觀伎韵君自遺書乞余銘墓

姚鼐

公子聲高魯廟堂，爲余江水遨游長。石銘歸託名千載，玉版前留墨數行。鵩臆恍知從物化，人情未可扣天閶。清樽急管同聽處，依舊烏衣上玳梁。（《惜抱軒詩集》卷九）

孔信夫墓誌銘並序

姚鼐

信夫諱繼涑，孔子之六十九世孫而曲阜衍聖公諱傳鐸之季子也。幼而才俊，衍聖公爲聘華亭張尚書照女，女殤而君遂習於張氏。尚書以書名天下，君得其筆法，書蓋埒之。又善於鑒別，收集古今名家書，鐫刻論辨，世所傳《玉虹樓帖》也。其於詩文，爲之皆工善。

乾隆三十三年，余主山東鄉試，得君及君兄户部之子廣森。時廣森才十七歲，而君年四十餘，名著海内久矣。其後廣森得第爲檢討，以經學稱。三十五歲而殞。君之少也，值上釋奠闕里，嘗充講書官。及爲舉人，累會試不第，納貲爲中書舍人，未就職。又值上東巡，於中水行宫召使作書，及進，上稱善。然竟不獲仕，終於曲阜。

初，衍聖公夫人□氏生冢子繼濩，繼夫人徐氏生户部及君。冢子之後，襲爵三世，君與户部皆及之。其遇曲阜公事，以祖父體自任也，其氣皆剛直，人或與之或否。其後户部不樂家居，客遊杭州以没。檢討哀痛遽殞，不數年而君又繼之。嗟乎！君與檢討之生，世第一家也，又以文學才藝名著天下，余一旦遇之，二三十年間，見其死亡至盡，雖其文采風流不可磨滅，而志意抑鬱乃更有甚於常人者，其可悲爲何如也？

君於交遊有始終之誼，鄉里值歲饑，出千金賑之者三焉。乾隆五十六年，余在鍾山書院，君夏來江寧視余，再宿而别，君遂以是年十二月戊辰卒，年六十五。無子，以户部少子廣廉嗣。將死，貽書乞余銘其墓。銘曰：

猗子聖人之世也。廓其知也，蔚其藝也，名上聞于朝，而下載于四裔也。完則毁而剛則折也，有疾而不可乂也。銘託余哀，以待後君子之達其志也。（《惜抱軒文集》卷十二）

129 **徐 鏞**

生卒年不詳，徐端之子，姚鼐爲其父作《太子少保兵部尚書總督河南河道提督軍務兼右副都御使徐公墓誌銘並序》，表徐端治水愛民之功。

129–1

姚鼐

與徐世兄

鼐自跧伏江干，於當世大人先生多爲睽隔，於尊府夙有世誼，而於尊大人乃未嘗相見，心仰而已。今世兄乃以尊大人藏幽之銘委之撰著，遠將書幣，情辭摯深。鄙陋於文事，實無足稱，而海内君子或過與之，良可愧赧。又不知大葬時日，恐其需速，亟爲草成一本，今寄上。其間有年譜所未及載者，旁聞得之，以廣懿美，其文不識便堪用不？（《惜抱先生尺牘補編》卷一）

附：

姚鼐

太子少保兵部尚書總督江南河道提督軍務兼右副都御史徐公墓誌銘並序

公諱端，字肇之，湖州府德清徐氏。曾祖庠生諱元臣，祖舉賢良方正岷州知州諱志丙，考涉縣知縣、候補府同知諱振甲。三世皆以公貴，贈太子少保、資政大夫。

公生而强記明達，涉縣贈資政公始仕江南，知蕭、碭、清河，縣皆臨河；公年二十，從官佐治，於隄防疏導之法身習心解。及從之涉縣，助挑引河，工竣先諸吏。阿文成公奉使在河上，見以爲才。公於例應選通判，即奏留於東河河工，遂補蘭儀通判。逾三年，蘭儀改爲同知官，即以公升任。調睢寧及開封下南河同知，其間屢遭大河漲警，塞禦得宜，河南稱其績。

乾隆五十八年，大計薦卓異，護開歸道印。值湖北邪教爲亂，從河督帶兵赴湖北界，防堵有功，賜戴花翎。旋以江南總督、兩河督合請，以公署兗沂曹濟道。其年睢州河決，曹州河涸，公豫築河北兩壩，以待水至。及睢州決口合，河至曹漲甚，賴壩以安。今皇帝親政，公引見，以知府用。其冬授饒州府知府。江南總督、河督請調淮安府，旋加道銜。逾年擢淮徐道，值改淮徐道專轄徐州。公居任，遭贈資政公憂。其時河南衡工河決，上憂河事甚，命回籍治喪，百日回徐州道任，其後令以三品頂帶署東河河道總督。公至，衡工決口初塞，善後之政，皆公籌也。是年冬，即補授江南河道總督。逾一年，上命設河督正副官，以戴均元爲正督，以公爲副。逾二年，戴公病歸，公復爲正，其年冬又改爲副。逾一年裁副總河，而公復爲河道總督。

公自嘉慶十年居江南河督任，至是六年，明習河事，授吏程功，贏絀必如所計。躬耐勤苦，以趨險急，賴以安者屢矣。時有議改河入海之口者，公往相視，以爲不可。迄今河入海，循故口甚利，皆公識之當也。然而大河多變，非盡人力所可施，而國家以河、淮濟運，泛涸或引濁入清，漲急或權輕重，決彼隄以保此岸，於河道民居安得無傷？故公之才與所處之難，皆上所深悉也，而國有正法，在任值有阿患，安能引天灾而不爲法受過？故嘉慶十五年冬，遂令去職，仍留工次。公於是每遇要工，必以身先衆。次年冬，以治碭山李家樓決口，旁開引河。

公任其事，嚴寒積勞，遂至病甚。世謂使其功完事定，天假之年，必復爲上所褒擢，而公竟不能待，然其所已見於世者，亦可稱矣。

公著有《迴瀾紀要》《安瀾紀要》二書。年十二而妣錢太夫人喪，與母弟妹甚友愛。及贈資政之亡，遺庶子及兩女皆幼稚，公撫之淒惻，恩勤尤至，見者爲感動焉。夫人蔡氏生二女。側室張氏生一子鏞，□女；謝氏生一子鐄，□女。公年六十二，以嘉慶十七年四月初六日卒。以嘉慶□□年□月□日葬於□□□□□□□。銘曰：

河流渾渾，東届淮瀆。朝治而平，暮忽改奔。效功以人，底績者天。佶維徐公，國之勞臣。載任水官，三十其年。有勩其襄，有資以安。鬱藴餘志，曰瘞兹原。（《惜抱軒文後集》卷九）

130 汪湳

汪湳，生卒年不詳，懷寧（今安徽懷寧縣）人，汪德鉞（1748—1808）之子，事迹不詳。

130-1

姚鼐

與汪世兄①

去冬得寄書，即奉復，當已達矣。今撰尊大人誌銘成，鈔寄觀之，似便可用耶？其間有應填之字，望填清，更鈔一本見寄，抑或便於京師刻一編以送人乎？筆記亦讀竟，所鈔重複太多，去其複者及鄙意所欲删者，所存才半耳。且存鼐處，須有的便再帶。歸期定不？水耶？陸耶？孝履珍重，不具。（《惜抱先生尺牘》卷二）

①其後有注：『湳，鋭齋之子。』

附：

姚鼐

禮部員外郎懷寧汪君墓誌銘並序

禮部員外郎汪君，於嘉慶十三年十月八日卒於京師。次年，其孤湳奉柩歸葬於懷寧，先以書請余爲之銘。嗚呼！學之敝甚矣！世俗説經者，不務講明，服習聖道，行天下之公是，而求一己之私名。搜取隱僻爲異，而不必其中；辨晰瑣碎爲博，而不必其當。好惡黨讎，乖隔錯迕。是失聖人所以作經之本意，而以博聞强識滋其非者也。君少稟承宋儒之言，行己有耻。其於經也，辭義訓詁之小者，未嘗一一拘守程、朱，而大義必宗嚮，而信且好焉。因推明其旨，將以扶正道、率後賢，是可謂君子之爲學矣。余始未識君，居懷寧敬敷書院時，君來，偶見余説《詩·關雎》，言：『《古序》及《毛傳》，皆同朱子之説；謂爲後妃求賢作者，鄭康成一人之誤説耳。』君因探懷出所著説，則意正同余，自是往來益密。

其後君去，入京師，中乾隆五十三年順天舉人，嘉慶元年成進士，選庶吉士。告歸，又一見。其後君改官禮部主事，擢員外郎，以公事被議，旋復待缺，遂卒。

君所讀經，皆有札記，其子編之爲八卷。君年僅五十餘，所欲爲者非第如今八卷也。君深識天下事利病，遇義慷慨敢爲，使耑行一方，施於政事，亦當有可觀者，惜其仕與學皆未竟而身没矣。君諱德鉞，字崇義。祖諱周煜，父諱文墀。娶徐氏，繼娶阮氏。子三：時湳，時漣，時泰。孫□。銘曰：

篤行好學義之徒，志遠事鬱失士模。後百千歲敬厥墟，沐椁中瘞非俗儒。（《惜抱軒文後集》卷八）

張　君

張君，生平不詳。

131-1

復張君書

姚鼐

辱書諭以入都不可不速，嘉誼甚荷！以僕騃蹇，不明於古，不通於時事，又非素習熟於今之賢公卿與上共進退天下人材者。顧蒙識之於儔人之中，舉纖介之微長，掩愚謬之大罪，引而掖焉，欲進諸門墻而登之清顯，雖微君惠告，僕固愧而仰德久矣！

僕聞蘄於己者志也，而諧於用者時也。士或欲匿山林而羈於紱冕，或心趨殿闕而不能自脱於田舍。自古有其志而違其事者多矣！故鳩鳴春而隼擊於秋，鱣鮪時涸而鮒鮔遊，言物各有時宜也。僕少無岩穴之操，長而役於塵埃之内。幸遭清時，附群賢之末，三十而登第，躋於翰林之署，而不克以居。浮沉部曹，而無才傑之望，以久次而始遷。值天子啓秘書之館，大臣稱其粗解文字，而使舍吏事而供書局，其爲幸也多矣。不幸以疾歸，又不以其遠而忘之，爲奏而揚之於上，其幸抑又甚焉。士苟獲是幸，雖聾聵猶將聳耳目而奮，雖跛躃猶將振足而起也，而况於僕乎？

僕家先世，常有交裾接迹仕於朝者，今者常參官中，乃無一人。僕雖愚，能不爲門户計耶？孟子曰『孔子有見行可之仕，於季桓子』是也。古之君子，仕非苟焉而已，將度其志可行於時，其道可濟於衆，誠可矣。雖遑遑以求得之，而不爲慕利；雖因人驟進，而不爲貪榮。何則？所濟者大也。至其次，則守官摅論，微補於國，而道不章。又其次，則從容進退，庶免耻辱之大咎已爾。

夫自聖以下，士品類萬殊，而所處古今不同勢。然而揆之於心，度之於時，審之於己之素分，必擇其可安於中而後居，則古今人情一而已。夫朝爲之而暮悔，不如其弗爲；遠欲之而近憂，不如其弗欲。《易》曰：『飛鳥以凶。』《詩》曰：『卬須我友。』抗孔子之道於今之世，非士所敢居也；有所溺而弗能自返，則亦士所懼也。且人有不能飲酒者，見千鍾百榼之量而幾效之，則潰胃腐腸而不捄。夫仕進者不同量，何以異此？是故古之士，於行止進退之間，有跬步不容不慎者，其慮之長而度之數矣，夫豈以爲小節哉？若夫當可行且進之時，而卒不獲行且進者，蓋有之矣，夫亦其命然也。

僕今日者，幸依聖朝之末光，有當軸之褒采，踴躍鼓忭以冀進，乃其本心。而顧遭家不幸，始反一年，仲弟先殞，今又喪婦。老母七十，諸稚在抱，欲去而無與託，又身嬰疾病以留之，此所以振衣而趦趄，北望樞斗而俛而太息者也。

遠蒙教督，不獲趨承，雖君子不之責，而私衷不敢安，故以書達所志而冀諒察焉！（《惜抱軒文集》卷六）

132 **胡老先生**

胡老先生，生平不詳。

132-1

姚鼐

與胡老先生①

胡老先生：遊子戀鄉，望斷某山某水；羈人落魄，偏多閑恨閑愁。去便已不飢驅，文將窮送。出則繭絲歷□，終朝老坐凫汀；入則裙布釵荆，鎮日相□鴻案。二分明月，買不用錢；廿里晴川，閑便是主。横笛化龍橋畔，繫舟來鶴亭邊。調翻海菜之腔，魚沁縠花之味。何必飄零書劍，常落落以依人。悵□鄉關，嘆悠悠之行路。無如僕也，少非了了，長亦匆匆。無負郭二頃之田，貧真是赤；乏撑腸五千之卷，衿遂長青。□□寒鐘，□味□□之冷；乘隨肥馬，竊分□□之輝。一身七尺昂藏，名未成而已老；八載四方歷碌，筆不擱而先窮。每宵永燈孤，俏焉吊影；便泪零襟濕，黯矣銷魂。且人來□雨村中，家住晴雲湖畔，天邊離恨，山不割愁，能不憶我萬頃碧漪？緑沁波中五爪，四圍蒼秀；翠攬海上三山，□我異龍湖□□。嗟乎！攀檻窮猿，腸斷空山冷雨；鎩翎倦鳥，夢迷舊樹斜陽。遠望不□歸，歸猶未得；出門雖云樂，樂□□□。隨風寄此愁心，付與碧山鷗侶。刻露敢誇妙手，漫吟白浪漁歌。

又憶異龍湖十首：

瑞城大小浴晴波，萬頃琉璃漾碧螺。抛擲湖山三十里，年年辛苦客中過。

湖中大半是漁家，湖上青山逐水斜。若到湖邊望湖外，一山灣處一村花。
菰蒲源裏碧蓮叢，圍住樓臺緑水中。一棹紅衣歸渡晚，衣垂風□藕花風。
瓜皮小艇釣湖濱，紅泛桃花緑泛春。一樣錢塘江上色，欲晴欲雨總宜人。
陂塘小雨護輕雷，新漲紅添一道開。明日化龍橋上望，蓮花壓艇送香來。
香稻花輕玉露稠，月明漁話滿船頭。小蠻打槳溟濛裏，海菜腔尖醒睡鷗。
白浪摇空隱佛樵，一星□火望迢迢。東風夜半湖中起，吹送鐘聲到海潮。
黛蹙一灣鏡裏看，誰教卓女畫來難。麻姑更舍晴波翠，緑沁□□五爪寒。
一溪□火一溪烟，老向湖東作散仙。剩有閑愁三萬斛，商量輸作買山錢。
坐吹簫管擁翹鬟，好趁微風放棹還。回首湖東雲樹影，夕陽山外萬重山。
嘉慶六年二月，桐城姚鼐書。（藝度綱）

① 未見姚鼐有雲南之行，此書待考。

133 某 公

某公，生平不詳。

133-1 與某公書

姚鼐

大孝摧毀難任，計今時已寢園事竣，理應趨公報國承家。諸多勞瘁，伏願更自珍重，以副天下之望，亦以慰九原之心。鼐耄年昏憊，不能遠赴執紼，具一薄奠，義取生芻，遠恍而已。至鼐日迫桑榆，於閣下必無由瞻對。遥企雲霄，但有愴愴。謹啓，不具。姚鼐頓首。（《藝林旬刊》一九二九年第七十期）

134 某公

某公，生平不詳。

134-1 姚鼐 與某公書

使至，過承盛情，謝謝。諸相好南闈皆不獲遇，使人悵然。得失要□□時，不可强耶。數日夢樓先生在此，殊有暢聚之□，今行矣。書價收訖。令伯大人紙幅及一扇並繳，餘不具。鼐頓首。（中貿聖佳二〇二一年春拍，見書前彩插）

135 某公

某公，生平不詳。

135-1 與某公書

姚鼐

……致讀《通鑒》，佳甚。謝謝。廿五日鼐當早赴，只領一飯，未申間便可散也。餘面謝併陳，不具。姚鼐頓首。（中貿聖佳二零二一年春拍）

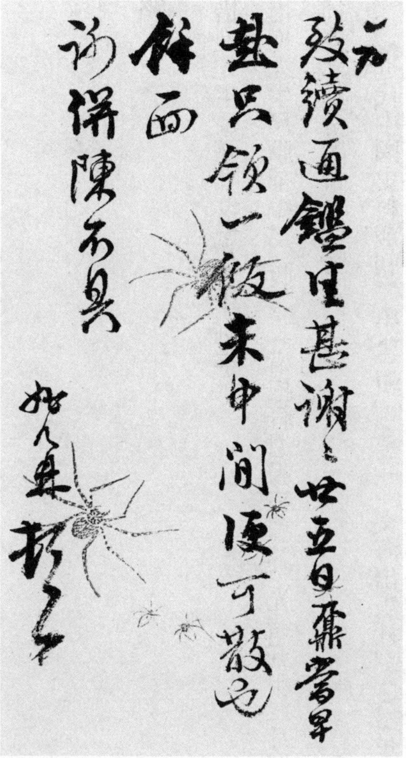
……致讀通鑒佳甚謝謝廿五日鼐當早
赴只領一飯未申間便可散也
餘面
謝併陳不具
姚鼐頓首

135-1 姚鼐《與某公書》

參考文獻

一、姚鼐尺牘文獻、圖版

姚鼐撰，陳用光編：《惜抱先生尺牘》，道光三年刻本。
姚鼐撰，徐宗亮編：《惜抱先生尺牘補編》，收入《惜抱軒遺書三種》，光緒五年二月桐城徐宗亮刊本。
姚鼐撰：《惜抱軒尺牘補遺》，安徽圖書館藏手鈔本。
姚鼐撰：《惜抱軒手札》，《近代中國史料叢刊》第60輯，臺北：文海出版社，1973年。
姚鼐撰：《姚惜抱先生家書》，《近代中國史料叢刊》第60輯，臺北：文海出版社，1973年。
黃易撰：《黃小松友朋書札》，中國國家圖書館藏清鈔本。
劉寶楠輯：《清芬外集》，中國國家圖書館藏清鈔本。
吴修撰：《昭代名人尺牘小傳》，中國國家圖書館藏清刻本。
任登第主修：《興化任氏家譜》，興化遼東印書館鉛印本，1942年。
佚名輯：《清代名人墨蹟》，《近代中國史料叢刊續編》第68輯，臺北：文海出版社，1979年。
趙一生、王翼奇編：《香書軒秘藏名人書翰》，杭州：浙江古籍出版社，2005年。
姜宸英等書：《榮寶齋珍藏十一·書法卷》，北京：榮寶齋出版社，2012年。

陳烈主編：《小莽蒼蒼齋藏清代學者書札》，北京：人民文學出版社，2013年。
許宏泉撰：《近三百年學人翰墨》，北京：中華書局，2013年。
李志綱、劉凱主編：《袁氏藏明清名人尺牘》，北京：文物出版社，2016年。
姚鼐《與某公書（大孝摧毀難任）》，《藝林旬刊》1929年第70期第3版。
姚鼐《與袁香亭（自趨送不值）》，《北洋畫報》1936年第29卷第1450期。
姚鼐《與袁香亭（正閱書院課卷）》，上海圖書館藏手稿，《書法》2014年第10期附圖版。
姚鼐《復林仲騫書》，安徽省博物院藏手稿。
姚鼐《與王述庵》，雅昌拍賣網，上海敬華2001年秋季拍賣會古籍尺牘類，編號0522。
姚鼐《與錢辛楣》，雅昌拍賣網，中國嘉德2003年春季拍賣會古籍善本類，編號1669。
姚鼐《與汪稼門（奉別之後）》，雅昌拍賣網，北京翰海2004年迎春拍賣會古籍善本類，編號1572。
姚鼐《與王少林》，雅昌拍賣網，天津文物2011年秋季競賣中國書畫類，編號0337。
姚鼐《與馬雨耕（前日得書）》，雅昌拍賣網，北京保利2014年春季拍賣會古代書法類，編號5528。
姚鼐《與馬雨耕（暑□□甚）》，雅昌拍賣網，北京保利2014年春季拍賣會古代書法類，編號5528。
姚鼐《與方坳堂》，雅昌拍賣網，上海銘廣2016年秋季拍賣會古代書畫類，編號0166。
姚鼐《與胡老先生》，藝度網，東京中央2017年春季拍賣會古籍善本類，編號0830。
姚鼐《與彥純六侄》，藝度網，中國嘉德2018年秋季拍賣會信札寫本類，編號1934。

姚鼐《復周次立》，中貿聖佳2021年春拍書畫夜場。

姚鼐《與王竹嶼（首夏清和）》，中貿聖佳2021年春拍書畫夜場。

姚鼐《與王竹嶼（兩得手書）》，中貿聖佳2021年春拍書畫夜場。

姚鼐《與某公書（使至，過承盛情）》，中貿聖佳2021年春拍書畫夜場。

姚鼐《與某公書（致讀《通鑒》）》，中貿聖佳2021年春拍書畫夜場。

二、古籍文獻

姚鼐撰：《惜抱軒詩集》，清嘉慶三年晚印增刻本。

姚鼐撰：《惜抱軒文集》，清嘉慶六年晚印增刻本。

戴震撰：《戴氏文集》，清乾隆曲阜孔氏微波榭刻《戴氏遺書》本。

紀昀撰：《紀文達公遺集》，清嘉慶十七年家刻本。

陸錫熊撰：《篁村集》，清道光二十九年陸成沅刻本。

朱珪撰：《知足齋詩集》，清嘉慶九年阮元刻增修本。

翁方綱撰：《復初齋文稿》，臺灣『國家圖書館』藏清乾隆至嘉慶間著者手稿本。

王昶撰：《春融堂集》，清嘉慶十二年塾南書舍刻本。

陳奉兹撰：《敦拙堂詩集》，清光緒二年重刻本。
朱孝純撰：《海愚詩鈔》，清乾隆五十九年東海朱氏刻本。
袁樹撰：《紅豆村人詩稿》，清乾隆錢塘袁氏刻《隨園三十種》本。
袁樹撰：《紅豆村人續稿》，民國十年上海著易堂書局鉛印《隨園全集》本。
李調元撰：《童山集》，清乾隆刻函海道光五年增修本。
祝德麟撰：《悦親樓詩集》，清嘉慶二年姑蘇刻本。
法式善撰：《存素堂詩二集》，清嘉慶十七年門人王墉校刊本。
昭槤撰：《蕙蓀堂燼存草》，中國國家圖書館藏清鈔本。
謝啓昆撰：《樹經堂詩初集》，清嘉慶刻本。
謝啓昆撰：《樹經堂詩續集》，清嘉慶刻本。
王芑孫撰：《惕甫未定藁》，清嘉慶二十年華亭沈慈等續刻本。
臧庸撰：《拜經堂文集》，民國十九年宗氏石印本。
胡承珙撰：《求是堂文集》，清道光十七年刻本。
伊秉綬撰：《留春草堂詩鈔》，清嘉慶十九年廣州秋水園刻本。
師範撰：《師荔扉先生詩集》，雲南叢書處輯刻本。
師範撰：《二餘堂文稿》，雲南叢書處輯刻本。

吴定撰：《紫石泉山房文集》，清嘉慶十五年鮑桂星刻本。
吴定撰：《紫石泉山房詩鈔》，清嘉慶十五年鮑桂星刻本。
馬雨田撰：《乃亨詩集》，清道光十六年刻本。
秦瀛撰：《小峴山人詩文集》，清嘉慶二十二年刻道光間補刻本。
周有聲撰：《東岡詩賸》，清嘉慶二十年夷白齋刻本。
孔廣森撰：《儀鄭堂文》，清道光二十二年文選樓叢書本。
魯九皋撰：《山木居士文集》，清道光十一年刻本。
魯嗣光撰：《魯習之文鈔》，清道光十四年陳用光重刻本。
陳用光撰：《太乙舟詩集》，清咸豐四年孝友堂刻本。
陳用光撰：《太乙舟文集》，清道光二十三年孝友堂刻本。
方東樹撰：《王餘集》，清光緒十五年刻《方植之全集》本。
方東樹撰：《考槃集文録》，清光緒二十年刻本。
劉開撰：《劉孟塗集》，清道光六年姚氏檗山草堂刻本。
管同撰：《因寄軒文集》，清道光十三年管氏刻本。
姚瑩撰：《東溟文集》，清同治六年姚濬昌安福縣署刻《中復堂全集》本。
姚瑩撰：《東溟文後集》，清同治六年姚濬昌安福縣署刻《中復堂全集》本。

姚元之撰：《薦青集二卷》，清道光二十三年刻本。
吴德旋撰：《初月樓文續鈔》，清道光十六年刻本。
姚椿撰：《通藝閣集》，清道光二十年至咸豐三年刻本。
張士元撰：《嘉樹山房集》，清嘉慶二十四年刻道光六年續刻本。
許宗彦撰：《鑒止水齋集》，清嘉慶二十四年德清許氏家刻本。
賈聲槐撰：《艮山文集》，清道光十年刻本。
李宗傳撰：《寄鴻堂文集》，清同治四年重刻本。
李宗傳撰：《寄鴻堂詩稿》，北京大學圖書館藏稿本。
許鯉躍撰：《春池文鈔》，清道光二十六年桐城許氏刻本。
阮元撰：《揅經室二集》，清道光阮氏文選樓刻本。
唐仲冕撰：《陶山詩録》，清嘉慶十六年刻本。
鄭福照編：《姚惜抱先生年譜》，清同治七年刻本。
法式善撰：《梧門詩話》，中國國家圖書館藏稿本。
徐世昌編纂：《晚晴簃詩匯》，民國退耕堂刻本。
劉大櫆撰，吴孟復點校：《劉大櫆集》，上海：上海古籍出版社，1990年。
趙爾巽等撰，中華書局編輯部點校：《清史稿》，北京：中華書局，1998年。

江藩撰，漆永祥箋釋：《漢學師承記箋釋》，上海：上海古籍出版社，2006年。
鄧顯鶴編纂，歐陽楠點校：《沅湘耆舊集》，長沙：岳麓書社，2007年。
凌廷堪撰，紀健生點校：《凌廷堪全集》，合肥：黄山書社，2009年。
王文治撰，劉奕點校：《王文治詩文集》，北京：人民文學出版社，2012年。
蕭穆撰，項純文點校：《敬孚類稿》，合肥：黄山書社，2014年。
袁枚撰，王英志編纂校點：《袁枚全集新編》，杭州：浙江古籍出版社，2015年。
錢大昕撰，陳文和主編：《嘉定錢大昕全集（增訂本）》，南京：鳳凰出版社，2016年。
徐璈輯録，楊懷志、江小角、吴曉國點校：《桐舊集》，合肥：安徽大學出版社，2016年。
佚名撰，王鐘翰點校：《清史列傳》，北京：中華書局，2016年。
陳錫修，章瑞鐘等纂修：《（乾隆）績溪縣志》，清乾隆二十一年刻本。
張世浣、阿克當阿等纂修：《（嘉慶）揚州府志》，清嘉慶十五年刊本。
濮孟清、金淮等編纂：《（嘉慶）濮川所聞記》，清嘉慶二十五年續纂刻本。
伍光瑜、陳栻等纂修：《（道光）上元縣志》，清道光四年刻本。
馬步蟾等纂修：《（道光）徽州府志》，清道光七年刊本。
廖大聞、金鼎壽等纂修：《（道光）續修桐城縣志》，清道光七年修十四年刻本。
周際華、戴銘等纂修：《（道光）輝縣志》，清光緒二十一年刻本。

松林、周慶榕等纂修：《（同治）增修施南府志》，清同治十年刊本。
劉昌岳、鄧家祺等纂修：《（同治）江西新城縣志》，清同治十年刻本。
王彬、徐用儀等纂修：《（光緒）海鹽縣志》，清光緒二年刊本。
沈葆楨、吴坤修等纂修：《（光緒）重修安徽通志》，清光緒四年刻本。
楊開第、姚光發等纂修：《（光緒）重修華亭縣志》，清光緒四年刊本。
程其珏、張雲望等纂修：《（光緒）婁縣續志》，清光緒五年刊本。
彭延慶、姚瑩俊等纂修：《（民國）蕭山縣志稿》，民國間稿本。
李圭、許傳霈等纂修：《（民國）海寧州志稿》，民國十一年鉛印本。
葛韻芬、江峰青等纂修：《（民國）重修婺源縣志》，民國十四年刻本。
仇曾佑、胡萬凝等纂修：《（民國）太谷縣志》，民國二十年鉛印本。
彭延慶、姚瑩俊等纂修：《（民國）蕭山縣志稿》，民國二十四年鉛印本。

三、今人著述

瞿兑之著：《汪輝祖傳述》，北京：商務印書館，1935年。
楊延福、楊同甫編：《清人室名别稱字號索引》，上海：上海古籍出版社，1988年。

劉聲木撰，徐天祥點校：《桐城文學淵源撰述考》，合肥：黄山書社，1989年。
詹杭倫著：《李調元學譜》，成都：天地出版社，1997年。
沈津著：《翁方綱年譜》，臺北：『中研院』中國文哲研究所，2002年。
孟醒仁著：《桐城派三祖年譜》，合肥：安徽大學出版社，2002年。
王達敏著：《姚鼐與乾嘉學派》，北京：學苑出版社，2007年。
眭駿著：《王芑孫年譜》，上海：華東師範大學出版社，2010年。
眭駿著：《王芑孫研究》，上海：華東師範大學出版社，2011年。
鄭幸著：《袁枚年譜新編》，上海：上海古籍出版社，2011年。
李淑岩著：《法式善詩學活動研究》，哈爾濱：黑龍江大學出版社，2013年。
徐成志、王思豪主編：《桐城派文集敘録》，合肥：安徽大學出版社，2016年。
汪孔豐著：《麻溪姚氏與桐城派的演進》，合肥：安徽大學出版社，2017年。
盧坡著：《姚鼐信札輯存編年校釋》，合肥：安徽大學出版社，2020年。
盧坡著：《姚鼐詩文及交遊研究》，合肥：安徽大學出版社，2020年。
劉文興：《劉端臨先生年譜》，《國學季刊》1932年第2期。
鮑永軍：《汪輝祖研究》，浙江大學博士論文，2004年。
陳鴻森：《臧庸年譜》，《中國經學》2007年第2輯。

孫文剛：《李調元交遊考述》，《國學》2016年第1期。
葉當前：《桐城派前期作家朱孝純的生平與交遊》，《安慶師範學院學報（社會科學版）》2016年第4期。
許雋超：《何道生年表》，《古籍研究》2017年第66卷。
劉國宣：《昭槤〈蕙蓀堂集〉考論》，《民族文學研究》2018年第1期。
尚麗姝、吴懷東：《一代能吏汪志伊及其與姚鼐交往述論》，《斯文》2019年第1期。
林存陽、王豪：《大興『二朱』與四庫全書館》，《中國史研究》2019年第2期。
盧坡：《姚鼐尺牘輯補》，《古籍整理研究學刊》2019年第2期。
盧坡：《陳用光藏姚鼐手札考釋》，《古籍研究》2019年第69卷。